法学研究
CHINESE JOURNAL OF LAW

《法学研究》专题选辑

陈甦／总主编

中国土地法治与土地法研究

Research on Land Law of China:
1978-2017

程雪阳　主编

社会科学文献出版社
SOCIAL SCIENCES ACADEMIC PRESS (CHINA)

总　序

　　回顾与反思是使思想成熟的酵母，系统化的回顾与专业性的反思则是促进思想理性化成熟的高效酵母。成熟的过程离不开经常而真诚的回顾与反思，一个人的成长过程是如此，一个学科、一个团体、一本期刊的发展过程也是如此。我们在《法学研究》正式创刊40年之际编写《〈法学研究〉专题选辑》，既是旨在引发对有关《法学研究》发展历程及其所反映的法学发展历程的回顾与反思，也是旨在凝聚充满学术真诚的回顾与反思的思想结晶。由是，《〈法学研究〉专题选辑》是使其所刊载的学术成果提炼升华、保值增值的载体，而非只是重述过往、感叹岁月、感叹曾经的学术纪念品。

　　对于曾经的法学过往，哪怕是很近的法学过往，我们能够记忆的并非像我们想象的那样周全、那样清晰、那样深刻，即使我们是其中许多学术事件的亲历者甚至是一些理论成就的创造者。这是一个时空变化迅捷的时代，我们在法学研究的路上走得很匆忙，几乎无暇暂停一下看看我们曾经走过的路，回顾一下那路上曾经的艰辛与快乐、曾经的迷茫与信念、曾经的犹疑与坚定、曾经的放弃与坚持、曾经的困窘与突破，特别是无暇再感悟一下那些"曾经"中的前因后果与内功外力。法学界同仁或许有同样的经验：每每一部著述刚结句付梓，紧接着又有多个学术选题等待开篇起笔，无参考引用目的而只以提升素养为旨去系列阅读既往的法学精品力作，几为夏日里对秋风的奢望。也许这是辉煌高远却又繁重绵续的学术使命造成的，也许这是相当必要却又不尽合理的学术机制造成的，也许这是个人偏好却又是集体相似的学术习惯造成的，无论如何，大量学术作品再阅读的价值还是被淡化乃至忽略了。我们对没有被更充分传播、体现、评价及转化的学术创造与理论贡献，仅仅表达学人的敬意应该是不够的，真正的学术尊重首先在于阅读并且一再阅读映现信念、智慧和勇气的学术作品。《〈法学研究〉专题选辑》试图以学术史研究的方法和再评价的方式，向学界同行表达我们的感悟：阅读甚至反复阅读既有成果本该是学术生活的重要部分。

我曾在另外一本中国当代法学史著作的导论中描述道：中国特色社会主义法治建设之路蜿蜒前行而终至康庄辉煌，中国法学研究之圃亦蔓延蓬勃而于今卓然大观。这种描述显然旨在鼓舞而非理解。我们真正需要的是理解。理解历史才能理解现在，理解现在才能理解未来，只有建立在对历史、现在和未来的理解基础上，在面对临近的未来时，才会有更多的从容和更稳妥的应对，才会有向真理再前进一步的勇气与智慧。要深刻理解中国法学的历史、现在以及未来，有两种关系需要深刻理解与精准把握：一是法学与法治的关系，二是法学成果与其发生机制的关系。法学与法治共存并互动于同一历史过程，法学史既是法律的知识发展史，也构成法治进步史的重要组成部分。关于法、法律、法治的学术研究，既受制于各个具体历史场景中的给定条件，又反映着各个历史场景中的法律实践和法治状况，并在一定程度上启发、拨动、预示着法治的目的、路径与节奏。认真对待中国法学史，尤其是改革开放以来的法学史，梳理各个法治领域法学理论的演进状态，重估各种制度形成时期的学术供给，反思当时制度设计中背景形塑和价值预设的理论解说，可以更真实地对法治演变轨迹及其未来动向作出学术判断，从中也更有把握地绘出中国法学未来的可能图景。对于既有法学成果，人们更多的是采取应用主义的态度，对观点内容的关注甚于对观点形成机制的关注。当然，能够把既有学术观点纳入当下的理论创新论证体系中，已然是对既往学术努力的尊重与发扬，但对于学术创新的生成效益而言，一个学术观点的生成过程与形成机制的启发力远大于那个学术观点内容的启发力，我们应当在学术生产过程中，至少将两者的重要性置于等量齐观的学术坐标体系中。唯其如此，中国法学的发展与创新才会是一个生生不息又一以贯之的理性发展过程，不因己悲而滞，不因物喜而涨，长此以往，信者无疆。

作为国内法学界的重要学术期刊之一，《法学研究》是改革开放以来中国法学在争鸣中发展、中国法治在跌宕中进步的一个历史见证者，也是一个具有主体性、使命感和倡导力的学术过程参与者。《法学研究》于1978 年试刊,于1979 年正式创刊。在其1979 年的发刊词中,向初蒙独立学科意识的法学界和再识思想解放价值的社会各界昭示,在办刊工作中秉持"解放思想、独立思考、百家争鸣、端正学风"的信念,着重于探讨中国法治建设进程中的重大理论和实践问题,致力于反映国内法学研究的最新成果和最高学术水平,热心于发现和举荐从事法学研究工作的学术人才。创刊至今40 年来,《法学研究》虽经岁月更替而初心不改,虽有队伍更新而使命不坠,前后八任主编、50 名编辑均能恪守"严谨、务实、深入、学术"的办刊风格,把《法学研究》作为自己学术生命的存续载体和学术奉献的展示舞台。或许正因如此,《法学研究》常被誉为"法学界风格最稳健、质量最稳定的期刊"。质而言之,说的是刊,看的是物,而靠的是人。我们相信,《法学研究》及其所刊载的文章以及这些文章的采编过程,应该可以视为研究中国改革开放以来法学发展、法治进步的一个较佳样本。也正因如此,我们有信心通过《〈法学研究〉专题选辑》,概括反映改革开放以来中国法学发展的思想轨迹以及法学人的心路历程。

本套丛书旨在以《法学研究》为样本,梳理和归整改革开放以来中国法学在一个个重要历史节点上的思想火花与争鸣交织,反思和提炼法学理论在一个个法治建设变奏处启发、拨动及预示的经验效果。丛书将《法学研究》自创刊以来刊发的论文分专题遴选,将有代表性的论文结集出版,故命名为"《法学研究》专题选辑"。考虑到《法学研究》刊发论文数量有限,每个专题都由编者撰写一篇2 万字左右的"导论",结合其他期刊论文和专著对该专题上的研究进展予以归纳和提炼。

丛书第一批拟出版专题15 个。这些专题的编者,除了《法学研究》编辑部现有人员外,多是当前活跃在各个法学领域的学术骨干。他们的加入使得我们对这套丛书的编选出版更有信心。

所有专题均由编者申报,每个专题上的论文遴选工作均由编者主要负责。为了尽可能呈现专题论文的代表性和丰富性,同一作者在同一专题中入选论文不超过两篇,在不同专题中均具代表性的论文只放入其中的一个专题。在丛书编选过程中,我们对发表时作者信息不完整的,尽可能予以查询补充;对论文中极个别受时代影响的语言表达,按照出版管理部门的要求进行了细微调整。

　　不知是谁说的，"原先策划的事情与实际完成的事情，最初打算写成的文章与最终实际写出的文章，就跟想象的自己与实际的自己一样，永远走在平行线上"。无论"平行线"的比喻是否夸张，极尽努力的细致准备终归能助力事前的谨慎、事中的勤勉和事后的坦然。

　　我思故我在。愿《法学研究》与中国法学、中国法治同在。

陈　甦

2019 年 10 月 8 日

于沙滩北街 15 号

目录
Contents

导　论

程雪阳*

帕斯卡尔曾经说过，"人是一棵有思想的芦苇"，正是思想使得渺小且脆弱的人类可以高贵起来。人如何思想和思考呢？依照斯宾诺莎的看法，关键在于寻找一种好的方法来指导我们认识"可以区别于表象的真观念"，而这种好的方法"不是别的，只是反思的知识或观念的观念"。① 反思的方法有许多种，但其中最不可或缺的就是放下执念、回望过去，从而镜鉴当下与未来。回望历史，我国改革开放的伟大事业是从土地制度改革拉开帷幕的。虽然其间荆棘丛生，争议不断，却也一路"摸着石头"走到了"河中央"。到今天，土地制度改革已经进入"深水区"，各种利益碰撞更加激烈，理论争鸣日益活跃。值此之际，法学界更应当一方面梳理和回顾土地法律制度在过去 40 年（1978—2017）间的曲折发展历程，另一方面检讨和反思相关土地法研究成果对土地法实践和制度发展产生了哪些影响，还存在哪些不足。

从土地法实践和制度发展层面来看，过去 40 年的土地法治探索大致可以分为 1978—1987 年（以家庭联产承包责任制的推行为标志）、1988—2002 年（以土地使用权有偿出让制度改革为标志）、2003—2012 年（以十六届三中全会启动土地征收制度改革为标志）、2013—2017 年（以十八届三中全会启动土地制度全面深化改革为标志）四个历史阶段。而在这 40 年间，《法学研究》杂志共发表了 36 篇以土地制度改革和土地法治建设为

---

* 程雪阳，苏州大学王健法学院教授，法学博士。

① 〔荷〕斯宾诺莎：《知性改进论：并论足以指导人达到对事物的真知识的途径》，贺麟译，商务印书馆，1986，第 31 页。

主题的学术文章。有鉴于此，本文将以"实践（制度）发展—理论（学术）检讨"为框架，主要以《法学研究》杂志过去 40 年所发表的土地法论文为分析对象和分析主线，对我国过去 40 年的土地法治和土地法研究探索之路进行回顾、梳理和反思。

需要承认的是，对我国过去 40 年的土地法研究来说，这样的梳理确实不够系统和全面，但《法学研究》杂志作为中国法学界最重要的权威期刊之一，历来有领风气之先，回应时代重大法学命题的使命感、责任感和明确的刊物定位，因此将该刊所刊发的相关文章作为观察、检讨和反思土地法理论与法律实践互动关系之样本，以收管中窥豹之功效，应该还是可行的。当然，文章天下事，本文对于相关文章之检讨与反思只是粗陋评述，且仅为评述者本人的一孔之见，读者诸君若是对土地问题感兴趣，自当细细研读本书所列诸篇土地法研究大作，以免犯了"买椟还珠"之大忌。

另外需要说明的是，虽然本文对《法学研究》杂志过去 40 年所发表的 36 篇土地法文章全部进行了介绍和评述，但由于书稿字数所限，只能选取部分文章予以收录，其他文章不得不忍痛割爱。在稿件遴选的过程中，编者遵循了以下几个步骤。其一，按照主题进行归类，发现这 36 篇文章主要集中在"土地承包经营权改革"、"土地征收与补偿"、"国有土地有偿出让与城市化"等三个领域，因此按照这三个领域分别设编进行选稿。其二，同一个领域的文章，按照论文的代表性和影响力来进行取舍。所谓"论文的代表性"主要考虑的是论文观点的典型性、代表性以及理论体系性，所谓"论文的影响力"主要考虑的是论文在学界的受关注情况、引用情况以及在实践中对土地法治探索和建设的影响程度。其三，有不少学者在《法学研究》上发表了两篇以上关于土地法的论文，但基于作者的广泛代表性考虑，原则上每位学者只选取一篇最有代表性的成果。

一　1978—1987：聚焦于家庭联产承包责任改革

20 世纪 70 年代末期，当人民公社体制许诺给人们的美好生活，演变为持续贫困时，中国人不得不进行土地制度的变革。1978 年底，安徽省凤阳县小岗村的 18 个农民冒着被杀头的危险，以"18 个血手印"决定在本村施行"包干到户"和"分田到户"（俗称"大包干"）制度。这一做法虽然挑战了当时的人民公社制度，但解决了小岗村人多年贫困饥饿的状态。随后，理论界和实务界就如何对待这一做法进行了激烈争论。1980 年 9 月 14—22 日，在全国各省、市、自治区党委第一书记座谈会上，虽然邓小平表扬了安徽肥西县的包产到户和凤阳的大包干，但是各省的领导同志在"包产到户"问题上意见严重不统一使得会议无法继续，一些老同志坚持认为"包产到户，关系晚节，我们有意见不能不提，留个记录也好"。① 所以，随后中共中央下发的《关于进一步加强和完善农业生产责任制的几个问题》无法对全国的农业用地作出统一制度安排，而只能允许"在那些边远山区和贫困落后的地区，长期'吃粮靠返销，生产靠贷款，生活靠救济'的生产队，群众对集体丧失信心，因而要求包产到户的，应当支持群众的要求，可以包产到户，也可以包干到户，并在一个较长的时间内保持稳定……"②

在 1978—1987 这 10 年间，《法学研究》杂志共刊发了 4 篇研究土地法律问题的文章。它们的共同特点是都关注"包产到户"改革，在观点上都支持这一项改革，而且有些分析很具有前瞻性，对后来的立法和法学学术研究产生了实质性影响。

1983 年，《法学研究》首先刊登了史探径所撰写的《大包干合同制的产生和发展——凤阳县农村调查报告》一文。在这篇调研报告中，史探径不但详细介绍了凤阳县大包干合同的内容、订立、履行以及公证情况，而且分析了大包干合同的法律性质。其认为，大包干合同既不是劳动合同，也不是经济合同，更不是这两种合同的混合体，而是合同类型中的一个新的属类，即"农业大包干合同"。另外，这篇文章还预测，这种新型的合同会促使凤阳县的农业经济在社会主义现代化大道上迈出更加坚实的步伐。③ 史探径的这种分析结论显然影响了 1999 年合同法和 2002 年农村土地承包法的制定和出台。根据这两部法的规定，土地承包经营权合同虽属民事合同，却是一种特殊且独立的合同类型，由农村土地承包法单独进行

---

① 杜润生：《杜润生自述：中国农村体制变革重大决策纪实》，人民出版社，2005，第 126 页。

② 中共中央：《关于进一步加强和完善农业生产责任制的几个问题——1980 年 9 月 14 日至 22 日各省、市、自治区党委第一书记座谈会纪要》，1980 年 9 月 27 日。

③ 参见史探径《大包干合同制的产生和发展——凤阳县农村调查报告》，《法学研究》1983 年第 4 期，第 6—7 页。

规范。

包产到户之后，土地承包经营户在法律上具有什么样的地位呢？1984年初，高宽众在《法学研究》上撰文讨论了这个问题。在其看来，农户的法律地位问题实质上是它能否成为民法、经济法上的权利义务主体的问题。针对当时有一种认为"农户与生产队之间签订的承包合同旨在明确生产队内部的生产责任，不发生财产流转关系，故不属于经济合同或民事合同，因此，农户既非经济法主体又非民法主体"的观点，高宽众认为，"土地承包关系实质上属于经济法关系。农户作为这种关系的一方当事人，当然应该成为经济法主体。农户作为民法主体参加横向经济活动的情况也是大量的。正如国营企业同国家存在行政隶属关系但并不改变其法人地位一样，农户与生产队之间存在行政隶属关系并不排斥它享有作为经济法、民法主体的权利能力"。①

家庭联产承包责任制实施不久，农村就开始出现承包户对外转让部分或者全部承包地的现象。对此，史探径再次发表文章认为，即使有偿转让土地承包权，也没有违反我国宪法关于不得"非法转让土地"的规定。不过，这篇文章并没有细致分析当时《宪法》第10条第4款关于"任何组织或者个人不得侵占、买卖、出租或者以其他形式非法转让土地"规定的规范结构和规范内涵，也没有比较"有偿转让土地承包权"与"出租"之间的关系，而是认为土地承包户所取得的只是承包地的使用权，承包地的所有权仍然属于集体，当让与户把承包地的使用权有期限地转让给受让户时，转让出去的只是一种"有期限的使用权"而非承包地的所有权和处分权，且这种做法有利于受让户更加精心地经营种植，增加土地产出率，因此如果"目前还不宜作出法律规定来加以提倡的话，那么至少也不必采用法律手段来加以制止"。②

土地承包经营权的法律性质是什么呢？1987年上半年，刘俊臣撰文指出，占有是承包经营的前提，使用是承包经营的基本内容，收益是承包经营的目的和结果。三者结合成一个不可分割的机体，这个机体就是承包经营权。就承包权的法律性质看，其虽然是通过承包合同设定的，但由于

---

① 高宽众：《我国农户法律地位初探》，《法学研究》1984年第2期，第41—42页。
② 史探径：《浅议农村转让土地承包的法律关系》，《法学研究》1984年第4期，第73—74页。

在承包期内具有绝对性和排他性，并具有占有、使用和收益的权能，因此可以认定是民法上的一种物权。但这种物权与可以用来转让、出租、设定担保以至无偿让与他人的传统用益物权不同，土地承包经营权的移转仅限于转包，而不能用来买卖、自由让渡或抵押，也不能成为继承权的客体，因此这种权利属于一种与地上权、役权等并列的新型用益物权。这种新型用益物权除了可以依据合同享有对发包人的违约责任请求权外，还可依据承包经营权本身享有对第三人的物上请求权和侵权赔偿请求权。^① 20 年后，《物权法》第 11 章关于土地承包经营权的规定几乎全盘接受了刘俊臣的这一主张。

除了家庭联产承包责任制外，在 1978—1987 年这 10 年间，土地法领域还有两个非常重要的变化：其一，1982 年 12 月通过的宪法在第 10 条中首次对我国的土地制度作出了系统规定；其二，1986 年 6 月，全国人大常委会出台了我国首部《土地管理法》，该法首次强调了耕地保护的重要性，并通过在不同层级政府之间分级配置土地征收权、要求农村居民优先使用原有的宅基地和村内空闲地建设住宅等方式来确保耕地不被随意占用。^② 不过，这部法律在保护耕地的问题上并没有走得太远，其不但允许农民利用集体土地发展乡（镇）村企业，而且允许农民将集体土地使用权作为联营条件与全民所有制企业、城市集体所有制企业共同投资举办的联营企业。^③ 这为当时乡村工业和小城镇的发展提供了法律保障。就像小平同志在 1987 年所总结的那样，"农村改革中，我们完全没有预料到的最大的收获，就是乡镇企业发展起来了，……每年都是百分之二十几的增长率，持续了几年，一直到现在还是这样。乡镇企业的发展，主要是工业，还包括其他行业，解决了占农村剩余劳动力百分之五十的人的出路问题。农民不往城市跑，而是建设大批小型新型乡镇。如果说在这个问题上中央有点功绩的话，就是中央制定的搞活政策是对头的"。^④ 不过，《法学研究》所刊登的论文并没有关注到这些法律规范变化以及农民自主工业化和城市化的土地法实践，以至于后来的土地法研究者很容易遗忘或者忽视这段土地制度变迁史。

---

① 参见刘俊臣《论承包经营权》，《法学研究》1987 年第 2 期，第 29—31 页。
② 参见《土地管理法》第 25、38 条（1986 年 6 月 25 日六届全国人大常委会第十六次会议通过）。
③ 参见《土地管理法》第 36 条（1986 年 6 月 25 日六届全国人大常委会第十六次会议通过）。
④ 邓小平：《改革的步子要加快》，载《邓小平文选》第 3 卷，人民出版社，1993，第 238 页。

二　1988—2002：制度实践曲折变化与学术研究供给不足

1987 年，小平同志在称赞农村改革取得重大成就之后，同时指出，"农村改革的成功增加了我们的信心，我们把农村改革的经验运用到城市，进行以城市为重点的全面经济体制改革"。[①] 城市经济体制改革的重点是对外开放，引进先进的知识、技术、生产线以及资本，然而各种投资最终都需要一定的土地空间来进行落实。这时，计划经济时代的无偿划拨土地制度就无法延续了。1987 年 11 月，国务院批准在深圳、上海、天津等 6 个城市进行土地使用制度改革试点。一个月之后，深圳就率先将一块 8858 平方米的土地有偿出让，出让期限为 20 年。[②] 1988 年 4 月 12 日，为了适应改革开放的客观要求，七届全国人大一次会议通过了两条宪法修正案。第一修正案要求在《宪法》第 11 条中增加"国家允许私营经济在法律规定的范围内存在和发展。私营经济是社会主义公有制经济的补充。国家保护私营经济的合法权利和利益，对私营经济实行引导、监督和管理"的规定。第二修正案要求《宪法》第 10 条第 4 款修改为"任何组织或个人不得侵占、买卖或者以其他形式非法转让土地，土地的使用权可以依照法律的规定转让"。

对于土地使用权有偿转让制度改革，王家福和黄明川给予了高度关注。在 1988 年发表的文章中，这两位作者认为，土地使用权有偿转让法律制度在我国产生绝非偶然，而是我国经济社会发展的必然产物。因为从社会主义初级阶段的国情来看，建立这项制度既是大力发展生产力的客观要求，也是大力发展社会主义商品经济、进一步完善社会主义公有制以及合理利用土地的客观要求。具体到法律层面，这篇文章认为，土地使用权有偿转让可以有土地批用和土地使用权出让两种类型。[③] 不过，令人诧异的

①　邓小平：《改革的步子要加快》，载《邓小平文选》第 3 卷，人民出版社，1993，第 238—239 页。

②　参见刘伟《土地拍卖"第一槌"促成宪法修改》，《深圳改革报》2010 年 7 月 19 日，第 A2 版。

③　参见王家福、黄明川《论土地使用权有偿转让法律制度》，《法学研究》1988 年第 3 期，第 54—59 页。

是，这两位作者同时也指出，"国家垄断经营和监督是我国土地使用权有偿转让制度的第一特征"，而所谓"国家垄断经营"包括两个方面的含义：其一，可以有偿转让的只能是国有土地（主要是城市国有土地），而不能是所有的土地；其二，只能是代表国家的市、县人民政府才能有偿批用和出让国有土地使用权，其他任何国家机关、组织和个人均无权批用和出让国有土地使用权以及农民集体土地的使用权。① 这两位作者虽然并没有交代作出此一论断的理论依据和法律依据，但他们很有可能是受到了当时刚刚颁布的《深圳经济特区土地管理条例》的影响。因为该条例规定，特区国有土地实行有偿使用和有偿转让制度，但特区国有土地使用权，由市政府垄断经营，统一进行有偿出让，任何单位和个人需要使用土地，应向市政府申请。②

当时的全国人大常委会也认为土地使用权有偿出让制度改革是极为必要且重要的。不过，在 1988 年下半年，对《土地管理法》进行修改时，他们认为宪法第二修正案应当落实为"国有土地和集体所有的土地的使用权可以依法转让。土地使用权转让的具体办法，由国务院另行规定"，③ 而非唯有国有土地使用权才可以依法出让。遗憾的是，1990 年 5 月 19 日，国务院发布了《城镇国有土地使用权出让和转让暂行条例》，但集体土地使用权的转让办法却没有同时出台。更为遗憾的是，到了 1994 年，通过出台《城市房地产管理法》，全国人大常委会开始扭转集体土地制度改革的方向。该法首次明确规定"城市规划区内的集体所有的土地，经依法征用转为国有土地后，该幅国有土地的使用权方可有偿出让"。④ 而到了 1998 年，立法者彻底改变了对宪法第二修正案的看法，其在这一年废除了 1988 年增加到《土地管理法》第 2 条中的"国有土地和集体所有的土地的使用

---

① 参见王家福、黄明川《论土地使用权有偿转让法律制度》，《法学研究》1988 年第 3 期，第 59—60 页。

② 参见《深圳经济特区土地管理条例》第 2、3、4、8、9、16、19 条（广东省六届人大常委会第三十次会议于 1987 年 12 月 29 日通过）。

③ 参见《土地管理法》第 2 条（1986 年 6 月 25 日六届全国人大常委会第十六次会议通过，1988 年 12 月 29 日七届全国人大常委会第五次会议修改）。

④ 参见《城市房地产管理法》第 8 条（1994 年 7 月 5 日八届全国人大常委会第八次会议通过）。2007 年 8 月 30 日，十届全国人大常委会第二十九次会议作出《关于修改〈中华人民共和国城市房地产管理法〉的决定》后，原第 8 条的规定被调整到了第 9 条，但内容没有变化。

权可以依法转让"规定，然后在第 63 条中增加了"农民集体所有的土地的使用权不得出让、转让或者出租用于非农业建设；但是，符合土地利用总体规划并依法取得建设用地的企业，因破产、兼并等情形致使土地使用权依法发生转移的除外"这一新的规定。

对于土地法律制度的这种曲折变化——有人甚至认为，这一时期的土地法律制度出现了重大的历史倒退，① 法学界总体上没有及时关注和讨论。② 在 1988—2002 年这 15 年间，除了上文提到的王家福和黄明川的文章外，《法学研究》只刊发了 3 篇与土地法律制度有关的文章，其中有 2 篇文章的研究主题是讨论上述土地法律制度变化的。

1988 年初，黄明川再次在《法学研究》上发表文章讨论耕地保护问题。这篇文章虽然主要是介绍和解读中共中央与国务院在 1986 年发布的《关于加强土地管理制止乱占耕地的通知》以及同年通过的《土地管理法》，但同时明确提出，应对非农业建设用地实行指令性计划管理，具体来说，国家某一年的建设用地指标应当参照当年建设项目投资计划多少而定，集体建设用地指标应当参照乡镇企业产值增长速度确定。③ 这一观点在当时的历史背景下有其合理性，毕竟那时的中国在经济体制上实行的是"有计划的商品经济"。然而，遗憾的是，当宪法第七修正案在 1993 年决定将《宪法》第 15 条关于"国家在社会主义公有制基础上实行计划经济"的规定修改为"国家实行社会主义市场经济"之后，1998 年修改的《土地管理法》却突然通过"土地利用年度计划"制度落实了黄明川在文章中所主张的"对非农业建设用地实行指令性计划管理"建议。④ 对于这种嵌入我国市场经济体制中的"土地计划管理"模式，法学界在很长的一段时

① 参见徐远《历史在这里倒退：1998 年〈土地管理法〉修订》，《东方早报》2014 年 7 月 29 日。
② 《法学研究》编辑部曾连续 8 年对 1994—2001 年发表在我国法学类主要刊物的文章按照学科进行梳理，从这些梳理来看，除了零星几篇文章外，当时的法学论文（特别是关于民法、商法、法理学、宪法、行政法的论文）并不是很关注土地领域的法律制度变革。
③ 参见黄明川《我国的耕地保护法律制度》，《法学研究》1988 年第 1 期，第 41 页。
④ 1998 年修改之后，《土地管理法》第 24 条规定"土地利用年度计划，根据国民经济和社会发展计划、国家产业政策、土地利用总体规划以及建设用地和土地利用的实际状况编制"。而为了落实这一规定，国土资源部在 1999 年 2 月 24 日专门通过了《土地利用年度计划管理办法》，对土地利用年度计划的编制、下达、执行、监督和考核作出了详细规定。1999 年之后，该管理办法历经 2004 年、2006 年、2016 年三次修改，沿用至今。

间内很少给予关注和研究。

2000 年时，《法学研究》刊发了陈甦撰写的《城市化过程中集体土地的概括国有化》一文。这篇文章发现，在我国的城市化过程中存在一种可以称为"集体土地的概括国有化"的现象，即"因城市建设的发展，将原属农村的乡（镇）村全社区整体性地并入城市建成区，然后随着乡（镇）村的建制撤销，农村基层行政组织或居民自治组织转变为城市基层行政组织或居民自治组织，农村集体经济组织成员全部由农村居民转为城镇居民，原属农村集体所有但尚未经征用的土地或者土地大部被征用之后的残余土地，便随之全部概括性地转归国有"的现象。① 陈甦认为，导致集体、土地概括国有化的制度原因有三个方面。其一是我国宪法、法律所确定的土地所有权城乡二元结构具有技术上的严重缺陷。因为城市是"活体物"，城市的市区和边界是不断变化的。其二是当国家为了维持城市土地国有的纯粹性，在对集体土地实行概括国有化时没有给予补偿。其三是宪法、法律所确认的两种土地所有权主体（即国家和农民集体）不周延。在陈甦看来，"集体土地的概括国有化"并不是一项公平合理的制度，必须予以纠正，但直接保留集体土地所有权又不可能，因此需要在物权法上确立土地国家所有权和农民集体所有权之外的第三种土地法人所有权（比如公司、土地合作社和土地基金会等），以此作为市场经济体制条件下土地公有制的新的表现形式。②

陈甦此文观察极为敏锐且具有很强的理论概括力，因为"集体土地的概括国有化"虽然被 1998 年 12 月出台的《土地管理法实施条例》第 2 条第 5 项所允许，但 2000 年之前这种现象在全国各地就只是零星发生的"小概率事件"。然而，在这篇文章发表 3 年后，深圳市就开始通过大规模"集体土地的概括国有化"的方式，将宝安、龙岗两个区所有村镇的集体土地转为国家所有，并由此引发了关于"集体土地的概括国有化是否合宪"的激烈争论。当时的争论首先发生在经济学家和深圳地方政府以及深圳本地的法律专家之间。有经济学家批评深圳市的"集体土地概括国有

---

① 陈甦：《城市化过程中集体土地的概括国有化》，《法学研究》2000 年第 3 期，第 108—109 页。

② 陈甦：《城市化过程中集体土地的概括国有化》，《法学研究》2000 年第 3 期，第 114—117 页。

化"做法"是对第 10 条第 3 款的回避，因为集体土地变为国家土地，绝不是一个简单的行政过程，而应该是一个复杂的财产权利交易过程，是国家和土地所有者之间的市场合约行为。"① 然而，深圳市国土局和法律顾问室并不同意这种批评意见。为此，深圳市法律顾问室专门在一份法律论证意见中提出，"本次（深圳）两区城市化土地政策有着充分的法律依据，严格执行了法律程序。根据《中华人民共和国土地管理法实施条例》第二条第五项的规定，'农村集体经济组织全部成员转为城镇居民的，原属于其成员集体所有的土地属于国家所有'。从这一点讲，本次两区城市化与传统意义上的征地行为有着本质的区别。征地是根据经济和社会发展的需要，将一个特定区域的土地，通过相关程序征为国有。而此次城市化是农村集体经济组织全部成员转为城镇居民，因而是一种'转地'的过程，而不是'征地'的过程。这就决定了其对城市化原集体土地的补偿不是'征地补偿'，而是对土地转变性质后的'适当补偿'……否定'转地'国有化的正当性就是否定城市土地国家所有的宪法规定。城市化而不实施'转地'机制是对宪法第 10 条第 1 款和土地管理法第 8 条第 1 款规定的'城市的土地属于国家所有'的轻忽和违反"。② 随后，民商经济法领域的土地法专家们也加入了这场争论。王卫国支持深圳市的做法，认为"27 万农民进入深圳市区，成为城市居民就意味着城市化，根据宪法'城市土地归国家所有'的规定，原本归其所有的农村集体土地理应转为国家所有"。③陈甦则坚持了其之前的研究结论，认为"根据宪法，我国土地所有权的转化只有一种途径，即征地制度。农民户籍的变化不能改变财产关系，不能因为户口由农民变为城市居民，就不循征地程序而直接变更农村土地的所有权性质。……深圳转地的依据是《土地管理法实施条例》第二条第五项，但这项规定本身并不合理。城市化是经济建设的结果，会产生一定的法律后果，比如农民户口随之转为城市户口，但并不

---

① 韩俊：《质疑行政强制性土地国有化》，《财经》2004 年第 18 期，第 95—96 页。
② 深圳市人民政府法律顾问室：《试论深圳宝安、龙岗两区城市化进程中农地转国有的合理合法性》，载深圳市人民政府法律顾问室编《宝安龙岗城市化法律政策汇编》（内部版），2004，第 805—806 页；《深圳国土部门解读宝龙城市化土地政策》，《深圳商报》2004 年7 月 1 日。
③ 卢彦铮：《深圳农地转国有之惑》，《财经》2004 年第 18 期，第 93 页。

能因此改变农村土地的所有权"。① 国务院法制办和国土部虽然组建了联合调查组去深圳调查此事，但由于宪法学的知识储备不足，最后也无法就此问题得出宪法上的确切答案，所以只能警告地方政府"不宜模仿"，"下不为例"。②

另外，《法学研究》在 2001 年还刊发了马俊驹和宋刚合写的《合作制与集体所有权》一文，这篇文章的核心观点将在下文进行梳理。特别值得一提的是，《法学研究》在 1996 年所刊发的《论良性违宪》一文虽然主题并不是讨论土地法律问题，但这篇文章的作者郝铁川很显然是从 1988 年土地使用权有偿出让制度改革倒逼宪法修改的实践中获得了部分灵感。③ 而这篇文章引发了长达 20 多年的"是否应当承认和支持良性违宪"的大争论，而且相关争论直到今天依然没有停止。④

---

① 卢彦铮：《深圳农地转国有之惑》，《财经》2004 年第 18 期，第 93 页。
② 卢彦铮：《深圳农地国有化"特例"》，《财经》2006 年第 22 期，第 101—103 页。需要补充的是，"集体土地概括国有化"实施之后，虽然深圳市政府在土地登记层面获得了宝安区和龙岗区农民集体所有的土地所有权，但土地的实际使用权依然掌握在农民和农民集体手中，而且这些集体土地多已在市场上流转，因此引发了许多围绕土地使用权和收益权的法律争议（比如，在土地国有化政策出台前，某集体经济组织与某企业签订了一份土地租赁协议，并约定集体经济组织将土地出让给企业开发建设后，若出现征收，由企业补偿该集体经济组织一定比例的征地补偿款。2004 年以后这类合同或约定的法律效力就很难确定），违法违章建设的现象也没有得到明显遏制。甚至有深圳本地的研究者在2015 年断言说，深圳当年的城市化转地模式是对城市化和工业化的扭曲，其所带来的是"沉甸甸的教训，而非可资借鉴的成功经验"。相关文献可以参见杨震《城中村房屋纠纷案件若干法律适用问题之探讨——以深圳集体土地国有化后之现状为论域》，《晟典律师评论》总第 8 期，人民法院出版社，2017，第 240—253 页；付莹《新型城镇化不宜效仿深圳城市化转地模式》，《社科纵横》2015 年第 3 期，第 41 页。
③ 郝铁川：《论良性违宪》，《法学研究》1996 年第 4 期，第 89 页。
④ 相关争论可参见《法学研究》1996 年第 6 期刊登童之伟的《"良性违宪"不宜肯定——对郝铁川同志有关主张的不同看法》以及郝铁川的《社会变革与成文法的局限性——再谈良性违宪兼答童之伟同志》；《法学》1997 年第 5 期刊登郝铁川的《温柔的抵抗——关于"良性违宪"的几点说明》、韩大元的《社会变革与宪法的社会适应性——评郝、童两先生关于"良性违宪"的争论》、阮露鲁的《立宪理念与良性违宪之合理性——评郝、童两先生关于"良性违宪"的争论》三篇文章。此外，《法制现代化研究》第三卷刊登了刘旺洪、唐宏强的《社会变迁与宪法的至上性——兼论良性违宪问题》，《法学评论》1998 年第 4 期刊登了曦中的《对"良性违宪"的反思》。进入 21 世纪之后，关于"良性违宪"的研究和争论继续发展，可以参见《法律科学》2012 年第 6 期刊登常安的《改革、修宪与宪法理论论争——现行宪法颁布 30 周年之际的一个学术史回溯》等。

三　2003—2012：制度改革趋于迟缓与学术研究开始繁荣

1998 年的《土地管理法》不仅改变了宪法第二修正案关于土地使用权转让的规则，而且设立了另外两个重要的规则：其一，除了例外情况，任何单位和个人进行建设，需要使用土地的，必须依法申请使用国有土地（第 43 条第 1 款）；其二，征收土地时补偿标准按照"原用途为基础 + 耕地前三年平均年产值 × 30 倍以内的系数"（第 47 条）。这两个规则虽然推动了我国城市化的快速推进，但也引发了被征地人的普遍不满与抵抗，进而威胁了社会的和谐稳定与经济的健康发展。因此，从 2003 年十六届三中全会开始，中共中央就开始提出"改革征地制度，完善征地程序，严格界定公益性和经营性建设用地，征地时必须符合土地利用总体规划和用途管制，及时给予农民合理补偿"的改革目标，① 2008 年的十七届三中全会更是提出"改革征地制度，严格界定公益性和经营性建设用地，逐步缩小征地范围，完善征地补偿机制。……逐步建立城乡统一的建设用地市场，对依法取得的农村集体经营性建设用地，必须通过统一有形的土地市场、以公开规范的方式转让土地使用权，在符合规划的前提下与国有土地享有平等权益"等改革目标。② 遗憾的是，2003 至 2012 年这 10 年间，除了《宪法》、《土地管理法》和《城市房地产管理法》强调了"征收权的行使必须基于公共利益的要求并给予补偿"这一原则外，③ 十七届三中全会所确定的土地制度改革目标基本没有转化为法律制度，传播甚广的"第三次土改"并没有如期而至。④

与土地法律制度改革的迟缓乃至停滞不前形成鲜明对比的是，法学界

---

① 参见《关于完善社会主义市场经济体制若干问题的决定》（2003 年 10 月 14 日中国共产党第十六届中央委员会第三次全体会议通过）。

② 参见《关于推进农村改革发展若干重大问题的决定》（2008 年 10 月 12 日中国共产党第十七届中央委员会第三次全体会议通过）。

③ 参见全国人大于 2004 年 3 月 14 日通过的宪法第二十修正案；全国人大常委会于 2004 年 8 月 28 日通过的《关于修改〈中华人民共和国土地管理法〉的决定》；全国人大常委会于 2007 年 8 月 30 日通过的《关于修改〈中华人民共和国城市房地产管理法〉的决定》。

④ 参见苏永通《中国将全面推开"第三次土改"》，《南方周末》2007 年 7 月 11 日；《第三次土改猜想》，腾讯网，http://finance.qq.com/zt/2008/farmer/，最后访问日期：2017 年 12 月 6 日。

关于土地制度的研究开始繁荣了起来，有数以千计的研究论文、报告和著作在这 10 年中发表或出版。《法学研究》也在此期间发表了 9 篇研究土地法律问题的文章，其中 8 篇与土地征收制度的改革直接相关，另外 1 篇则讨论了合作社法律的属性。

（一）征收程序

2006 年初，程洁在《法学研究》上撰文指出，唯有通过引入正当程序的理念和制度对我国的征收征用程序进行重构，才能在征地权与财产权之间达到协调和平衡，进而确定土地的客观价格，实现对被征地人的公正补偿。为此，其首先对我国土地征收征用程序中的失范现象进行了类型化总结（比如征地流程中时间和空间限定不合理，缺乏中立性，损害财产权关系的稳定和土地资源的有效利用等），然后提出要通过"三公程序"（公告程序、公听程序和公裁程序）在我国征收征用制度中落实正当程序原则。① 此外，程洁还认为，人民法院应对征收征用过程进行前置性司法审查，而不能等征收征用决定已经生效才介入，否则待损害发生后，法院就难以作出撤销判决了。②

程洁的文章并没有具体讨论如何在我国实证法体系（特别是在征收征用过程）中引入"正当程序"这一原则。这个遗憾被刘国乾 2012 年所发表的《土地征收审批的正当程序改革》一文弥补。在对我国土地征收程序的规范和实践进行实际勘察之后，刘国乾发现"要阻止县级政府恣意征收、防止不符合法定条件的征收事实成就，唯一可行的策略就是拟被征收人通过听证发表异议或意见，且由独立于县级政府的公正的第三方根据听证记录对是否征收进行裁决"。具体来说，应当区分"农用地转用审批"和"土地征收审批"这两个不同的程序和决定，并在后者中根据"正当程序"原则引入异议程序和听证程序。③ 另外，这篇文章还指出，即便是法

① 参见程洁《土地征收征用中的程序失范与重构》，《法学研究》2006 年第 1 期，第 62、66—67、75 页。

② 参见程洁《土地征收征用中的程序失范与重构》，《法学研究》2006 年第 1 期，第 77 页。事实上，早在 2004 年时，程洁就在《法学研究》上撰文主张，应将征用纠纷纳入司法审查的范围，为此，其还从比例原则、法律适用依据等角度对法院如何对这类纠纷的合法性和合理性进行审查进行了较为系统的分析。参见程洁《土地征用纠纷的司法审查权》，《法学研究》2004 年第 2 期，第 50—56 页。

③ 参见刘国乾《土地征收审批的正当程序改革》，《法学研究》2012 年第 4 期，第 131—133 页。

律中落实了异议程序和听证程序，地方政府也可能会通过操纵事实（比如伪造被征地人同意书）等方式欺骗征地审批机关，从而逃避异议程序和听证程序的约束，因此其建议应当为被征地人提供各种可利用的技术平台，从而帮助在信息上处于劣势一方的被征地人获得各种现场、非现场但实时的或非现场、非实时的表达意见和提供证据的机会。①

（二）征收补偿标准

2005 年，张千帆在《法学研究》上撰文指出，2004 年修宪之后，虽然"公民的合法的私有财产不受侵犯"，"国家为了公共利益的需要，可以依照法律规定对土地实行征收或者征用并给予补偿"等规定已进入我国宪法秩序，但"应当按照何种标准进行补偿"在法律上并不明确。其认为，"美国宪法'公正补偿'条款的实施对中国具有直接的借鉴意义"，因为公正的补偿不但可以保障被征地人的合法权益，有利于维护社会的和谐稳定，而且还可以防止地方政府和土地开发商滥用土地、乱占耕地和盲目设立开发区。② 具体来说，所谓"公正补偿"就是按照"公平市场价格"进行补偿，而按照美国联邦最高法院在 1934 年 Olson v. United States 一案中所确立的标准，"公平市场价格"是指买主在公平和公开的市场交易中愿意付给卖主的价格。这种价格不仅反映财产的现在使用情况，而且还应反映财产所适合的其他使用情况，包括特定财产所适合并在近期内可以付诸使用的各种情况下的最高价值。最高价值的计算方法包括可比销售法、总体收入法、复制成本法等。③

如果说张千帆的文章主要是希望通过借鉴美国的征收补偿标准来完善我国相关制度，屈茂辉和周志芳 2009 年所发表的文章则主要关注我国土地征收实践中的补偿标准到底是如何确定的。在对全国 83 个不同层级的跟土地征收补偿标准有关的地方性法规和地方政府规章进行梳理之后，这两位作者发现：（1）截至 2009 年，各地在集体土地征收补偿的过程中，土地

---

① 参见刘国乾《土地征收审批的正当程序改革》，《法学研究》2012 年第 4 期，第 136 页。
② 参见张千帆《"公正补偿"与征收权的宪法限制》，《法学研究》2005 年第 2 期，第 33—36 页。
③ 参见张千帆《"公正补偿"与征收权的宪法限制》，《法学研究》2005 年第 2 期，第 30 页。

补偿费和安置补助费的计算标准主要是按照《土地管理法》第 43 条所规定的"年产值倍数"为基准，但 2006 年以后，银川市、南宁市以及天津市等 6 个地方已经突破这一规定，开始使用"区片综合地价"计算方式来设立征地补偿标准；（2）虽然《土地管理法》第 47 条第 6 款规定，土地补偿费和安置补助费总和的倍数最高值不得超过被征收耕地前三年平均年产值的 30 倍，而在地方立法文本中，具体的补偿标准通常被设定为 15 倍左右，仅为最高值的一半；（3）市级人大制定的征收补偿立法文本不仅在数量上只为市级政府规章的一半，而且很少对补偿标准进行直接规定，多是授权市县级政府制定具体的征收补偿标准；（4）征收补偿地方立法都没有规定对土地承包经营权、宅基地使用权等用益物权的补偿，这与物权法关于"因不动产或者动产被征收、征用致使用益物权消灭或者影响用益物权行使的，用益物权人有权依照《物权法》第 42 条、第 44 条的规定获得相应补偿"的规定是相冲突的。①

屈茂辉和周志芳的研究让我们对当下中国的征收补偿情况有了较为清晰的认识，但其所提出的改革建议却存在一定的模糊性和内在紧张。其具体表现在，这两位作者一方面建议应当尽快在全国层面制定统一的"不动产征收法"，在该法中应当借鉴美国的"公平补偿"标准，并以"市场价值"作为具体的补偿依据。然而，另一方面又认为，所谓"市场价值"的计算应当以"区片综合地价法"为标准，即应当以土地最佳农业用途的年平均产值为补偿基数对土地承包经营权人进行补偿。② 这两个方面的矛盾之处在于，其一，以"土地最佳农业用途的年平均产值为基数"来进行补偿，并不符合"市场价值"补偿原则，因为土地征收权行使的前提是土地利用规划发生了变更，且变更之后的土地利用规划允许原有的农业用地从事现代工商业建设。既然规划允许相应地块从事现代工商业，那么依然以"原用途"为基础进行补偿，无疑会背离具体地块的市场价格。其二，"区片综合地价"计算方法虽然参考了许多市场因素，但在定价机制上，依然是政府定价并非市场定价。

---

① 参见屈茂辉、周志芳《中国土地征收补偿标准研究——基于地方立法文本的分析》，《法学研究》2009 年第 3 期，第 167、170、172、173 页。

② 参见屈茂辉、周志芳《中国土地征收补偿标准研究——基于地方立法文本的分析》，《法学研究》2009 年第 3 期，第 176—177 页。

屈茂辉和周志芳的研究之所以会出现这种内在紧张，可能与其对土地发展权关系的认识模糊有关，即"市场价格"补偿标准究竟应当以"原用途"为基础，还是应当同时包括对土地发展权的补偿？从国内学术界的研究来看，国内学者关于土地发展权的研究起步于20世纪90年代末期，[①] 2012年《法学研究》首次刊发了专题讨论"土地发展权"问题，即陈柏峰所撰写的《土地发展权的理论基础与制度前景》一文。依照陈柏峰的理解，进入现代社会之后，土地发展权从土地所有权中分离了出来，成为一项优先地满足社会需要且由政府掌管的权利。这种权利与国家管制权的"限制"相伴而生，它力图平衡和解决土地发展增益的分配，以促进土地资源的有效利用，最终达到保护历史古迹、环境、城市开敞空间、粮食安全等目的。在具体的实践中，英国采取的是"土地发展权国有"制度，美国采取的是"土地发展权土地所有权人所有＋土地发展权转让"制度，而我国法律虽未言明土地发展权，但是在国家管制权的作用下以及约翰·穆勒、亨利·乔治和孙中山等人"涨价归公"理论的影响下，却近乎采取了土地发展权国有模式。具体表现是1998年《土地管理法》将土地发展权国有化了。[②] 在这种法律制度下，我国政府在征收集体土地时，需要适当考虑失地农民分享土地发展增益，适当提高征地补偿标准，保证被征收人过上小康生活，但不能因为"钉子户"抗争而支付超额补偿费用，否则对国家和那些没有机会被征收土地的大田农民都是不公平的。[③] 陈柏峰的这篇文章对国内学术界关于土地发展权的研究产生了很大影响，但其对于土地发展权性质和功能的界定也引发了许多争论。

（三）征收制度的结构问题

2011年，吴光荣撰文指出，我国土地征收制度中一直存在"异化现象"，即"原本用来满足公共利益需要而设计的征收制度，在被异化为解

---

① 参见朱广新《土地用途管制制度与土地发展权之比较》，《中外房地产导报》1998年第22期，第37—39页；胡兰玲《土地发展权论》，《河北法学》2002年第2期，第143—146页等。

② 参见陈柏峰《土地发展权的理论基础与制度前景》，《法学研究》2012年第4期，第105—106、110页。

③ 参见陈柏峰《土地发展权的理论基础与制度前景》，《法学研究》2012年第4期，第111、113页。

决城市发展所需用地的主要途径"。① 在其看来，2011 年通过的《国有土
地上房屋征收与补偿条例》虽然"迈出了将已经异化为拆迁制度的征收制
度回归到名实相符状态的重要一步"，但该条例第 8 条第 5 项所规定的
"由政府依照城乡规划法有关规定组织实施的对危房集中、基础设施落后
等地段进行旧城区改建的需要"也属于公共利益，依然存在将土地征收制
度异化为"解决城市发展所需用地"的巨大风险。这篇文章认为，要解决
我国土地征收制度所存在的"异化问题"，首先必须严格按照党的十七届
三中全会的精神，严格界定公益性和经营性建设用地，改革征地制度，逐
步缩小征地范围，然后通过市场机制来解决非公共利益建设的用地问题。②
具体来说，对于非公共利益的用地，应基于"集体利益"来供给，即立法
者可以将规划范围内的业主规定为一个"集体"的成员，然后由这些集体
成员对开发商提出的补偿方案进行民主表决，以决定是否达成拆迁协议。
吴光荣的这篇文章对于解决城市中高层建筑物的改建或重建问题，是很有
启发的，而且其所提出的"基于集体利益供给非公益用地"的想法也很有
想象力，不过，其对集体土地征收领域所存在的问题着墨并不多。

在《法学研究》发表的论文中，关于集体土地征收制度的结构性缺陷
和问题，要到 2012 年张千帆发表《农村土地集体所有的困惑与消解》一
文之后才得以系统分析。在这篇文章看来，农地是否可以用于非农建设、
农民宅基地是否可以建商品房是城乡规划问题，与土地所有制无关，更谈
不上土地征收。城市化实质上仅涉及土地权属和用途的变更，完全可以通
过农民、村集体、城市居民或开发商之间的自愿协议完成。政府的正当角
色是审批规划的合理性，而非直接介入征地。《土地管理法》第 43 条和第
63 条的规定，违背了《宪法》第 33 条规定的"公民在法律面前一律平
等"，混淆了土地用途和土地所有制两种性质不同的概念，将"经济建设
与国有土地"、"城市化与征地"绑定在一起，不仅无助于保护耕地，而且
恰恰会因为刺激地方政府的"征地冲动"而加剧耕地流失。张千帆认为，
解决我国征地制度所存在的缺陷，首先是要澄清对《宪法》第 10 条"农
民集体所有"的误读，然后要将"集体所有权"解释为"最终由农民个体

---

① 吴光荣：《征收制度在我国的异化与回归》，《法学研究》2011 年第 3 期，第 59 页。
② 参见吴光荣《征收制度在我国的异化与回归》，《法学研究》2011 年第 3 期，第 63—64 页。

享有的财产权利"（具体为土地经营权、居住权和收益权），最后要放松土地管理法等法律对集体土地使用权的过度限制，并从制度上使征地与城市化彻底脱钩。① 从土地制度改革的角度来看，这篇文章的观点与一年之后党的十八届三中全会提出的改革目标是非常相近的。但从宪法解释的角度来看，其对宪法中"集体所有"的解释可能会超出这个术语的"语言射程"，因此，如何解释宪法中的"集体所有"依然是一个值得研究的问题。

四　2013—2017：土地制度全面深化改革与土地法研究争鸣

以 2013 年 11 月十八届三中全会作出《关于全面深化改革若干重大问题的决定》为标志，我国的土地制度一扫之前 10 年的沉闷和停滞不前，加速进入"全面深化改革"的新阶段。从土地的改革精神和目标来看，十八届三中全会与十七届三中全会是一脉相承的，但 2013 年以来的土地改革，不仅步子迈得更大，更加全面系统，而且更为重要的是，顶层设计者要求严格落实这些改革精神和改革目标，而不能仅仅停留在政策宣传或政治口号层面。在这种情况下，如何从法律层面解决过去 30 多年间在土地领域所积累的矛盾，就成了法学界思考和研究的重点。在这一时期，《法学研究》所刊发的土地法论文有以下三个方面的特点：首先，是数量多，在2013—2017 年短短的 5 年间，《法学研究》刊发了 19 篇学术论文，比过去35 年的总和还要多 2 篇；其次，主题涉及我国土地制度改革的方方面面，而不像前三个历史阶段那样，主要聚焦在土地法的某个具体领域；最后，论战和争鸣的味道越来越浓，不仅很多新出现的土地法律问题引发了争议，而且在前三个历史阶段所达成的一些土地制度发展和改革的共识也开始受到挑战，重新被问题化并成为学术争论的焦点。这些情况的出现，既让人们为我国土地法学术研究的繁荣感到欣喜，但同时也让人们担忧这一领域的研究是否陷入了"学术混战"和"精神分裂"的状态难以自拔。

依照主题不同，具体分述如下。

---

① 参见张千帆《农村土地集体所有的困惑与消解》，《法学研究》2012 年第 4 期，第 118—119、125 页。

（一）土地承包经营权制度改革

家庭联产承包责任制自 20 世纪 80 年代中期确立以后，为解决我国的农业、农村和农民问题（即"三农问题"）奠定了坚实的基础。然而，20世纪 90 年代以后，特别是进入 21 世纪之后，家庭联产承包责任制遇到了新的挑战。具体来说：其一，随着我国城市化的快速推进，大量的农民入城务工导致农村的耕地要么大面积撂荒，要么由留守的老人和妇孺耕种，农业产出和生产效率不高；其二，20 世纪 80 年代以后出生的"农民"入城之后，多数不愿意再回到农村从事农业生产，这导致人们开始担心未来农村会出现土地无人耕种的情况；其三，以我国 2001 年加入 WTO 为标志，在过去的 10 多年间，我国的经济不断融入世界，而传统以家庭为单位的土地和农业生产方式很难抵挡农业经营规模化程度高或具有其他比较优势的国家的竞争，多数处于破产的边缘或者隐形破产的状态（即如果农民不兼职外出务工的话，就会破产）。这时，如何在守住"土地公有制性质不改变、耕地红线不突破、农民利益不受损"三个底线的基础之上，提高我国土地的利用效率以及农业和农产品在国际上的竞争力，就成了必须解决的问题。

对此，十八届三中全会所提出的解决方案是，要"在坚持和完善最严格的耕地保护制度前提下，赋予农民对承包地占有、使用、收益、流转及承包经营权抵押、担保权能，允许农民以承包经营权入股发展农业产业化经营。鼓励承包经营权在公开市场上向专业大户、家庭农场、农民合作社、农业企业流转，发展多种形式规模经营"。然而，如何理解并在法律上落实上述改革目标，学术界却发生了分歧。2014 年之后，《法学研究》刊发了多篇文章就这一问题展开了讨论。

陈小君在《我国农村土地法律制度变革的思路与框架》中认为，十八届三中全会作出改革决定之后，一些政策起草部门的专家将相关改革决定解读为"农地权能结构由所有权和承包经营权'两权并行分置'，向所有权、承包权、经营权'三权并行分置'发展"，这溢出了严谨的法律规则范畴，属于以政治语言代替法律术语的臆断，与现代农地法律制度日渐精细化、规范化构造的趋势并不吻合，还可能引发系列"误读"效应。在其看来，在土地承包经营权可以转让的情况下，刻意分离出所谓的"经营权"，实无必要，而且在用益物权之上再设相近用益物权的安排，是人为地将法律关系复杂化，属于立法技术的倒退。① 这篇文章建议，如果担心农民失去承包经营权后生存保障会出现问题，那么并不需要将"承包权"和"经营权"分离，而是需要建立"成员权"制度，即"集体成员自身经营承包地，在承包经营权期限届满后，无特殊情况，可自动延续；不具有集体成员身份的一般经营者，其经营存续期仅以法定的承包期为限，期限届满后不得当然享有新的承包权利；其他没有分配承包地的成员得以集体成员之身份重新请求分配承包地"。如果担心实际经营者（种田大户、农业公司）所获得的土地权利得不到有效保护，那么可以承包经营权入股的方式来加以解决，具体包括"集体经济组织自身改造成股份合作制企业"和"集体成员以其承包经营权入股非集体经济组织"两种方式。②

高圣平也认为，经济学界提出的以土地所有权、土地承包权、土地经营权"三权分离"学说为基础构建农地产权的观点，曲解了稳定土地承包与土地承包经营权流转之间的关系，不符合他物权设立的基本法理，无法在法律上得以表达，也与下一步农地制度改革的方向相悖。③ 之所以得出这样的结论是因为，其一，我国的土地承包法和物权法都已经将土地承包经营权物权化了，而且自十七届三中全会作出"现有土地承包关系要保持稳定并长久不变"之后，土地承包经营权已经永佃权化了，这时"土地承包经营权人处分其权利，在不违反法律规定的情形下，自应允许"；其二，2008 年以来的法律和政策都强调要在稳定土地承包关系的前提下，"允许农民以转包、出租、互换、转让、股份合作等形式流转土地承包经营权，发展多种形式的适度规模经营"，这时突然提出"能流转的仅是土地经营权，土地承包权仍由原农户享有"的主张，既不符合现行法的规定，也不符合党和国家的政策，理论上也难自圆其说；最后，转让其土地承包经营权后，本集体经济组织成员虽然丧失了土地承包经营权，但作为本集体经济组织成员的身份没有变，其仍可以作为本集体的一员对集体所有的财产

---

① 参见陈小君《我国农村土地法律制度变革的思路与框架——十八届三中全会〈决定〉相关内容解读》，《法学研究》2014 年第 4 期，第 5 页。

② 参见陈小君《我国农村土地法律制度变革的思路与框架——十八届三中全会〈决定〉相关内容解读》，《法学研究》2014 年第 4 期，第 12—13 页。

③ 参见高圣平《新型农业经营体系下农地产权结构的法律逻辑》，《法学研究》2014 年第 4 期，第 76 页。

享有成员权，即对集体资产股份的占有、收益、有偿退出及抵押、担保、继承权。① 在高圣平看来，我国农地制度领域需要改革的，不是将土地所有权、承包经营权"两权分置"转变为土地所有权、土地承包权、土地经营权"三权分置"，而是要进一步废除我国实定法中关于农地转让"须经发包方同意"、"转让人要有稳定的非农职业或稳定的收入来源"、"受让人限于'其他从事农业生产经营的农户'"等限制。②

　　虽然上述两位民法学者对经济学界提出的"三权分置"理论进行了强烈批评，但就土地承包经营权制度改革的方向而言，他们与经济学家们本质上并没有太大的分歧。比如，他们都强调应当通过成员权制度来解决农民转让土地承包经营权之后的生存保障问题，而经济学家们也认为"承包权属于成员权"或者"承包权的取得是与集体经济组织成员资格挂钩的"。③ 经济学家们的意见之所以会受到上述民法学者批评，主要是因为后者认为，"三权分置"这种理论创新没有认真理解和研究我国现行的法律，不仅没有必要，而且在我国的法律体系中难以落实，甚至会带来农地权利体系的混乱。用高飞的话来说，即使"三权分置"理论是必要的，其在法律上也应当表达为"所有权、成员权、农地使用权"，而非经济学界所提出的"所有权、承包权、经营权"。④

　　不过，民法学者们在这个问题上也不是铁板一块。蔡立东和姜楠2015年发表文章提出，所有权、承包权和经营权"三权分置"不仅在社会生活中很有必要，也很有意义，而且在我国的法律体系中也是可以落实的，并非属于"法律不能表达"的情况。具体来说，可以在土地承包经营权之外创设具有物权效力的经营权（权利用益物权），但这种经营权是"基于土地承包经营权人的意愿、以土地承包经营权为客体创设的用益物权"；而土地承包经营权是"基于农地所有权人的意愿、以农地为客体创设的用益

---

① 参见高圣平《新型农业经营体系下农地产权结构的法律逻辑》，《法学研究》2014 年第 4 期，第 79—81、83—85 页。
② 参见高圣平《新型农业经营体系下农地产权结构的法律逻辑》，《法学研究》2014 年第 4 期，第 89—90 页。
③ 参见张红宇《从"两权分离"到"三权分离"——我国农业生产关系变化的新趋势》，《人民日报》2014 年 1 月 14 日，第 7 版；叶兴庆《从"两权分离"到"三权分离"——我国农地产权制度的过去与未来》，《中国党政干部论坛》2014 年第 6 期。
④ 参见高飞《农村土地"三权分置"的法理阐释与制度意蕴》，《法学研究》2016 年第 3 期，第 13 页。

物权"，两者并不违反"一物一权"的原则，完全可以并存且为用益物权体系所容纳。① 汪洋的思路更为开阔，在对我国明清时期地权制度构造进行了精细且精彩的分析之后，他认为，民法学界关于"三权分置"在我国法规范和法知识体系中落实的争议和解释困境，其实是大陆法系"所有权—他物权"的物权观念与结构定式所致。如果可以跳出这个思维范式和理论框架，从中国传统的地权秩序中来看，农地"三权分置"的改革其实与我国明清时期土地产权制度领域的"一田二主"制有异曲同工之妙，因此完全可以将"土地经营权作为一种新型财产权利，如同明清时期田土上的'业'，可自由流转和处分"。借此，相关法解释和法构造之难题自然消解。② 不过，汪洋并没有进一步讨论和界定这种作为"新型财产权利"的土地经营权的法律性质，及其与现有的集体土地权利体系如何进行衔接等问题。由此观之，是否要在我国的农地权利体系中进行"三权分置"理论创新以及这种理论创新在法律上如何落实，依然是一个需要深入研究的问题。

（二）宅基地制度与集体土地所有权的改革

关于宅基地制度的改革，《法学研究》2014 年同期刊发了两篇观点相异的文章。第一篇由陈小君撰写。她认为，在我国的宅基地使用权依然具有福利性质的情况下，现阶段城乡土地市场分割有一定合理性，对宅基地使用权转让问题不可操之过急，但在我国现行法律允许农民处分房屋所有权的情况下，允许宅基地使用权转让不仅对合理利用土地有积极的意义、在现实中有客观要求，而且也是其用益物权制度完善的内在要求。③ 第二篇是由桂华和贺雪峰撰写的，他们基本不赞同"宅基地可以进入市场流转"这一观点。在这两位作者看来，既有的宅基地管理制度具有明显合理

---

① 参见蔡立东、姜楠《承包权与经营权分置的法构造》，《法学研究》2015 年第 3 期，第39、46 页。另外，孙宪忠也认为"三权分置"学说在法律上是可以表达的，因为我国的《物权法》第 136 条已经规定了在用益物权基础上再设置用益物权的可能性和合法性的规则。其建议设立名为"耕作权"或"耕作经营权"的新型物权来表达改革政策中所说的"经营权"。参见孙宪忠《推进农地三权分置经营模式的立法研究》，《中国社会科学》2016 年第 7 期，第 160—161 页。

② 参见汪洋《明清时期地权秩序的构造及其启示》，《法学研究》2017 年第 5 期，第 131 页。

③ 参见陈小君《我国农村土地法律制度变革的思路与框架——十八届三中全会〈决定〉相关内容解读》，《法学研究》2014 年第 4 期，第 14 页。

性。具体表现为：其一，相较于允许农村宅基地入市，进而造成 5% 农民独享城市化成果的做法，社会主义公有制赋予国家垄断土地增值收益的权力，通过将其转化为公共财政实现社会财富公平分配的制度设置更加合理；其二，集体组织以福利形式向符合条件的农民分配宅基地，使得广大农民"住有所居"；其三，宅基地限制交易政策，防止土地向资本集中，对 95% 的农民个体与整体中国发展都具有积极意义。①

　　上述关于宅基地使用权的争论，其实都与论者对"集体土地所有权"和"集体所有"法律性质及其未来走向的认识差异有关。事实上，陈甦的文章之所以在 2000 年提出要建立土地的国家所有与集体所有之外的第三种土地所有权形态，原因就在于其认为"农村集体经济组织作为一种社区经济组织，在城市中很快就会因为社区居民成分多样化、择业机会多、人口流动性大等原因而解体，集体土地也随之无法在城市中继续保留"。② 到了 2001 年，马俊驹和宋刚虽然认为，合作制不但是集体所有权产生的前提，而且集体所有权也在合作制中产生，但同时又认为，基于合作制产生的集体所有权不应再基于合作制来运行了，而应将"本社区农村户籍人员"作为认定农村集体经济组织成员的标准。③ 2007 年时，马跃进再次强调"农村集体经济组织要承担社区范围的公共职能，所以它不可能充分发挥连接农民与市场的纽带作用，不可能成为纯粹的市场经济组织"。④ 而且十八届三中全会之后，依然有学者坚持这一观点。比如，韩松在《农民集体土地所有权的权能》一文中就认为，集体土地所有权虽属集体私权，体现的却是集体成员的公有利益，且这种权利受到公法的严格管制，因此应从社会法来认识这种土地所有权的性质和权能，即集体土地所有权的法律性质是集体成员集体共有权，其核心功能是为集体成员提供社会保障。⑤ 徐健在 2017 年的文章中也强调，"农村集体经济组织是农村社会公共服务的承担主体。因此，土地的集体所有不能等同于一般的私法团体所有，而

①　参见桂华、贺雪峰《宅基地管理与物权法的适用限度》，《法学研究》2014 年第 4 期，第 35、44—45 页。
②　陈甦：《城市化过程中集体土地的概括国有化》，《法学研究》2000 年第 3 期，第 113 页。
③　参见马俊驹、宋刚《合作制与集体所有权》，《法学研究》2001 年第 6 期，第 116、118、126 页。
④　马跃进：《合作社的法律属性》，《法学研究》2007 年第 6 期，第 41 页。
⑤　参见韩松《农民集体土地所有权的权能》，《法学研究》2014 年第 6 期，第 68、77、79 页。

应体现出公有属性和社区属性。"①

不过，陈小君却认为，在新的历史条件下，农村集体经济组织并不必然承担社区范围公共职能，而是可以通过还原集体经济组织的私法属性来增强其在市场经济中的博弈能力和自主力量。为此，其建议要进一步推动村委会与集体经济组织职能分立改革，将集体经济组织改造为民法上的自主经营、自负盈亏、独立核算的法人，并尊重和保障其所有权的核心权能——处分权。② 对此，韩松反对说，对农民集体土地所有权处分权能的严格限制以至处分权能缺位并不是农民集体土地所有权的缺陷，而是农民集体土地所有权的特点。③ 黄忠的反对意见更为干脆。其认为，我国宪法所规定的土地"集体所有"不宜按照民法所有权理论来进行界定，而依然只能将其视为"在生产资料和生活资料无法迅速实现全民所有的情况下，不得不采取的过渡步骤和权宜之计"。为此，黄忠同意陈甦在 2000 年所作出的关于"集体经济组织在城市化之后很快解体，无法存续"的论断，但其并不认为"要在国家所有和集体所有之外建立土地法人所有权这种第三类土地所有权形态"，而是认为"一旦集体土地上的全体农民已经完全城市化，成为真正的城市居民，那么原有的农民集体这一土地所有权的主体也就当然消灭，因而原有的农民集体土地便自然成为'无主物'，而无主的土地归国家所有则是多数国家的共同做法"。④

对于韩松、黄忠的上述观点，在《法学研究》的作者群中，高飞、耿卓（当然也包括陈小君）等基本表示不赞同。在他们看来，集体土地所有权就是民法上的所有权，而且在当下的土地制度改革中，集体土地所有权应当进一步强化而不是虚化，特别是应以集体土地所有权为基石来完善集体土地权利体系。⑤ 具体来说，一方面是要在坚持农村土地集体所有权的基础上，充实所有权内涵，保证所有权主体切实享有使用、收益和处分等完整权能，而

---

① 徐健：《建设用地国有制的逻辑、挑战及变革》，《法学研究》2017 年第 5 期，第 112 页。

② 参见陈小君《我国农村土地法律制度变革的思路与框架——十八届三中全会〈决定〉相关内容解读》，《法学研究》2014 年第 4 期，第 19—20 页。

③ 参见韩松《农民集体土地所有权的权能》，《法学研究》2014 年第 6 期，第 74 页。

④ 黄忠：《城市化与"入城"集体土地的归属》，《法学研究》2014 年第 4 期，第 60 页。

⑤ 参见高飞《农村土地"三权分置"的法理阐释与制度意蕴》，《法学研究》2016 年第 3 期，第 15 页；陈小君《我国农村土地法律制度变革的思路与框架——十八届三中全会〈决定〉相关内容解读》，《法学研究》2014 年第 4 期，第 17 页。

且要特别反对借公共利益之名进行的强制性的商业征收，并对所有权派生的土地发展权和物上代位的土地征收补偿权给予保护。另一方面则要依法保障农民个体在真正享有、自主行使土地承包经营权的前提下，建立健全土地经营权流转市场，做实农民个体享有的宅基地使用权，强化其财产权属性，恢复自留地（山）权利作为保障农民生活的类所有权性质权利的本来面目。同时，在城乡规划与集体土地征收中切实保障农民参与的程序性权利。①

　　因篇幅所限，本文无法对这些观点各异的文章作出全面分析，但这里需要强调以下两个方面。其一，当现行《宪法》的序言和第 6 条宣布"中华人民共和国成立以后，我国社会逐步实现了由新民主主义到社会主义的过渡。生产资料私有制的社会主义改造已经完成，人剥削人的制度已经消灭，社会主义制度已经确立"，"全民所有制和劳动群众集体所有制都是社会主义公有制的重要组成部分"时，集体土地所有权已经不再是人民公社时期的过渡步骤和权宜之计了，而是一种与国家土地所有权在法律地位上平等的所有权，而且这种土地所有权并不以"共同劳动"作为其存在前提，因此在对"集体所有"进行宪法解释时，不能超出现行宪法所能承受的范围。其二，就像德国社会学家尼古拉斯·卢曼所指出的那样，伴随着人类社会复杂性的持续增长，人类历史演化经由"分割"时代和"分层"时代，现已进入"功能分化"时代。在这个新的时代，我们一方面要通过社会系统的沟通媒介、二元编码和系统项目，来保持政治、经济、法律、宗教以及艺术等社会各子系统的独立运作，另一方面要确保不同的社会子系统可以通过"沟通"与周围其他系统组成的环境进行意义连接，从而实现系统间的彼此协调耦合以及社会的有效运作。② 如果说集体经济组织和集体土地所有权曾经在相当长的一段时期内不得不担当起"为农村社会提供公共服务和为集体成员提供社会保障"的职责，那么在全面深化改革正在如火如荼开展的今天，依然坚守这种"政经不分"、"政社不分"的理论，不但不利于国家治理现代化改革的推行，而且容易导致社会系统的紊乱和错位。毕竟"为农村社会提供公共服务和为集体成员提供社会保障"

---

① 参见耿卓《农民土地财产权保护的观念转变及其立法回应——以农村集体经济有效实现为视角》，《法学研究》2014 年第 5 期，第 103、109—112 页。

② 参见 Niklas Luhmann, *Social System*, trans. by J. Bednarz, Jr. and D. Becker, California：Stanford University Press，1995，pp. 158 – 169。

本是国家对公民和社会应当履行的职责，而不应是作为经济组织的集体经济组织应尽的义务。

（三）土地征收制度与集体建设用地入市改革

到 2014 年，崔建远在《征收制度的调整及体系效应》一文中将吴光荣 2011 所说的征地制度"异化"论归纳为"先征收、再出让"模式。其认为，这种模式并非基于公益目的，正当性存疑，因此应当依照十八届三中全会的改革精神，缩小其适用范围，直至取消这种模式。① 如何实现这一目标呢？崔建远并不支持吴光荣关于"可以基于集体利益进行拆迁"的主张，而是认为应当通过对"征收"和"征用"加以区分来进行。在其看来，我国现行法上的征收，是"以消灭被征收对象的所有权、国家原始取得所有权为内容的"，这与"仅仅移转标的物使用权"的征用存在显著差别。具体来说，我国集体土地和房屋征收的对象，只应包括集体土地所有权和房屋所有权，而不包括国有建设用地使用权、集体建设用地使用权、土地承包经营权、宅基地使用权等他物权。既然如此，那么基于非公益目的需要的建设用地使用权之供应，就无须再适用征收制度，而可以直接进入建设用地市场。不过，其并不认为现有的宅基地、乡镇企业建设用地、乡镇政府办公用地、"四荒"地以及部分承包地可以直接出让，而是建议先针对这些土地设立集体建设用地使用权，然后由集体经济组织这个土地所有权人直接与用地者签订集体建设用地使用权设立或出让合同。②

如果国家只能基于公共利益来征收集体土地，那如何面对现行《宪法》第 10 条第 1 款关于"城市的土地属于国家所有"的规定，《土地管理法》第 43 条第 1 款关于"任何单位和个人进行建设，需要使用土地的，必须依法申请使用国有土地"的规定，以及《城市房地产管理法》第 9 条关于"城市规划区内的集体所有的土地，经依法征用转为国有土地后，该幅国有土地的使用权方可有偿出让"的规定呢？崔建远的文章并没有对此进行讨论和分析。但这个问题是至关重要的，因为集体土地一旦不经过征收而直接有偿出让，那么就会直接违反土地管理法和城市房地产管理法的规定，一些学者甚至认

---

① 参见崔建远《征收制度的调整及体系效应》，《法学研究》2014 年第 4 期，第 65—66 页。
② 参见崔建远《征收制度的调整及体系效应》，《法学研究》2014 年第 4 期，第 69—70 页。

为，这会突破和违背"中国土地制度的宪法秩序"。① 由此观之，要真正解决我国土地征收制度的异化问题，除了要在民商事法律领域进行精耕细作之外，还需要对公法领域关于土地制度的法律规定进行分析和研究。

2016 年，王克稳从公法的角度对我国的集体土地征收制度进行了专题研究。其认为，在我国现行法秩序内，改革异化的土地征收制度（崔建远所说的"先征收、再出让"供地模式）有两种途径，其一是对《宪法》第 10 条第 1 款进行修改，其二是在第 10 条第 4 款"任何组织或者个人不得侵占、买卖或者以其他形式非法转让土地"之后增加"集体土地所有权可以依法转让给国家"的规定。王克稳的文章并没有实质性地讨论第一种方案，而是将重点放在第二种方案上。在其看来，如果第二种方案得以施行的话，那么《宪法》第 10 条的第 3 款就与第 4 款共同构成了城市土地国有化的双轨制路径，即基于公共利益需要的土地征收和非公共利益需要的议价购买。② 在这个双轨制路径中，其一，基于公共利益需要的土地征收需要严格限定。具体的限定方法是，除特殊情况外，不能再进行宽泛的区段征收，也不能继续"按建设用地计划指标、分批次审批"模式进行征地，而应当实行按项目征地，即每一征地决定都应与具体的项目建设挂钩，整个征收决定程序都应围绕项目建设是否符合公共利益的需要展开。其二，对于被城市规划纳入城市规划区和城市市区但不属于公共利益建设需要的集体土地，可以建立国家对入城集体土地的议价购买制度，即集体土地所有权可以依法转让给国家。具体来说，不仅城市规划区外的集体建设用地可以直接进入市场，而且城市规划区内的集体建设用地也可以直接进入市场；不仅集体经营性建设用地可以进入建设用地市场，而且非经营性集体建设用地进入市场也是可以适时考虑和研究的；集体建设用地进入建设用地市场后，不仅可以进行工商业建设，而且可以进行商业性房地产

---

① 贺雪峰在 2013 年将"土地公有，地利共享，消灭土地食利者的规范和实践"称为"中国土地制度的宪法秩序"。到了 2014 年，其进一步将"中国土地制度的宪法秩序"明确为"我国现行的征地制度和土地财政模式"。在其看来，这一宪法秩序具体的表现就是我国现行《土地管理法》第 43 条和第 47 条关于国家垄断土地一级市场，农村土地原则上只能用于农业建设，征收农村土地按原用途给予补偿的规定。参见贺雪峰《地权的逻辑 Ⅱ：地权变革的真相与谬误》，东方出版社，2013，第 36—37 页；贺雪峰《城市化的中国道路》，东方出版社，2014，第 118—216 页。

② 参见王克稳《我国集体土地征收制度的构建》，《法学研究》2016 年第 1 期，第 60 页。

开发建设和住宅建设。①

　　王克稳此文不但明确反对"国家垄断土地一级市场属于中国土地制度宪法秩序"这一观点，而且明确反对一些经济学家所提出的"圈内圈外论"，即"城市规划区内的建设占用集体土地，还是要征为国有，但规划区外的经营性用地，则应允许保留集体所有性质，不必征为国有，可以直接进入集体建设用地市场"。② 但遗憾的是，对于"圈内圈外论"的弊端，这篇文章并没有进行详细的分析和论证，因此也未能引起社会各界的重视。这使得在 2017 年 5 月的《土地管理法（修正案）》（征求意见稿）以及 2017 年 7 月上报给国务院的《土地管理法（修正案）》（送审稿）中，国土资源部依然建议"在土地利用总体规划确定的城市建设用地范围内，由政府为实施城市规划而进行开发建设的"属于"公共利益"的范围，需要先行征收然后再有偿出让（《送审稿》第 44 条第 5 项）。③

---

① 参见王克稳《我国集体土地征收制度的构建》，《法学研究》2016 年第 1 期，第 69—70 页。

② 在 1994 年的一份研究报告中，黄小虎率先提出，应尽快推动集体建设用地入市制度建设，但是可以"城市规划区圈内圈外"为标准对集体建设用地入市进行区分处理。当年出台的《城市房地产管理法》部分采纳了这个意见，就如上文提到的那样，该法规定"城市规划区内的集体所有的土地，经依法征用转为国有土地后，该幅国有土地的使用权方可有偿出让"，但并没有规定城市规划区外的集体建设用地可以直接进入建设用地市场。2008 年之后，一些政策建议者再次提出"圈内圈外论"，但就像刘守英后来总结的那样，"一方面，由于城镇圈外建设用地范围很小，加上城镇外扩的征地模式没有被堵死，上述政策因而未能得到落实。另一方面，在城镇范围（圈内），受城镇土地属于国有的法律制约，只得继续实行征地。因此，中共十七届三中全会尽管提出了'逐步建立城乡统一的建设用地市场'，但事实上很难推进"。参见黄小虎《征地制度改革的历史回顾与思考》，《上海国土资源》2011 年第 2 期，第 9—10 页；刘守英《中共十八届三中全会后的土地制度改革及其实施》，《法商研究》2014 年第 2 期，第 4 页。

③ 国土资源部所提出的这种法律解决方案，本质上就是对"圈内圈外论"的落实。因为这一规定一旦进入土地管理法中，那么在土地利用总体规划确定的城市建设用地范围内，几乎所有的建设项目，无论是建设政府办公大楼、教育、医疗、卫生、军事、交通等设施，还是建设商业步行街、写字楼、商品房、KTV 等娱乐设施，只要是城市规划允许建设的，都可以纳入"公共利益"的范围，都应当由政府通过征收来供应建设用地。这样一来，城市规划区内的集体土地都将成为土地征收的对象，能够进入建设用地市场的集体建设用地，就只剩下城市规划区外的集体经营性建设用地了。不过，多年之后，曾经提出"圈内圈外论"的黄小虎也明确表示，他当年之所以提出这种策略性主张，一方面是因为宪法关于城市土地属于国家所有的规定以及"涨价归公"理论，犹如横亘在改革探索道路上的两座高山，禁锢了他的思想；另一方面是在 1994 年初的特定历史背景下，希望能够尽快推动集体建设用地入市。但十八届三中全会之后，既然中央已经决定要建立"城乡统一的建设用地市场"，那么就没有必要再采用"圈内圈外"这种"折中论"了。参见黄小虎《建立土地使用权可以依法转让的宪法秩序》，《中国改革》2017 年第 5 期，第 94 页。

不过，也不是所有的人都认为集体（经营性）建设用地可以不经过征收就直接入市。比如，黄忠在 2014 年下半年就提出，一旦严格限定了征地范围，允许农民集体直接出让建设用地使用权，自主进行工业化、城市化建设，那么我国城乡居民之间在地权初始分配上的不平等问题就会开始显现，甚至激化。① 之后不久，凌斌进一步撰文提出，在我国的土地流转领域，不仅存在一种"以政府和集体对土地供需双方的双重代表和双向协调为组织基础的流转机制"，而且这种机制构成了单纯市场化和单纯行政化之外的第三条道路，即"土地流转的中国模式"。正是通过这种机制，我国实现了土地使用权以及所有权顺畅流转，政府可以降低征收土地的成本，中国企业可以拥有低价的工业用地和廉价的农民工，然后"才有'中国制造'，才有中国经济三十年来的'超常增长'，也才有全世界的廉价商品，才有欧美国家近二十年的福利生活"。在凌斌看来，土地流转的中国模式，凝聚着中国农民、农村干部、基层党政官员、中央到地方各级领导的首创精神和实践智慧，未来应该继续巩固和进一步完善，而不能自我否定。②

更不是所有的人都认为《宪法》第 10 条关于土地制度的规定应当进行重新解释或者修改。2016 年之后，彭錞明确提出，不应轻言修宪，更不宜打着"违宪"的幌子去呼吁和设计土地制度的改革，对于我国宪法关于土地制度的规定，现在需要的不是重新解释或者修改，而是要予以理解，理解其背后的纠结、期待以及所蕴藏的宝贵宪法遗产。③ 依照彭錞的见解，首先，《宪法》第 10 条第 1 款和第 2 款关于土地所有权和土地所有制的规定，确认城乡二元的土地公有制，虽然近年来饱受批评，但在"长时段"视角下，可以视为一次"伟大的妥协"，标志着实践理性压倒理论教条，是中国土地制度的重大宪制创新；其次，1982 年所确立的《宪法》第 10 条第 4 款（即土地转让条款）关闭土地交易市场，是对 20 世纪 50 年代以来"农地非农化的国家征地"原则的延续，其真正含义在于从宪法上确认

---

① 参见黄忠《城市化与"入城"集体土地的归属》，《法学研究》2014 年第 4 期，第 52 页。
② 参见凌斌《土地流转的中国模式——组织基础与运行机制》，《法学研究》2014 年第 6 期，第 82、93、96—97 页。
③ 参见彭錞《八二宪法土地条款：一个原旨主义的解释》，《法学研究》2016 年第 3 期，第 50、52 页。

以经济计划为依据，以征地、审批和划拨为手段的国家对城乡土地利用的全面管控，目的在于控制农地转用，防止农地流失；最后，八二宪法第10条第3款所确立的"土地征用必须基于公共利益需要"的原则，虽然与包括美国宪法第5条在内的西方国家宪法征收条款表面相似，但实则貌合神离，不可比附。具体表现是，在八二宪法秩序之下，公共利益无须在征地个案中对具体目的做实体判断，只需在抽象和形式意义上通过政府审批即可满足，因为对于修宪者来说，国家天然是公共利益的唯一代言人。只要国家许可，任何征地都自然而然地合乎公共利益。只要获得国家批准，且符合合理利用土地原则，征地也可为了私人目的。①

是否存在"土地流转的中国模式"，是一个见仁见智的问题，这里无法进行评述。但需要指出的是，凌斌的文章存在两个致命的内在缺陷。其一，此文关于"土地流转"的界定显然超出了这个术语应有的含义。就像高圣平所说的那样，虽然"流转"本不属于法律术语，但赋予其确定的法律意义即可转化为法律术语。而人们通常所说的"流转"一词可以是物权性流转（比如"转让"、"互换"、"入股"等），也可以是债权性流转（比如"出租"、"转包"等），但无论如何"土地流转"只能是发生在平等的民事主体之间的合意行为，而不能是"征收"这个行政法上的政府行为。②其二，就像周其仁曾指出的那样，"任何体制，必要也罢，应该也罢，好与不好也罢，一概不可能免费运行……好的东西，要是耗费的运行成本过大，甚至大过其带来的收益，再好也要收场"。③然而，凌斌的文章对于我国土地征收制度所付出的各种社会成本却只字不提。而且其也没有关注到，早在前一年，郭洁就已在《法学研究》上撰文指出，虽然我国自1998年以后建立了对土地利用全过程进行"世界上最严格的土地用途行政管制"模式，但违法违规占用耕地的情况，依然总量大、比例高，而且呈逐月上升的态势。出现这种情况的原因在于我国的各种行政管制措施，不但忽略了管制产生的制度成本（包括寻租成本、内部性成本、信息成本、执

---

① 参见彭錞《八二宪法土地条款：一个原旨主义的解释》，《法学研究》2016年第3期，第46—48、50页。
② 参见高圣平《新型农业经营体系下农地产权结构的法律逻辑》，《法学研究》2014年第4期，第86页。
③ 周其仁：《城乡中国》，中信出版社，2014，第63页。

行成本等），而且因为土地用途管制构建在残缺不全的土地产权制度之上以及地方政府扮演行政主体和经济主体双重角色，通过行政管制权获得超经济特权等原因的存在，我国的土地用途管制制度还增加了上述成本。①

说到《宪法》第 10 条第 1 款的解释，黄忠的文章发掘了从"城市"这一术语的解释来化解宪法这一条款弊端的可能性。② 其认为"城市的土地属于国家所有"这一规定中的"城市"应当是"一个经济、社会和文化的概念，或者说是一个以'人的城市化'为皈依的概念"而非"物理、建筑或是规划意义上的概念"。《宪法》第 10 条第 1 款的含义应当被理解为"当某一个城市的公民（包括原来的农民，如城中村的居民）均得享有平等的政治、经济和社会等各项权利时，其位于城市的土地才属于国家所有"。否则，即使在其土地上建立"物理上的城市"，仍然不能依据《宪法》第 10 条第 1 款直接将该集体土地转为国家所有。③ 不过，从学术研究的角度来看，这篇文章会带来以下两个难以解决的问题。其一，将"农民享有与城市居民相同的政治、经济、社会等权利……全面参与政治、经济、社会和文化生活，实现经济立足、社会接纳、身份认同和文化交融"作为集体土地是否应当国有化的标准，不仅在规范解释上会将含义本来模糊不清的《宪法》第 10 条第 1 款变得更加模糊不清，而且在实践操作层面很难落实，因此不符合法律解释的基本要求。其二，如果坚持认为"集体土地上的全体农民完全城市化之后，集体土地所有权当然灭失变成无主物，然后相应的土地就属于国家所有"，那就意味着民法学需要对物权变动的原因理论和法律制度进行重大调整。因为在这种理论之下，除了买卖、赠与、继承、政府征收以及依照法院判决等方式之外，我国的物权变动理论和制度中还需要增加"因实现城市化导致土地所有权灭失"这种新的类型。这种理论创新能否被理论界广泛接受，依然有待于进一步观察。

---

① 参见郭洁《土地用途管制模式的立法转变》，《法学研究》2013 年第 2 期，第 62、65 页。

② 在黄忠这篇文章发表之前，学术界已经就如何解释《宪法》第 10 条第 1 款进行了一些研究，但相关研究主要是讨论"城市的土地属于国家所有"这一规范的性质和含义，并没有将宪法解释和研究的重点放在"城市"这一术语的含义方面。可以参见张千帆《城市土地"国家所有"的困惑与消解》，《中国法学》2012 年第 3 期，第 183、190 页；程雪阳《论"城市的土地属于国家所有"的宪法解释》，《法制与社会发展》2014 年第 1 期，第 177 页等。

③ 参见黄忠《城市化与"入城"集体土地的归属》，《法学研究》2014 年第 4 期，第 47、58—59 页。

而无论人们喜欢与否，彭錞从原旨主义视角对《宪法》第 10 条作出的解释以及基于这种解释所得出的"宪法第 10 条可以视为一个大写的征地条款"结论，除了若干细节外，总体上是成立的。不过问题在于，当下的人们之所以要对现行宪法进行解释，一方面是因为宪法规范之间存在剧烈的紧张关系（特别是《宪法》第 10 条第 1 款与第 3 款），另一方面则是因为随着计划经济向市场经济的全方位转轨，我国的土地法实践领域出现了许多在 1982 年修宪之时想象不到或预测不到的新现象和新问题。[①] 这时，如果依然坚持"原旨主义"的方法来理解宪法关于土地制度的规定，不但无法解决中国社会目前遇到的问题，而且会产生很多弊端。以彭錞文章重点讨论的征地制度为例，在计划经济体制之下，国家是经济建设的主体，各种经济建设主体只能在国家的组织、管理甚至命令下进行土地开发和利用，因此凡是需要使用土地的，无论位于城市还是乡村，也无论是以政府为主体进行的建设，还是以私营企业、公私合营企业以及城乡各种信用合作社、供销合作社、手工业生产合作社为主体的建设，都应当（而且只能）进行土地征用。此时，确如彭錞所说，"只要国家许可，任何征地都自然而然地合乎公共利益"。而且这种土地管理体制在计划经济时代总体上也是可以运行的，因为当所有的经济建设用地都要通过征地程序来完成时，国家和用地单位也承担了被征地人的生活安置和工作安排问题——这意味着被征收人"从土里刨食变为吃商品粮，从挣工分变为挣工资，从没有养老金变为有退休金，从合作医疗变为公费医疗，子女也有机会到城里学校上学，运气好的还可能分房子，等等……被征地人可以实实在在分享到工业化、城市化的成果"。[②] 然而，1982 年之后，一方面，由于各种经济组织（包括国有企业在内）的经营自主权得到了宪法的承认和保护，代表国家的政府失去了强制各种经济组织必须安置失地农民就业的权力——这意味着，传统计划经济体制之下通过征地将农民变为市民的利益分享机制消失。另一方面，随着土地使用权市场化、住房商品化以及社会

---

① 比如，上文提到的"私营经济可以合法存在并受国家保护"、"土地使用权的有偿出让"制度改革，对于 1982 年的修宪者来说就是很难预测到的。随后，因为土地使用权的有偿出让改革，又出现了"集体土地概括国有化是否合宪"、"集体建设用地入市是否合宪"以及"农民在集体土地上自主进行城市化是否合宪"等新问题，这些问题对于 1982 年的修宪者来说也是很难想象到的。

② 黄小虎：《征地制度改革的历史回顾与思考》，《上海国土资源》2011 年第 2 期，第 7 页。

主义市场经济的建立，集体土地所有权以及有偿取得的国有土地使用权，逐渐具有了财产权的内涵并可以在市场中流通变现。同时，在逐步去计划的背景下，大部分建设项目不再是国家建设项目，这时，就像徐健在 2017 年所指出的那样，计划经济体制下基于"国家需要"形成的征收公益性论述，已难以容纳经济体制转型背景下基于"市场需要"及"个人需要"产生的增量国有建设用地需求，由此就会产生集体土地征收中的正当化叙述危机。① 而在这种新的历史和社会背景下，将《宪法》第 10 条的规定解释为"一个大写的征地条款"，非但不利于缓和规范内部的紧张关系以及规范与现实之间的张力，反而可能会将宪法推向改革和社会发展的反面，并反向刺激"良性违宪"、"法外的世界很精彩"等理论的发展。② 对此，人们不能不察。

（四）　土地用途管制制度改革

郭洁在 2013 年所发表的文章中，不仅发现我国现行土地用途管制领域存在"成本奇高"的问题，而且还发现这套制度存在严重的"制度失灵"的问题。郭洁认为，要解决这些问题，单纯通过地役权和相邻权协议来实施"私法调整的完全市场"模式和以"管制性征收"理论为基础的"财产补偿的利益平衡"模式都不可取，关键是要建立"私法与公法结合的激励性管制"模式，从而在确保公法管制外壳的前提下，容纳以市场导向和私法化的方式来配置管制资源的需求。③ 一年之后，党国英和吴文媛也撰文指出，我国土地规划管理从理念到体制运行，均存在"缺失以人为本的理念"、"过于意识形态化"、"规划管理权限过于集中"、"规划的技术性规范过于机械刻板"等重大缺陷，并由此导致我国出现了土地资源浪费严重，国民居住品质差，城乡景观千篇一律、僵化呆板等问题。不过，与郭洁不同的是，他们认为解决这些问题的关键在于要将土地规划管理的重心放在最小自治体（比如小城市、乡镇自治体）

---

① 参见徐健《建设用地国有制的逻辑、挑战及变革》，《法学研究》2017 年第 5 期，第 105 页。
② 参见郝铁川《论良性违宪》，《法学研究》1996 年第 4 期，第 89—91 页；周其仁《城乡中国》，中信出版社，2014，第 112、183 页。
③ 参见郭洁《土地用途管制模式的立法转变》，《法学研究》2013 年第 2 期，第 69—70、72、75—78 页。

方面，并将土地规划权作为地方自治权的重要组成部分予以确认，同时要在土地规划的指导思想领域，实现"积极强干预规划"向"消极弱干预规划"理念的转变，尽可能弱化强制性规划的规范约束，摒弃机械刻板的功能分区方法，建立包容性功能分区原则，给规划的功能分区注入多样性、可塑性元素。①

上述两篇文章的观点只是侧重点不同，总体上并不矛盾，而且对于土地规划制度的改革和完善都具有一定的指导意义。不过，对于当下中国的土地用途管制制度来说，这两篇文章都忽略了一个极为重要的问题，即我国土地用途管制制度之所以出现"成本奇高"和"制度失灵"的情况，还与以下两个方面密切相关。其一，虽然 1998 年的《土地管理法》就建立了土地用途管制制度，但这一套制度就像黄明川在 1988 年时所指出的那样，是以计划经济式的土地利用年度建设用地指标而非以土地利用规划为基础的。因为在具体的土地开发项目建设过程中，开发者能否获得建设用地，不仅取决于其建设申请是否符合土地利用总体规划，更取决于本地政府是否可以提供足够的年度建设用地指标。其结果就像郭洁所总结的那样，"国土资源部的用地需求申报成为地方用地竞争的焦点，在耕地指标富余的地方，促使地方政府多用建设用地，导致土地低效利用甚至闲置，而在指标不足的地方，地方政府就会设计各类用地需求，进行信息诈示，以争取用地指标"。② 遗憾的是，其虽然指出了这一点，但并没有对相关制度的改革进行深入分析。其二，国土资源管理系统主导的土地利用总体规划与城乡建设系统主导的城市（城乡）规划，以及发改委系统主导的国家主体功能区规划之间在法律地位、土地分类标准以及管理技术标准上不但不衔接、不协调和不统一，而且常常相互"打架"，由此导致规划对于土地用途的管制常常难以落实。③ 而对于中国来说，如何尽快改革计划指标式的土地用途管制模式，并在此基础上实现"多规合一"，建立符合社会主义市场经济要求的规划管制体系，是更为重要且紧迫的问题。

在土地用途管制与土地发展权的关系方面，程雪阳在 2014 年所发表的

---

① 参见党国英、吴文媛《土地规划管理改革：权利调整与法治建构》，《法学研究》2014 年第 5 期，第 64、67—68 页。

② 郭洁：《土地用途管制模式的立法转变》，《法学研究》2013 年第 2 期，第 69 页。

③ 参见王军《规划编制的"三国演义"》，《瞭望新闻周刊》2005 年第 45 期，第 22—26 页。

文章①不仅明确反对陈柏峰等关于"土地发展权源自土地用途国家管制"的观点，而且认为陈柏峰对英国"土地发展权国有化"历史的梳理存在偏差，对约翰·穆勒、亨利·乔治以及孙中山等人关于"涨价归公"理论的解读具有片面性。在对土地发展权的制度变迁史和"涨价归公"的学术发展史进行重新梳理后，程雪阳发现英国在 1947 年以后实行的土地发展权国有化仅仅是一个短暂且不成功的制度试错，并不构成一种独立的土地发展权模式。约翰·穆勒、亨利·乔治以及孙中山等人虽然主张土地"涨价归公"，却认为应当通过征税（比如单一土地税）的方式来实现这个目标，并不支持"土地发展权国有化"。程雪阳借此提出，土地发展权自始至终都是土地所有权的组成部分，土地用途管制只是作为主权者的国家对土地发展权的干预和限制，而非土地发展权的来源。土地增值收益可以部分归国家和社会共享，但应当通过"市场价格公平补偿＋合理征税"模式，而非"土地发展权国有化＋低征高卖"模式来进行落实。耕地保护、环境保护等公共利益应当得到维护，但不应当无偿剥夺基本农田保护区和环境保护区的土地权利人的土地发展权，而应当建立市场化的土地发展权转移和土地发展权购买制度，从而实现公共利益与公民土地发展权之间的平衡。有趣的是，在与程雪阳此文同期刊发的文章中，党国英和吴文媛一方面持有与程雪阳相同的观点，认为应当坚决压缩征用农地的范围，允许农民按照市场价格出让土地，但另一方面又主张，当农业用地被征收再转到二级市场卖了高价以后，农民或农村集体不一定要分享增值收益，因为这时的土地增值收益是由用途变化造成的，而用途变化是政府规划造成的，政府占有增值收益自是应当。② 由此观之，国内的研究者对于如何理解和处理土地用途管制（特别是规划管制）与土地发展权以及土地增值收益分配之间的关系，依然处在一种众说纷纭且含混不清的状态。

（五）土地执法与司法审查

除了上述议题之外，何艳玲在 2013 年对土地领域的执法状况进行了细

---

① 参见程雪阳《土地发展权与土地增值收益的分配》，《法学研究》2014 年第 5 期，第 79、81、93—95 页。

② 参见党国英、吴文媛《土地规划管理改革：权利调整与法治建构》，《法学研究》2014 年第 5 期，第 65、67、72、75 页。

致研究。她发现，由于我国中央与地方政府土地管理的目标和侧重点不同，且土地执法部门被嵌入在各级政府之中，因此我国的土地执法实践随着不同层级政府"中心工作"的变化在不同时期呈现出"摇摆现象"。其最后得出结论，只要这一嵌入式执法机制不改变，对相关执法部门而言，层出不穷的改革必定会陷入"形变质不变"的高成本改革循环中，而依法治国、依法行政的现代国家建设理念也只能停留在文本和口号中。[①] 不过，这篇文章并没有就如何改变"嵌入式土地执法机制"提出具体的可操作的构想。熊樟林则在 2017 年发现，在我国的司法实践中多数法院非但不接受程洁在 2006 年所提出的"司法要提前介入征收征用决定"的观点，而且还通常以"征收土地的决定，属于《中华人民共和国行政复议法》第 30 条第 2 款规定的由行政机关最终裁决的行政行为，不属于人民法院行政诉讼案件受理范围"为由，将这类案件拒之门外。更为遗憾的是，司法系统的这种立场，在 2015 年《行政诉讼法》中明确规定"人民法院受理公民、法人或者其他组织提起的下列诉讼：……（五）对征收、征用决定及其补偿决定不服的……"（第 12 条第 1 款第 5 项）之后，依然没有明显改观。[②] 由此观之，将土地征收权纳入"制度之笼"中是何其艰难的一件事情。

五　对我国土地法研究的初步反思

在 1978—2017 年的 40 年间，我国的经济和社会发展以及国家治理的方式发生了巨大的变化，经历了并继续经历着巨大的转型。土地法律制度既是经济和社会制度的重要组成部分，也是国家治理的重要环节，可谓关系重大。从《法学研究》过去 40 年所发表的论文来看，学者们关于我国土地法律制度的研究逐渐取得了一些共识，但争议和分歧依然存在，且相

---

① 参见何艳玲《中国土地执法摇摆现象及其解释》，《法学研究》2013 年第 6 期，第 66、72 页。

② 参见熊樟林《土地征收决定不是终裁行为——以行政复议法第 30 条第 2 款为中心》，《法学研究》2017 年第 3 期，第 64 页。不过，熊樟林认为，从现行法的规定来看，司法系统的这种主流做法既不符合终裁行为的本质属性和设定法则，也违背了 2015 年开始实施的新《行政诉讼法》，因此应当着力进行纠正，早日将土地征收决定纳入行政诉讼框架下的司法审查之中。

关争议和分歧不仅存在于具体的制度细节领域，更体现在对诸多基础性制度的评价和认识方面。特别是 2013 年土地制度的全面深化改革开启以后，有关争论不但没有停息，反而有愈演愈烈之势。对于这些争议和分歧，并不能仅仅从土地法的研究层面来进行观察，因为之所以会产生这些争议和分歧，其实与相关论者对如何来认识和看待中国社会的发展和未来走向有关。对于一个处在剧烈转型过程中的国家来说，各种不同的声音、看法和研究结论都有其独特价值和意义，至少其可以帮助决策者和社会各界能更加全面客观地看待相关问题的复杂性和多样性，从而不至于过于偏激或者极端地看待土地制度领域所存在的问题。

不过，从《法学研究》过去 40 年所刊发的论文来看，法学研究者对于土地法律的研究，确实也存在一些问题，值得进一步反思。

首先，学术自然是要强调创新的，但学术创新应当在前人研究的基础上展开，而不能完全凭借自己的悟性或者想象力。因此，除了天才般的开创性研究外，学术研究应当重视文献梳理工作。文献梳理工作不但可以让学者们避开重复研究和凌空高蹈的陷阱，而且可以帮助研究者在历史和学术脉络中寻找推动学术向前发展的路径，从而避免出现更多的"自以为是重大创新但实则是漏洞百出的虚妄之言"的学术作品。土地法律制度的研究具有直面现实的特点，这一点不容忽视，但直面现实并不意味着相关研究可以抛开既有的术语、方法和成果，信马由缰，完全自由发挥，否则的话，我们收获的可能不是学术的推陈出新和繁荣发展，而是学者们散乱的甚至混乱的自说自话。牛顿曾说"如果我看得更远一点的话，是因为我站在巨人的肩膀上"，这则名言虽然已经是人尽皆知的老生常谈，但落实起来并不容易，因为如果不做细致的文献梳理工作，我们根本找不到"巨人的肩膀"位于何处。

其次，法学界应当主要从法学研究的内部视角来研究土地法律问题，唯有如此，法律学者才能为土地制度的发展与完善提供其他学科无法（有效）提供的知识和解决方案。这当然不是说法律学者不应当关注政治、经济和社会问题，更不是说不能援引其他学科的知识或方法来处理土地法律问题，而是说应当从现行法体系出发，在充分了解社会和吸收其他学科相关研究和知识的基础上，专注于法律的理解、适用以及法律制度的改革问题。有学者曾经指出，"在我国土地法制的演进中，法学并没有提供多少智识贡献，往往都是先有实践中自发的探索，政府主管部门再试点铺开，形成党的文件后，再在经济学界和管理学界的主导下启动法律的制定和修改"。① 这种观察总体上是成立的。不过，这种情况的出现不能完全归结为法治环境不彰、执政者和社会各界的法治意识淡薄等外在原因，法学界对于土地法研究的内在不足也是极为重要的一个方面。比如，从过去40年的相关研究来看，除了少数的土地法研究者外，许多土地法的研究者似乎并不专情于这个领域的研究，只是因为当时的社会热点、一时的学术兴趣或好奇心才加入土地法研究队列当中，随着社会热点、学术兴趣或个人好奇心的冷却又转入其他问题的研究领域。这些情况的出现导致我国的土地法研究总体上来说不具有连续性，没有形成基本的理论范式和基本的概念范畴，更没有形成良好的土地法研究传统，因而常常不能及时提供有关土地制度改革与完善的有效法学理论或法律制度解决方案。② 对此，土地法研究者以及致力于从事土地法研究的学者们应当高度重视和警醒，毕竟随着社会的发展和分化，土地问题（特别是土地法律问题）研究也越来越专业化和精细化了，如果不能全身心地投入，很难会作出引领性的学术成果。

最后，土地法涉及社会的方方面面，不是任何单一学科背景的部门法学者可以独自担当的。从研究者的学科角度来看，在1978—1997年的20年间，法学界从事土地法律制度研究的学者主要是民法学和经济法学学科的学者，而在1998—2017年的20年间，行政法学、宪法学、环境法学以及社会法学等学科的研究者则陆续加入土地法的研究队列。这种研究主体上的变化和发展是我国的土地法研究日趋繁荣和成熟的标志。而就研究方法来说，现有的研究呈现出两种明显的趋势：其一，无论是哪个学科的研

---

① 高圣平：《新型农业经营体系下农地产权结构的法律逻辑》，《法学研究》2014年第4期，第76页。

② 比如，1998年《土地管理法》修改时，法学界和经济学界都没有给予足够的关注，然而，自2008年以来，蔡继明、周其仁、盛洪、郑振源等经济学家和土地问题专家不仅持续跟踪《土地管理法》的修改和完善，著书立说，提出系统的法律修改意见，而且在有关政府部门提出《土地管理法（修正案）》之后，迅速反应并予以评述和建言，而法学界则反应冷淡，并没有对这部影响重大的法律给予足够的关注和研究。当然，在看到问题的同时，也不能犯妄自菲薄、以偏概全的错误。事实上，从正文的梳理来看，《法学研究》在过去40年间所刊发的土地法研究文章，也有一些不但"开一时风气之先"，而且经受住了时间和历史的考验，并对经济学、社会学、土地管理学等学科的研究产生了一定的影响。

究者，都开始自觉打破部门法学科的壁垒，越来越强调要将有关土地制度的规范看作一个整体，且要综合公法、私法和社会法等法学内部多学科视角来进行体系化研究；其二，土地法研究越来越重视宪法对于具体土地法规范的合宪性控制功能，并希望通过宪法解释或宪法修改来为土地法律制度的变革提供规范指引和变革依据。这些研究方法上的综合和融贯，无疑也是我国土地法研究日趋进步和成熟的标志。

　　不过，在研究宪法与土地法律制度改革关系的时候，应当注意以下三个方面。其一，宪法作为一国根本法和法治的基础，通常只是由抽象的语言和规范铸就而成的原则性或框架性规定。在这种情况下，理解和解释宪法的过程中出现理论或观点分歧是正常的。在这一点上，我国的宪法并不例外。其二，宪法规范不是孤立零散的规范组合，而是一个统一且有机的整体。宪法中的土地条款作为宪法规范的组成部分，虽然本身构成了一个较为完整的规范体系，但这个规范体系的含义、法律地位及适用范围必须服从和服务于整个宪法的基本原则和基本价值追求，并会受到宪法中其他相关规范的影响。因此，在研究宪法规范时，不能凭借着研究者自己的好恶进行切割和舍弃，更不能进行"寻章摘句"式的研究，而应该将宪法规范作为一个整体来进行体系化解释。其三，虽然现行宪法关于土地制度的规定自 1982 年至今已修改两次，但其制度框架毕竟是 35 年前的人们处在计划经济时代制定的，而且如同陈甦在 2000 年所说的那样，其依然存在立法技术上的严重缺陷。因此，不宜过于学究气地、教条主义地或者刻舟求剑式地进行宪法解释，而需要放在国家治理体系现代化和全面深化改革的背景下，结合宪法价值追求和基本原则的变化（特别是 2004 年宪法修改之后，我国现行宪法的价值追求和精神气质都发生了根本性变化），对宪法中土地条款的规范性质、规范地位、规范功能、规范意义以及相关的术语、概念重新进行理解和解释，从而缓和宪法规范内部以及规范与现实之间的紧张关系，并推动和引领土地法和社会的发展。要看到，我国的现行宪法不仅诞生于一个伟大的改革时代，而且其本身就是一部"改革宪法"，在遵守宪法基本价值追求的基础上，推动土地领域及其他领域的改革，自应成为这部宪法的题中之义。

第一编　土地承包经营权改革

论承包经营权*

刘俊臣**

摘　要： 承包权虽然是通过承包合同设定的，但由于在承包期内具有绝对性和排他性，并具有占有、使用和收益的权能，因此可以认定是民法上的一种物权。但这种物权与可以用来转让、出租、设定担保以至无偿让与他人的传统用益物权不同，土地承包经营权的移转仅限于转包，而不能用来买卖、自由让渡或进行抵押，也不能成为继承权的客体，因此这种权利属于一种与地上权、役权等并列的新型用益物权。这种新型用益物权除了可以依据合同享有对发包人的违约责任请求权外，还可依据承包经营权本身享有对第三人的物上请求权和侵权赔偿请求权。

关键词： 承包权　用益物权　农业生产责任制

按照我国《民法通则》的规定，承包经营权是指农村集体组织、农村承包经营户以及其他公民依法对集体所有的或者国家所有由集体使用的土地、森林、山岭、草原、荒地、滩涂、水面的占有、使用和收益权。企业（包括乡镇企业）内部的承包权不属于这个范围。由于农业生产责任制形式多样且处在不断完善之中，对承包经营权进行详尽无遗的分析是困难的，本文试图通过探讨它的典型形态——承包经营户作为双层经营结构中的一个层次所享有的承包经营权，揭示其一般的法律属性和特征。

---

　*　本文原载于《法学研究》1987 年第 2 期。

　**　刘俊臣，论文发表时身份为吉林大学民商法专业硕士，国家工商行政管理局经济合同司干部，现任全国人大常委会法工委副主任。

一

所有权是由归属权和占有、使用、收益、处分的权能构成的。归属权表明某物最终归谁所有，它仅仅是一种事实状态而不是一种权能。所有权的权能表明所有人对其所有物为某种行为的能力或可能性，它不像归属权那样与所有人密不可分，而是在一定条件下可以与所有权发生某种程度的分离。从本质上来说，承包经营权即是这一原理在农业经营中运用的结果。农业生产责任制由不联产承包到联产承包，是集体所有权权能与所有权分离的开端；由包产到劳、包产到组向包产到户的转变，找到了所有权权能分离出来以后的最佳归属者——农户；由包产到户到包干到户，使得集体所有权权能的分离达到了现有条件下所要达到的最佳程度，从而确定了承包经营权的基本内容，并使得承包经营权成为独立的民事权利。可见，承包经营权的存在有赖于以下两种因素：（1）集体内部统一经营与分散经营的结合；（2）专业分工和商品经济的发展。

承包人的占有权是他从事承包经营的前提。占有一词的用法是最为混乱的。有关占有的立法可分为三类：（1）占有是一种独立的物权；（2）占有是对物的事实管领力，不是权利而是一种状态；（3）占有是所有权的一项权能。① 我国《民法通则》是把它作为所有权的一项权能来规定的。在承包经营中，当占有从所有权中分离出来以后，它并没有成为一项独立的权利，而是成了承包经营权的一项权能。承包人不是为了占有而占有，占有的目的是生产经营。占有和使用、收益是不可分割的整体。

承包人对于承包客体的使用权构成承包经营权的主要内容，它的特征有四点：（1）在承包合同允许的范围内，承包人对生产计划、作物布局、茬口安排、劳动力调配、工具购置、田间管理、投资、信贷等享有自主的决策权；（2）对于承包人的经营，集体一般不再负责提供资金，生产费用由承包人自己负担；（3）在承包经营中，由于不可抗力所引起的减产、歉收等风险损失由承包人自己负担；（4）联产承包责任制的核心在于权责利

---

① 请参阅日本民法典物权编第二章，法国民法典第 2228 条，德国民法典第 854 条，苏俄民法典第 92 条。

的结合。对于承包人来说，承包经营既是他的权利，也是他的义务。承包人不得对土地等生产资料弃置不用，不得对承包客体进行掠夺式经营，不得在土地上取土、葬坟、建房，或将土地出卖、出租、抵押及以其他形式非法转让。

收益权是承包人生产经营活动的目的和结果，是按劳分配规律得以实现的方式和途径。包干到户的分配同工分制相比较，有两个基本特征：一是包干到户的分配不是在全年生产过程结束之后，而是在全年生产过程开始之前，表现为合同分配而不是年终分配；二是包干到户分配的劳动产品，不是先集中掌握到集体手中，而是分别掌握到社员手中，根据承包合同的要求，"交够国家的，留足集体的，剩下全是自己的"。从民法上来看，尽管收益的分配是由合同确定的，但承包人的收益权具有物权性质，只要权利人的占有、使用权得以实现，则这种收益权无须集体的特别协助也能得以实现。

综上所述，在承包经营关系中，当占有、使用和收益的权能从集体所有权中分离出来以后，它们并不成为互相独立或与承包经营权并存的权利，而是成了承包经营权的权能。占有是承包经营的前提，使用是承包经营的基本内容，收益是承包经营的目的和结果，三者结合成一个不可分割的机体，这个机体就是承包经营权。

二

承包经营权是一种民事权利。那么，在性质上它是物权还是债权呢？我国《民法通则》并没有采用物权的概念，而是把民事权利划分为财产所有权和与财产所有权有关的财产权以及债权、知识产权、人身权等。然而，物权在我国现实生活中客观存在，它在内容和法律效力等方面与债权有显著的不同。《民法通则》没有规定物权的概念并不意味着物权的提法已经过时。关于承包经营权的性质，民法学界有不同的看法，"有人认为承包权是一种物权；有人认为承包权是依据合同而产生，既有物权的性质，也有债权的性质"。[①]

---

① 王克衷、黎晓宽：《论农业承包合同》，《法学研究》1986 年第 1 期，第 33 页。

要在物权和债权之间作出判断，首先就有一个以什么为标准的问题。笔者认为，判断承包经营权是不是物权，取决于承包经营权是不是具备物权的基本特征。物权是直接支配物的权利，不需要他人相应的行为就能实现，同时，物权具有排他的属性，同一物上不能同时具有两个同一物权，依此来衡量，承包经营权显然是一种物权。首先，承包经营权以对物的占有、使用、收益为内容，是对物的直接管领和支配权，而不是对集体（发包人）的请求权。其次，承包经营权的存在和实现，不以集体的特别协助为前提。承包经营权不排斥集体的协助，这种协助有利于承包经营权的实现，但是，在直接的生产经营活动中，它对承包经营权的存在和实现不具有决定性、根本性的影响。而且，集体的管理活动和统一经营，主要根源于其劳动组织者的身份，是它应尽的劳动法上的义务，它与承包人的生产经营没有民法上请求权关系的对应性。再次，当承包人获得承包经营权以后，这种权利具有绝对的、排他的效力，根据物权法的一物一权主义，集体对承包客体不能也不可能再设定同样性质的权利。对第三人来说，他只能与承包人共享一个承包经营权，或者从现在的承包人那里继受取得承包经营权，而不可能同时对一承包项目享有另一承包经营权。最后，《民法通则》将承包经营权规定为"与所有权有关的财产权"，而不是规定在债权部分，至少说明立法原意也是把它排除在债权之外的。

诚然，承包经营权是根据承包合同设定的，它的产生、变更和终止均受到承包合同的制约。但是，仅仅根据这一点并不能认定承包经营权为债权。物权和合同并非相互排斥，相反，合同往往是物权产生的主要原因。承包经营权也是这样。在承包经营关系中，承包人根据合同请求集体将生产资料交由自己承包经营的权利是一种债权，而承包人依据合同直接对生产资料承包经营的权利则是一种物权。前者是对集体的请求权，只对集体发生直接效力；后者是对物的直接支配权，可以对抗任何人。

物权在理论上可以分为所有权、用益物权和担保物权。就权利的基本内容而言，承包经营权乃是对他人的所有物使用和收益的权利，符合用益物权的基本特征。但是，由于承包经营权赖以产生和存在的经济条件与传统的用益物权截然不同，不能简单地把它归结为用益物权中原有的某种权利（如地上权、永佃权、人役权等）。笔者认为，承包经营权是一种与地上权、役权等并列的新型用益物权。

在承包经营关系中，承包人作为民事主体，和集体处于平等地位，同时又作为集体内部的成员服从于集体的劳动管理和统一经营。集体作为劳动组织，虽然不再参加直接的生产过程，但在一定范围内仍然保有必要的管理和经营职能，如统一计划、统一管理大型农机具、统一核算、五定一奖等。从所有权权能的分离来看，集体仍然享有对承包客体的处分权。承包人的转包权并不意味着他取得了对承包客体的处分权，因为转包乃是对承包经营权的处分而不是对承包客体的处分，这是两个不同的问题，也是承包经营权不同于传统用益物权的基本特点之一。在传统用益物权方面，所有人完全脱离生产过程，成为虚有权人。正如马克思所说，"土地所有者从生产过程和整个社会生活过程的指挥者和统治者降为单纯土地出租人，单纯用土地放高利贷的人，单纯收租人"。①

传统的用益物权（地上权、人役权、永佃权等）可以用来转让、出租、设定担保以至无偿让与他人。② 而承包经营权用来移转的可能性和范围要比传统用益物权小得多。在现实生活中，承包经营权的移转仅限于转包，它不能用来买卖或自由让渡，也不能成为继承权的客体。承包人死亡后继承人继续承包，在性质上不是继承了承包经营权，而是与集体重新设定了承包经营权。由于继承人对原由被继承人承包的土地享有地上权，即他对土地上的林木享有所有权，所以在同等条件下，继承人享有承包该土地的优先权。承包经营权也不能用来担保。即使就潜在的可能性而言，承包经营权用作担保也是行不通的。质权、留置权均以移转担保物的占有为要素，而这样承包人根本不可能实现其承包经营权。承包经营权不能用作抵押，其理至明。

三

如上所述，承包经营权是以占有、使用、收益为其权能的物权。因此，承包人除依据合同享有对发包人的违约责任请求权外，还可依据承包

---

① 马克思、恩格斯：《分配关系和生产关系》，《马克思恩格斯全集》第 25 卷，人民出版社，1974，第 998 页。

② 参阅法国民法典第 595 条。

经营权本身享有对第三人的物上请求权和侵权赔偿请求权。

根据《民法通则》，民事责任只有违约责任和侵权责任两种，物上请求权（消除危险、停止侵害、排除妨碍、恢复原状等）是作为侵权法上的请求权而加以规定的。但是在物权人既遭受财产损失，其权利又处于无法行使或不能完全行使的情况下，侵权赔偿请求权与物上请求权就各自具有了不可互相代替的作用。

值得探讨的是，在承包经营关系中，承包人所享有的物上请求权是承包经营权的内容或权能，还是由承包经营权所产生的独立的权利？有人把物上请求权作为物权的内容或权能来看待。也有人认为物上请求权是独立的权利。笔者认为，物上请求权和侵权赔偿请求权一样，是基于物权受到侵害而产生的独立的债权，而不是原物权的一项权能。在承包经营关系中，承包人的物上请求权依附于承包经营权而又独立于承包经营权。承包经营权是对物的直接支配权，物上请求权是对责任人的请求权，二者在性质上是不同的。在承包经营权已经成为主观权利，为承包人实际享有和行使的情况下，承包人的物上请求权仍然是作为潜在的客观权利而存在的。只有在承包经营权受到侵害，承包人依法请求侵害人承担民事责任时，承包经营权的请求权（物上请求权和侵权赔偿请求权）才成为承包人实际享有的主观权利。而且，只有责任人相应地为一定行为或不为一定行为，这种请求权才能在事实上得以实现。承包经营权和所有权一样，它的存在和行使不存在诉讼时效问题，而物上请求权和侵权赔偿请求权的行使则有一定的诉讼时效限制。

物上请求权的适用条件要比侵权赔偿请求权松宽。侵权赔偿一般要求主观过错和财产损失的存在；而物上请求权只需要具备下列要件即可行使：（1）有侵害事实或侵害的危险；（2）这种事实上的侵害或可能造成侵害的危险没有正当理由。例如，第三人断绝承包人前往耕种的唯一通道，高地承包人往低地排水或断绝低地水源，受害人得请求排除妨碍；第三人在承包土地上取土、挖坑，承包人得请求恢复原状；如果某种侵害尚未发生但有发生的危险，承包人得请求消除危险。尽管侵害人在主观上一般都有过错，但法律并不要求侵害人必须有过错。在某些情况下，如果对承包经营权的妨碍确有必要，承包人就不能行使某些物上请求权。例如，第三人在靠近农田的地方建房而必须在农田上通行或堆放建筑材料，承包人无权予以禁止，而只能请求赔偿损失并在完工后恢复原状。

在侵权人即是发包人的情况下，可能同时发生承包经营权的侵权责任请求权与违约责任请求权。此时，应由承包人选择行使。合同法和侵权法在不同的条件下具有各自的效用和优势，何种请求权对保护承包人更为有利，要依具体情况而定。当某一种请求权的行使发生困难或不能进行时，另一种请求权便成为承包人寻求保护的必要手段。而且，就权利的归属而言，既然违约责任请求权和侵权责任请求权同属承包人享有，只要不违背法律和社会公德，承包人是否行使和如何行使，应该由他自行决定。

由于承包经营权与集体所有权的客体为同一项财产，第三人对于该物的侵害可能同时损害承包人与集体的权益。此时，侵害人应同时向承包双方承担责任。至于请求权由何方行使，则依具体情况而定。凡直接侵害承包经营权的，由承包人行使，如排放废水造成减产或歉收、砍伐林木等；凡侵权行为造成承包客体本身及其附属设施损害的，侵权赔偿请求权由集体行使，如毁坏农田水利设施等；凡侵权行为既妨碍承包经营，又损害承包客体的，承包人和集体均享有侵权责任请求权，由双方协商行使，如在土地上建房、葬坟等。对于责任人支付的赔偿，由双方依各自的损失数额分享或共有。

我国农村土地法律制度变革的思路与框架

——十八届三中全会《决定》相关内容解读[*]

陈小君[**]

摘　要：中国共产党十八届三中全会《关于全面深化改革若干重大问题的决定》被视为新一轮农村制度改革的政治宣言，同时也应接受法学的审视。农村土地法律制度变革的基础在于"三个坚持"，重心在于增加农民的财产性收入，亮点在于通过有效利用集体与农民财产自身的增值功能实现农民收入的持续增长，突破和创新点在于保障农民有机会公平分享土地增值收益，以及赋予农民更多更实际的财产权益。当然，《决定》将物权性质的土地承包经营权解释为独立的经营债权和承包物权，而允许设定抵押担保的仅为经营权，以及通过赋予农民房屋所有权处分权能而保留宅基地使用权的房地分离的制度创新，有待辨析。农村土地法律制度变革的观念应是坚持法治原则的底线思维，坚持农民主体地位和保护农民利益的权利本位思维，坚持以整体性思考为工具、以构建权利制度为目标的体系化思维；逻辑进路应是农村土地权利体系化。农村土地法律制度变革的制度框架应包括：完善集体土地所有权，合理设定土地承包经营权和集体成员房屋财产权的处分条件，建立集体经营性

---

* 本文原载于《法学研究》2014 年第 4 期。本文系国家社科基金重大招标项目（编号：09&ZD043）和国家社科基金项目（编号：13CFX077）的阶段性成果。

** 陈小君，中南财经政法大学法学院教授，现任广东外语外贸大学土地法制研究院院长。

建设用地入市的民法规则，通过立法建立集体成员权制度并为农村土地股份合作社运行提供依据，还赋集体土地征收补偿之权利。

关键词：农村土地　权利体系　集体所有权　成员权　集体建设用地

中国共产党十八届三中全会关于《全面深化改革若干重大问题的决定》（以下简称《决定》），被视为新一轮农村制度改革的政治宣言，"对一些长期以来议论较多但始终没有触及的改革有了明确提法，对一些过去虽有涉及但意见并不明确又事关重大的问题有了突破性、开创性的改革意见，在理论和政策上取得了一系列新的重大突破，具有鲜明的时代特征"。[①] 其中关于涉农问题的改革决定则关系到农村土地制度的变革之路。对此，政治学、经济学和社会学学者的解读甚多，但鲜见自法律规范层面来进行系统分析。而一些政策起草部门的专家所作的类似于将农地权利进行"三权分离"的"官方"解读，[②] 则溢出了严谨的法律规则范畴，属于以政治语言代替法律术语的臆断，与现代农地法律制度日渐精细化、规范化构造的趋势并不吻合，同时可能引发系列"误读"效应。我国自1978年开始的农村土地制度改革，其形成轨迹可归结为实践先行、政策指导和法律兜底的"三部曲"模式：农民基于基层实践的制度创新获得国家政权

---

① 冯海发：《对十八届三中全会〈决定〉有关农村改革几个重大问题的理解》，《农民日报》2013年11月18日。

② 如中国人民大学农业与农村发展学院副院长郑风田教授称，党的十八届三中全会提出"构建新型农业经营体系，赋予农民更多财产性权利"，其核心就是"三权分离"：尊重原有的集体所有权，划断农民的承包权，在此基础上保护务农者的经营权。参见《全国农地流转面积已达四分之一》，《经济参考报》2014年1月14日。中共中央政策研究室农村局局长冯海发也撰文指出，农地权能结构的进一步完善即要推动由所有权和承包经营权"两权并行分置"向所有权、承包权、经营权"三权并行分置"发展，提高农地资源配置和生产经营效率。参见冯海发《对十八届三中全会〈决定〉有关农村改革几个重大问题的理解》，《农民日报》2013年11月18日。中央农村工作领导小组副组长、办公室主任陈锡文称，按照现行法律，农民对承包地只享有占有、使用、收益的权利，并没有处分权，所以土地承包经营权是不允许抵押、担保的，但在现实中农民发展现代农业，又需要资金，所以这次中央就把经营权从承包经营权中单独分离出来，允许抵押担保，但承包权作为物权依然不许抵押。参见《农村土地制度改革，底线不能突破——专访中央农村工作领导小组副组长、办公室主任陈锡文》，《人民日报》2013年12月5日。

认可后，通过政策文件进行指导和推广，在实践中不断完善后交由法律文本作出最终提炼和回应。故而，相较于农民的首创行为对体制障碍的突破，法律规范呈现出明显的滞后性。① 因此，在《决定》必将对我国农村土地制度的变革产生深远影响之时，对立法者而言，深入的实践考察和精准的政策解读，意义甚为重大。在农村土地制度理论储备已逐渐丰富、立法技术臻于完善的当下，应将国家政策的实现导向法律规范层面，运用法律语言解读政策文件的革新思想及其要旨，以使立法、修法既符合政策意旨，又具备法律理性。本文试图通过对《决定》内容进行深入、全面的研习与解读，以新一轮农村土地制度改革的法规范构建为核心，对我国农地制度变迁之方向作出整体性判断和勾勒，以期对我国农村土地立法乃至"三农"的新制度框架构建有所裨益。

一　从《决定》看我国农村土地改革的法政策指向

（一）　新一轮农村土地改革的法制度基础

总的来看，《决定》使我国农村土地改革遵循着"赋予权利和回归权利"的逻辑主线，其主旨在于进一步恢复农地财产权利的应然属性，以此为基础发展多种形式的农地规范化经营模式；激活集体土地权利的市场价值，壮大集体经济，以此作为持续增加集体成员收入的新动力。

通过新制度构建，增加农民的财产性收入，是此轮土地改革的重心。因农业系弱质产业，农产品的市场需求弹性和收入弹性不足，与工业品等其他产品相比，缺乏市场价格优势，加之国家对粮食价格的调控，故相同数量的土地和资金从事农业生产所能获得的收益要远远低于其他产业。在工商业迅猛发展、城镇化进程不断加剧的背景下，农民的收入构成发生变化是必然趋势。据统计，从 2007 年至 2012 年，我国农民家庭经营性收入占农民人均纯收入的比例从 53.0% 下降到 44.6%，呈现单边走低的态势。② 而

---

① 参见徐勇编著《农民改变中国》，中国社会科学出版社，2012，第 6 页。
② 参见《深挖潜力促增收——农民家庭经营性收入占比下降引发的思考》，《金融时报》2013 年 10 月 26 日。

2013 年，农民工资性收入占比首次超过了家庭经营收入。① 如何通过制度构建实现农民的收入持续、稳定增长，是仍需直面的改革深水区，亟待攻坚。

从民法角度来看，本轮改革的亮点在于，《决定》强调通过有效利用集体与农民财产自身的增值功能实现农民收入的持续增长。在现阶段农民收入的家庭经营性收入、工资性收入、转移性收入和财产性收入四个部分中，财产性收入所占比重很低，但也是增加农民收入的最大潜力所在。《决定》在制度层面的指导效应，即将增加财产性收入作为促进农民增收的重要途径，采取多种措施大力推动农民增加财产性收入，使财产性收入成为农民增收新的增长点，从而有效拉动农民收入持续较快增长，逐步缩小城乡居民收入差距。② 而农民财产性收入的增长，其落脚点在于集体土地的财产价值实现，其根本路径在于发挥民法规范的制度优势，通过法律权利的实现完成农民财产性收入增长的历史重任。其法制度基础在《决定》中凸显于"三个坚持"。

第一，农村土地集体所有权是农村稳定、农民基本生存保障的制度红利，发展和壮大集体经济是体现农村土地集体所有权功能的重要表征。

《决定》指出应坚持农村土地集体所有权，发展壮大集体经济，这是对我国农村土地制度自新中国成立以来 60 余年变迁的精确概括，也是对今后农村土地制度改革底线的再强调。改革开放前，我国工业化的发展、农村基础设施的建设离不开集体所有制形成的合力，而 1978 年后 30 余年改革进程赖以依存的稳定局面，亦与农村土地集体所有权形成的蓄水池功能密不可分。农村土地集体所有权制度既防止了土地向少数人集中，又使农民可以通过集体成员身份参与集体利益分配，获得基本生存保障。在农村劳动力向城镇转移过程中，因为集体所有权的存在，在经营方式多元化发展的情况下，基本维持了农村土地归属的稳定性、所有权主体的恒定性，为在城镇谋生乏力、无法完全进入城镇保障体系的务工农民留有重返集体的退路，保留了可重新获得基本生存资料的可能，避免了无法融入城镇的

---

① 参见林晖、董峻《农民工资性收入占比首次超过家庭经营收入》，http://finance，sina. com. cn/china/20131225/152417748082. shtml，最后访问日期：2013 年 12 月 25 日。

② 参见冯海发《对十八届三中全会〈决定〉有关农村改革几个重大问题的理解》，《农民日报》2013 年 11 月 18 日。

农民在失地后生活无依之状，进而维系了整个农村社会的稳定。

近些年来农村、农业的发展现实表明，虚置的集体土地所有权、空壳的集体经济根本无力支撑农村的公共产品和公共服务的供给，无力提供农民普遍持续增收的动力，有些地方甚至连基本的社会稳定都难以维系。统分结合的双层经营体制在实践中面临着只"分"不"统"、重村民个人轻集体的困境，"统"层的功能弱化甚至缺失，只完成了一半的"跛腿"式改革。① 因此，《决定》重申坚持农村土地集体所有权，重视发展集体经济，意义重大。农村集体经济不仅是我国公有制经济的有机组成部分，而且是促进社会主义新农村建设、加速现代农业发展和保持农民持续增收的重要物质基础。发展壮大农村集体经济，使农村集体经济焕发活力，从而造福农村集体成员，既关系到我国的基本经济制度与社会主义性质，又关系到我国数亿农民的生存和发展。在农村集体经济确立形成、经营运作以及协调发展过程中，国家已从宪法到民法通则、物权法、农村土地承包法、土地管理法和农业法等基本法律，在主体、财产权和行为诸方面形成规范，奠定了农村集体经济运作和实现的重要基础和基本依据。

第二，承包经营权具有强大生命力和广泛适应性，家庭承包经营的基础地位在相当长时期内不能动摇。

《决定》继续强调坚持家庭经营在农业中的基础性地位，依法维护农民的土地承包经营权。这是对家庭承包经营制和农民所享有的承包经营权的又一次准确定位，其源于家庭承包经营制对我国农业发展所作出的巨大贡献。我国农业持续多年增收，以超过 90% 的粮食自给率，在不足世界7% 耕地面积的土地上，为占世界 1/5 的人口提供农产品保障。在我国人多地少、农业人口无法在短时间大规模转移的背景下，家庭承包经营制极大缓解了我国农地资源稀缺与人口众多之间的矛盾。集体农用地制度采取家庭承包经营的形式，亦符合农业生产自身的规律，其对于农业生产由于自然条件限制更依赖于劳动者主动性的特点以及农业生产因季节性所生之弹性特征具有更强的适应性。家庭承包经营制对于剩余产品分配的安排，也极大提高了亿万农民的经济预期。集体农用地发包到农户后，农民拥有了

---

① 参见陈小君、陆剑《论我国农村集体经济有效实现中的法律权利实现》，《中州学刊》2013 年第 2 期。

过去不曾拥有的经营自主权和产品处置权，激励农户充分利用家庭资源，合理配置劳动和资本，从而提高了劳动生产率。可见，家庭承包经营的制度变革提高了资源的配置效率，优化了农业经济结构，促进了农业经济发展。承包经营权是家庭承包经营制的重要法律保障，坚持家庭承包经营制就应当依法保护农民的承包经营权。同时，新型农业经营体制的建立、多种形式规模化经营的发展，也均以农民的承包经营权为基础。因此，家庭承包经营模式在我国具有强劲生命力和广泛适应性，是普适于我国现阶段生产力发展要求及农业生产特点的基本农业经营制度，其法律地位仍应被强调和坚持。

第三，坚持严格耕地保护既是保障粮食安全，维系国计民生、国家稳定之根本，亦为农业资源市场化配置坚守之边界。

《决定》用坚持和完善"最严格"的耕地保护制度这一表达方式，强调耕地保护在整个农地制度改革中的重要意义：耕地保护事关我国粮食安全、生态环境优化和国民经济的整体推进。耕地能否得到有效保护，是农业乃至中国整个经济社会能否得到健康发展的重要影响因子。我国耕地资源十分稀缺，人均耕地面积较少、质量较低、退化现象较为严重，加之后备耕地资源匮乏，在国家工业化、城镇化迅猛发展的背景下，耕地保护的任务十分艰巨。就农地制度而言，坚持耕地保护制度，就是要科学确定耕地总量、严格规范耕地用途变更程序，特别是新增集体建设用地，亦应从严把握。在农地征收过程中，应以制度管控耕地的征收范围，落实耕地占补平衡制度，对公益性质外的经营性建设用地需求，应通过集体建设用地使用权出让等流转制度予以满足。对农民而言，耕地保护也意味着对农用地用途的限定，土地使用人须维持土地的农业用途，而不得谋求更高收益的非农用途。对于因土地征收等原因丧失农用地使用权者，国家应赋予其土地发展权，即以农用地因改变用途而激增的部分价值对原使用权人予以补偿。

（二）新一轮改革中农村土地制度的突破与创新

《决定》所勾勒的改革蓝图及思路，即在上述"三个坚持"的框架内，拟通过资源的市场化配置、权利的明晰、经营模式的多元等方面的完善与发展，壮大农民集体，提高农民个体收入，此亦为土地制度改革之重心。

主要体现为以下几个方面。

1. 保障农民有机会公平分享土地增值收益：集体经营性建设用地使用权入市

如何实现农民公平享有集体农地之增值收益，《决定》聚焦在集体经营性建设用地财产权益的实现与集体土地征收过程中土地增值收益的分配两个部分。物权法对集体建设用地使用权制度并未给予足够的重视与规范，通过转介条款将规制依据指向公法性质的土地管理法，冲淡了该权利的私权属性，无法体现其私法的权利本位，影响了农民集体及其成员对该权利所生利益之公平享有。① 集体建设用地作为绝大多数集体所有权主体几乎是唯一拥有使用收益权的土地，从一开始就有别于集体农地经营和国有土地经营，其在狭小的政策空间内，支撑起乡镇企业这一片蓝天，② 也对农村集体的存在与发展起到了一定的维系作用。如今，一方面，大量耕地被征收，变为国有土地；另一方面，却有大量集体建设用地被闲置。这种看似矛盾的现象的根源在于我国现行的城乡二元土地结构。若以立法形式推动集体建设用地使用权市场化、城乡建设用地市场一体化的进程，以此提高集体建设用地的利用效率，发挥集体建设用地使用权的经济价值，既有利于保障农民集体与农民个体的土地权益实现，限制政府通过征收获取巨额土地增值收益的冲动，又有利于通过集体建设用地使用权流转收益来发展农村集体经济，为村庄公共产品与公共服务的供给奠定经济基础，也可谓破除现行城乡二元土地结构的重要之举。

《决定》改革集体建设用地使用权的意图十分显明，其中提及的集体经营性建设用地实际上是对集体建设用地性质的准确划分，其对应的是集体公益性建设用地。这一区分的意义在于，因市场化程度或市场化运作不同，两者在权利取得和权利流转的规则上存在差异。对于农民集体或其成员用于公共设施、公益事业的集体建设用地，按划拨方式取得，并无偿、无限期使用。集体公益性建设用地使用权因其无偿分配性、公益性而不得在市场上流通，其流转受到法律的严格限制。存量集体经营性建设用地系在兴办乡镇企业过程中形成的可用于非农经营的建设用地。存量集体经营

---

① 参见陈小君等《后农业税时代农地权利体系与运行机理研究论纲——以对我国十省农地问题立法调查为基础》，《法律科学》2010 年第 1 期。

② 参见黄小虎主编《新时期中国土地管理研究》下册，当代中国出版社，2006，第 185 页。

性建设用地的主体部分就是乡镇企业建设用地，已经依法登记并颁证的乡镇企业建设用地使用权，当然可以入市；尚未办理登记、颁证等确权手续，但符合土地利用总体规划和城乡规划的存量乡镇企业建设用地，应通过补办出让手续及补缴出让金的方式实现合法化，在此之后，方可入市；对于新增集体经营性建设用地，其设立应受制于土地利用总体规划和村庄规划的制约；在通过规划确立集体建设用地及其具体范围的过程中，应从下至上公开征求意见，优先考虑农业用地需要，利用四荒地和宅基地整理增加集体建设用地。在土地利用总体规划和村庄规划的制定程序上，应充分听取农民集体和集体成员的意见，并将有关规划信息及时公开。

综合而言，集体建设用地制度的改革方向，是在国家严格控制下的集体经营性建设用地使用权直接入市，这也将成为壮大农村集体经济、增加其成员收益的助推器，对于缩小城乡差距具有重要的历史意义与现实价值。

关于集体土地征收过程中土地增值收益的分配，《决定》提出的"兼顾国家、集体、个人的土地增值收益分配机制，合理提高个人收益"之内涵，其实质是"抑公扬私"、"协调发展"理念在征收补偿制度中的体现。在集体土地被征收过程中，其主体及权利不仅要协调集体成员、农民集体与各级政府之间的纵向关系，且需兼顾集体成员之间的横向联络；不仅要平衡集体成员、农民集体与各级政府之间的外部利益，还需考虑集体成员与农民集体之间的内部收益。其目的在于，通过利益分配协调机制的构建，不仅要保障农民集体成员的生存权和发展权，保障农民集体主体功能的有效实现，还要促进各级政府财政体制改革和财政收入的增长，促进土地资源的集约化开发、可持续化利用等。协调发展原则的核心是调适私人利益与公共利益，这不仅是还权于民、赋权于民、让利于民的原则要求，也是发展权的具体体现，即作为人权的发展权孕育着社会成员共享改革发展成果的利益分配机制。

至于如何实现提高农民在土地增值收益中的分配比例，则需要借助法规范的强制效力，划定最低的分配比例，杜绝政府行为的恣意与随性。当然，更为有效的保障农民收益分配权的方式还在于赋予集体成员实质参与权，即在集体土地征收的整个过程中，从公共利益的确定、补偿安置方案的设计、土地补偿款的分配到争议解决程序和司法救济机制等各环节，都应全面疏通被征地农民集体和集体成员的共同介入渠道，保障其可提前介入、实质介入，强化农民集体的征收话语权，特别赋予集体成员征收话语权。

2. 给予农民更多更实际的财产权益：确权赋能

确权先行。"赋予农民更多财产权利"是《决定》"健全城乡发展一体化体制机制"内容的重要组成部分，其蕴含了对法律规定已赋予农民集体和集体成员的财产权利，按照该权利的基本性质及城乡一体化需要，完成相应配套制度建设的要求。集体土地所有权、土地承包经营权、宅基地使用权等农村土地权利均属重要的不动产权利，而对权利进行登记确权是不动产物权的重要公示方式。现实中推进的农村集体土地所有权、土地承包经营权确权登记颁证等举措，就是为保障农民财产权利奠定制度基础。加快农村集体土地确权登记发证工作，涉及广大农民的切身利益，对农村经济社会发展影响巨大而深远。从短期看，通过土地确权登记发证，依法确认农民土地权利，强化全社会特别是农民的土地物权意识，有助于有效解决农村集体土地权属纠纷，在城镇化、工业化和农业现代化进程中切实维护农民权益。长远观之，依法确认的集体土地物权，有助于形成产权清晰、权能明确、权益保障、流转顺畅、分配合理且可对抗公权力不当干涉的产权制度，成为建设城乡统一土地市场的前提。但这项工作至今仍步履维艰，尚未全面完成。

赋能强权。补正处分权能是"赋予农民更多财产权利"的题中之义。土地承包经营权和宅基地上房屋所有权作为法律已明确赋予农民之权，其处分权能一直受到限制，主要体现在承包经营权抵押和房屋所有权转让、抵押方面。《决定》旨在完善承包经营权和房屋所有权的处分权能，对体现其财产属性、实现其融资功能意义重大。但因其突破了现行法律规定，需要修法解决则不言而喻。

《决定》强调"赋予农民对承包地占有、使用、收益、流转及承包经营权抵押、担保权能，允许农民以承包经营权入股发展农业产业化经营"，即要放开对承包经营权处分权能的限制，进一步恢复其财产权属性。《决定》提出允许承包经营权抵押，正是强化承包经营权物权性的必然要求。承包经营权抵押属于权利主体处分权的范畴，法律并无禁止的理由。允许承包经营权抵押，也是立法回应社会生活诉求，实现农地适度规模经营的必然要求。随着农民非农就业机会的逐渐增多，承包经营权流转的比重也呈逐渐上升趋势。允许承包经营权抵押贷款，拓展农民融资的渠道，解决农用资金投入不足的难题，为实现农地的适度规模经营提供了可操作的制度条件。可见，未来立法开禁承包经营权抵押，不仅符合农民意愿，也具备相应的社会基础。现实中，不少地方已根据本地区的实际情况，进行了多种形式的承包经营权抵押的实践探索。① 这些地方性探索无疑为立法层面规范承包经营权抵押提供了可贵经验。②

《决定》提出"保障农户宅基地用益物权，改革完善农村宅基地制度，选择若干试点，慎重稳妥推进农民住房财产权抵押、担保、转让，探索农民增加财产性收入渠道"，系对农民宅基地使用权和房屋所有权的改革，也是《决定》中较受社会关注的议题。《决定》采取了"房地分离"的改革方式，体现了一种折中主义态度。具体而言，即将宅基地使用权和地上房屋作为各自独立的两类财产，宅基地使用权作为专属于集体成员的财产，系对成员提供的基本生活资料，为保障目的之需，仍不得处分；但地上房屋属于农民的私有财产，该房屋所有权的四项权能应当予以完备，故而允许抵押、担保和转让。

《决定》首次提出"保障农民集体经济组织成员权利"，意义重大。在制度构建上，成员权问题业已成为农村法律制度中新的核心问题。③ 在计划经济体制及单一公有制结构的阴影祛除后，如何在后农业集体化时代及农地集体所有的背景下，在农村土地集体所有的主体与财产权制度空间内建立具有私法属性并行使经济职能的集体经济组织，并在集体经济组织的主体框架内实现成员权利的私法化，发掘并恢复当下社会政治经济条件所要求的具有民法品性的成员权法律制度，当是农地法律制度构建所要解决的主要问题。成员权问题首先涉及农民个体与农民集体的关系，这就需要

---

① 参见唐薇、吴越《土地承包经营权抵押的制度"瓶颈"与制度创新》，《河北法学》2012年第2期。另，笔者2007年组织的全国10省实地调查发现，黑龙江省部分地区也开展了土地承包经营权抵押的试点工作，这也是黑龙江省有高达22.10%比例的受访农户表示本村存在承包经营权抵押的原因。参见"农村土地问题立法研究"课题组《农村土地法律制度运行的现实考察——对我国10个省调查的总报告》，《法商研究》2010年第1期。

② 参见郭继《土地承包经营权流转制度研究——基于法律社会学的进路》，中国法制出版社，2012，第142页以下。

③ 参见王利明、周友军《论我国农村土地权利制度的完善》，《中国法学》2012年第1期。

以明确集体经济组织的概念、性质，集体经济组织土地权利的性质为前提。在个体权利上，重要的土地财产权都需要在成员权的理论框架内予以思考与规范，成员权内容的类型化涵括了农民生产、生活中的各项重要权利；成员权的行使则是集体经济组织意志形成的重要方式和推动力；成员权中的监督权和权利救济制度则是保护农民权利的制度武器。因此，成员权制度涵盖了农民集体和农民个体权利的方方面面，是农村法律制度中较为基础性的法律制度。实践中，农民权利易受侵害、集体意志无法形成，这既与当下的社会政治经济条件、司法环境相关，也与农民作为集体成员的主体地位不能彰显、成员权制度没有完善相关。事实上，成员权是农民集体所有制中农民所应享有的一项重要的基础性权利，是一种身份性、资格性权利，是农民在集体内获得生存和发展的前提，亦是农民获得土地保障的依据，其重要性不言而喻。现实生活中，农民成员权的行使及实现与集体经济组织之间的关系纠缠不清，实现路径也不畅通。同时，立法不完善、规范成员权制度的法律缺失，也使农民权益在受侵害后的救济渠道不畅，维权之路艰辛困难。尽管物权法对代表农民集体行使所有权的组织形态进行了规范，但并未对成员权给予足够的重视。除规定了重大事项表决权、撤销权和监督权外，仅仅通过宣告方式表述集体所有的财产（包括土地）为"成员集体所有"，并规定集体事务集体管理和集体利益集体分享。而监督权还是通过规定农民集体有公布集体财产状况的义务这种方式间接进行规定。同时，其他有关成员权的规定都散见于立法宗旨各异的法律法规或部门规章中，且不少规定需要通过文义解释或反面解释才能间接得出成员权的内容。这一立法模式并不能真正实现成员直接享有对土地的权益，使得集体经济组织的经济功能被村委会（政治自治性组织）所取代，农民对集体经济组织的认可度比较低。① 立法现状既限制了成员权的适用范围，又不利于司法实践中对成员权的有效保护。《决定》明确指出应赋予农民在集体经济组织中的各类成员权，即要加快成员权制度的构建步伐，将成员权制度与集体经济组织主体制度相联系，使之共同成为协调集体与成员个体利益的制度支撑。

---

① 参见陈小君等《后农业税时代农地权利体系与运行机理研究论纲——以对我国十省农地问题立法调查为基础》，《法律科学》2010 年第 1 期。

3. 制度创新之法理释义

客观而论，《决定》作为政策文件，从宏观上看，内容充实，具备鲜明的时代性、改革性特征，涵盖农村改革的方方面面，但从法律视角审视，其具体制度逻辑并未清晰显现，需要运用法理念、法制度和法技术认真梳理，以求制度走向之正确和制度设计之科学。

（1）所有权、承包权、经营权分离之法理剖析

土地承包经营权"流转"并非规范严谨的法律术语，当下学术研究及政策制定语境中的土地承包经营权"流转"，是指转让、转包、出租、互换及入股等多种方式，其含义与物权法理论中用益物权的处分相近，是指对标的所作的法律上的处分行为。《决定》所称的流转、担保、入股等权能，实际上是承包经营权之处分权能的具体形态。流转就是将土地承包经营权让渡于他人，既可以通过土地租赁的方式暂时让与他人，也可以将该用益物权完全让渡于他人。农村土地承包法等法律法规中出现的转包与出租两种方式，事实上存在竞合关系，其实质都是债权性的土地租赁，无论在理论上还是在实践中都没有多大的区分意义。

土地承包经营权的担保，即是指用土地承包经营权作为实现债权的担保财产，当债权无法实现时担保权人可以依法处分该权利并优先受偿。对于不动产而言，抵押是最典型亦是法定的担保方式，"担保"是"抵押"的上位概念，"抵押"是"担保"的具体方式，《决定》将"抵押"与"担保"并列，是否意味着承包经营权还存在其他担保方式？从实践来看，尚未出现其他形式的担保方式。至于当事人之间订立的以土地承包经营权为担保标的的债权合同，在不符合抵押权法定的设立要件时，如果具备债权效力，仍在当事人之间产生约束力。换言之，对于可能存在的承包经营权的非典型担保，法律也应认可其效力。

对于《决定》允许承包经营权抵押的重大主张，有学者解读为对土地承包经营权进行"承包权"和"经营权"的分权设置，明确经营权流转及行使的法律地位，建立所有权、承包权、经营权"三权并行分置"的新型农地制度。[①]"把经营权从承包经营权中单独分离出来，允许抵押担保，但

[①] 参见冯海发《对十八届三中全会〈决定〉有关农村改革几个重大问题的理解》，《农民日报》2013 年 11 月 18 日。

承包权作为物权依然不许抵押。"① 对于这种权威解读，我们认为并无法理依据。同一土地上过多的权利设置会造成体系的混乱和权利内容间的矛盾，土地所有权人通过限制自身的权能在自有物上为他人设定用益物权，使用益物权人能够享有占有、使用、收益、处分四项权能。同一物上"所有权—用益物权"的结构安排，实际上已经实现了物的归属和利用的分离。用益物权人再将土地转由他人使用、经营时，既可转让该用益物权，又可通过设定租赁权这一债权性质的利用权，实现土地之上的三层级结构。根据一物一权原则，同一物上不能并存两个以上内容相近的用益物权，在用益物权之上再设相近用益物权的安排，是人为地将法律关系复杂化，在物权和债权存在区别的情况下，这种安排是立法技术的倒退。当经营权人占有、使用土地时，承包人当然被排斥于上述权能之外，承包人的用益物权有名无实。而设定债权的方式，一方面可根据权利人自身需要设定债权存续期限的长短，另一方面也可在合同中约定特别条款，在特定事由出现后可将土地重新复归用益物权人。故而所谓的承包权和经营权分离，不过是承包地的租赁经营方式。更为关键之处在于，债权性的租赁经营权并不具备成为抵押权客体之条件。债权期限具有任意性，内容具有相对性，不但其权利价值难以量化，其设定方法也难以公示，所有这些都不符合抵押权成立的要件。但在符合特定条件的情况下，当事人之间设立的债权质押仍可发挥担保作用。并且，在土地承包经营权可以转让的情况下，刻意分离出所谓的"经营权"，实无必要。承包经营权可以转让，意味着该权利可由他人享有，原权利人可以退出与所有权人之间的承包关系，既然如此，承包经营权抵押实现，也仅是承包经营权的一种流转方式，土地的所有权及其权利主体仍未改变，这与承包经营权转让的法律效果一致。

部分专家学者对《决定》作"承包权"和"经营权"分离的解读，其深意恐怕并不仅在于承包经营权的抵押。集体经营、合作经营、企业经营主要是在土地承包经营权流转的基础上形成的。将流转的对象解读为所谓的"经营权"，使农民保留"承包权"以便可以再次主张权利，"即便

---

① 《农村土地制度改革，底线不能突破——专访中央农村工作领导小组副组长、办公室主任陈锡文》，《人民日报》2013 年 12 月 5 日。

到期还不了贷款，农民失去的也不过是几年的经营收益，并不会威胁到他的承包权"，① 如此考虑的重心仍是担忧农民失去承包经营权后的生存保障问题。对此，我们认为这类解读中所谓的"保留承包权"，其实质是一种承包集体土地的资格，其是成员权的应有内涵之一，② 即权利人仍可依据集体成员之身份重新主张承包集体农用地。承包经营均有承包期限，无论承包经营权转让抑或抵押后被债权人处分，原承包权人均无法在承包期内再行向农民集体主张承包权利，故在此期间，其生存只能依靠转让收益或其他收入来源。解读者所考虑的实质是承包经营期限届满后，承包经营权的归属和承包地的重新分配问题。这一问题实际在农村土地承包法和物权法中均未有体现。对此，我们认为，应该通过成员权制度予以解决。集体成员自身经营承包地，在承包经营权期限届满后，无特殊情况，可自动延续。不具有集体成员身份的一般经营者，其经营存续期仅以法定的承包期为限，期限届满后不得当然享有新的承包权利。其他没有分配承包地的成员可以集体成员之身份重新请求分配承包地。因此，对承包经营权的处分无须限制对象。《决定》亦明确指出，"在坚持和完善最严格的耕地保护制度前提下"，赋予农民对承包地的处分权能。只要不改变农地的自有用途，实在有必要对《决定》内容作出符合物权法规范的解释。

有人担心，对于实际经营者而言，因承包期的限制，可能对其土地投入产生一定的影响。对此，承包经营权的入股可以较好地解决非成员经营的问题。承包经营权入股，也是该权利的处分方式之一，与获得金钱形式的对价不同，入股所获得的是农民对股份制经济组织所享有的股权。承包经营权入股所形成的股份制经营组织，有两种模式。一种是集体经济组织自身改造成股份合作制企业，成员以承包经营权入股不过是其成员权益的份额化，这种模式的法律规制可交由股份合作制企业的主体立法完成。另一种模式是成员以其承包经营权入股非集体经济组织。从《决定》的内容来看，并没有对承包经营权入股作过多限制，故后一种模式亦应认可。承包经营权入股后，其经营收益转化为股金分红，并与企业经营效益直接挂

---

① 《农村土地制度改革，底线不能突破——专访中央农村工作领导小组副组长、办公室主任陈锡文》，《人民日报》2013 年 12 月 5 日。
② 参见戴威、陈小君《论农村集体经济组织成员权利的实现》，《人民论坛》2012 年第 1 期。

钩，在这种情况下，只要在入股时明确退股的条件，就可较好地平衡各方利益。即使承包期届满，只要约定或法定的退股条件未出现，入股成员的承包期即可视为自动延续，以此避免股份经营的短期性和不稳定性。

（2）"房地分离"方案可行性之法制度审视

虽然《决定》使用了"慎重稳妥"的字样，但《决定》采取的宅基地使用权和地上房屋分离的改革思路，其法理正当性仍难免受到质疑。首先，我国城市房地产制度一直采用房地一体原则，普通民众已经形成了房地一体的法观念。国务院 1990 年《城镇国有土地使用权出让和转让暂行条例》第 23 条规定："土地使用权转让时，其地上建筑物、其他附着物所有权随之转让。"第 24 条规定："地上建筑物、其他附着物的所有人或者共有人，享有该建筑物、附着物使用范围内的土地使用权。土地使用者转让地上建筑物、其他附着物所有权时，其使用范围内的土地使用权随之转让，但地上建筑物、其他附着物作为动产转让的除外。"此后 20 余年，我国房地产交易市场一直遵循房地一体原则。其次，房屋和土地具有天然的不可分割性，住宅用地的使用目的即建筑房屋，无土地则无以建成房屋，房屋和土地是"房依地建，地为房在"。房屋所有权人使用房屋的同时，也在占有、使用该房屋所在的土地。故房屋所有权人必然应享有土地使用权，否则房屋所有权就失去了存在的基础。若允许房屋所有权与土地使用权分离，就会导致土地上权利状态的多层次化、复杂化。[①] 最后，从法律的角度，保持房屋所有权和土地使用权的权利主体一致，能有效地避免各种权属纠纷，系最有效率的立法选择。如果允许房、地权利分离处分，当房地权利纠纷不可避免而导致房屋无权占用土地、面临被诉请拆屋还地时，将耗费巨额社会成本，不利于社会经济发展。

综观世界发达国家或地区，"房地分离"并非没有立法例。在房屋所有权和土地所有权分离时，可以通过法定地上权的方式规制，而在房屋所有权和土地使用权分离时，一般以法定租赁权作为调整手段。如日本《借地借家法》第 2 条第 1 款就规定："借地权，是指以所有建筑物为目的的地上权和土地租赁权。"在日本民法体系中，房屋所有权人占用土地的正当权源，包括土地所有权、地上权以及土地租赁权。我国台湾地区也有类

---

① 参见李石山、汪安亚、唐义虎《物权法原理》，北京大学出版社，2011，第 246 页。

似规定，并且租用基地建筑房屋应由出租人和承租人在契约订立后两个月内，到直辖市或县地政机关申请地上权登记；如果没有作地上权登记，则不成立地上权关系，但仍推用租赁的相关制度。① 因此，当房屋为他人所有时，可以与土地使用权人形成土地租赁关系。房屋和土地本身即具备不同的价值评估体系，在土地使用权被限制处分时，单就房屋的价值进行转让、抵押，亦无不可。由此，房屋所有权人与宅基地使用权人形成租赁关系，分享房屋和土地利益。

上述分离方式虽在民法上存在相应的制度，但在制度价值层面仍有疑问。如果保留宅基地使用权人的法律地位，系因宅基地本身的保障功能及不可处分性，但在地上房屋所有权移转的情况下，宅基地使用权人已无法占有、使用房屋，亦无法要求返还房屋，其保障功能如何实现？如果土地租赁存在期限，则期限届满宅基地使用权人可收回房屋，那么该种处理规则与房屋租赁并无实质差异，仅在于普通租赁一般受制于租赁期限，而获得房屋所有权的土地租赁则相对较长。这样，如果土地租赁期限较短，则其房屋价值必然受到影响，名为所有权实为租赁权；如果期限较长，则名为保障宅基地使用权人的居住权利，实质可能成为其子女的居住权，原权利人无法享有。究其原因，日本、我国台湾地区等土地租赁的立法例并无须解决土地使用权人居住保障的问题，而我国限制宅基地使用权的处分，即因有学者所称的"基本保障不得交易"之观念的影响。但房地分离的处分原则实际上并不能保障土地使用权人的居住利益，如此，限制宅基地使用权处分的意义又何以体现？

我们认为，在允许处分农村房屋所有权的前提下，允许宅基地使用权转让是其用益物权制度完善的内在要求，对我国"十分珍惜、合理利用土地和切实保护耕地"政策的贯彻有着积极的意义，且现实中也有着客观需求。但在宅基地使用权福利性质仍在、现阶段城乡土地市场分割有一定合理性的情况下，对宅基地使用权转让问题不可操之过急，而应当有条件地逐步放开。但立法抑或司法之放开应遵循的最合理的原则是"房地一体"，为单独放开农村房屋市场而另行构建新的土地租赁制度并不符合我国实际，在操作层面上亦难以实施，是求其次而不得已之举。

---

① 参见谢哲胜《民法物权》，三民书局，2007，第 235 页。

（3）《决定》明确赋予农民在集体经济组织中的成员权与其在集体股份合作社组织中股权关系理顺的法技术考量

《决定》提出的股权，在由农村集体经济组织改造成的股份合作社中，即为成员权的典型形态。但股权的享有与否和农民让渡股份密切相关，而农民在集体中的成员权具有一定的身份性，转让股权并不意味着成员身份丧失，成员权应是农民更为基础的权利，二者关系亦应通过股份合作社的制度规范予以明确。同时，成员权与农民享有的具体用益物权亦不相同，用益物权应回归于财产权规范，对成员的生存保障职能则交由成员权制度完成。正因如此，科学、合理的成员权制度构建亟待及时跟进。

二　我国农村土地法律制度变革的观念与逻辑

纵览史乘，任何社会制度的改革都立足于普遍化的社会实践和法律制度规范。而社会制度变革的观念和逻辑也都来自社会实践，既有历史的实践也有当下的实践，并受制于法律制度规范。农村土地法律制度变革的观念和逻辑也是如此，深嵌于我国农村土地制度的社会历史实践。我国现行农地制度的形成呈现出独特的运行轨迹。

1949 年至 1953 年，全国范围内的土地改革运动改变了新中国成立前农地占有状况严重不均、农村生产力受阻碍的被动局面，在提高农民生产积极性的同时亦实现了"耕者有其田"的革命目标。此后，建立在农民个体土地所有权之上的集体化运动，则走过以下历程：经由简单共同劳动性质的临时互助组，到在共同劳动基础上实行某些分工分业而有少量公共财产的常年互助组，再到实行土地入股、统一经营而有较多公共财产的农业生产合作社，最后实行完全的社会主义集体农民公有制的高级农业生产合作社。在这一过程中，虽由公权力主导并形成的农地集体所有制饱受后世学者诟病，但从社会实效来看，由此在全国范围内形成农村土地集体经济组织所有，集体成员共同参与生产和劳动的农业经营模式和土地权利结构，[①] 仍

---

① 上述概念系对土地制度形成的宏观性、整体性表述，这一进程中通过互助组、初级合作社、高级合作社进而人民公社的组织形态完成的土地所有权由私人所有向集体所有的转化，也并非整体划一的线性结构，其中也存在反复。

具有积极的社会价值和深远的制度影响。自 1978 年始的政治、经济体制改革，以农村土地经营模式的创新为发端，可视为农地制度的第二轮改革，其改革基础即集体土地所有权和集体统一经营体制。这轮改革以社会实践为基础，在中共中央"因地制宜，分类指导"、"宜统则统，宜分则分"、"统分结合"等政策的指导下，通过法律的途径，以民法通则、土地管理法、农村土地承包法和物权法等加以确认、保障和巩固。经过 30 余年的发展和完善，以集体土地所有权为基础，以集体成员之承包经营权为核心，以宅基地使用权、集体建设用地使用权、自留地（山）使用权和地役权等为基本类型的农地权利配置体系基本形成，并在建设法治国家的时代背景下被纳入法治化轨道，凸显出权利本位的色彩。而土地为稀缺资源且我国人地矛盾高度紧张的客观现实约束，使得严格保护耕地长期以来一直为我国的基本国策，土地规划和用途管制是落实该国策的基本制度方式。上述我国农村土地制度的历史变迁和当下现实，是我们科学认识和有效实施新一轮农村土地制度变革绕不开的既定条件与前提，值得认真研究。

（一）变革之理念

作为政策文件，《决定》对农村土地制度变革之路作了较为全面的规划，具有鲜明的时代性、改革性特征，需要法律的审视、转化和落实。

1. 坚持法治原则的制度底线思维

就基本原则而言，法律是改革不能突破的底线，任何社会制度的变革都必须以法律为准绳，坚持法律先行，而不能随意突破法律规定。

就我国农村土地法律制度的改革而言，有以下法律制度必须加以坚持，并在坚持中加以完善。一是农村土地集体所有权的基础性地位不可动摇。无论改革步伐急缓如何，农村集体所有制及其实现的法权制度，即集体所有权仍被坚持和强调，[①] 并视为一切农村制度改革的前提。二是不断完善农业经营模式，因时因地推进农地利用方式由单一制向多元化转变，以适应社会经济发展之需。这也是执政者不遗余力地改革农地事业之重

---

① 参见韩松、廉高颙《论集体所有权与集体所有制实现的经营形式——从所有制的制度实现与经营实现的区分认识集体所有权的必要性》，《甘肃政法学院学报》2006 年第 1 期。

心。在各类新型农业经营模式的建立过程中，集体成员之承包经营权是制度构建的内核——不同程度的规模化经营亦建立在承包经营权不同形式的流转之上。① 三是严格落实保护耕地这一基本国策。农村土地法律制度无论如何变革，都离不开对我国土地政策的充分考虑，在严格落实保护耕地等基本国策的基础上，在立法技术上寻求宅基地、集体建设用地等法律制度的建构和完善。在我国，人地矛盾一直非常突出。防止非农用地挤占耕地是相关制度设计所首要考虑的问题。就宅基地使用权而言，其法律制度的确立过程是社会公共利益同个人利益的权衡过程。通过物权法，立法者一改土地管理法之规定，将宅基地使用权从建设用地使用权中抽离并单独予以规范，其良苦用心应予尊重。相关制度设计应"围绕农民土地权利的实现和社会公共政策之间的平衡而展开"。②

2. 坚持农民主体地位和保护农民利益的权利本位思维

实践需求、价值取向和改革目标要求制度设计应坚持以农民为中心的权利本位思维，要求以赋予权利、回归权利、行使权利和救济权利为核心内容，以贯彻农民集体与农民个体意志利益协调双赢的基本理念和具体法律制度的运行为逻辑主线。

就农民主体地位而言，"家父主义立法"虽然在特定时期对农村的稳定、农民生活的基本保障起到了积极作用，但随着市场经济的发展和城乡一体化的进程，更主要的是随着农民权利意识的觉醒，已不再符合农村、农民与市场经济发展的现实要求。我们要相信农民是理性的经济主体，会对自身的利益作出准确的判断。不仅如此，"长期日常农业生产方式下形成的农民理性……主要是生存理性。而这种理性以其惯性进入工商业社会后会形成扩张势态，产生一种农民理性与工业社会优势结合的'叠加优势'，释放出其在传统农业社会和现代工商业社会都未有的巨大能量"，成为"中国奇迹"的创造主体。③ 要理解"中国奇迹"，就必须理解中国农民，因此，在农地法律制度变革中必须坚持以人为本，尊重农民意愿，倾

---

① 除少数一直保持统一经营、未进行"分田到户"的村集体外，其他绝大多数在"分田到户"后又重新由集体统一经营的村集体，仍是以成员所享有的承包经营权作为其利益分配的基础。

② 杨一介：《农村宅基地制度面临的问题》，《中国农村观察》2007 年第 5 期。

③ 参见徐勇《农民理性的扩张："中国奇迹"的创造主体分析——对既有理论的挑战及新的分析进路的提出》，《中国社会科学》2010 年第 1 期。

听来自农民集体和农民个体的声音，不能以"救世主"的姿态代替农民安排土地权利的实现，而应当注意突出农民的主体意识，发挥农民的聪明才智，使农民能够充分参与相关法律的制定，赋予农民更完整、更充分的权利。①

在改造农村土地法律制度时，权利本位思维集中表现为以维护农民利益为出发点和落脚点，落实农民的民事权利特别是土地物权。民事权利是包括农民在内的法律主体享有的最基本的权利，任何个人、单位或公权人不得侵害，非依公正法律程序不得加以限制和剥夺，权利人享有排斥各种侵害包括来自公权力侵害的法定权利，即民事权利对行政权力形成制约。②行政权力从来就是以实现公共利益、保护公民的人身权利和财产权利为己任，自应受到民事权利的有效约束，以防止其恣意妄为致使民事权利受到侵害。在农村土地法律制度变革的历史进程中，民事权利与行政权力应该慎重审视，重新定位，以合理确立民事权利对行政权力加以有效制约的机理与制度。

3. 坚持以整体性思考为工具，以构建权利制度为目标的体系化思维

农村土地法律问题的综合性、复杂性，要求从主体、财产权到经营运作方式直至配套制度支撑衔接，进行整体性思考，系统地加以解决。这要求制度变革的设计方案和理论主张应努力寻求公益与私益之间的平衡点。在研究农村土地法律制度时应始终保持一种妥当、务实的态度，重视历史传统和社会现实形成的既定约束条件，基于学者的社会使命感和责任感，严肃、认真地寻找在当前情况下科学、务实、有效的解决路径，反对任何激进、片面的主张或方案，如简单的集体土地私有化或国有化、完全放开宅基地使用权流转等。

尽管农地问题系涉及政治、经济、社会和法律制度的综合性难题，对该问题的解决应当重视整体性思维，但农地制度变迁的实质，就经营方式而言是统一经营向家庭分散经营的转变；从权利配置的角度来看，即由集体土地所有权不断派生出其他土地利用权利并逐步类型化、规范化的过程。故而在民事法律逻辑框架内对土地权利的体系化审视不可或缺。

---

① 参见蒋省三等《土地制度改革与国民经济成长》，《管理世界》2007 年第 9 期。

② 参见陈小君《我国〈土地管理法〉修订：历史、原则与制度——以该法第四次修订中的土地权利制度为重点》，《政治与法律》2012 年第 5 期。

　　体系化是权利制度尤其是物权制度构建的重要工具。"借助于体系化，可以科学地思考或处理问题，并验证在思考或者处理问题中所取得的知识。"① 农地权利的体系化，即按照物权法的内在逻辑和规律，对土地上的各种权利设计出符合理性的权利层级结构，以使不同时期、不同层级效力、散乱无章的农地利用规则，在该结构安排中确定其各自的法律地位及相应的权利内容。对农地权利进行体系化设计，是为适应改革开放后农地由统一经营向分散经营转变的需要，亦是在同一物上各种不同权利的最优化安排。而农地他物权的产生则是进行农地体系化构建的重要前提。在家庭承包经营之前，农地的所有与利用在集体所有制的形式下高度统一，用益物权制度没有存在的必要和可能，② 农地之上虽也存在宅基地使用权、自留地（山）使用权和集体建设用地使用权等，但：宅基地使用权主要满足集体成员生存之居住功能，与用于发展之经营性农地有着显明的界分；而自留地（山）使用权则作为集体统一经营农用地的补充，数量较少且用途特定；集体建设用地由集体统一规划与使用，亦未分化出具有独立物权属性的集体建设用地使用权，故只需通过所有权主体的内部构造，便可实现对集体土地的利用和处分，无须借助体系化的制度安排。家庭分散经营制度确立后，土地所有权人与使用权人或实际经营者之间的法律关系需要单独的规则予以调整，从最初的债权性规范上升到物权性规范，逐步使同一农地之上存在多重物权。此时，合理安排各类型权利的层级结构才具有现实深意。

（二）逻辑进路：农村土地权利体系化

1. 农地权利体系构建原则

　　从应然层面上看，立足实践构建集束且丰富的农村土地权利群体系，是制度完善的方向。农地权利体系应当包括物权性权利和债权性权利，该体系的构建应当体现平等和保护弱者等倾斜性救济原则，确保农民集体及其成员在各领域与其他主体地位的平等。应当遵循"权利赋予和回归、权利行使和运作、权利救济和保障"的逻辑主线，平衡、协调农民集体、农

---

① 舒国滢等：《法学方法论问题研究》，中国政法大学出版社，2007，第 432 页。

② 参见梁慧星主编《中国物权法研究》下册，法律出版社，1998，第 594 页以下。

民个体与国家的复杂关系，除对农村集体经济有效实现的内涵与外延作出科学、准确的界定外，还应为农民集体与其成员之间经济利益的分配提供公平、务实的正当规则和运行方式，真正在壮大集体经济即实现集体所有权利益的同时，使农民个体实现持续增收。应当为受侵害的农村集体经济组织及其成员提供充分的救济渠道，使法律制度在农村集体经济的有效实现中充分发挥规制和保障作用。此外，同类型的财产权在具体实现过程、步骤和途径上应进行有针对性的立法设计。

2. 以集体土地所有权为基石的三层级结构

农地权利体系化的制度逻辑源自物权法基本原理，物权法是农地权利体系化的重要表达形式。一方面，土地制度"因国家、民族和历史传统的不同而具有特殊性"，[①] 故其构建不能不正视和尊重立法的社会基础，并照应到国情、国史和国民长期形成的固有观念和思维方式。另则，人类生活的某些方面尤其是经济生活及其所确立的法律规则，又有一般规律可循，反映了世界各民族思想智慧的共同结晶。[②] 土地是物权法中最为重要的不动产，[③] 其规制方式具有明显的共性。

就特性而言，农村土地[④]作为农业生产的物质载体，主要指从事种植业、林业、畜牧业、养殖业等农业活动的对象物。除此之外，集体土地中还存在一定数量的非农用地，包括用于成员建房的宅基地，用于村庄公益事业和公共设施及非农经营的建设用地。农村土地用途的特殊性表现在，非经法定程序，农用地不得变更其用途，且在国家划定的基本农田范围内，基于国民生存及粮食安全的考虑，一般不得变更用途。虽有上述特性，但农村土地的其他法律属性均与其他不动产相同，故仍应按照物权法的基本原理进行体系化构建。

具体而言，在集体土地所有权上，应明晰土地在法律上的静态归属，即农民集体的所有权主体地位及与之有关的物权法律规范构成；为保护土

① 梁慧星主编《中国物权法研究》上册，法律出版社，1998，第3页。
② 参见曹诗权、陈小君、高飞《传统文化的反思与中国民法法典化》，《法学研究》1998年第1期。
③ 关于土地不动产的政治、经济及法律意义，参见孙宪忠《论物权法》，法律出版社，2001，第314页以下。
④ "农地"之概念系涵摄广泛的简称，因研究范畴不同可代指不同对象。本文所称的"农地制度"，系指农村集体所有制下的各类土地权利制度。

地的利用效用在法律上的动态实现，设计与利用农地的使用价值有关的用益物权制度，以及与利用农地的交换价值有关的担保物权制度，上述三者共同构成农地物权制度的三大支柱。① 这其中，所有权是构成物权制度乃至整个民法制度的支柱之一。而集体土地所有权亦是发展农村集体经济的物质基础，是农民集体其他财产权益的主要来源。故集体土地所有权是构建农地权利体系的基石，属于第一层次的权利，是其他权利产生之原权利，在农地权利体系中处于核心地位，其他农地权利类型均由集体土地所有权派生。② 以所有权为基础所派生的定限物权，就集体土地所有权而言，包括土地承包经营权、集体建设用地使用权、宅基地使用权、地役权与自留地（山）使用权等用益物权，处于第二层次。

但农地亦有一定特殊性，这与其承载的功能及其权利主体相关，故在权利构造中，应有其特殊规范。这主要体现在土地发展权、开发限制补偿权、征收补偿权和成员权等各类权利构造上。土地发展权是从土地所有权中分离出来的一种物权，是所有权人将自己拥有的土地变更现有用途而获利的权利。③ 基于土地利用的社会性、广泛性，应创设与所有权具有相同效力和权能的土地发展权，④ 在农地改变现有用途和强度等利用方式而获得更高土地收益时，集体及其成员可依该权利分享相应的收益。农业属于弱质产业，相较于工商业收益较低，而因为其用途的特定性，农地的权利人必须维持这一用途，而不得为谋求更高收益擅自改变用途，对于其丧失的这一发展权利，国家应当予以补偿。这种补偿权利属于开发限制补偿权，也是基于土地所有权所生。此外，所有权人对集体土地的处分受到严格限制，集体所有权不得让渡、变更，其主体只能是农民集体，仅在土地征收过程中，才会发生主体变更的情形，故征收补偿权是体现所有者权益的主要权利，是所有权让渡的对价权利。农民集体并非单一的自然人主体，系成员组成的共同体形态，整体成员共同构成了集体组织，集体所有权本身包含着对成员权利的照应，成员权体现着农民集体对集体成员生存

---

① 参见梁慧星主编《中国物权法研究》下册，法律出版社，1998，第581页。
② 参见崔建远《准物权研究》，法律出版社，2003，第88页。
③ 参见杨明洪、刘永湘《压抑与抗争：一个关于农村土地发展权的理论分析框架》，《财经科学》2004年第6期。
④ 参见胡兰玲《土地发展权论》，《河北法学》2002年第2期。

保障职能的实现。没有科学合理的成员权制度，农民集体作为民事主体存在的意义必受质疑。因此，由集体土地所有权衍生的土地发展权、开发限制补偿权、征收补偿权和成员权等权利，是第一、第二层次各种农地权利实现的一种保障，其处于农地权利体系的第三层次，是农地权利体系的外围支柱。

3. 农地权利体系中的担保物权和债权性土地利用权

作为物权制度中另一重要制度的担保物权，是物具备财产权属性之重要表征，对于特定财产担保功能的限制并非单纯的理论问题，还涉及其背后的价值衡量、政策导向等内容。担保物权虽为确保债务的清偿而在特定物或权利上设立的定限物权，其直接目的在于确保债务的清偿，并非对农地的直接占有与使用，对权利人而言属救济性保障手段，但对债务人而言，却可作为资本和物资融通的重要手段。农地使用权若具备交换价值，则应具备担保功能，成为担保物权之标的。

农地权利体系以物权为基础，但在土地的利用过程中，与物权规范相对应的通过订立债权合同形成债权性土地使用权的情形并非鲜见。从财产法律上看，财产所有权与财产使用权的分离，可以表现为两种不同的法律关系，即物权关系与债权关系。物权与债权的性质不同，债权效力弱于物权，原则上不能对抗物权。但债权的设定形式更灵活，程序更简便，内容更丰富。对农地的债权性利用，主要指通过土地租赁、借用等方式占有、支配农地，并按合同确定其权利义务关系的土地利用方式。债权性土地使用权的典型形式即土地租赁权。实践中的土地转包法律关系，原承包人作为转包人，仍拥有承包经营权，转承包人根据转包合同取得对土地的利用权利，其实质即土地租赁关系。这一性质的土地使用权，与物权性的承包经营权一样，同属于农地权利体系中的第二层级，亦是利用土地的重要方式。世界范围的研究表明，通过完善的租赁制度同样可以促进耕地利用效率的提高。① 但法学理论研究对这部分权利性质和意义的认识并不充分。

三　新一轮土地法律制度变革的制度框架

虽然《决定》已对农村土地制度变革之路作了较为全面的规划，但改

---

① 参见姚洋《中国农地制度：一个分析框架》，《中国社会科学》2000 年第 2 期。

革成果最终需要通过立法的形式予以表现，而缜密并具严谨操作性的规则构建，较之具有改革力度的政策，还要更为重要和艰难。这既需要对《决定》内容之客观而准确的解读，又需要立法者储备充足的法律制度资源对《决定》的改革方案进行法规则构建。

（一）集体土地所有权完善之思量

农村集体土地所有权被虚置化已成为农村现实场景中无争议之事实。在物权法将土地承包经营权、宅基地使用权和集体建设用地使用权用益物权化后，农民集体作为集体土地所有权主体只片面承受了所有权受限制的结果，却无法通过行使所有权享有权益——其获取天然孳息或法定孳息等各种利益的权利几乎被取消，农民集体仅有部分形式上的处分权能，农村集体土地所有权只是名义上的所有权，不具备所有权的本质属性，即缺乏所有权的核心权能——处分权。① 因此，落实《决定》关于坚持农村土地集体所有权、发展集体经济，不能仅停留于政治口号中，而应通过法律规范赋予集体土地所有权人必要的处分权能。

具体而言，首先，应真正实现村委会与集体经济组织的职能分立，保障集体经济组织作为集体土地所有权主体的独立法人地位。集体经济组织与村委会在实际运作中职能交叉、法律人格不清，导致农村社会成为矛盾多发地带，甚至影响到农村经济体制改革的进一步深化，对二者准确定性、重构职能成为当务之急。如何建立务实有效的集体经济组织并使其行使经济职能，已成为农地立法不得不直面的问题。从法律层面来看，既要还原集体经济组织的私法主体属性，增强其在市场经济中的博弈能力和自主力量，同时，还要通过法律权利的配置，强化集体经济组织作为集体土地所有权人的法律地位，激发集体土地资产经营的活力，使农村集体经济成为国家经济元素中充满生机的一极。应将村委会定性为村民自治、协助基层政权、监督集体资产运营的组织，将其具体经营管理集体资产的职能剥离出去。此外，应制定"农村集体经济组织条例"，通过对农村集体经济组织的再组织化，做实集体土地所有权主体，将集体经济组织定位为自

---

① 参见陈耀东、张志坡《农村集体土地所有权之法律反思》，《贵州师范大学学报》（社会科学版）2005 年第 2 期。

主经营、自负盈亏、独立核算的法人，并对其进行民法构造。① 作为农村社区性、综合性、群众性的经济组织，集体经济组织可对不适宜由家庭承包经营的土地实行统一经营，解决一家一户"不愿办，办不了，办不好"的事，并为家庭承包经营提供产前、产中和产后服务。

其次，应当保护集体土地所有权人对集体耕地的发包权，即集体土地所有权人可以在土地承包经营权设定之初，决定是否设定土地承包经营权以及特殊情形下土地承包经营权的调整和收回。根据《农村土地承包法》第 60 条第 1 款的规定，承包方改变土地农业用途、将土地用于非农建设，只能由行政机关给予行政处罚，在土地所有权与承包经营权的关系中，"该行为并无任何民法意义"。② 有鉴于此，为规范集体土地所有权与土地承包经营权之间的民事法律关系，可将承包方改变承包地的农业用途以及长期撂荒等根本违反保护和合理利用承包地的做法，作为承包地收回权行使的法定条件，③ 以承包经营权流转放开后，构建对农地用途的相应保障条款。除必要的管制（如价格管制和总量控制）外，在不违反城乡规划和法律法规的前提下，农民集体应当有设立宅基地使用权的权利；在符合土地利用总体规划和城乡规划的前提下，农民集体应有权依法设立与流转集体建设用地使用权，参与并决定集体建设用地出让、租赁和入股等流转行为。

最后，建立合理、科学的地租制度，也是体现所有者权益、壮大集体经济的重要方式。地租是在土地所有权和土地使用权分离的情况下，使用权人为取得土地使用权而向土地所有权人支付的对价，是土地所有权在经济上的表达形式。虽然 2006 年国家在取消农业税的同时，提高了种粮补贴等各项补贴的额度，若收取地租的主张上升为法规范，是否会增加农民负担存有争议，但从笔者主持课题的研究团队在近年田野调查的情况来看，35.63% 的农户表示可以缴纳一定耕地承包费用于发展壮大集体经济。④ 相

---

① 参见高飞《论集体土地所有权主体之民法构造》，《法商研究》2009 年第 4 期。

② 蔡立东：《论承包地收回的权利构造》，《法商研究》2012 年第 3 期。

③ 参见陆剑《"二轮"承包背景下土地承包经营权制度的异化及其回归》，《法学》2014 年第 3 期。

④ 参见"农村土地问题立法研究"课题组《农地流转与农地产权的法律问题——来自全国 4 省 8 县（市、区）的调研报告》，《华中师范大学学报》（人文社会科学版）2010 年第 2 期。

关访谈也表明，地租收取与否，关键在其用途。依据马克思主义地租理论及土地所有权基本理论，集体土地所有权人和承包人为各自独立存在的民事主体，承包人取得土地承包经营权理应支付相应对价。农民集体全体成员对于是否收取地租享有最终决定权，并对地租使用的具体事项享有决定权和监督权，且在特殊情况下有减免地租的权利。法律需要规定地租之收取额度的计算及地租的收取程序。在集体经济不发达的情况下，集体收取地租应优先用于形成集体积累并投资于发展性项目，而不应当将其大部分用于组织运转费用或公益项目、公共设施等增值性低的项目。当然，由于我国取消农业税时间不长，农民绝对收入不高，城乡差距较大，贸然推行地租制度会有阻碍和难度，对该制度的建立、完善需要试点，在总结并完成立法顶层设计的基础上再予颁行。

（二）土地承包经营权处分条件之设定

在不改变承包合同和承包地原有用途的前提下，应当修法，取消《农村土地承包法》第 37 条及《物权法》第 128 条关于土地承包经营权转让须经"发包方同意"的规定。因为发包方的同意在实践中并不是问题，即承包经营权人一般可自由处分承包地，其属于虚设之立法规定和理论推演。当《决定》提出赋予农民承包经营权充分的财产性权能、强调回归其用益物权属性的精神之时，修订正逢时机。承包经营权人对权利的法律处分，产生物权效力的，按照规定办理相应的变更登记手续，但应当对其课加相应告知义务，即应将权利转移之事实告知所有权人，以便所有权人行使和履行相应的权利义务。如前所述，在承包经营权处分过程中，应当赋予农民集体监督权和承包地收回权，此既是所有权人应尽的义务，亦是其应享有之权利。集体对转让后的承包地用途行使监督职能，可以督促承包经营主体全面履行承包义务，实现土地的充分利用与用途管制。

承包经营权的抵押，是承包经营权处分的重要方式之一。如前所述，对此应当遵循处分权行使的一般规定，其涉及的承包地与其他不动产在基本属性上并无不同，故可以物权法中关于抵押权的规定作为该制度的法规范基础。根据《物权法》第 187 条之规定，抵押登记是不动产抵押权成立的基本方式，但《农村土地承包法》第 22 条及《物权法》第 127 条第 1款关于承包经营权自该合同生效时设立的具体规定，则采取了意思主义物权变动模式。如果承包经营权的设立都未采用登记方式，要求抵押权以登记为成立要件，则将成为无源之水，难以操作。有鉴于此，应当完善承包经营权的设立方式，借助登记的公示功能增加承包经营权的公信力，以维护交易安全，[①] 降低承包经营权的市场交易成本，促进承包经营权流转，便于承包经营权抵押制度的实施。

（三）　集体成员房屋财产权处分之原则

尽管遵循宅基地使用权和房屋所有权一体处分的原则更符合立法技术便捷性和司法可操作性的要求，然而在当下宅基地使用权尚不能有条件地进入市场流通领域的情况下，可以宅基地上所建房屋所有权的单独处分作为农民房屋财产权实现的探索方式进行尝试。实践探索的前提必须首先是选择设计房地分离的民法规范，其基本方式可考虑建立法定租赁权制度。有鉴于宅基地使用权的分配具有福利性、保障性，对集体成员而言，其具有无偿性与无期限性，当宅基地上房屋向非集体成员流转时，宅基地使用权的固有性质即发生变化，非集体成员受让房屋后，所享有的土地使用权性质上不再具有其原本的保障功能，故应推定其与土地所有权人成立新的土地使用权关系，即债权性的土地租赁关系。房屋所有人应向土地所有权人交纳租金，在租期届满后，房屋所有权人有权要求续展该租赁关系，土地所有权人如不同意续展，则应对该房屋进行赎回。此种房地分离处分原则的核心，不在于宅基地使用权人在转让房屋时是否保留宅基地使用权，而在于对房屋所有权人与土地所有人新的法律关系形成之制度关注，唯此，方可达到《决定》所设想的实现农民房屋财产权的目标。

作为集体成员，其在获得宅基地使用权时，一般为无偿占有使用宅基地，故其享有的主要财产价值应为房屋所有权的价值，土地价值在其房地产转让过程中不应视为成员所享有的固有财产价值。这与城镇房地产在划拨用地上所建房屋的转让规范的法理基础一致，土地及其所生收益应为土地所有权人享有。如允许宅基地使用人在转让房屋所有权后仍享有土地收益或土地福利，既不符合宅基地使用权的无偿性，也剥夺了农村集体作为所有权人的合法权益。而农村集体所收租金，亦可作为其保障基金，用于

---

① 参见孙宪忠《物权法》，社会科学文献出版社，2005，第271页。

成员生存保障之需，使宅基地的福利性重点体现于其初次分配之中，而之后的保障功能则交由成员权制度完成，使两种不同性质的权利得以有效区分和合理行使。

（四）集体经营性建设用地入市规则之构建

从法律角度看，集体建设用地的经营规则即为权利之运行，应以权利为中心，以其得丧变更为逻辑主线，进行制度构建与规则设计。

集体经营性建设用地使用权的设立须符合土地利用总体规划和城乡规划。根据《土地管理法》第59条之规定，集体建设用地的设立应当受到规划控制，即需符合土地利用总体规划和乡规划、村庄规划，这是集体建设用地使用权初始设立的首要条件。集体建设用地使用权初始设立的要旨在于，促进乡村的社会经济和文化等各项事业协调发展。集体经营性建设用地使用权的出让与取得，除应符合土地利用总体规划和乡村规划以外，是否应对其用途进行限制，存有争议。有观点认为，集体建设用地不得用于商业性房地产开发建设和住宅建设，并担心此举会导致房地产市场投资过热，土地供应失控，使集体建设用地大量流入房地产市场，而影响其他工商产业的发展。对此，我们认为，既然对集体经营性建设用地使用权的初始设立已经设定了严格的规划控制条件，对其用途再予管制实无必要。

财产只有于交易中才能实现增值。集体土地所有人将集体土地转为建设用地，并以出让等方式流转，方可取得土地收益，集体建设用地的增值，主要源自甚至完全依赖于土地用途的改变及其配置的市场化过程。对集体经营性建设用地使用权流转发生的土地增值利益，应由国家加以公平调整，其调整在坚持严格的土地用途管制审批制度的同时，通过征收集体土地增值收益税即可实现。从全国各试点的地方性法规看，也专门建立了集体建设用地使用权流转增值收益税征缴制度，如《广东省集体建设用地使用权流转管理办法》第26条、《安徽省集体建设用地有偿使用和使用权流转试行办法》第32条和《湖北省农民集体所有建设用地使用权流转管理试行办法》第22条。但依照立法确立之规则，对集体建设用地增值收益的征收机关、征收标准、管理及使用等，应由法律作出规定。因此，加快统一立法势在必行。对集体经营性建设用地使用权入市流转收益进行合理分配，还应保证农民集体的流转收益分配权。我们建议，该收益首先应当由集体经济组织享有，没有集体经济组织的村庄，应当由村委会代为享有；对于集体建设用地流转收益分配的具体比例，考虑到在后农业税时代的普通村庄，集体土地收益是村庄公共产品和公共服务供给的最重要的物质基础，该比例不宜低于流转收益的 30%。①

（五）集体成员权制度立法之设计

《决定》提出保障成员在农村集体经济组织中的权利，这在党的政策文件中首次提及，于法律制度层面，重点在于保护其实体上的财产权利和程序上的参与权利。

财产权利主要包括利益分配请求权和获益权。所谓请求权，是针对集体分配财产利益而言。请求权是集体成员当然享有并应能顺利行使的权利，其行使方式在于向集体经济组织为一定表意行为。请求权不受客观因素影响，亦不能被剥夺，属于与成员身份最密切相关的权利。与之相对应，获益权既可能是请求权行使之效果，也可能是集体主动行为之结果。请求权行使的目的在于分配集体利益，故只有在集体未予以分配时才能行使，若集体主动分配，则成员直接享有获益权。虽然在请求权得以实现后，其可转化为实体收益权，但其行使效果并非都能完成此转化，其受制于诸多主、客观因素。对制度建设而言，应完善其转化效能，不应人为设置法律障碍，使成员的获益权沦为空洞。这是由集体利益之分配为成员权存在之基本目的所决定的。但集体分配的利益为客体物时，成员可以占有、使用该物并获取收益，如果该客体物只能由成员专属使用，则将物的财产性支配作为一种成员权来对待更为恰当。故支配权可以作为成员权利的延伸状态。具体而言，成员的集体利益分配请求权包括：土地承包请求权、宅基地分配请求权、集体盈利分配请求权和征收补偿款分配请求权。成员的获益权包括：集体土地获益权（主要体现在承包地和宅基地的无偿与长期使用收益上）、集体收益获益权、征收补偿款分配获益权等等。

而集体成员之程序参与权虽不是一项实体性的财产权利，却是保障成

---

① 在 2012 年 7 月，中南财经政法大学"中国农村土地法律制度研究中心"对湖北省 72 个行政村 432 位农民的调研显示，近 80% 的村民愿意将集体建设用地使用权流转收益留一部分给农民集体。

员个人意志能够顺利表达从而构成集体意志合力的程序推动器。当成员个体的财产权利需要集体公意决断时，参与权则是维护自身权益的重要手段。从此角度而言，它是一项程序保障权；同时，公开、透明的参与程序又是实体财产权利有效实现的基础。参与权是成员加入团体，自愿接受团体整体意志和利益制约所换取的对应性保障权利。"社会成员在加入团体后，个人权利必然受到减损或限制，成员保留了诸如人格独立以及财产权利等最基本权利，并换取了对团体事务的参与权。"[①] 而根据参与事务的差异，参与权亦有涉及集体公共利益的情况，此时，成员行使参与权，对公益决策发挥自身作用和影响力，成为有别于自益权的公益权。程序参与权可分为三个层次：一是对集体事务的知情权，是成员行使参与、监督权的基础；二是成员在大会讨论集体事务时的表决权，即对待决事项表明其观点和意见，表决权意味着成员在表达自身意志，彰显其作为集体经济组织一分子之身份，表决权的行使既是成员意志的体现，也是集体意思形成的重要方式；三是监督权，此为成员权中的保障性权利，是防止集体经济组织管理机构及其工作人员可能专断、怠于履职从而影响到集体及成员利益的重要防御性权利。

（六）农村土地股份合作社运行原理之筑造

对于《决定》提出的允许农民以承包经营权入股发展农业产业化经营的思路，本文认为，其入股的主体形态以社区型农村土地股份合作社最为适宜。理由在于，以农村集体土地所有权为核心的社区型农村土地股份合作制，顺应了我国农村经济社会发展和现代农业发展的要求，对于促进农村集体经济发展与农民个体的持续增收，对于村庄中道路、环境、社会保障、劳动力转移及其教育和农业科技的普及发展乃至社区的和谐稳定都有诸多便利，其内容和形式可涵盖专业合作社，而其意义则远大于单纯以个体农民为主导组建的贫富差异较大的专业合作社。但法律规范的缺失，使得社区型农村土地股份合作组织在实际运作中无章可循，难以正常运行。只有通过法律赋予农民入股经营的权利，良好的政策才能发挥其真正作用。

社区型农村土地股份合作制度应遵循私权保护、民主自愿与互利、稳

---

① 叶林：《私法权利的转型——一个团体法视角的观察》，《法学家》2010 年第 4 期。

定性、因地制宜和政府扶持的原则。在社区型农村土地股份合作制度立法中不仅应明晰农民的经济权利，完善财产权范围，而且应注重对农民私权的保护，在对集体土地及其他资产量化折股后，依法保护农民的股权利益。社区型农村土地股份合作制度的实质或精髓是，坚持农村集体土地所有权，赋予集体成员基于集体土地所有权而享有集体土地财产及其他财产权利。在此过程中，需对农民集体和集体成员的权利进行科学有效配置。在股权设置上，一般允许村民根据本村实际和个人意愿选择不同的股份制形式。一般而言，社区型农村土地股份合作组织不存在"入股"的问题，而只存在配股的问题。因此，股权设置仅有两种类型，即"集体积累股"和"社员分配股"。对于农村土地股份合作社进行量化配股以后新加入的社员，如章程有约定，应允许个人以现金形式入股，或农村土地股份合作社面向本村集体或社会集资募股，从而避免农村社区型土地股份合作社过于封闭，影响自身成长。集体土地及其他资产折股量化的股权，应由社区型农村土地股份合作社向社员签发集体资产份额出资证明书，作为股权分配的依据。

股东表决权的正当行使是保护股东权利和规范农村土地股份合作社经营秩序的关键。农村土地股份合作社的发展过程中，存在两种表决机制，即"一人一权"机制和"一股一权"机制。我们建议，在农村土地股份合作社中，采用"一人一权"和"一股一权"相结合的办法，对具体事项进行分类表决。[1] 立法可以采用原则性条款加列举的方法加以规定，将凡是涉及资产运作的事宜，如决定合作社经营方针和投资计划，批准合作社年度财务预算方案、决算方案、利润分配方案等决议，采用"一股一权"的表决原则；而对于有关人事管理事宜，例如法定代表人或董事的任命、监事的更换等，用"一人一权"的表决原则。将"一人一权"作为前提，然后再按股价加权分配一些表决权给予拥有较大股份的职工，或者对资本表决权票数和劳动表决权票数规定一个适当的比例，再计算出职工的表决权等，[2] 均不失为社区型农村土地股份合作社表决机制的选择。

---

[1]　事实上，"一股一权"和"一人一权"在实践中已有尝试。参见《上海市股份合作制企业暂行办法》第30条。

[2]　参见夏利民、包锡妹《市场主体法的基础理论与实务——企业法》，人民法院出版社，1999，第139页。

（七）土地征收补偿权利之还赋

征收补偿权是农民集体及其成员在基于实现公共利益的土地征收中所享有的要求国家对其给予公平补偿特别是合理补偿的权利，是集体土地所有权在特殊条件下的另类存在形式，在农村集体经济发展过程中具有举足轻重的地位。《决定》重申应缩小征地范围，规范征地程序，完善对被征地农民的合理、规范和多元化保障机制。故有必要对集体土地财产权之物上代位的征收补偿权，进行法理反思与制度重构。应据被征收土地类型的不同，分别选择适宜的补偿及分配机制，确保农民集体整体利益与集体成员个体利益之间的平衡。基于征收协调发展原则的制度构建，主要体现在三个方面。其一，禁止为商业目的的征收，明确公益性用地可通过征收集体土地供地，而商业性用地只能通过市场机制供地。由此，实现缩小征地范围的发展战略，将被征收人不得已的"特殊牺牲"限制在必要的范围内。其二，提高征地补偿水平，以市场价值补偿为原则，在集体成员与政府之间建立合理的利益分配机制——既可以增加集体成员的经济利益和发展能力，又可以提高政府征地成本，控制土地财政的诱因，促使"卖地式"土地财政向"税收式"土地财政转型。再则，正确区分土地增值的产生原因，让被征收人适当获得集体土地未被征收状态下可合理预期的增值收益。其三，重视实物补偿、社会保障补偿等多元化的补偿机制，强化对被征收人生存权与发展权的长久保障。例如，可以吸收实践中的留地安置补偿、土地入股安置补偿、重新就业安置补偿、异地移民安置补偿等等。应当将撤销集体建制的被征收人全部纳入城镇社会保障体系，建立健全其他被征收人的社会保障体系，尽可能为其提供城镇就业机会。应根据被征收土地类型的不同，分别选择适宜的补偿及分配机制，以确保农民集体利益与成员个体利益之间的平衡。

承包权与经营权分置的法构造[*]

蔡立东　姜　楠[**]

摘　要：承包权与经营权分置，建立所有权、承包权及经营权"三权分置"的农地权利体系，是中国农地权利制度的既定政策选择。这种新型农地权利体系既能承载"平均地权"的功能，又能实现农地的集约高效利用，兼顾了农地的社会保障功能和财产功能，为建立财产型的农地权利制度、发挥农地的融资功能提供了制度基础。我国现行物权法关于用益物权客体范围的界定过于狭窄和僵硬，阻碍了对物的多维利用。依循多层权利客体的法理，经营权乃是土地承包经营权人设定的、以土地承包经营权为标的的权利用益物权，其与土地承包经营权属于不同层次客体上存在的用益物权，可以同时成立而并不冲突。通过认可权利用益物权，承包权与经营权分置的制度设计完全可为用益物权体系所容纳。以设定经营权这一方式行使和实现土地承包经营权，将导致现行农地使用权流转方式类型的结构性整合以及农地融资方式、农地使用权继承的结构性变动。

关键词：承包权　经营权　权利用益物权　农地流转

---

[*]　本文原载于《法学研究》2015年第3期。本文系2014年度国家社会科学基金项目"中国法人制度构造的私法逻辑研究"（项目编号：14BFX073）、国家法治与法学理论研究项目重点课题"团体法制的中国模式"（12SFB1004）的阶段性成果之一。

[**]　蔡立东，吉林大学教授、长春理工大学教授；姜楠，吉林大学法学院民商法专业博士研究生。

提高农业生产效率，实现农地规模化经营，提高农地融资能力，需要赋予农民对农地更多的财产性权利。党的十八届三中全会通过的《中共中央关于全面深化改革若干重大问题的决定》（下称《决定》）提出承包权与经营权分置，建立所有权、承包权、经营权三权并行分置的农地权利体系。但实践中，与此相适应的农地用益物权类型尚未形成定于一尊的结论。① 物权法所确认的，则是土地所有权与土地承包经营权的二元农地权利结构。更有学者认为，以"三权分离论"建构农地产权的结构，无法在法律上进行表达。②

2015 年中央 1 号文件提出，抓紧修改农村土地承包方面的法律，明确现有土地承包关系保持稳定并长久不变的具体形式，界定农村土地集体所有权、农户承包权、土地经营权之间的关系。中共中央的这一政策取向，得到了各界的积极回应。③ 践行全面推进依法治国，修改农村土地承包法，④ 实现农地制度改革的政策目标，必须厘清三权的关系，特别是要明确承包权与经营权分置的法律逻辑，建立可以有效运作的法权结构。本文拟在分析承包权与经营权分置之制度功能的基础上，以物权法确立的制度框架为背景，以确证土地承包经营权的用益物权地位为前提，遵循用益物权的变动逻辑，厘定承包权与经营权分置的法构造，梳理两种权利各自的权能及其相互关系，设计承包权与经营权变动的具体机制，进而提出由此生发的新型农地权利体系。

---

① 《国务院办公厅关于金融服务"三农"发展的若干意见》（国办发〔2014〕17 号）中，抵押权的标的就有土地承包经营权、承包土地收益权两种提法。《关于加大改革创新力度加快农业现代化建设的若干意见》（中发〔2015〕1 号，下称"2015 年中央 1 号文件"）则将抵押权的标的表述为承包土地的经营权。

② 参见高圣平《新型农业经营体系下农地产权结构的法律逻辑》，《法学研究》2014 年第 4 期，第 85 页。

③ 民革中央副主席修福金 2015 年 2 月 28 日透露，2015 年全国两会上，民革中央在《关于完善我国农村土地承包经营权确权中相关法律的提案》中提出，农村土地承包经营权确权工作存在法律缺位、法律之间不一致、效力不足、内容不合理等问题，应加快制定、修改、完善农村土地承包相关法律法规，明确农村土地承包经营权登记、抵押担保以及农村集体经济组织和成员资格界定等相关规定。参见《民革中央提案关注农村土地制度改革》，《中国国土资源报》2015 年 3 月 2 日，第 1 版。

④ 2015 年 3 月 15 日十二届全国人大三次会议通过的《全国人民代表大会常务委员会工作报告》，将修改农村土地承包法作为完善社会主义市场经济法律制度的核心内容。

一　承包权、经营权分置与农民农地权利的财产化

现行农村土地承包法通过以农民集体成员资格为判准分配土地承包经营权的方式，确立了以家庭承包经营为基础、统分结合的双层经营体制，赋予了农民长期而有保障的土地使用权。这种具有身份色彩和保障功能的农地权利制度延续而不是中断了中国农地制度的平均主义传统。在几千年的历史长河中，"平均"、"均等"、"大同"的观念，经由传统文化诸多流派的演绎及历史上不胜枚举的土地变革和农民起义实践，逐渐沉淀下来，并日渐渗透到民众心理、社会习俗、道德规范和价值观的各个层面，最终成为一种影响制度安排的价值观和方法论。① 从新中国成立初期实行"耕者有其田"的农地私有制，到人民公社时期的土地利益高度平均化分配，无不蕴含着平均主义的政策取向。"平均地权"的思想始终贯穿于党的土地政策及中国的农地法律制度安排之中并逐渐积淀下来，成为型构中国农地法律制度的传统因素和伦理标准。② 以集体成员身份为依凭取得农地使用权的承包经营制度，只是清除了"一大二公"农地经营制度的弊端，通过农地经营机制的改变，激发了农民的生产积极性，客观上提升了农业生产经营效率，但并未从根本上改变奉行平均主义思想的农地权利分配规则。加之农村土地承包经营制度的初衷在于解决粮食短缺与实现农民温饱、实现农业人口的生存保障，③ 这一制度目标亦凸显了现行农地权利制度的平均主义价值取向。

随着我国城市化进程的加快，大量农村人口流向城市，农地流转规模不断扩大，④ 农业劳动力数量日渐萎缩（见表1）。一家一户单独耕种的农

---

① 参见高海燕《20 世纪中国土地制度百年变迁的历史考察》，《浙江大学学报》（人文社会科学版）2007 年第 5 期，第 128 页。

② 罗斯科·庞德认为："一种发达的法律律令体乃是由这样两种要素构成的：一是立法颁布的或命令的要素，另一是传统的或习惯的要素。此外，法律律令也具有两方面：一是命令的方面，另一是伦理的方面。"参见〔美〕罗斯科·庞德《法理学》第 2 卷，邓正来译，中国政法大学出版社，2007，第 8 页。

③ 参见郑尚元《土地上生存权之解读——农村土地承包经营权之权利性质分析》，《清华法学》2012 年第 3 期，第 81 页。

④ 截至 2013 年底，全国农户承包土地流转面积达 3.4 亿亩，占家庭承包耕地面积的 26%。参见叶兴庆《从"两权分离"到"三权分离"——我国农地产权制度的过去与未来》，《中国党政干部论坛》2014 年第 6 期，第 9 页。

地经营模式导致农地经营的细碎化，无法满足现代农业对土地进行规模集约利用的需求，现行农地权利制度的低效率弊端逐步显现：基于对农地保障功能的强调以及公平分配目标的恪守，法律对完整产权意义上的农地流转予以限制，① 导致农地流转具有相当的不稳定性②和封闭性，③ 难以为大规模集中经营提供产权保障。但是，如果法律对农地流转彻底解禁，随之而来的可能是不可逆的农地高度集中，无地农民失去基本保障，进而诱发社会危机。尽管随着农民生活水平的不断提高，土地承包经营权的保障功能逐渐弱化，但土地承包经营收入在农民家庭总收入中仍居支配地位，④农地的保障功能依然是法律制度演进过程中不容忽视的考量因素。

表 1 全国乡村人口和乡村就业人员情况

年份	乡村人口		乡村（年末）就业人员数（万人）	第一产业（万人）	第一产业所占人员比重（%）
	人口数（万人）	占总人口比重（%）			
2003	76851	59.5	47506	36204	76.2
2004	75705	58.2	46971	34830	74.2
2005	74544	57.0	46258	33442	72.3
2006	73160	55.7	45348	31941	70.4

---

① 现行法律规范中，对农村土地承包经营权权利处分的限制主要集中在两个方面：一是对土地承包经营权转让的限制，权利人的转让行为须经发包方同意、受让方必须是从事农业生产经营的农户、转让人必须已经具有稳定的非农职业或者有稳定的收入来源（《农村土地承包法》第41条）；二是土地承包经营权的互换只限于同一集体经济组织成员之间（《农村土地承包法》第40条）。

② 例如，在农地代耕场合，双方没有约定流转期限的，承包经营权人可以随时要求返还农地，终止流转关系（参见南京市六合区人民法院（2013）六程民初字第149号、第152号判决书）；发包方对承包方农地流转加以干涉（参见广西壮族自治区贵港市中级人民法院（2012）贵民二终字第61号判决书、广西壮族自治区平南县人民法院（2012）平民初字第109号判决书）；农地转包合同未经承包户其他成员认可而被确认无效（参见辽宁省沈阳市中级人民法院（2004）沈中民三合终字第1131号判决书）。上述案例来源于北大法宝网站《农村土地承包法》第32条项下"法宝联想"中所载"案例与裁判文书"中检索内容，http://www.pkulaw.cn/fulltext_form.aspx? Db = chl&Gid = 41762&keyword = &Encoding Name = &Search_Mode = accurate#menu6。

③ 以湖南省为例，在4500个调研的村庄中，90.1%的土地流转农户都是自发流转，且绝大多数发生在村集体内部的村民之间，甚至很大一部分是亲戚关系或朋友关系。参见罗迈钦《我国农地流转瓶颈及其破解——基于湖南省225792农户家庭土地流转情况的调查分析》，《求索》2014年第6期，第78页。

④ 参见李先玲《基于农民收入结构的农村土地流转分析》，《特区经济》2010年第10期，第164页。

年份	乡村人口		乡村（年末）就业人员数（万人）	第一产业（万人）	第一产业所占人员比重（%）
	人口数（万人）	占总人口比重（%）			
2007	71496	54.1	44368	30731	69.3
2008	70399	53.0	43461	29923	68.9
2009	68938	51.7	42506	28890	68.0
2010	67113	50.1	41418	27931	67.4
2011	65656	48.7	40506	26594	65.7
2012	64222	47.4	39602	25773	65.1

资料来源：《中国农村统计年鉴（2013）》，http://tongji.cnki.net/kns55/navi/YearBook.aspx? id = N2013120095&floor = 1###。原数据索引年份为1978—2012年，本文选取其中部分年份的数据。

　　因应农地制度的以上局限及现实约束，"稳定农村土地承包关系并保持长久不变，在落实农村土地集体所有权的基础上，稳定农户承包权，放活土地经营权"的政策选择应运而生。在农地法律制度层面，这一政策选择将导致我国现有的集体所有权与土地承包经营权分置的"二元权利结构"演变为所有权、承包权、经营权并置的"三元权利结构"。

　　承包权与经营权分置后，土地的集体所有权并未改变，农村一定社区的成员集体仍然在对本集体土地不可分割的共同所有基础上实现成员的个人利益。所谓不可分割，就是不可将土地所有权分割为单独的个人私有权，从而保障每个集体成员都能够对集体土地享有利益，实现耕者有其田。① 土地承包经营权则分置为承包权和经营权，承包权这种取决于农民身份的权利与农民集体成员资格同命运，保障农民与土地的法权联系，承载着"平均地权"的功能。享有承包权，即使农民不再享有对承包土地的经营权，其与土地的关系也不会被不可逆地斩断，对土地的权利依然或至少在观念上可以作为农民生活的基本保障。经营权则为财产权，可以自由处分，并可以成为抵押权的客体，这将在制度上解除对农地财产权利流转的束缚，为集约利用土地和土地权利金融化提供制度支持。具体如下所述。

　　承包权与经营权分置是建立财产型农地权利制度的需要。《决定》关

---

① 参见韩松《坚持农村土地集体所有权》，《法学家》2014年第2期，第37页。

于农村土地制度改革的设计以增强农地权利财产属性为主线，以便利农村土地使用权的流转为核心，既升华了我国正在开展的农地确权和地方农地使用权流转实践，又体现了使农民分享发展成果、建立现代高效集约农业的改革宗旨。农地权利财产属性的强化表征着农地权利有了变现的顺畅途径，这就要求农民的农地权利回归用益物权的本义：权利主体可以依法占有、使用农地获取的收益，并可以独立处分农地权利自身。① 权利依法获得的对世性可以对抗来自国家、所有权人以及第三人的不当干涉。农地权利财产属性的强化意味着作为权利主体的农民可以基于自己的意志，遵循市场交易的规则，独立地行使土地上权利，获得收益。这使农地权利主体的目标可以区隔于国家、集体的目标而具有独立性，为通过市场机制配置农地资源奠定了基础。"中央把经营权从承包经营权中单独分置出来，允许抵押担保，但承包权作为物权依然不许抵押。"② 承包权与经营权分置的制度设计则既可保障农民和土地的稳定联系，又能实现农地权利的财产化。

承包权与经营权分置可以发挥农地权利的融资功能，发展农村金融。③ 在现代社会中，物权由本来注重对标的物现实支配的实体权，演变为注重收取代价或者获得融资的价值权。④《关于全面深化农村改革加快推进农业现代化的若干意见》（中发〔2014〕1 号，下称"2014 年中央 1 号文件"）明确了"允许承包土地的经营权向金融机构抵押融资"。"2015 年中央 1 号文件"重申要"做好承包土地的经营权和农民住房财产权抵押担保贷款的试点工作"。现代农业离不开金融的支持，破解农业融资难题，需要创设能为农业经营者实现信用增级、保障债权实现的担保品。集体所有权不能流转，土地承包经营权流转也有较大障碍，而具有财产属性的经营权因可以自由流转，适合作为抵押权等担保物权的客体，为农业经营者融资提供

---

① 参见崔建远《物权：规范与学说——以中国物权法的解释论为中心》下册，清华大学出版社，2011，第 488 页。

② 《农村土地制度改革，底线不能突破——专访中央农村工作领导小组副组长、办公室主任陈锡文》，《人民日报》2013 年 12 月 5 日，第 2 版。

③ 《国务院办公厅关于金融服务"三农"发展的若干意见》（国办发〔2014〕17 号）提出，"创新农村抵（质）押担保方式。制定农村土地承包经营权抵押贷款试点管理办法……推广以农业机械设备、运输工具、水域滩涂养殖权、承包土地收益权等为标的的新型抵押担保方式"。

④ 参见梁上上《物权法定主义：在自由与强制之间》，《法学研究》2003 年第 3 期，第 49 页。

支撑，"为破解农地抵押困局创造最为关键的制度基础。承包权和经营权分离后，经营权人可以自身持有的、相对独立的经营权为客体来设定抵押，还土地以资产要素的原本属性，更好地发挥经营价值。经营权人到期不能偿还抵押债务，金融机构或其他债权人也不能取得承包权人的地位，只能是以土地经营获得的农产品收入或地租收入优先受偿"。①

承包权与经营权分置以不斩断农民集体成员与农地的法权关系为前提，为非土地承包经营权人利用农地提供了更为稳定、可靠的制度支持，既稳定了农地承包关系，又克服了对农地权利流转的限制，既迎合了中国农地制度的平均主义价值传统，又满足了现代农业发展的现实需求。否定承包权与经营权分置的制度创新价值，主张"在土地公有制之下，无论是国有土地还是集体土地，均不能进入交易领域，但其上所设定的用益物权却可以交易，这是农村土地承包法和物权法为农业经营体系创新所提供的法律路径。也就是说，以从事农业生产为目的而设立的土地承包经营权可以进入市场进行流转，充分发挥市场在农地资源配置中的决定性作用"，②固然坚守了法律的既有逻辑，但试图通过流转土地承包经营权掌控农地资源市场化配置的天下，③不仅对我国农地政策兼顾农地权利财产属性与保障功能之价值取向有失考量，也有过于僵化之嫌。流转土地承包经营权无疑是市场机制在农地资源配置中发挥作用的体现，但给土地承包经营权人多一种行使和实现权利的选择，不仅不会抑制市场机制的作用，反而会给其创造更大的可能空间。认为"以所有权权能分离论证'三权分离'的正当性，不合他物权设立的基本法理；将土地承包经营权分离为土地承包权和土地经营权，缺乏法理支撑；'三权分离论'曲解了稳定土地承包关系与土地承包经营权流转之间的关系；'三权分离'后无法说明和体现土地承包权的内容"的观点，④也大有商榷的余地。

---

① 吴兴国：《承包权与经营权分离框架下债权性流转经营权人权益保护研究》，《江淮论坛》2014 年第 5 期，第 124 页。

② 高圣平：《新型农业经营体系下农地产权结构的法律逻辑》，《法学研究》2014 年第 4 期，第 85 页。

③ 土地承包经营权流转可能产生的问题，可参见韩松《坚持农村土地集体所有权》，《法学家》2014 年第 2 期，第 38 页。

④ 参见高圣平《新型农业经营体系下农地产权结构的法律逻辑》，《法学研究》2014 年第 4 期，第 84 页。

二 承包权与经营权分置是土地承包经营权
的行使和实现方式

　　土地制度改革的主线是在所有权和使用权分离上做文章。土地制度结构的第一层次是所有制，第二层次是权利构成。由于第一层次是锁定的，改革只能在第二个层次寻求突破，即扩大使用权的权能，发挥产权激励和稳定预期的功能，调动土地使用者的积极性，以提高土地利用效率。[①] 承包权与经营权分置的政策取向已经勾勒出中国农地权利制度变革的理想图景，法学的任务在于检视承包权与经营权分置的法律构造，把这一既定政策转换成由权利义务生成及变动逻辑驱动的、可以有效运作的法律机制。循此思路，合理的选择是以土地承包经营权为支点，厘定承包权和经营权的关系。本文主张，承包权与经营权分置是行使土地承包经营权的方式，经营权是设定于土地承包经营权之上的权利用益物权，承包权则为其行使受到经营权限制的土地承包经营权的代称。这种选择的合理性在于以下几点。

　　第一，土地承包经营权是农地权利创新的原点。任何权利都非凭空产生，而是人类社会既有规则、习惯、历史文化传统及群体正义观念等因素综合作用的结果。土地承包经营权是物权法及农村土地承包法设定的物权类型，而承包权与经营权并不是法定的权利类型，二者分置是对现行农村土地承包经营权制度顺时应变的调适和发展，而不是对该制度的否定。党的十一届三中全会原则上通过了《中共中央关于加快农业发展若干问题的决定（草案）》（十一届四中全会正式通过），确立了农村土地承包经营权制度，揭开了农地权利制度改革的序幕。民法通则明确规定，农村土地承包经营权属于公民的合法权利，依法受到保护。物权法正式将土地承包经营权确立为一种用益物权。土地承包经营权成为土地公有制背景下农民个体分享、保有和转让土地利益的调节器，在土地的公共性与土地经营的私人性——土地属性谱系的两个极端中，[②] 为以坚持土地集体所有制这一公有制形式为前提，赋予农民排他性的土地权利提供了制度空间，是"最具

---

　　① 参见刘守英《中国土地制度改革的逻辑与出路》，《财经》2014 年第 14 期，第 39 页。

　　② 参见党国英《论我国土地制度改革现实与法理基础》，《新视野》2012 年第 5 期，第 12 页。

中国特色的法律制度之一，理论创新与实践价值不言而喻"。① 该制度不仅体现了执政党对农民的政治承诺，而且已经成为我国农村政治、社会秩序稳定的基础，只能加强，不能削弱。

第二，农民个体权利的强化是我国农地权利制度改革的总趋势。农地权利制度改革不能忽略甚至削弱农民因土地承包经营权取得的既得利益，这是一条政治伦理底线。② 维护个体农民利益是农地权利制度改革的根本出发点，任何改革都只能强化而不能减损农民已经获得的权利。不仅如此，承包权与经营权分置的运作只能以尊重农民意愿为前提，农民在事实上是农地的实际控制者，承包权与经营权分置如果抛开土地承包经营权另起炉灶，势必减损农民依凭土地承包经营权取得的利益，自然无法获得农民的积极回应。如果缺乏来自农民的回应，理论上再合理的农地权利制度也无法达其目的。

第三，做实土地承包经营权是中国农地权利政策的既定路径。"2015年中央1号文件"重申，针对土地等资源性资产，重点是抓紧抓实土地承包经营权确权登记颁证工作，扩大全省推进试点范围，总体上要确地到户，从严掌握确权确股不确地的范围。③ 中央的部署正逐步在各地的实践中变为现实。④ 这意味着今后的农地权利制度变革路径已经被锁定，即依然要进一步强化土地承包经营权的物权效力，增强其财产属性。土地承包经营权这一法定权利当然是我国农地权利制度的支点，对于农地权利的创新，只能以农户已经取得的土地承包经营权为前提。作为制度创新产物的经营权等新型农地权利，只有嫁接在土地承包经营权之上，才能存活。

---

① 赵万一、汪青松：《土地承包经营权的功能转型及权能实现——基于农村社会管理创新的视角》，《法学研究》2014年第1期，第74页。

② 参见陈锡文《应准确把握农村土地制度改革新部署》，《中国党政干部论坛》2014年第1期，第31页。

③ "2014年中央1号文件"早就肯定了这一政策选择，明确提出："切实加强组织领导，抓紧抓实农村土地承包经营权确权登记颁证工作，充分依靠农民群众自主协商解决工作中遇到的矛盾和问题，可以确权确地，也可以确权确股不确地，确权登记颁证工作经费纳入地方财政预算，中央财政给予补助。"

④ 2015年3月9日，辽宁省农村土地承包经营权确权登记颁证工作视频会议上提出，今年辽宁省确定的土地承包经营权确权登记颁证面积为1000万亩，是去年的2.9倍。到2017年，全省要基本完成土地承包经营权确权登记颁证工作，妥善解决农户承包地块面积不准、四至不清等问题。参见《我省千万亩土地承包经营权确权颁证》，《辽宁日报》2015年3月10日，第1版。

　　承包权与经营权相分置的物权法效果表现为，在土地承包经营权之外创设具有物权效力的经营权。土地承包经营权人在其权利上设定经营权这一用益物权后，依然享有土地承包经营权，经营权的设定只是其行使并实现土地承包经营权的方式。但问题是，《物权法》第 117 条将用益物权的客体限定为不动产与动产，不仅如此，由土地承包经营权、建设用地使用权、宅基地使用权和地役权构成的我国用益物权体系，仅仅包括以不动产为客体的用益物权。① 物权具有排他性，一物之上不可存在两个以上所有权，也不可存在两个以上种类一致、效力相同的用益物权或者担保物权。② 如果土地承包经营权与经营权同为一般意义上的用益物权，其客体必然只能同时指向农地这一不动产，两者势必冲突甚至相互排斥，无法同时成立。如果土地承包经营权与经营权虽同属用益物权，但其客体相异，则两者排斥的矛盾就会迎刃而解，土地承包经营权与经营权作为不同用益物权的制度安排便能够成立。

　　民事权利的客体有层次和顺位之分，其"得以物、精神上创造或权利为其支配的客体，是为第一阶层的权利客体。权利本身则得作为权利人处分的对象，乃第二层的权利客体"。③ 详言之，"法律规定之外的，但是事实存在的，而且只要它们存在就可以作为支配权的客体，作为第一顺位的权利客体，而把只能在法律上才成为'客体'的权利客体称为第二顺位的权利客体。所有权和所有其他的支配权属于第二顺位的权利客体，它们是把第一顺位的权利客体作为自己的客体的"。④ 承包权与经营权分置，土地承包经营权与经营权各自成为独立的用益物权，需要以用益物权客体范围的扩展为前提。事实上，我国物权法关于用益物权客体范围的界定过窄，限制了土地承包经营权等权利发挥效能的可能途径。适当放宽用益物权客体的范围，将土地承包经营权等权利纳入用益物权的客体范围，具有正当性。

---

① 具体的用益物权种类包括土地承包经营权、建设用地使用权、宅基地使用权、地役权、海域使用权、探矿权、采矿权、取水权、养殖权、捕捞权。既然《物权法》第 117 条规定的用益物权体系包括动产，那么当社会生活出现某个或者某些以动产为客体的以用益为内容的权利时，其物权效力应当被予承认。参见崔建远《物：规范与学说——以中国物权法的解释论为中心》下册，清华大学出版社，第 488 页。

② 参见孙宪忠《中国物权法总论》，法律出版社，2014，第 259 页。

③ 王泽鉴：《民法总则》，中国政法大学出版社，2001，第 205 页。

④ 〔德〕卡尔·拉伦茨：《德国民法通论》上册，王晓晔等译，法律出版社，2003，第 404 页。

　　首先，扩展用益物权的客体范围具有现实合理性。在不动产的利用上，现行用益物权因种类的法定性和有限性，不能为多样态的不动产利用模式提供充分的权利选择空间，不能满足社会生活中不断增加、种类繁多的物的新型使用形态。① 用益物权的功能在于支配客体的使用价值，其核心内容为权利人对客体的使用、收益。特定权利亦可成为用益物权的客体，但与以有体物为客体的用益物权不同的是，权利用益物权是在一定期限内行使客体权利并取得收益的权利，而作为客体权利的作用对象则是特定的有体物。因此，权利用益物权是通过法定的间接方式取得对物的实际占有、使用和收益的权利。权利用益物权的确立，能够扩大用益物权制度的适用范围，提供更有效的权利行使方式，提高财产的利用效率。这类物权可以通过有效的公示方法，被赋予对世效力。尽管在现行法律制度下，农地经营权只能以租赁、转包等债权形式设定，但值得注意的是，各级司法机关在民事审判实践中，通过审判经验的积累和典型案例的示范，不断丰富和完善农地经营权法律适用规则体系，以判例的方式确认了农地经营权的物权效力（见表2）。②

表2　经营权的物权化表现

案件	经营权的物权化表现
广东省佛山市中级人民法院（2006）佛中法民五终字第379号判决；重庆市永川市人民法院（2006）永民初字第236号、第238号、第239号判决	二次转包后次承包人债权具有对抗承包经营权人的效力
重庆市第三中级人民法院（2005）渝三中民终字第486号判决；江苏省盱眙县人民法院（2013）盱桂民初字第0370号判决；北京市平谷区人民法院（2009）平民初字第02263号判决；广西壮族自治区扶绥县人民法院（2012）扶民初字第381号判决；河南省滑县人民法院（2009）滑民初字第1106号判决	土地承包经营权出租后，出租人、第三人侵害承租人利益的行为被认定为侵权行为

---

① 参见宋刚《论收益权能的用益物权化》，《法商研究》2013年第6期，第13页。
② 尽管《物权法》第5条实行了严格的物权法定原则，但是，2006年10月26日《物权法（草案）》（第六次审议稿）第5条规定："物权的种类和内容，由法律规定；法律未作规定，符合物权特征的权利，视为物权。"有学者主张，物权法定原则缓和的具体措施之一便是总结司法审判的经验，完善非法定物权的体系。参见杨立新《物权法定原则缓和与非法定物权》，《法学论坛》2007年第1期，第13页。

续表

案件	经营权的物权化表现
河南省南阳市中级人民法院（2009）南民商终字第 214 号判决	出租人（土地承包经营权人）不得擅自交回承包林地，租赁合同具有对抗承包经营权的效力
甘肃省张掖市甘州区人民法院（2013）甘民初字第 1156 号判决；北京市延庆县人民法院（2009）延民初字第 01765 号判决	承包经营权出租后，出租人于合同履行期间内死亡，承租人的权利依然受到合法保护，可以对抗发包方及农地权利继承人
浙江省嘉善县人民法院（2007）善民一初字第 115 号判决	农地流转期限未约定的情况下，流转期限视为承包经营权存续期间

资料来源：上述案例来源于北大法宝网站《农村土地承包法》第 32 条项下"法宝联想"中所载"案例与裁判文书"中检索内容，http://www.pkulaw.cn/fulltext_form.aspx? Db = chl&Gid = 41762&keyword = &EncodingName = &Search_Mode = accurate#menu6。

其次，扩展用益物权的客体范围符合物权法演进的理论逻辑和历史逻辑。"处分作为支配物的一种表现形式，不为所有权所独有，用益物权和担保物权也应具有处分权能。"[1] 权利人应当享有对用益物权的处分权，这种处分即为权利的转让、权利的消灭、在权利上设定负担或变更权利的内容。[2] 用益物权人可以用益物权作为客体为他人设定次级用益物权。[3] 这一理论逻辑实现了与历史逻辑的统一。古罗马时期，基于用益权人不得损坏标的物以保证日后返还原物的考虑，法律最初将用益权的客体限定为不可消费物及有体物。但当时的习俗往往以使用收益财产的一部分作为遗赠。依市民法的原则，凡财产中消费物的用益权部分应属无效，这显然不符合遗嘱人的意愿。故古罗马帝政初期，元老院作出决议，规定用益权可适用于消费物，与消费寄托一样，用益权人即享有所有人的权利，可以将这一部分消费物处分掉，而在用益权终止时，用同种类、同品质、同数量的物品返还。这种用益权称为准用益权。奥古斯都时期，用益权必须为有体物的限制亦被突破，无体物如债权亦可成为用益权的客体。[4] 至此，罗马法中用益权客体的范围经历了逐渐扩大的演进过程，其客体不仅包括消费

---

[1]　房绍坤：《用益物权基本问题研究》，北京大学出版社，2006，第 192 页。
[2]　参见〔德〕迪特尔·梅迪库斯《德国民法总论》，邵建东译，法律出版社，2001，第 168 页。
[3]　参见钱明星《我国用益物权体系的研究》，博士学位论文，北京大学，2001，第 8、12 页。
[4]　参见周枏《罗马法原论》上册，商务印书馆，1994，第 399 页。

物，亦包含权利。近代以来，大陆法系国家立法已经不再将物权的客体限于特定的有体物，权利作为物权客体逐渐为各国立法所承认。依据德国民法典第 90 条，物权的客体只能为有体物，但这导致了"物权概念的有限性"，[①] 该法第 1273 条、第 1068 条第 1 款规定了以权利为客体的权利质权与权利用益权制度。[②] 德国联邦最高法院更是以判例的形式确认了在地上权上设定次级地上权的合法性。[③] 瑞士民法则扩张了对土地的解释范围，于物权编第 655 条第 2 款规定："本法所指土地为：不动产；不动产登记簿上已登记的独立且持续的权利；矿山；土地的共有部分。"[④] 这意味着土地上设定的他物权可以成为其他物权的客体。可以说，以权利作为用益物权客体的立法，不仅存在历史传承，而且还有当代范本，具有相当的合理性。

认可承包权与经营权分置是土地承包经营权的行使方式，则经营权是基于土地承包经营权人的意愿、以土地承包经营权为客体创设的用益物权。而土地承包经营权是基于农地所有权人的意愿、以农地为客体创设的用益物权，设定该权利是农地所有权的行使方式。在土地承包经营权上设定经营权，则前者对农地的占有、使用、收益权能在一定期限内转由经营权人行使。经由此种行使方式，土地承包经营权的价值得到了实现，并由于负担的设定和权能的分置，可以形象地简称为"承包权"。至于"承包权与经营权分离，事实上是对农地所有权用益权能的再分割，有悖所有权的整体性特征"[⑤] 等质疑"三权分置"农地权利体系的观点，没有看到权利用益物权的客观存在及其正当性依据，不能构成否定承包权与经营权分置这一农地权利体系创新的法理依据。当然，依解释论立场，《物权法》第 5 条规定的物权法定的"法"，限于法律，不包括行政法规、部门规章及地方性法规和政府规章，也不应包括党的政策。只有法律才能赋予经营权以物权效力，承包权与经营权分置这一制度创新要通过修改农村土地承包法等有关农村土地承包的法律，才能最终定型。

---

① 孙宪忠：《德国当代物权法》，法律出版社，1997，第 20 页。
② 参见《德国民法典》，陈卫佐译注，法律出版社，2015，第 421、377 页。
③ 参见〔德〕鲍尔、施蒂尔纳《德国物权法》上册，张双根译，法律出版社，2004，第 652 页。
④ 《瑞士民法典》，殷生根、王燕译，中国政法大学出版社，1999，第 182 页。
⑤ 高圣平：《新型农业经营体系下农地产权结构的法律逻辑》，《法学研究》2014 年第 4 期，第 82 页。

三　承包权与经营权分置的法律结构

土地承包经营权人与农地所有权人签订承包合同，取得的农地使用权为土地承包经营权。土地承包经营权人对农地享有占有、使用、收益、处分的权能，可以自行耕种，保持土地承包经营权权能的完整性，也可以行使其处分权能，依照法定条件转让该土地承包经营权，或在该土地承包经营权上为他人设定经营权。经营权以土地承包经营权为客体，其内容为在特定期限内行使土地承包经营权，取得后者的占有、使用、收益权能，其权能具体体现为对特定农地的占有、使用和收益。经营权设定后，其效果等同于土地承包经营权在时间维度上被分割，并予以部分转让。① 经营权因期限届满等原因消灭后，土地承包经营权当然恢复圆满，权利人直接行使对农地的占有、使用、收益权能。

经营权设立后，土地承包经营权的占有、使用、收益权能将受到前者的限制。且用益权不能为设定负担权利之拥有人的处分所损害，② 如果土地承包经营权人转让土地承包经营权，只要受让人不具备善意取得的条件，则该权利上的经营权不因该转让而受影响，依然可以向受让人主张。设定经营权后，土地承包经营权人的收益权已经通过收取经营费用的方式实现，以此种方式实现土地承包经营权并未妨碍该权利保障功能的发挥。需明确的是，受到经营权限制的土地承包经营权的处分权能依然不完整。该权利转让仍然需要履行法定程序，即转让应当经过发包方同意（《农村土地承包法》第 41 条）。这种同意并非只是形式审查，而是受制于法定因素。③ 鉴于《农村土地承包法》第 33 条和第 41 条规定了土地承包经营权

---

① 权利上用益权的设立不过就是权利的部分转让（用益之分割：赫克语）。参见〔德〕鲍尔、施蒂尔纳《德国物权法》下册，申卫星、王洪亮译，法律出版社，2006，第 727 页。
② 参见〔德〕鲍尔、施蒂尔纳《德国物权法》下册，申卫星、王洪亮译，法律出版社，2006，第 729 页。
③ 自土地承包经营权人的角度观之，用益物权具有保障生存利益的功能。限制权利转让的主要目的在于防止权利人在没有获得稳定的生存保障的情况下，轻易转让土地承包经营权。从维护社会秩序及安全的角度分析，限制土地承包经营权的转让主要是防止失地农民生活无着落而引起社会动荡。参见胡康生主编《中华人民共和国农村土地承包法释义》，法律出版社，2002，第 119 页。

转让的法定条件，完善负担经营权之土地承包经营权转让的约束条件仍应以这些规定为基础，但应作必要的改进。应保留的限制条件包括以下三点。其一，不得改变农业用途。保持耕地的农业用途既是公共政策及法律规范的强制性要求，又是农地用益物权设定的根本目的。保持耕地的农业用途是土地承包经营权人的基本义务。其二，转让期限不得超过剩余的承包期限。基于"不得将大于自身权利的权利让与他人"的基本原理，超期转让土地承包经营权属于无权处分。其三，不得侵犯其他集体成员的优先受让权。为了维护集体经济组织的人合性，保障集体土地公有公用，保护社区居民的利益和维护农村社会的稳定，[①] 侵犯其他集体成员优先受让权的农地流转，将不发生权利转让效力。至于受让人须有农业生产经营能力、转让人须有稳定的非农职业或者有稳定的收入来源以及受让人必须是从事农业生产经营的农户三项内容，不应当作为转让的限制条件。首先，受让人具有农业经营能力、转让人须有稳定的非农职业或者稳定的收入来源两项标准，过于抽象且无恒定性。其次，受让人限定为从事农业生产经营的农户，其范围过于模糊、狭窄。农户并非标准的民事权利主体，因而在权利享有与义务承担方面具有一定的模糊性。事实上，土地承包经营权主体应为村集体的成员，农户只是土地承包经营权的形式主体。土地承包经营权受让主体限于农户，必将成为发展多元化农业经营方式的法律障碍，难以满足现代农业的发展要求。[②] 与土地承包经营权不同，经营权是一种纯粹的财产性权利，其制度功能在于破解农地流转的障碍，实现农地规模经营，发掘农地的融资潜力。[③] 因此，经营权应具备以下四个特征。

---

① 参见王卫国《中国土地权利研究》，中国政法大学出版社，1997，第196页。

② 参见蔡立东、姜楠《论土地承包经营权转让中的发包方同意》，《吉林大学社会科学学报》2014年第4期，第22页。

③ 根据德国民法典第1059条，用益权具有不可转让性，这使得用益权没有获得在民法典中的全面规定所期望的实际意义。虽然德国民法典第1059a条至1059e条规定法人和有权利能力的合伙享有的用益权原则上可以转让，但转让必须符合一些限制性的前提条件，它没有为实际的需要留下空间。同时，用益权的使用权限几乎不用来作为商业经营的基础，用益权用于担保借款的情况非常少见。用益权主要表现为权利人生前的供养用益权。该权利也经常出于税收原因而约定，以使用获得的收益转移给他人，特别是转移给家属，从而节省所得税或者遗产税。总之，权利用益权未发挥应有的实际效用，其适用范围十分有限。对德国用益权制度的评价，参见〔德〕曼弗雷德·沃尔夫《物权法》，吴越、李大雪译，法律出版社，2002，第473页。德国学界对其用益权制度的批评，说明必须强化经营权的财产属性即可处分性，才能发挥其制度功能。

其一，权利取得的平等性与非身份性。经营权的取得不再受制于集体经济组织成员这一特定身份，其设定乃依法律行为的物权变动，体现的是土地承包经营权人与经营权人的意思自治。其二，独立性。尽管经营权以土地承包经营权为客体，但一经设定，即具有物权效力，可以对抗包括土地承包经营权人在内的一切人，土地承包经营权的变动不影响经营权的存续。其三，排他性。经营权的行使不受他人干预，受到他人妨害时，权利人可以通过行使物权请求权获得救济。为了保证经营权的稳定，防止土地承包经营权人基于自身优越地位，对经营权造成不当侵害，法律应当明确土地承包经营权人单方终止经营权的法定事由。只有在经营权期限届满；经营权人擅自改变农地用途；经营权人违背诚实信用原则，采用破坏性手段利用农地，妨害农地的永续利用；所有权或土地承包经营权消灭（这里的消灭是指权利的绝对消灭，而非权利的相对消灭）；经营权人欠缴经营费用，经催缴且在宽限期内仍不缴纳等情形下，土地承包经营权人才得单方终止已设立的经营权。其四，完全的可处分性。经营权的变动依当事人的合意即可实现，不需要经过发包方及土地承包经营权人的同意；转让人具有转让的自由，不必首先具有稳定的非农收入；转让人享有选择受让人的完整权利，不仅受让人无须具有农业经营能力，而且本集体组织成员也没有优先受让权；经营权存续期间，具有完全的可继承性；经营权人可以在权利之上设定担保物权，实现融资目的。

　　土地承包经营权与经营权同属用益物权，必然涉及两种权利的公示方式和存续期限的协调问题。首先，依据《农村土地承包法》第22条，承包合同自成立之日起生效，承包方自承包合同生效时取得土地承包经营权。"承包方无须办理其他审批、登记手续，承包经营权即告成立。"① 而该法第23条规定的土地承包经营权的登记属于确权的行政行为，② 虽然不发生物权设立的效力，但是客观上仍然可以起到权利公示作用。在权利（土地承包经营权）变动方面，《物权法》第129条、《农村土地承包法》第38条采用了登记对抗主义物权变动模式。主要理由在于土地承包经营权的流转对

① 何宝玉主编《中华人民共和国农村土地承包法释义及实用指南》，中国民主法制出版社，2012，第50页。

② 参见何宝玉主编《中华人民共和国农村土地承包法释义及实用指南》，中国民主法制出版社，2012，第51页。

象大部分是附近的农民，互相比较熟悉，从公示的意义上看，登记的必要性不大。① 在承包权与经营权分置场合，土地承包经营权依然具有生存保障功能，权利稳定性的内在要求决定了该权利流转的封闭性。因此，土地承包经营权的变动模式不应因经营权的设定而发生改变。而经营权作为完全意义上的财产权，作为生产要素，其变动必然突破"熟人社会"而通过公开市场实现。从维护交易安全与市场秩序的因素考虑，经营权的设立及权利变动均应采取登记生效主义模式。②《物权法》第 126 条规定土地承包经营权的期限为 30 年；承包期限届满，权利人可以按照国家有关规定继续承包。承包权与经营权分置对土地承包经营权的法定期限不产生影响，但问题是如何理解"承包期限届满，按照国家有关规定继续承包"的含义。事实上，除物权法外，我国其他法律未涉及期限届满后土地承包经营权的存续问题。由此推定，该引致规范所指引的适用对象应当不限于法律，党和国家政策规定当属"国家有关规定"之列。如前所述，党的文件已经明确要"保证农地承包经营关系稳定，并长久不变"。③ "长久不变"的私法含义应当为：如果承包期限届满，土地承包经营权人有权请求发包方延长承包期限。无法定的正当理由，发包方不得拒绝。承包权与经营权分置场合，土地承包经营权人同样具有上述权利。但经营权为有期限的定限物权，权利存续期限由土地承包经营权人与经营权人约定。经营权的期限不能超过土地承包经营权的剩余期限，具体到当前，也就是不得超过二轮承包的最后期限——2026 年，超过该期限的期间，不具有经营权设定的效果。④

---

① 参见何宝玉主编《中华人民共和国农村土地承包法释义及实用指南》，中国民主法制出版社，2012，第 74 页。

② 关于不登记承包权、如何登记经营权的疑问，首先，土地承包经营权的设定采用债权意思主义，合同签订即产生物权效力，即可作为经营权的客体，其是否登记不影响其是否可以作为权利客体。其次，经营权是与土地承包经营权相独立的物权，二者变动模式无须绑定。此外，目前的颁证确权登记主要是登记土地承包经营权，2017 年所有土地承包经营权都可登记，因此这一问题不影响本文结论的成立。

③ 《决定》以及 2014 年中央 1 号文件、2015 年中央 1 号文件均强调了"稳定农村土地承包关系，并保持长久不变"的政策立场。

④ 依据《不动产登记暂行条例》第 22 条，如果经营权存续期限超过土地承包经营权，登记机关对该权利将不予登记。同时，经营权采取登记生效主义模式，未登记则不发生权利设定的法律效力。由此，合法设定的经营权，其存续期间不可能超出土地承包经营权的权利期限。经营权属于新型物权，现行《不动产登记暂行条例》未明确规定经营权作为法定物权种类予以登记。未来经营权应当纳入《不动产登记暂行条例》的规范之中。

在农地被征收场合，农地所有权消灭，土地承包经营权与经营权亦失去存在的基础。土地承包经营权与经营权转化为对征收人的债权性补偿请求权。依据《土地管理法》第47条，征收补偿费包括土地补偿费、安置补偿费及地上附着物和青苗补偿费。依据《土地管理法实施条例》第26条，土地补偿费归农村集体经济组织所有。实践中，征收补偿费向作为所有权人的集体经济组织以及承包合同所记载的土地承包经营人发放，而且各部分补偿合并计算一体发放，不明确到具体的权利人。集体经济组织往往将其所得的征收补偿费在其内部成员中平均分配。但承包权与经营权分置场合，安置补偿费及土地补偿费究竟归属何人，不无疑问。事实上，土地补偿费是对征收造成的土地所有权丧失所给予的补偿，为农民集体的财产。对集体财产的分配请求权应当归属于集体成员，因而土地补偿费应当归属于土地承包经营权人。而安置补偿费是对以农业生产为业的土地权利人失业后的生活及再就业等费用的补偿。土地征收致使土地承包经营权人不能再获得地租性收益，经营权人亦不可能再利用土地从事农业生产，两者均可能就此失去经营收入，土地承包经营权人与经营权人应当共同享有获得安置补偿的权利。法律必须划定土地承包经营权与经营权在征收补偿费用中各自所占份额。本文认为，安置补偿费用应先扣除经营权人已支付的剩余年限经营费用，再以经营权人与土地承包经营权人各自需要安置的人口为基数，按人头分配。至于地上附着物及青苗补偿费，则应归各自的所有人所有。

四 承包权与经营权分置的体系效应

大陆法系法典化的法律体系以概念为基本元素和建构基础，概念与概念之间基于构成元素的抽象程度不同而形成科层式的结构。上位概念是对下位概念的进一步抽象，进而形成金字塔式的完整体系。任何概念的变化及新概念的产生，必然对与之相关的法律规则产生体系性影响。从宏观角度观察，承包权与经营权分置的制度设计，体现了物权法发展的基本趋势。为了达到物质资源利用的最大化，物权立法呈现两大趋势：一是个人本位到社会本位；二是实体本位到价值本位。[①] 前者以对传统所有权之绝

---

① 参见高富平《物权法原论》，法律出版社，2014，第719页。

对自由的正当化限制为手段，明确所有权行使范围，进而预防个体权利行使过程中矛盾冲突的发生，保证物质资源利用的有序、和谐。后者则表现为物权法律关系中，权利的作用对象不断扩充，"物权权能分化现象越来越复杂，在同一物上可以产生多种新的物权，从而对物的利用更有效率"。① 承包权与经营权分置的制度设计，在维护农地承包关系稳定的基础上，弥补了农地物权化流转的法律缺陷，凸显了农地权利的财产价值，实现了农地从"实体利用"到"价值利用"的根本跨越。从微观层面分析，承包权与经营权分置，将对现有农地权利体系产生影响。这种影响具体表现为，现行法定农地流转方式的类型可予以结构性整合，农地融资方式及农地使用权继承将发生结构性变动。

（一）承包权与经营权分置与农地权利流转

依据《农村土地承包法》第 32 条、第 39 条以及第 42 条，土地承包经营权流转的法定方式包括转包、出租、互换、转让、入股、代耕。其中，既有物权流转模式（如互换和转让），又有债权流转模式（如出租）。农村土地承包法制定之时，土地承包经营权的物权性质尚未最终确立。考虑到农地的社会保障功能，土地承包经营权的物权性处分受到种种限制。正是为了平衡限制物权性处分的不利后果，农村土地承包法扩大了债权流转模式的适用范围。以今天的情势观之，债权流转模式与物权流转模式相杂糅的立法选择已不符合农地权利制度发展的实际，其弊端已至为明显。其一，将转包、代耕、出租并列为三种不同的流转方式，似有重复规定之嫌。关于转包和代耕的法律性质，均存在争议。② 事实上，出租、转包、代耕三者均属于债权流转形式，只是在表现形式和具体称谓上有所不同而已。农村土地承包法以直观反映论的认识方法将三者并列加以规定，显得

---

① 王利明：《民商法研究》第 7 辑，法律出版社，2009，第 138 页。
② 参见陈小君等《农村土地立法问题研究》，经济科学出版社，2012，第 195 页；罗大钧《农村家庭土地承包经营权流转中的法律关系辨析——以对〈中华人民共和国农村土地承包法〉的分析为视角》，《河南省政法管理干部学院学报》2006 年第 6 期，第 96 页；袁震《农村土地承包经营权流转形式之法理分析》，《河北法学》2011 年第 8 期，第 121 页；何宝玉主编《中华人民共和国农村土地承包法释义及实用指南》，中国民主法制出版社，第 76 页；周应江《家庭承包经营权：现状、困境与出路》，法律出版社，2010，第 140 页。

极为混乱，人为地使同一性质的法律关系复杂化。其二，土地承包经营权的性质为用益物权，其流转应当遵循物权变动的规则。债权流转模式不发生物权变动效力，并未为受让人创设物权，其具体流转方式无须法定。农村土地承包法将土地承包经营权的债权流转模式与物权流转模式同炉冶之，违背了债权与物权区分的基本原则，甚至可能弱化土地承包经营权的物权属性。其三，从功效角度出发，农地使用权的债权流转方式大有值得反思之处。首先，以债权方式流转农地，不具有对抗第三人的法律效力。承租人基于租赁关系不稳定风险的考虑，往往追求短期效益，甚至进行破坏性、掠夺性经营，更不会对获租农地进行长期投资以促进其生产力发展。长此以往，债权模式下的农村土地承包经营权流转，势必阻碍农业生产率的提高。其次，债权模式下的农地流转缺乏具有权利识别功能的公示制度与之配套。农地几经流转后，由于权利主体难以有效确定，法律关系过于复杂，极易导致纠纷的产生。2010 年新修订的我国台湾地区"民法"第 850 条之 3 规定："农育权人得将其权利让与他人或设定抵押权。"第850 条之 5 规定："农育权人不得将土地或农育工作物出租于他人。"法律仅认许农地以物权方式流转而否定债权性流转，其基本理由在于"债权性流转与土地所有人设定农育权之原意不符，避免农地利用关系复杂化"。①此理由可资参考。最后，经营权作为用益物权，权利人和义务人完全可以就权利期限进行约定，亦可以就权利终止事由作出约定，其灵活性丝毫不逊于债权流转模式。

承包权与经营权分置，经营权成为完全独立且能够自由流转的用益物权，土地承包经营权人可以通过设定经营权的方式，使经营权人取得物权人的法律地位，农地流转就此纳入物权变动的规制范围，农地流转关系趋于稳定，经营权人追加农业生产投资、提高农业生产效率就有了制度保障。以设定经营权的方式实现农地使用权的物权化流转，并不等于对农地使用权债权流转模式的彻底否定。土地承包经营权人依然可以通过转包、出租等债权方式实现农地使用权流转。但这一流转关系应交由合同机制调整，而无须法定化、制度化。如此一来，农地使用权的物权流转模式与债权流转模式的界限得以明确，两者相杂糅的体系矛盾得以消除。

---

① 谢在全：《民法物权论》下册，中国政法大学出版社，2011，第 1356、1358 页。

（二）承包权与经营权分置与农地权利抵押

《物权法》第 184 条和《担保法》第 37 条第 2 款明文禁止土地承包经营权抵押。现行法律制度之所以严格限制承包经营权的抵押，重要原因在于考虑到土地承包经营权的社会保障功能，抵押人一旦无法清偿到期债务，土地承包经营权便发生转移，抵押人将失去可经营性农地，其基本生活无法维系，必然有害于农村社会的基本稳定。[①] 而有学者认为，土地承包经营权作为一种法定物权，其应当具备完全的处分权能。土地承包经营权的抵押，只是为农民提供了一种融资渠道，农民有能力理性地对待抵押的相应风险。法律没有必要对土地承包经营权抵押予以绝对限制。农地的集体所有制已经为农地保障制度提供了坚实的后盾，对于土地承包经营权抵押权能的限制显属多余。此外，随着农村社会及经济的发展，农民需要以资产性收益为支撑参与市场性商业经营，扩大农业生产投资。限制土地承包经营权融资权能的制度设计已经不符合现实需求，阻碍了农村经济的发展。[②]

承包权与经营权分置的制度设计，以经营权作为抵押权的客体，土地承包经营权不受经营权抵押的影响，[③] 既可以解除农民担心失去农地的后顾之忧，又能够有效实现农地的融资功能，两种观点的争议随之化解。其一，土地承包经营权人未为他人设定经营权场合，其可以为自己在土地承包经营权上设定经营权，再以经营权作为标的，为债权人设定抵押权。当

---

① 参见孟勤国《中国农村土地流转问题研究》，法律出版社，2009，第 65 页。

② 参见温世扬《农地流转：困境与出路》，《法商研究》2014 年第 2 期，第 12 页；郭继《土地承包经营权抵押的实践困境与现实出路——基于法社会学的分析》，《法商研究》2010 年第 5 期，第 35 页；庞敏英、张生旭《土地承包经营权抵押可行性探究》，《河北法学》2004 年第 4 期，第 127 页。

③ 抵押权的客体只能为农地经营权而不包括承包权。因为法律规定，农村土地家庭承包的承包方是本集体经济组织的农户，同时《决定》也明确要求："稳定农村土地承包关系并保持长久不变。"这都说明，农户对本集体经济组织土地的承包权，是他作为本集体经济组织成员权的体现，是不能被任何其他主体所取代的。但允许农户以承包土地的经营权抵押、担保或入股，即使经营失利，农户也不会失去土地的承包权，更不会影响土地的集体所有制。《物权法》第 179 条将一般抵押权的客体限定为"财产"，事实上为权利抵押权成为法定物权种类预留了解释与法律修订的空间。参见陈锡文《关于解决"三农"问题的几点考虑——学习〈中共中央关于全面深化改革若干重大问题的决定〉》，《中共党史研究》2014 年第 1 期，第 12 页；另参见房绍坤《论土地承包经营权抵押的制度构建》，《法学家》2014 年第 2 期，第 42 页。

土地承包经营权人不能清偿到期债务时，抵押权人可以就经营权的拍卖所得优先受偿。经抵押权人同意，土地承包经营权人可以转让经营权。依据抵押权的追及效力，抵押权人依然可以就转让后的经营权拍卖所得优先受偿。无论如何，抵押权的设定，不会影响土地承包经营权的存在。其二，土地承包经营权人为他人设定经营权场合，基于经营权的完全独立性与可处分性，经营权完全可以作为抵押权的客体，即使经营权人不能清偿到期债务，抵押权人实现抵押权，仅仅产生经营权变动的效果，土地承包经营权不受任何影响。

有学者认为，依据现行土地承包经营权制度，"在符合特定条件的情况下，当事人之间设立的债权质押仍可发挥担保作用"，① 没有必要通过设定独立的经营权，保障农地融资担保功能的实现。毫无疑问，这一方案旨在以土地承包经营权人不丧失其物权为前提，实现农地的融资担保功能。但由于土地承包经营权不能作为担保物权的客体，权利质权只能以现实存在且有效的农地债权为标的，只能实现已经通过债权方式流转之农地的融资功能，而将不处于债权流转模式中的农地排除在外，适用范围过于狭窄。如果承包权与经营权分置，如前所述，经营权成为抵押权的标的，就可以顺利实现农地的融资担保功能，从而跨越权利质权机制下先设定债权再设定质权实现融资担保功能的烦琐程序。由此可见，如确认经营权为独立物权，无论是处于静态还是流转状态之下的农地，均具有融资担保功能，其比较优势甚为明显。

（三）承包权与经营权分置与农地权利继承

有学者从法律解释论的角度，阐明了以家庭承包方式设定的土地承包经营权的可继承性。② 但《最高人民法院关于贯彻执行〈中华人民共和国继承法〉若干问题的意见》第 4 条、《农村土地承包法》第 31 条仅仅承认了被继承人投入的劳动、资金、土地增值利益、孳息及承包收益作为继承

---

① 陈小君：《我国农村土地法律制度变革的思路与框架》，《法学研究》2014 年第 4 期，第12 页。

② 参见朱广新《论土地承包经营权的主体、期限和继承》，《吉林大学社会科学学报》2014 年第 4 期，第 36 页；刘敏《土地承包经营权继承的解释论——兼评〈最高人民法院公报〉所载"李维祥诉李格梅继承权案"》，《政治与法律》2014 年第 11 期，第 126 页；刘凯湘《论农村土地承包经营权的可继承性》，《北方法学》2014 年第 2 期，第 23 页。

的客体。对于土地承包经营权能否作为一项独立的财产权由继承人继承，法律并无明文规定。司法判例亦认为，《农村土地承包法》第 31 条仅仅规定林地承包人死亡后，其继承人可以在承包期内继续承包。事实上，以户作为土地承包经营权主体的法律制度与以个人为调整对象的继承法律关系无法有效衔接。由于户是一个集体概念，即使户内有成员死亡，只要户内尚有集体成员存在，即不发生土地承包经营权继承问题。若承包户的所有成员死亡，该土地承包经营权应由集体经济组织收回，也不发生继承问题。同时，土地承包经营权具有一定的身份性和保障承包人基本生活之功能，不具有完全的财产属性，难以作为继承权的客体。[①] 但在承包权与经营权分置场合，由于经营权的取得主体不限于农户，同时该权利脱离了身份属性的限制，完全可以作为继承权的客体。土地承包经营权人也可以通过设立遗嘱的方式，在承包期限内为继承人设定经营权，从而在事实上实现农地使用权的继承。可以说，承包权与经营权分置的制度设计能够有效克服土地使用权继承特别是遗嘱继承的制度障碍。

随着农村经济、社会的快速发展，土地承包经营权统合公平与效率的制度优势已释放殆尽。通过认可权利用益物权，承包权与经营权分置的制度设计完全可为用益物权体系所容纳。承包权与经营权分置，经营权成为独立于所有权和土地承包经营权的用益物权，从而农地的社会保障功能与财产功能亦相对分置，既解除了因农地权利流转引发的土地承包经营人丧失最终保障之虞，又能够实现农地的财产价值及融资担保功能，其比较优势显而易见。

---

① 司法实践对于土地承包经营权是否具有继承性的观点，参见汪洋《土地承包经营权继承问题研究——对现行规范的法构造阐释与法政策考量》，《清华法学》2014 年第 4 期，第 129 页。

明清时期地权秩序的构造及其启示[*]

汪 洋[**]

摘 要：明清时期的地权秩序表现为受制于国家政治权力的宏观地权秩序与乡土社会原生自发形成的微观地权秩序的二元结构。民间地权秩序以"业"为核心概念，以私人契约为工具，分化为永佃、一田二主、典制等多样态的管业层级以及典卖、活卖、绝卖等一系列交易形态。诸管业层级根据经营收益、流通性、管业年限与税赋风险等四种影响因子，体现为不同的权利内容与地权价值。诸地权交易类型以当前收益与未来收益两个维度构建起统一的交易链条与理论框架。民间自发的地权分化所催生的复杂地权结构起到了明晰产权与降低交易成本的积极功效，其成因根植于明清社会经济的变迁之中。明清时期地权秩序呈现出来的抽象和相对性观念、时间维度上的灵活性特征，不同于大陆法系以绝对所有权为中心的物权观念以及"所有权—他物权"结构，这一观察对我国农地"三权分置"改革颇具启发意义。

关键词：管业秩序 地权分化 一田多主 典制 三权分置

中国共产党第十八届四中全会通过的《中共中央关于全面推进依法治国若干重大问题的决定》重提"编纂民法典"的立法计划以来，《中华人民共和国民法总则》已于 2017 年 3 月颁布，法典各编也在紧锣密鼓地制定

---

[*] 本文原载于《法学研究》2017 年第 5 期。本文为国家社科基金青年项目（16CFX033）与清华大学自主科研计划课题（2015THZ0）的阶段性成果。

[**] 汪洋，清华大学法学院副教授。

过程中。清末修律百余年来，欧陆各国民法典及其法学理论，通过学界一个多世纪持续继受移植、萃取与本土化的努力，得到我国社会民众与法律界的广泛认同，并将继续作为我国民法典编纂的重要制度来源。这一过程伴随着传统与现代之间的"文化断裂"、中华法系的解体和律学传统的抛弃，以及对传统的迅速隔膜和忽略。然而，法律是一门有历史取向并"依赖于往昔"的科学，[①] 当我们回过头审视固有法，仍能发现其中所蕴含的思想智慧与制度价值。[②] 但毕竟社会情势沧海桑田，即便传承中国固有法能被列为法典编纂的政治与社会文化任务之一，也会面临固有法如何融入现代法学理论与立法体系的难题，真正实现这一任务相当不易。[③] 这就需要将法律本土资源作为素材，进行学术化、规范化和体系化转换，本文便是在这个层面上进行的一次尝试。

明清时期田土产业领域的固有民法规则，包含一田二主、典制、活卖、绝卖等中国特有的财产制度安排，构成传统民事法领域最有魅力的部分，与大陆法系的物权法体系迥异。中国经济史学界与法制史学界的诸多前辈和学者，在该领域依托详尽的第一手历史材料，已经积累了相当丰富的研究成果，但从民法或财产法领域依托上述成果所开展的理论研究及获取成就依然寥寥。由于运用现代西方私法框架重述传统财产秩序容易遭遇古今、中西和官民三条鸿沟而引起的失真，因此本文坚持复原历史上本土概念的表达，并在此基础上，从功能比较的视角，借用、比照新制度经济学以及现代财产法理论，对明清地权秩序进行学术化处理。西方法律理论作为地方性知识的特殊性或许并不能提供有益的比较性意见，但交易中的"制度性因素"却是具有普遍意义的。[④]

[①]　维亚克尔认为，除非丧失整个主体性，各民族事实上无法放弃其基本的日常生活形式。参见〔德〕维亚克尔《近代私法史》上册，陈爱娥、黄建辉译，上海三联书店，2006，第107页。

[②]　不少学者呼吁民法典的编纂要承载"统一、守成、更新"的立法使命，"守成"即意味着对本民族固有法律经验传统的尊重保留和参酌。近代中国私法变革的相关内容，参见陈新宇、陈煜、江照信《中国近代法律史讲义》，九州出版社，2016，第176页以下。

[③]　参见谢鸿飞《中国民法典的生活世界、价值体系与立法表达》，《清华法学》2014年第6期，第23页。

[④]　参见〔美〕曾小萍、欧中坦、加德拉编《早期近代中国的契约与产权》，李超等译，浙江大学出版社，2011，第166页。

一　明清时期地权秩序的二元结构

新制度经济学认为，理解制度结构有两个必不可少的工具，即国家理论和产权理论。① 国家理论之所以不可或缺，原因在于国家在宏观层面决定着产权结构并最终对产权结构的效率负责；而产权结构的效率则决定经济的增长、停滞或衰退。产权理论则关注经济运行的制度基础，即财产权利结构。对于明清时期的地权秩序，同样需要从国家理论和产权理论两个层面理解，由此形成政治权力主导的宏观地权秩序与民间自生自发的微观地权秩序这一二元结构。

在国家理论层面，诺斯认为，国家是一种在行使暴力上有比较利益的组织，产权的实质是排他的权力。国家这一享有行使暴力权的比较利益组织，便处于规定和强制实施产权的地位。这是理解国家的关键所在：利用潜在暴力来实现对资源的控制。② 地权秩序同样深刻受制于国家权力，表现为以国家暴力为依托的变动不居的权力结构。在传统中国，没有任何力量能够对隐含于土地中的政治权力加以制衡，所有人都只是有待安置的"客户"。地权分配的终极来源是超经济层面的"封、赏、请、射"，③ 正所谓"普天之下，莫非王土"。被分配的土地原则上可收回，土地持有人的权利无法表达为"所有权"这一具有绝对排他性的权利结构。政治权力的控制与土地的控制（占田）相伴而生，政治权力的稳定平衡造就了阶段性稳态的地权关系；政治权力的动荡更替则会导致地权格局的重组，如历史上频繁重演的土地革命、土地兼并和隐占现象，④ 它们构成地权秩序中

① 参见〔美〕道格拉斯·诺斯《经济史上的结构与变迁》，厉以平译，商务印书馆，1992，第21页。
② 国家理论大致包括洛克和卢梭等人秉持的契约论、马克思和奥尔森等创设的掠夺论，以及试图统合两者的由诺斯所阐述的暴力潜能分配理论。参见〔美〕道格拉斯·诺斯《经济史上的结构与变迁》，厉以平译，商务印书馆，1992，第25页以下。
③ 土地与权力紧紧缠绕在一起，是联结"国家—民户"的纽带，民户各阶层取得土地的途径有：赏赐、请射、职禄、买卖、掠夺、继承等。除买卖和继承外，其他四种途径均与国家权力有关，其产权是政治权力的延伸。参见吴向红《典之风俗与典之法律》，法律出版社，2009，第68页。
④ 尽管土地兼并时而以土地买卖的形式出现，却掩盖不了它发生的权力背景。参见程念祺《国家力量与中国经济的历史变迁》，新星出版社，2006，第41页以下。

非制度性的不稳定因素。

国家会提供一组服务（如司法保护）来交换岁入，所以地权秩序对于官府的意义，无外乎收敛税赋和地方安靖。无论是地主还是自耕农的土地，在官府的视野中都仅作为一个赋税单位而存在。国家仅仅在统治阶层利益最大化的目标范围内促进和界定有效率的产权，除此之外，既无力也无心进行必要的制度安排，由此导致了乡土社会中官僚法的缺席，以及民间惯习作为一种反控制应对手段的必然出现和蓬勃发展。① 在政治局势相对稳定的阶段，乡土社会以民间惯习为基础，对地权进行了细化，构筑出一套原生的、以契约为工具的微观地权秩序。

这套民间产权结构并非由国家建构和实施，而是在哈耶克所谓"进化论的理性主义"框架内形成的自生自发秩序，包括民间风俗和惯习等"未阐明的正当行为规则"。② 经济因素在其中占据主导地位，私人从权能与时间等维度，对土地收益进行多层次分配，生成了典卖、活卖、绝卖、租佃等一系列灵活、开放而多元的交易名目。民间产权结构产生于"所有权缺失"的宏观制度背景下，私人权益具有相对性，只能相互主张并有限度地对抗他人。

宏观与微观地权秩序确立了一套以"土地收益"为标的的分配方案：土地总产出＝官府实收税赋＋征收过程中的消耗＋留给田主的产出剩余。③ 官府管控土地的动力，在于如何从土地总产出中收取足额的税赋并限制作为交易费用的各类消耗。④ 官府对于民间保有的土地产出剩余部分如何在相关权益者之间分配并无兴趣，因此该部分才有可能，也有必要在官府管控之外进一步细化。

国家有两个基本目标，一是统治阶层的利益最大化，二是全社会的总产出最大化，以增加国家税收。然而这两个目标之间存在持久的冲突：要使社会产出最大化，就要求国家提供最高效的产权制度；而确保统治阶层

---

① 参见程念祺《国家力量与中国经济的历史变迁》，新星出版社，2006，第8页。

② 参见〔英〕冯·哈耶克《自由秩序原理》，邓正来译，生活·读书·新知三联书店，1997，第11页以下；〔英〕冯·哈耶克《法律、立法与自由》，邓正来等译，中国大百科全书出版社，2000，第36页以下。

③ 征收过程中的消耗包括耗羡、漕运、贪污等交易费用。参见〔日〕寺田浩明《权利与冤抑：寺田浩明中国法史论集》，王亚新等译，清华大学出版社，2012，第86页以下。

④ 参见吴向红《典之风俗与典之法律》，法律出版社，2009，第251页以下。

利益最大化的可能是一套低效的产权制度。这一冲突是不能实现社会经济持续增长的根源。① 在中国传统的地权秩序中，这一冲突不仅表现为官僚法与民间惯习处处抵牾，还表现为政治权力的更替介入，以不可预测的周期破坏着民间地权秩序的稳定性，比如历史上频繁重演的均田、抄没和圈地。② 而民间地权以惊人的生命力，在每一次政治风暴过后新的宏观格局下，通过高效的产权配置促进社会经济的复苏。

官僚法与民间惯习在长期博弈的过程中，也逐渐形成默契和分工：国家权力以"永不加税"的承诺等方式，退化为土地上的固定负担，表现为民间契约中"载粮某某石"等条款内容；而民间自生自发的地权秩序，以灵活高效的方式合理配置土地、劳动力与资本等经济要素并生成有序结构。地权契约的存在和效力并不依赖于官府，正所谓"民有私约如律令"，无论红契（经官府盖章公证）还是白契（未经官府认证），作为"管业来历"的可信凭据，均得到民间惯习的认同，以至于最暴烈的手段也无法将其完全纳入官僚法的范畴。

二　民间地权秩序中的管业层级与交易形态

（一）"业"的观念、层级结构与交易形态

在乡土社会运行的地权秩序中，核心概念是"业"。与物权观念不同，"业"的观念侧重于土地孳息，其本质为"养育"而非"支配"，支撑"业"的是一种朴素的生存伦理，人与"业"之间是共生性的相互依赖，而非单向度的控制。③ 所以"业"并不要求人对物的排他性支配，仅需得到某一层面的使用许可。"物"与"业"是一对多的关系，一块土地上可

① 参见〔美〕道格拉斯·诺斯《经济史上的结构与变迁》，厉以平译，商务印书馆，1992，第 25 页以下。
② 近年来涉及中国传统民事法的研究暗含着"没有国家的法律史"的倾向，强调传统民事法的内在自治性，很大程度上把国家的意志与利益取向排斥出考察视野，这种绝对化的视野在权力无所不在的传统社会是值得怀疑的。参见邓建鹏《财产权利的贫困：中国传统民事法研究》，法律出版社，2006，第 7 页。
③ "业"在词源上指一份生计，譬如陶渊明《桃花源记》中的"捕鱼为业"，"农业"就是"农耕为业"。获得维持生计的手段为"得业"，反之为"失业"。参见吴向红《典之风俗与典之法律》，法律出版社，2009，第 191 页。

以同时成立多项内容与形式皆不同的"业"，各得其所、相安无事。当"业"的结构逐步形成几种稳态并得到社会广泛承认时，便构建出一套有规范性色彩的"管业秩序"。"管业"是一种名分，使得人与业之间的关系具备正当性，获得管业名分的人被称为"业主"。

"业"的层级结构，有广义与狭义之分。广义上，人与土地建立的关系皆可称为"业"，唯"管业"内容有所不同；狭义上，"为业"的必备条件是收益源具有长期性，内容上超越单纯的劳作收益，具有一定程度的排他性和对抗力。① 以该标准衡量，通常不把仅享有劳动收益的普通佃户认定为"业主"，而"田皮主"被认定为"业主"，乃是因为田皮主超越了耕佃者上升到坐享取租的地位，这种地位还可以转让，"取租权益"是业主收益独立化的表现。狭义的"业"又分为"大业"与"小业"：经由新垦、自有或祖分等方式获得的完全产业称为"大业"；经由永佃、一田二主、典卖等地权分化方式获得的次级业权称为"小业"。② 在传统话语体系中，"大业"与"小业"分别被称为"田产"与"佃业"。

"业"的交易形态多样，买、典、租、佃都可以使人管业。至明清时期，逐渐形成多元的地权交易体系链：胎借—租佃—押租—典—抵当—活卖—绝卖。地权交易形态于漫长的历史演进过程中逐渐丰富起来：在租佃与买卖之间，宋代出现典；在租佃与典之间，明清出现押租；在典与卖之间，明清出现活卖。③ 若以现代产权标准衡量，这些业的交易形态，既包括产权不变的融通性交易与用益性交易，例如以土地为担保的"按"、"抵押"、"胎借"、"典制"等借贷形式，以及涉及土地用益价值的"租佃"、"典制"；也包括以移转产权为目的的交易类型，如典卖、活卖、绝卖、顶退、找价（找贴）、回赎等。规则的一般价值取向是最大限度地避免田主身份易主。

"业"的一系列层级结构和交易形态塑造了乡土社会特有的所有观、买卖观与租佃观。对于农人来说，他们关心的是获得土地用以耕种并取得正当的收益。因此任何一种地权层级结构和交易形态，皆以"土地的经营收益"及其"正当性"两个因素为基础。所谓"土地的买卖"，不能简单

---

① 参见〔日〕森田成满《清代中国土地法研究》，牛杰译，法律出版社，2012，第24页。
② 参见郝维华《清代财产权利的观念与实践》，法律出版社，2011，第118页。
③ 参见龙登高《地权市场与资源配置》，福建人民出版社，2012，第51、95页。

地认为是对土地这一"物"的处置和移转，而是"前管业者"把管业地位出让给"现管业者"的行为；所谓"土地的所有"，就是向社会公示"现管业者"与"前管业者"订立的契据，作为取得管业地位的正当"来历"获得社会成员的尊重与认可。①

总之，土地管业秩序，就是围绕特定农地的经营收益行为，前管业者与后管业者之间通过契据支付对价而发生的"活、绝"两种正当性的赋予与继受，以及社会上对此结果的大体尊重，使"管业来历"在民间社会结构中获得较稳固的位置。"业"摆脱了绝对所有权的观念，甚至包含着与所有权的排他支配性相矛盾的内容，所谓"业主的所有权"只是多余的现代性虚构。正是基于管业秩序这种简单而又普遍存在的机制，才使传统社会中的地权秩序与大规模的土地交易在低成本上得以维持。② 以下对"业"的各层级结构与交易形态的制度轮廓逐一简单勾勒。

（二）永佃制：较高经营收益、低流通性的无期限佃业

永佃制发端于宋代，自明中叶以后，开始流行于东南地区，到了清代和民国时期，已蔓延全国，在若干地区成为主要的土地租佃形态。永佃制这一地权类型的结构内容可概括如下：佃户向田主交纳定额租，有经营土地的自主权；佃户在不拖欠地租的前提下，有权"不限年月、永久耕作"土地，田主无权撤佃；佃户可以自由退佃，主佃之间不存在人身依附关系；佃户无权自由转佃。③

永佃制的生成，源于多种因素的共同作用。④ 第一，为了稳定租佃关系，在北宋末南宋初，主佃之间普遍签订长期租佃契约。有些地方的买主在买田时于买地文契中承允继续出租给原佃户，构成"随田佃客"。第二，押租制是永佃最常见的起源。它的基本功能是防止欠租，并朝着"押金趋高，租额趋低"的形势发展。押租的佃户在承佃年限和经营收益上常有附

---

① 参见〔日〕寺田浩明《权利与冤抑：寺田浩明中国法史论集》，王亚新等译，清华大学出版社，2012，第 77 页以下。

② 参见〔日〕寺田浩明《权利与冤抑：寺田浩明中国法史论集》，王亚新等译，清华大学出版社，2012，第 218 页。

③ 参见杨国桢《明清土地契约文书研究》，中国人民大学出版社，2009，第 70 页以下。

④ 参见赵冈、陈钟毅《中国土地制度史》，新星出版社，2006，第 299 页以下；赵冈《永佃制研究》，中国农业出版社，2005，第 11 页以下。

带要求，如地主不退还押租银，佃农便可一直承佃，在契约文书中体现为
"许退不许辞"和"卖田不卖佃"等条款。第三，宋代典卖之风盛行，很
多时候出典者继续留在土地上以佃户身份耕作，在回赎前可世代承佃，由
此永佃成为典卖土地的附带条件，被称为"就行佃赁"。第四，在边远省
份开荒、东南各省水利工程兴修以及战乱或抛荒后的复耕过程中，佃户对
土地投入工本，使田地增值并由此获得永佃资格，被称为"久佃成业"。
第五，"诡寄田产"及投献行为。如田主将土地转让给官户，但自己继续
耕种以求庇护。另外，安徽等地的世仆或庄仆制也是成因之一。

　　在永佃制的多种生成方式中，押租制的旨趣在于纯粹的佃业，"退佃
还银"成为唯一的退出机制。押租人的基本投资策略是"不置田产，只做
佃业"。押租的价银可多可少，价银多则地租轻，价银少则地租重。因此，
押租的功能在于"加押减租"，以提高永佃户的经营收益。价银与地租的
关系体现了当前现金流与未来收益两者之间的权衡以及灵活多样的配置。
在特定情形下，当押租银增加到一定数额，地租可趋减至零，相当于把土
地典卖或活卖给佃户。① 永佃制的其他生成方式也体现了类似机制，如招
垦开荒便是把投入的工本转化为佃业资本，表现为不受期限的承佃以及地
租数额的适当折让。

　　总之，在永佃制下，佃户不欠租便有权长期耕种土地；佃户有"自由退
佃权"但没有"自由转佃权"，流通性较差；经营收益根据押租额的大小自
由浮动。永佃制是一种具有较高经营收益的、低流通性的中长期佃业。

（三）一田多主：高经营收益、最高流通性的无期限佃业

　　一田二主这一民间惯习在明清时期已遍及江南各地与我国台湾地区。②
其地权分化的路径是，把一块土地抽象分割为上下两层，田面和田底分
别归属不同主体且皆能独立自由处分。田面主享有的权益，包含对土地
的占有使用、部分收益（小租）和对田面的处分权（自由退佃、转佃和
典卖的权利）；田底主享有的权益，包含部分收益（大租）和对田底的
处分权，同时承担国家层面缴纳税赋的义务和接受乡族层面"乡邻先买

---

① 参见吴向红、吴向东《无权所有：集权奴役社会的地权秩序》，法律出版社，2015，第68
　页以下。
② 参见葛金芳《中国近世农村经济制度史论》，商务印书馆，2013，第242页以下。

权”的限制。① 从"业"的角度观察，一田二主中的田底和田面没有相互隶属或屈从关系，② 具备两套各自独立的"管业来历"。

一田二主制中的土地权益分配结构如图1所示：在土地总产出中，国家获得的部分产出就是税赋；田底主获得的土地产出为从田面主处收得的大租减去所纳税赋后剩余的部分；田面主获得的土地产出为从佃户处收得的小租减去上交给田底主的大租后剩余的部分；佃户获得的土地产出为土地总产出减去上交给田面主的小租后剩余的部分。

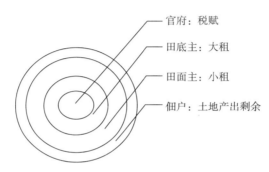

官府：税赋
田底主：大租
田面主：小租
佃户：土地产出剩余

图1　一田二主制中的土地权益分配结构

一田二主制中的地权分化从田主层和佃户层两个方向同时展开。③ 田主层的分化与明代的赋役制度紧密相关，佃户层的分化在永佃制基础上演化而来。佃户原本不能自由转佃，但是当佃户"私相授受"永佃地位的行为渐渐生成乡规俗例，作为一种不可变更的既成事实，迫使田主从不承认到默认、从默认到公开接受，永佃便进化成为田面。整个分化过程大致有三种类型。④ 其一，从田产中分割出田面转让给他人，田主自己保留田底。例如田主活卖土地但不办理过割推收手续，自己保留纳税义务；或者卖主向买主索取高价，继续作为名义上的田主保留粮差义务（虚悬）；或者佃户垦荒投入浩大工本，田主直接授予佃户田面作为垦荒工本的对价。其

---

① 田面又被称为田皮、上地、小业等，田底又被称为田骨、田根、底地、大业等。参见杨国桢《明清土地契约文书研究》，中国人民大学出版社，2009，第307页以下。

② 参见〔日〕寺田浩明《权利与冤抑：寺田浩明中国法史论集》，王亚新等译，清华大学出版社，2012，第227页。

③ 明中叶后普遍存在一田两主、一田三主甚至一田四主的情形。参见傅衣凌《明清农村社会经济：明清社会经济变迁论》，中华书局，2007，第51页以下。

④ 参见〔日〕寺田浩明《权利与冤抑：寺田浩明中国法史论集》，王亚新等译，清华大学出版社，2012，第307页以下。

二，从田产中分割出田底转让给他人，田主自己保留田面。例如田主为逃避粮差，以贱售、诡寄或授产赠送的方式，将田底连同缴纳粮差的义务一并转给他人。其三，将田产同时分割为田底和田面，分别转让给不同的买主，或分家析产时给予不同的家庭成员。

一田多主展现了地权在四个层面的分解。① 一为投资的分解。田底主通过继承或买卖获得田底，佃户通过押租、垦荒等方式获得田面，对土地皆有不同程度的控制权。二为收益的分解。官府、田底主、田面主与佃户各自都获得了一定的土地收益，这种分配机制以土地高产出为前提。三为管理的分解。田底主负责水利等基础设施或土壤的保持，田面主负责具体的耕种劳作，"不在地主"则将管理权完全委托给田面主。② 四为风险的分解。理论上田底主收取稳定的定额大租，不因土地收成丰歉而增减，风险很低，而田面主或佃户则面临高风险与高收益的并存。

田面与田底的价值并没有法定比例，由各自独立的市场所决定。③ 人们通常认为田面价有相对固定的价格。但是在押租制盛行的地区，田面价随押金多少而上下浮动。④ 田面与田底的价格并不同步升降，也无明显关联。从长期历史趋势来看，由于田面买卖手续简便，只凭双方契据（白契）便可完成，无须过割和认缴契税；田面主直接占有与使用土地，只要土地总产出足够，就可将田面租佃出去收取稳定的"小租"，自己成为二地主；⑤ 同时，工本的持续投入使田地生产力日渐提升，在大租基本稳定不变的前提下，田面主的收益率通常随之上升。上述因素促使田面价格在承平年岁日渐上涨，而田底价格则日趋下跌，如江南地区田面价约为地价的三分之二，田底价约为地价的三分之一。⑥ 这一价格趋势改变了田主置产时的行为模式，倾向于卖出田底而留下更有价值的田面。但田面的风险在于，作为民间惯习，缺乏官僚法的支撑和保障，一旦遭遇战乱等社会变

---

① 参见龙登高《地权市场与资源配置》，福建人民出版社，2012，第36页以下。
② 费孝通把一田多主制与不在地主制联系起来。"不在地主"指仅占有田底，而不占有田面，因此无权直接使用土地进行耕种的人。参见费孝通《江村经济》，上海世纪出版集团，2007，第137、141页。
③ 参见赵冈、陈钟毅《中国土地制度史》，新星出版社，2006，第43页以下。
④ 参见曹树基《传统中国地权结构及其演化》，上海交通大学出版社，2015，第29页。
⑤ 参见杨国桢《明清土地契约文书研究》，中国人民大学出版社，2009，第93页。
⑥ 参见龙登高《地权市场与资源配置》，福建人民出版社，2012，第101页以下。

局，收回或持有田面的风险大增。到了近代，地权市场则显现出两个新的特征：田底交易频繁，转手率高，而田面转手率较低；田底的买主多是外地人，田面多限于本村范围内周转。①

田面是对佃业价值最彻底的表达，田面主与田底主之间是一种非人格化、非身份性的债权债务关系。② 田底主享有的大租，不过是从田面主处获取定额地租的经营性地位，田底买卖的价格也只是与这种经营性地位相对应，比完整的土地价格低得多，并且拖欠大租不会导致田面被收回。作为地权分割的对价，田面价体现了买方对田主两方面的补偿：一为土地收益的减少（收益仅限于大租），二为管业范围的极小化（不能对土地直接占有使用）。③ 田底与田面均可通过多种交易形态分别自由流转，具有高度流通性，相互之间没有牵制，一方主体的变更不会引起另一方权益的消长，两者均没有期限限制。总之，田面是一种高经营收益的、具有最高流通性的无期限佃业。

一田二主的出现，意味着土地产权被分解为经营性地权（田面）和资产性地权（田底）。作为独立而稳定的产权形态，田面主通常愿意追加工本长期投资以提高地力，提升未来收益，形成新的恒产增量，改善一般租佃制下佃户对土地投入的激励缺失。因土地投资产生的未来预期收益，可以由接耕者在交易价格中予以贴现。④ 同时，田底成为纯粹的资产性地权而不参与土地具体经营，"不在地主"这一类型的推广，鼓励了城市居民与工商业者下乡购买并投资土地，大大延展了参与地权交易的社会阶层。同时，资本性与经营性地权的相互置换，还为农户最大化利用家庭资源提供了多元选择：需要扩大经营规模时，可以出卖田底获得资金，以购买更大面积的田面实现规模经营；需要资金时，可以出卖田底或田面进行融资；当家庭劳动力充足时，可以保留田面以获取劳动收益；劳动力不足

---

① 参见赵冈、陈钟毅《中国土地制度史》，新星出版社，2006，第43页以下。
② 参见〔日〕仁井田陞《中国法制史》，牟发松译，上海古籍出版社，2011，第222页。
③ 参见吴向红、吴向东《无权所有：集权奴役社会的地权秩序》，法律出版社，2015，第52页以下。
④ 如果土地投入的未来收益不能转让或贴现，将限制佃农的自由选择，强化土地的束缚作用。所以变现转让是一种退出机制，代表着资本对人的从属关系，反之则代表着人对土地的依附关系，这一点决定着佃农的性质。参见龙登高《地权市场与资源配置》，福建人民出版社，2012，第102页以下。

时，则保留田底获取资产性收益。

一田多主与永佃制的差异，在制度的表象轮廓层面，仅仅体现为佃户是否可以自由转佃。但这两种管业类型的旨趣与功能有明显差异，其关系不是递进，而是分差。一田多主制的精髓，体现为地租和管业范围精确而合理的划分。田底主自愿从土地经营中退出，将自身权益抽象为年金或税邑一样的租谷来源，享受大租和国家税赋的差额，保有名义上的田主身份，其他一律不问；田面主则以缴纳大租为代价，彻底摆脱了税赋征缴中的过割与输纳之苦，并可自由流转田面，因此这一关系是双赢的。① 与官府的交道完全留给田底主，由此成功隔离了政治权力导致的一切负外部性，使田面成为民间原生地权秩序中纯粹的经济要素。作为超级佃业，田面的高度流通性和对资本的吸引力，对乡土社会的地权分化产生了决定性影响，这是永佃制所无法比拟的。永佃制的核心功能是防止"增租夺佃"，一田多主制则通过"底、面"分离屏蔽了官府与业主两方面的不确定性，在所有权缺位的背景下，把田面塑造成为近乎现代土地产权的优质资产。

（四）典制：最高经营收益、可自由流通的中长期佃业

典制又称为典卖，指有保留地出售土地，为最具本土特色的民间惯习。古汉语中"典"作为动词的本义是掌管、使用，用于土地时为"使……管田"之意。对土地之典起源于北朝隋唐均田制时期对土地转卖的限制，指在固定期限内回赎的"帖卖"之法。② 后周时期典、质二字复合为"典质"，与具有抵押功能的"倚当"（抵当）并列。③ 典制正式形成于唐宋时

---

① 参见吴向红、吴向东《无权所有：集权奴役社会的地权秩序》，法律出版社，2015，第 54 页以下。
② "帖卖者，钱还地还，依令听许。"（《通典》卷 2《食货田制》）转引自吴向红、吴向东《无权所有：集权奴役社会的地权秩序》，法律出版社，2015，第 11 页。
③ "倚当"之"倚"字，是依靠、凭借的字义，与抵销、顶替字义的"当"字结合为"倚当"，表示依靠田宅若干年的收益抵销积欠下的债务，由受当人占有使用田宅，也被称为"抵当"。倚当与典卖不同，它是一种债务的清偿方式，立契时议定的当价只是债务人不能偿还的债务数额，与田宅价值并无直接联系。而出典源于债务的担保行为，设定时须考虑田宅价值来设定典价。参见郭建《中国财产法史稿》，中国政法大学出版社，2005，第 133 页以下。对"倚当"的另一种理解认为，抵当就是通过土地担保获取借贷，如不能偿还债务和利息，则以地权让渡来清偿。因此官府和社会伦理通常限制抵当，一是基于反对高利贷的道德伦理，二是抑制土地产权的被迫转移。宋朝称典为"正典"，抵当为"倚当"。参见龙登高《地权市场与资源配置》，福建人民出版社，2012，第 64 页以下。

期，受到唐宋律令中不保护计息债权原则以及强调家族财产传承性的文化背景影响，得以长期广泛的存在与扩散。①

典制的结构内容可概括为，自出典到绝卖或回赎完成的整个管业期间，典主支付给田主典价，换取四个方面的权益：一为典主可占有使用土地并收益；二为典主无须缴纳地租（地不起租，银不起利）；三为典主可自由转典；四为田主无法回赎时可将田产绝卖给典主。② 典制与一田二主制的区别在于，典制是从时间维度对地权的分割：以典期为界，在典期之前典主无条件管业；典期之后田主可以回赎土地，未回赎时由典主继续管业，由此构成"一业两主"的权益格局。典制需要占有使用土地，所以客体包括田产与田面但不包括田底，因为田底并无占有土地之权能。

在典制中，典主使用土地无须支付地租，可获得最高经营收益；典主可自由转典，并且一般不存在税赋过割的负担，流通性强，在转典或回赎时可兑现典价；典期可以自由约定，且期满之后，除非业主回赎或找绝，典的状态永远持续，即所谓"一典千年活"。因此，典制是一种优质的具有最高经营收益、可自由流通的中长期佃业。

典制在传统社会承担着"以业质钱"的信贷融通功能与土地这一经济要素的流通功能。其中信贷融通功能体现了典制的根本价值，管业收益的流通功能是信贷操作的结果。两种功能分别成就了交易两造的动机：田主出典是为了获得长期无息信贷，典主则是为了取得具体的土地管业收益。③"以业质钱"成功的关键在于"业"的孳息（地租）与典价的利息对抵，所谓"地不生息，钱不起利"。典制就是发生在土地租金与资本利息之间，或者说土地经营收益与放贷本金之间的交易。虽然在实践中典价的高低与典期的长短成一定正比关系（时间越长，土地收益总额越多），但田宅典制的精髓，在于"息租对抵"这一微妙的平衡，使得典制对时间不敏感，无论出典时间多长，对业主和典主均无大碍，因而典期可自由约定或更改，不必设定特别的限制。在传统民间信贷诸类型中，典制通过"息租相抵"抑制了复利，摆脱了高利贷的危害，这是典制与押、抵等支付利息的

---

① 参见郭建《中国财产法史稿》，中国政法大学出版社，2005，第155页。
② 参见吴向红、吴向东《无权所有：集权奴役社会的地权秩序》，法律出版社，2015，第68页以下。
③ 参见吴向红《典之风俗与典之法律》，法律出版社，2009，第256页。

借贷类型的本质差异，使其成为民间信贷融通中最为温和与稳健的形式。

现代民法理论将典制重述成一种权利（典权），这是对典制内涵的严重误读。典权属于用益物权抑或担保物权的争论持续至今，根源就在于典制无法被固化为欧陆民法体系中某一权利类型。典制的内涵是多元的，视具体语境而变化：典卖下的典为活卖之萌芽；附期限之典为金融信贷工具，是担保权益的鲜明体现；典主对土地的管业即占有使用，又属于用益权益的范畴；"老典一百年"的状态，可谓介于用益权人和业主之间。①

典制的扩散与保存家产一脉相传的民间传统伦理有着内在关联。典制被设计为时间维度的弹性结构，目的是在不改变民间土地归属的前提下，通过新增管业地位满足私人间的融资需求。因此典制总是倾向于宽松、灵活、允许延长和后滞的回赎期限，这一制度架构不是通常的买卖关系能够解释的。② 黄宗智认为，典制一方面体现了前商业逻辑的生存伦理，对那些无法以土地产出糊口的人给予特别照顾，通过出典土地济危解困、度过时艰，并且"不负出卖之名，而有出卖之实"，考虑到农人"重孝而好名"的心态，维护了祖产的颜面；另一方面则体现了不断增长的商业化市场逻辑，如允许典主自由转典，以及允许田主在逾期无力回赎时延典或找价，直至绝卖土地。③

（五）地权的三种交易形态：典卖、活卖与绝卖

明清时期地权交易大致分为绝卖、活卖与典卖三种形态。"绝卖"等同于现代的买卖观念，是地权的最终出让，前业主无权回赎或要求找帖（要求买方支付活卖价与时价的差额）。"活卖"也属于有偿转让地权，同时保留前业主回赎或找帖的权利，前业主由此可恢复地权或经由找帖获得进一步收益。④ 卖方找帖或买方"加绝"后，活卖便转为绝卖。"典卖"在名义上

---

① 参见郝维华《清代财产权利的观念与实践》，法律出版社，2011，第136页。

② 黄宗智和赵晓力都探讨过民间田宅交易的"非完全竞争性质"，能够支撑这一习俗的，是典主对此事的观念和态度。黄宗智认为，在田宅交易中，价格只是要素之一。此外，家族关系、互惠原则、礼品道德等因素无不起着重要作用。参见黄宗智《民事审判与民事调解：清代的表达与实践》，上海书店出版社，2001，第94页。

③ 参见黄宗智《法典、习俗与司法实践：清代与民国的比较》，上海书店出版社，2007，第61页以下。

④ 回赎或找帖是一种对被迫出卖地权的弱势者维系产权的制度安排。参见龙登高《地权市场与资源配置》，福建人民出版社，2012，第69页。

不涉及地权转让，但在典期届满且田主无力回赎时，可通过"找价"等程序转为活卖或绝卖。① 活卖与典卖有着共同的社会基础，或是为了颜面等人情世故，或是期待日后取赎而存一丝保产之心，或是因无须过割而避税。这种"拖泥带水"的产权交易模式，是乡土社会对权利态度的真实写照。

地权买卖的实质，就是买卖双方对土地经营收益及其正当性的移转。根据是否允许回赎与找帖，分为"活"与"绝"两套程序。"典"与"卖"的关系，与其套用他物权向所有权转换这一物权法框架，毋宁通过由"活"向"绝"逐渐移行的框架来理解。② 典卖与活卖保留了返还价款、回赎管业的可能性，绝卖则意味着丧失取回管业地位的可能。

典卖与活卖盛行于田土交易中。除了保有回赎的可能之外，另一个重要原因在于典卖与活卖价格远远低于绝卖价（典价一般为时价的40%—70%），③ 有效降低了各方购置田产的成本与门槛。找帖等后续惯习虽然给人情世故的纠葛留下很大空间，但实质上是卖方基于经济上合理的理由（如地价上涨、通货膨胀等）向买方寻求授信，通过找帖这一微妙的平衡机制，在更大时间跨度上修正双方利益的不均衡，可视为土地交易分期付款的萌芽。④

依严格的法律逻辑，找帖的前提是卖方放弃回赎。但这一理解并不符合历史实情。找帖不以绝卖为前提，其合理性根植于典价（或者活卖价）与田宅实际市场价格的差额。民间惯习不限找帖次数与时间，仅根据"多次找帖后的总价款不高于绝卖价"这一原则约束卖方。⑤ 自乾隆年间以降，"加找"演变成一种契约格式，交易双方在谈定交易价格后，以"卖价"和"找价"分别订立契约，"卖契"和"找契"时间或相差数日。⑥ "找

---

① 用于活卖者称为"找帖"，用于出典者称为"找价"。参见郝维华《清代财产权利的观念与实践》，法律出版社，2011，第138页。

② 参见〔日〕寺田浩明《权利与冤抑：寺田浩明中国法史论集》，王亚新等译，清华大学出版社，2012，第218页。

③ 参见吴向红《典之风俗与典之法律》，法律出版社，2009，第35页以下。

④ 参见龙登高《地权市场与资源配置》，福建人民出版社，2012，第72页。

⑤ 正是基于错误理解，为避免多次找帖引起的纠纷，清政府于1730年规定，卖方只许找帖一次。但实践中多次找帖的做法并无变化，只是在契约文书形式上有所变通以应付官僚法。参见吴向红《典之风俗与典之法律》，法律出版社，2009，第35页以下。

⑥ 参见曹树基《传统中国地权结构及其演化》，上海交通大学出版社，2015，第33页；尤成俊《明清中国房地买卖俗例中的习惯权利——以"叹契"为中心的考察》，《法学家》2012年第4期，第16页。

帖"作为分期贴现的手段,控制了民间的高利贷风险,并提供了相对安全的长期信贷,这使得典卖与活卖作为金融工具,发挥了重要的社会保障作用。

三　民间地权秩序的统一理论框架

(一)　民间契约:地权分化与交易的实现工具

传统中国没有欧洲中世纪时期复杂的封建土地法的束缚,地主和佃户并非分属特权阶层和隶属阶层,彼此不存在紧密的人身依附关系。[1] 乡土社会中的地权分化与交易,主要经由民间契约这一工具展开。[2] 地契的存在和效力并不依赖于官府,正所谓"民有私约如律令",无论红契(经官府盖章公证)还是白契(未经官府认证),作为"管业来历"的可信凭据,均得到民间惯习的认同。红契需缴纳交易税即契税,[3] 明中叶开始,由户部印制官印"契尾",作为买卖程序合法的证据。每份契约还需缴纳四十文铜钱作为工本费,并"过割"田产与税粮义务。[4] 发生田产纠纷时,双方大多以民间契据来证明自己管业地位的合法性,官府处理田产纠纷时多依据两大要点,一为是否有红契,二为是否交业。南宋时强调卖方必须"离业",即移转土地的占有。[5] 但明清时期,法律对"离业"不再有明确规定,出卖土地后转为佃户的情况比比皆是。

交易双方的利益期待都落实在地契上,租佃关系的契约化对佃业分化

---

① 参见〔英〕理查德·托尼《中国的土地和劳动》,安佳译,商务印书馆,2014,第62页。

② 契约制的租佃关系早见于宋元,大规模施行是在明中叶以后。参见傅衣凌《明清农村社会经济:明清社会经济变迁论》,中华书局,2007,第71页。

③ 明朝契税税率为百分之二,清朝为百分之三,"顺治四年定:凡买田地房屋,增用契尾,每两输银三分"(《清通典》卷8《食货八赋税》)。后光绪年间因财政困难,税率提高到百分之六到百分之九。参见郭建《中国财产法史稿》,中国政法大学出版社,2005,第221页以下。

④ "过"即过户,"割"即割除原田主的赋税登记。明清律规定,买卖田宅"不过割者,一亩至五亩笞四十,每五亩加一等,罪止杖一百。其田入官"(《大明令户令》、《明史》卷75《职官志四税课司》)。参见蒲坚主编《中国历代土地资源法制研究》,北京大学出版社,2011,第336页。

⑤ "凡典卖田宅,听其离业,毋就租以充客户。"(《宋史》卷172《食货志一》)参见郭建《中国财产法史稿》,中国政法大学出版社,2005,第221页以下。

至关重要。交易的普遍范式为：管业内容＝契约名色＋契内限定。① "契约名色"指契约类型，不同的交易客体（民田、官田、族田、田底、田面等）与不同的交易方式（一般租佃、活、绝、典、押租等）可组合为多种契约类型，以应对实践中复杂多变的交易需求。如果契约名色不足以区分或满足特定的交易需求，则在契内再加以文字限定，目的在于精确地界定管业的具体内容与双方的权利义务。以地权融通性交易为例："按"指以土地为担保的资金借贷；"押"与"胎借"指以土地为担保，同时以土地收益来还本付息；"典"指转移土地收益占有并收租抵息；"抵"指把田产分割为田面或田底以抵欠旧债。以上各交易类型均能通过不同的民间契约严格区分彼此。② 当然，这些田产交易术语为民间自行创设使用，很少受到官僚法的统一规制，不同地区也会出现一词多义或多词一义的现象。

　　民间契约作为以自由合意为基础的经济工具，使乡土社会以效率为导向，分化出一系列灵活高效的佃业形态。具体做法是以标准租佃契约为原型，围绕田主与佃户两个主体，注入各种社会经济变量，由此生成新形态的租佃契约，如私田永佃、一田多主与押租制。标准租佃契约朝着正反两个方向发展：穷其极端，一为佃户仅提供单纯劳力的自立度很低的农奴制；二为佃户全权经营并担受所有风险收益的"不在地主制"。

　　本文以"押租制"为例予以说明。为了防止欠租，田主往往要求佃户缴纳大致相当于一年租数的价银（押租），在租佃契约原型中加入了"押租银"这一变量。即使佃户欠租，如果押租没有被扣除完毕，田主很难要求佃户退佃，佃户因而以押租银换得长期耕种的权利或正当性，如同田主以价银为对价赋予佃户某种管业地位，起到稳定租佃关系的效果。同样的事态也出现在"明租暗典"或"半租半当"等类型中。当押租银加码至一定程度，这种"租契"与"典契"结构相通，管业资格渐次浸透于租佃关系，③ 地权经由契约这一工具而分化，同时也体现了一般租佃关系的"管业化"进程。

---

① 参见吴向红《典之风俗与典之法律》，法律出版社，2009，第213页。
② 参见龙登高《地权市场与资源配置》，福建人民出版社，2012，第85页。
③ 参见〔日〕寺田浩明《权利与冤抑：寺田浩明中国法史论集》，王亚新等译，清华大学出版社，2012，第79页以下。

（二）管业层级的影响因子与地权价值

分化而成的各种土地权益被表达为不同的管业层级，对应着不同的权利内容。地权分化并形成交易市场的必要条件是分化出来的地权（管业层级）的价值高于交易成本。[①] 地权的价值主要取决于四种影响因子的权衡（见表1）：一为经营收益；二为流通性；三为管业年限；四为税赋风险。经营收益越低、流通性越差、管业年限越短、税赋风险越高，则地权价值越低，反之越高。权衡结果超过临界点时，地权价值才是正的，才有继续分化和交易的可能。

表 1　管业层级的影响因子

管业层级	经营收益	流通性	管业年限	税赋风险
一般租佃	低，纯劳动收益	低，不能转佃	短，田主有权撤佃	无
永佃制	从正常至最高区间，由押租金额灵活调节	低，不能转佃	满足条件（不拖欠地租）时为无限期	无
田面	高，小租减去大租的剩余部分	高，自由处分	永久	无
田底	较高，大租减去赋税的剩余部分	高，自由处分	永久	有
典制	最高，无须支付地租	高，自由转典	典期灵活，期满后不回赎或找绝，则永久持续	无

一般租佃作为初级水准的地权形态，虽然没有税赋风险，但起耕年限短，田主有权撤佃且佃户无权转佃，因而不具备流通性，经营收益仅限于"起耕收割"的劳动收益，地权价值偏低。

在一般租佃原型基础上排除年限限制和田主随意撤佃的权利，就发展为永佃制。在押租制这一重要的永佃类别中，押金趋高，租额趋低，佃户可在当前现金流与未来收益之间权衡，因而经营收益在正常至最高区间内灵活浮动，地权价值较一般租佃要高。

在永佃制基础上，再排除流通限制以及欠租时田主撤佃的权利，就发展为田面。田面无管业年限限制，田面主可自由独立处分转让，流通性和

---

① 参见吴向红、吴向东《无权所有：集权奴役社会的地权秩序》，法律出版社，2015，第204页以下。

承耕年限皆为最佳。田面主无须同官府打交道，税赋风险规避得最彻底。田面主既可自己耕种，也可将田面租佃出去收取小租，属于地权价值最优质的超级佃业。

田产中分化出田面后，余下的土地权益构成田底。田底也可自由流通，没有年限限制，但田底主承担了全部的税赋风险，且不能占有使用土地，管业范围被极小化为收取大租的权限，经营收益被固化为大租减去税赋的剩余部分，地权价值反映在土地市场上，便是田底价格常常低于田面。

典制是乡土社会中极为重要的一种管业层级。在典制中，地租与典价利息相抵，因而典主占有使用土地却无须缴纳租金，经营收益最高。典主可自由转典，具备高流通性，一般也不存在税赋过割的负担。双方可自由约定典期，期满之后除非田主回赎或找绝，典的状态永远持续，管业年限在很大范围内灵活浮动。因此典制是价值极高的优质地权形态。

总之，租佃、永佃、田面、田底以及典制等管业层级均为佃业"资本化"与"管业化"的具体表达方式，[1] 通过经营收益、流通性、管业年限与税赋风险四种影响因子而内部关联，体现为不同的权利内容与价值，在经历了适应、选择和规范化之后，逐渐形成制度上的稳态。

（三）地权交易的理论框架

尽管传统中国不同区域占主导地位的地权类型各不相同，[2] 呈现出纷繁复杂的结构特征，但地权分化现象普遍存在，总体而言存在一个形式与内容基本统一的乡村土地市场。[3] 民间所有的地权交易都是同质的：均为

---

[1] 佃业资本化起源于这样的观念：除了佃田收谷这样的自然回报外，租佃引起的与土地的关系本身对佃户是有价值的，通过某些方式，这种价值还可以提高和兑现。这种价值称为"佃业附加值"，如粪草、工本或上等地本身的高产。参见吴向红、吴向东《无权所有：集权奴役社会的地权秩序》，法律出版社，2015，第62页以下。佃户经营的"管业化倾向"，一定程度上起源于田主采取的押租等措施。另外，佃户们提高地力即"肥培"投下的工本等也促进了管业化倾向。参见〔日〕寺田浩明《权利与冤抑：寺田浩明中国法史论集》，王亚新等译，清华大学出版社，2012，第221页。

[2] 华北地区与长江三角洲小农经济的主导模式便截然不同。参见黄宗智《华北的小农经济与社会变迁》，中华书局，2000；黄宗智《长江三角洲的小农家庭与乡村发展》，中华书局，2000。

[3] 参见曹树基《传统中国地权结构及其演化》，上海交通大学出版社，2015，第12页。

佃业交易的一种形式，其功能无外乎通过租佃关系、买卖关系与雇佣关系完成土地、资本和劳动力三种资源的优化配置，并且以契据等"来历"获得正当性以及社会的承认和尊重。各种佃业交易的差别在于转佃的级别与方式，可以得到贯通性解释。笔者为此建构出地权交易理论框架（见图2）。在该理论框架中，不同地权交易类型的差异，体现为交易双方在"当前收益"与"未来收益"之间的权衡组合。

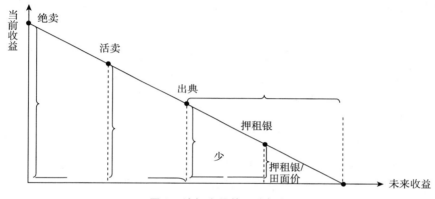

图2　地权交易的理论框架

图2中，横轴代表"未来收益"，从左往右逐渐增加；纵轴代表"当前收益"，由下至上逐渐增加。"租佃—押租/田面—出典—活卖—绝卖"这一交易链条，清晰地展示出未来收益趋减而当前收益渐增的趋势。

首先，当一无所有的佃户承佃田主土地时，田主出让了土地的占有和使用权能，未获得任何当前收益，换取的是全额地租这一最大化的未来收益。

其次，当佃户逐渐积累了一定资产，便可通过预交押租的方式，换取田主不能随意违约撤佃的承诺，由此，田主获得了押租银这一当前收益，代价是承佃年限和未来收益的折让，押金趋高，租额趋低，双方可在当前收益与未来收益之间磋商权衡。田主出卖田面的理论架构同理，田主从田产中分割出田面给买方，自己保有田底，所获得的当前收益为田面价，未来收益为大租减去税赋的部分，田面价与大租额两者也呈反方向比例浮动，田面价越高，大租额越低。

再次，当押租这一当前收益上涨至一定程度，地租额这一未来收益便降为零，这种绝对的押租与典制完全接轨。出典人的当前收益体现为一笔典价，因典价利息与地租额相抵而无须支付地租，所以出典人的未来收益仅表现为典期届满后、绝卖完成前，可向典权人收取的"找价款"。

复次，出典人向典权人找价，意味着转入活卖程序，该程序中田主的当前收益或者体现为"活卖价"，或者体现为典价加上找价款，未来收益指日后进一步绝卖时，可再次向买方收取的找价款。

最后，绝卖是唯一导致田产彻底易主的地权交易，卖方能获得最大化的当前收益，即"绝卖价"。但随着田产完全过割，卖方不再享有任何的未来收益。

至此，土地之租佃、永佃、出典、活卖与绝卖等多种管业结构与地权交易类型，便在统一的理论框架中得以妥帖解释。

明清时期正是通过上述"地权分化"而非"地权分配"的方式，形塑了乡土社会的产权结构。地权的渐次分化不仅没有削弱地权秩序的稳定性，相反，明清时期地权市场的发展趋向成熟，甚至朝代鼎革也没影响民间社会的地权运行状况。[1] 多层次的管业层级结构与多元化的交易类型，降低了地权市场的门槛，不仅使佃户可以获取传统的劳动收益，而且在金融工具短缺的农业社会，用分化的地权及其交易，解决了因生产投入与产品收获的季节性不同步而造成的融通性需求，包括时间维度的调剂与各种要素的调配。

（四）复杂地权的成因与功用：以典制为例

有学者对传统中国的复杂地权结构给予了否定性评价。以典制为例，埃里克森便认为："在典制下，当前的土地占有者会意识到未来利益的权利人可以在某个时间点让他们离开土地。这种将地权复杂化的法律政策会导致对土地的不合理利用和减少对土地改良的投资。典这一传统可能是中国在清朝和民国时期经济表现相对糟糕的重要原因。"[2]

诚然，典制作为一种民间惯习，由于交易性质的不确定性、权利存续的不公开性等特点，成为官府受理的民间纠纷的主要类型。但是，典制作为一种优质的具有最高经营收益、可自由流通的中长期佃业，在乡土社会

---

[1] 参见龙登高《地权市场与资源配置》，福建人民出版社，2012，第130页。

[2] 〔美〕罗伯特·埃里克森：《复杂地权的代价：以中国的两个制度为例》，乔仕彤、张泰苏译，《清华法学》2012年第1期，第6页。

发挥了"以业质钱"的信贷融通功能与土地要素的流通功能，成为民间信贷融通诸形式中最为温和与稳健的类型，这已经远远超出了单纯的用益功能。因此，虽然出典者的回赎权某种程度上可能抑制了典主对土地的投资，但典期可由双方自由商定，中长期的典期使得典主对投资土地的回报有确定性预期。何况田主以土地出典正是由于缺乏资金，典主通常比出典者拥有更雄厚的财力，土地由田主换为典主来实际占有使用，总体上只会增加而非减少土地的资本投入。

对于典制增加交易成本、降低土地交易量和妨碍规模农业出现的指摘，关涉的是复杂地权的功过问题。新制度经济学的产权理论强调产权因素在经济史上的作用，认为明晰的产权才可能降低交易成本，是市场机制顺利运作的关键。但产权结构的简明或复杂，与产权是否明晰，其实是两个问题。英美财产法中产权采用线形结构，增加了时间维度上对地权的分割，比大陆法系物权体系更为复杂，但不同产权之间经由"对抗力"的比较确立了"更优的权利"，同样达到了产权明晰的效果。因此，地权结构自身的复杂与简单并非重点，关键在于不同产权结构下交易成本的高低。

产权的实质是排他的权力，在多种方案中，大陆法系的绝对所有权是确立权利排他性最彻底简单的方案，但并非唯一方案。明清时期的民间地权秩序与英美财产权体系，便是在绝对所有权缺位的前提下，通过民间地权契约等其他策略，一定程度上实现了权利的排他性。这种以契约为工具的民间地权结构，虽然催生了不少民间纠纷，却以极低的交易成本，灵活而高效地完成了各项资源要素的合理配置。

明清时期的复杂地权结构以经济效率为导向而逐渐生成。新制度经济学承认，产权既是国家设计的有意识的产物，也是"重复的私人互动行为的自发产物"。[1] 历史上产权结构的简化，多体现为自上而下的政治干预。从立法层面对权利结构进行人为的简化，无法应对社会交往实践中复杂多样的需求，遏制了资源配置效率的提高，在严格的形式主义管控之下危及交易双方的意思自治，并平添了高昂的政府管理成本。[2] 我国物权法在物权法定主义原则下，仅认可寥寥几种他物权类型，与现代商业社会多样态

---

① 〔美〕曾小萍、欧中坦、加德拉编《早期近代中国的契约与产权》，李超等译，浙江大学出版社，2011，第176页。

② 参见张淞纶《财产法哲学》，法律出版社，2016，第145页。

的财产利用与流转实践严重脱节。

复杂地权结构的功用还在于其社会经济效应,对制度史的评判不应脱离社会经济史的背景。地权结构就长期历史而言,内生于更为根本的经济和社会变量。[①] 人地关系以及租税结构,对地权秩序产生了极为深远的影响。

其一,在人地关系方面,何炳棣通过对明清人口变化的估测,证明中国存在马尔萨斯式的人口压力。人口过剩形成了中国近代农村危机的整体图景,[②] 促使地权进一步分化以及平均。在地权自由交易的制度背景下,人口增加造成的强烈竞买,使土地归属日趋分散,所以典押之风盛行。当人口达到一定密度,多子继承制下的小农经济自然会催生出发达的土地市场以求再生,例如小农继承了不敷家用的土地,便要借助该土地市场买田或租田以求生存。[③] 这些社会性因素进一步推动了佃业交易,使得地权分化的层级不断增加。

其二,在租税结构方面,传统中国经历了从"赋役并征"双轨制向"摊丁入亩"单轨制的演进。[④] 随着地权秩序中佃业的日益发达,赋税和大租作为双轴线,建构出官府、田主和佃户三者围绕土地产出与农业利润的竞争关系,[⑤] 反过来对佃业的制度结构起到了至关重要的作用。另外,民间地权秩序中惯习与官僚法的博弈,也在某种程度上影响到地权结构。[⑥]

[①] 参见姚洋《土地、制度和农业发展》,北京大学出版社,2004,第21页。

[②] 参见〔美〕何炳棣《明初以降人口及其相关问题》,葛剑雄译,生活·读书·新知三联书店,2000,第317页以下。

[③] 参见黄宗智《经验与理论:中国社会、经济与法律的实践历史研究》,中国人民大学出版社,2007,第38页以下;赵冈、陈钟毅《中国土地制度史》,新星出版社,2006,第144页。

[④] 参见赵俪生《中国土地制度史》,武汉大学出版社,2013,第141页;李龙潜《明清经济史》,广东高等教育出版社,1988,第396页;程念祺《国家力量与中国经济的历史变迁》,新星出版社,2006,第41页以下;葛金芳《中国近世农村经济制度史论》,商务印书馆,2013,第418页。

[⑤] 参见〔美〕白凯《长江下游地区的地租、赋税与农民的反抗斗争》,林枫译,上海书店出版社,2005,第8页。

[⑥] 参见叶孝信主编《中国法制史》,复旦大学出版社,2002,第84页以下;邓建鹏《财产权利的贫困:中国传统民事法研究》,法律出版社,2006,第78页以下;郭建《中国财产法史稿》,中国政法大学出版社,2005,第22页;〔日〕森田成满《清代中国土地法研究》,牛杰译,法律出版社,2012,第149页;梁治平《清代习惯法:社会与国家》,中国政法大学出版社,1996,第130页。

四　明清时期地权秩序与大陆法系物权 体系的差异及其启示

所有权概念是约定俗成的历史产物，而非先验的单纯的法技术构建，某种法律地位是否可以被界定为所有权，是时代背景下的术语选择问题而非逻辑问题。在宽泛的意义上，可以将所有权视为法律通过排除第三人的干预而赋予一个主体对特定的、单个的物行使特定权力所具有的具体资格，这一概念可以包容不同类型的法律架构。自私法史角度观察，作为西方法律传统的源头，罗马法未曾确立单一的所有权概念，而是在不同阶段采用多个术语表达和界定"物的归属"观念，如"氏族集体所有权"、"市民法所有权"（dominium）、"所有权"（proprietas）、"裁判官法所有权"（in bonis habere）、"行省土地所有权"（proprietà provinciale）、"公地占有"等。① 上述术语的内涵与结构迥异，分别被两大法系借鉴采用，并深刻影响了各自财产法体系的建构。②

罗马法中的"所有权"（proprietas）概念，强调对物完整、排他、统一、全面且不可分割的权利，与近现代西方自由资本主义时期的个人主义精神相契合，不仅深得19世纪注释法学家的推崇，也在欧陆法典化运动中被各国所继受。德国民法典便抛弃了普鲁士普通邦法中的分割所有权及其所包含的封建和等级义务，转向罗马式的统一所有权，使所有权成为整个财产法的中心。

在所有权中心主义观念之下，大陆法系的"所有权—他物权"物权体系呈现出他物权类型与内容法定以及权能受限的结构特征。以土地上的用益物权为例，传统民法仅仅发展出永佃权（农育权）、地上权、用益权、地役权寥寥数种用益物权类型，除此之外私人无法通过契约任意创设。这完全区别于明清时期私人可自由通过类型丰富的民间契约加之契内限定的方式创设符合交易需求的管业层级的做法，在灵活性方面，大陆法系物权

---

① 参见 M. Talamanca，"Considerazioni conclusive，" in E. Cortese，*La proprietà e le proprietà*，Milano，1988，p. 196。

② 参见汪洋《罗马法"所有权"概念的演进及其对两大法系所有权制度的影响》，《环球法律评论》2012年第4期，第160页。

体系可谓先天不足。

大陆法系物权结构与明清时期地权秩序更本质的区别，在于对物的法律上的处分权能唯所有权人独有。基于绝对所有权的完全性与弹力性，他物权只能以所有权为权源，将部分权能暂时分离而生，并作为派生之物终将回归所有权人。所有权是对物的全面支配，而用益物权仅以物的一定方向为支配，即从所有权的"占有、使用、收益、处分"四项权能中，根据用益物权的具体类型获得"占有、使用、收益"三项权能之部分或全部，且须为定限和有期，以保障所有权之永久性特征。① 而明清时期的地权结构中，田面主、田底主所享有的权益皆无期限限制，典制中的典期也极为灵活，在不回赎或找绝时可永久持续。田面、田底皆为独立的地权类型，可独立处分流转而非相互隶属，与"所有权—他物权"的关系迥异。

我国物权法在体例结构上承继了大陆法系以绝对所有权为核心的物权体系，于不动产领域确立了土地的国家所有权与集体所有权制度，在国有土地所有权之上设立建设用地使用权，在集体土地所有权之上设立土地承包经营权和宅基地使用权两种用益物权。

2014 年 1 月，中共中央、国务院《关于全面深化农村改革加快推进农业现代化的若干意见》首次提出"在落实农村土地集体所有权的基础上，稳定农户承包权、放活土地经营权，允许承包土地的经营权向金融机构抵押融资"这一政策构想。2014 年 11 月，中共中央、国务院《关于引导农村土地经营权有序流转发展农业适度规模经营的意见》指出"坚持农村土地集体所有，实现所有权、承包权、经营权三权分置，引导土地经营权有序流转"。2015 年 2 月，中共中央、国务院《关于加大改革创新力度加快农业现代化建设的若干意见》要求"抓紧修改农村土地承包方面的法律……界定农村土地集体所有权、农户承包权、土地经营权之间的权利关系"。2015 年 11 月出台的《深化农村改革综合性实施方案》更是对"落实集体所有权，稳定农户承包权，放活土地经营权"的内在意蕴进行了详尽阐释。② 2016 年中央一号文件《关于落实发展新理念加快农业现代化实

---

① 参见谢在全《民法物权论》，中国政法大学出版社，2011，第 109 页以下，第 425 页。

② 参见《深化农村改革综合性实施方案》第二部分"关键领域和重大举措"第（一）项"深化农村集体产权制度改革"第 1 点"深化农村土地制度改革"："落实集体所有权，就是落实'农民集体所有的不动产和动产，属于本集体成员集体所有'的法律（转下页注）

现全面小康目标的若干意见》再一次强调了"三权分置"的改革方向。这一政策完成了从经济学界主张到政策性文件的肯定，并推动了修法的蜕变、升级。

"三权分置"改革的宏观背景是土地资源的集体所有，与明清地权秩序类似，土地的实际利用人并不享有所有权。我国的集体土地所有权与土地承包经营权，糅合了公法层面的治理功能、生存保障功能以及私法层面的市场化私权功能。[①]一方面维系了农民与集体之间的身份关系，把保障集体内部成员的生存作为首要价值目标，并强调土地利用的平等性；另一方面以农业经济效益为出发点，试图通过物权的自由流转促进资源的合理配置，实现相应的市场机能。而这两种截然不同的价值理念被混同于土地承包经营权，导致我国农地改革长期裹足不前。"三权分置"改革区分承包权与经营权规范的目的便在于，对农地承载的生存保障机能与市场私权机能进行适当切割，以求实现各自的价值目标。

在"三权分置"改革的制度实现层面，最具争议的问题为土地经营权是债权型利用权抑或新型的用益物权。有学者支持土地经营权的债权性质，认为把经营权界定为他物权不符合法律逻辑。依据权能分离理论，对土地的直接占有、使用只能集于一人，土地所有权派生出土地承包经营权之后，无法再生发具有他物权性质的"土地经营权"；依据一物一权原则，同一物上不能并存两个以上内容相近的用益物权，在用益物权之上再设相近用益物权的安排，是人为地将法律关系复杂化，这种安排是立法技术的倒退。同一土地上过多的权利设置会造成体系的混乱和权利内容间的龃龉，"土地所有权—承包经营权—债权"的权利体系结构符合权利的生成逻辑，无须对现有农地权利体系作较大幅度的改动，具有节约制度变革成本的优势。设定债权的方式一方面可根据权利人自身需要设定债权存续期限的长短；另一方面也可在合同中约定特别条款，在特定事由出现后可将

（接上页注②）规定，明确界定农民的集体成员权，明晰集体土地产权归属，实现集体产权主体清晰。稳定农户承包权，就是要依法公正地将集体土地的承包经营权落实到本集体组织的每个农户。放活土地经营权，就是允许承包农户将土地经营权依法自愿配置给有经营意愿和经营能力的主体，发展多种形式的适度规模经营。"

① 参见汪洋《集体土地所有权的三重功能属性——基于罗马氏族与我国农村集体土地的比较分析》，《比较法研究》2014 年第 2 期，第 13 页。

土地复归用益物权人占有。① 在权利设定时可以采取一定的公示方式为第三人所知晓，并参照"买卖不破租赁"规则建立"承包权变更不破经营权"规则，赋予其对抗第三人的效力。②

更多学者倾向于将土地经营权物权化，以建立更加稳妥可靠的"三权分置"体制。物权性质的土地经营权对于土地经营者具有期限更长、可以针对第三人主张权利、可以方便流转以及设置抵押等法律制度上的优点。③ 土地经营权的生成路径是，由所有权分离出土地承包经营权，再由土地承包经营权分离出经营权，并非使经营权直接产生于所有权。土地经营权是土地承包经营权人行使其权利而设定的次级用益物权，承包权与经营权的法构造为"用益物权—次级用益物权"的多层级用益物权体系。未来我国"民法典物权编"应当将土地经营权上升为法定的用益物权，进而实现土地经营权的法定化。④ 还有学者认为，"三权分置"下的农村土地权利结构，究其根本，实为集体土地所有权、成员权、农地使用权三权并立，是保障农村集体经济和农村集体经济组织成员权利之有效实现的重大政策举措，也是力促统分结合的双层经营体制落到实处的有力工具。⑤

"三权分置"改革在法律逻辑层面出现的解释困境，源头便在于前文所述的大陆法系"所有权—他物权"的物权观念与结构定式。对比明清时期的地权秩序可以发现，"三权分置"的改革思路与一田二主制有异曲同工之妙。从结构上观察，"农户承包权"类似一田二主制中的田底，权利人依"集体成员"身份而享有"初始分配"得到的土地权益，不能随意流转，通过身份维持、分离对价请求、征收补偿获取以及有偿退出等权利实现相应的生存保障机能，针对经营权人的分离对价请求权，功能上等同于

---

① 参见陈小君《我国农村土地法律制度变革的思路与框架——十八届三中全会〈决定〉相关内容解读》，《法学研究》2014年第4期，第12页；高圣平《新型农业经营体系下农地产权结构的法律逻辑》，《法学研究》2014年第4期，第82页；单平基《"三权分置"理论反思与土地承包经营权困境的解决路径》，《法学》2016年第9期，第54页。

② 参见温世扬、吴昊《集体土地"三权分置"的法律意蕴与制度供给》，《华东政法大学学报》2017年第3期，第78页以下。

③ 参见孙宪忠《推进农地三权分置经营模式的立法研究》，《中国社会科学》2016年第7期，第160页。

④ 参见蔡立东、姜楠《承包权与经营权分置的法构造》，《法学研究》2015年第3期，第39页。

⑤ 参见高飞《农村土地"三权分置"的法理阐释与制度意蕴》，《法学研究》2016年第3期，第3页。

田底主向田面主收取的大租;"土地经营权"则起到了一田二主制中田面的作用,隔离了成员权等非私权因素,性质上被界定为纯粹的财产权,可以自由处分和流转。

随着社会经济生活的飞速发展,财产除传统的使用、收益外,还可以通过抵押、出质、证券化、创立衍生产品等多种法律金融工具进行更多维度的分割利用。交易取代生产本身成为人们谋取财富的主要手段,流转越快、证券化层级越多,收益就越大。[①] 在这样的时代环境下,对世性意义上针对物权的绝对保护,让位于比较特定人之间"对抗力"的相对保护。[②] "三权分置"中土地经营权、农户承包权与集体所有权的关系,明显呈现出灵活的权利结构,可将土地经营权视为从时间维度裁剪农户承包权而生成的权利,不含有成员权等内容,在权利期限内获得了独立地位,不隶属于承包权或所有权。

如此一来,土地经营权作为一种新型财产权利,如同明清时期田土上的"业",可自由流转和处分。在流转方面,可根据农户承包权与土地经营权分别设立流转的初级市场与次级市场。前者因受制于权利主体、权利负载功能及流转受到公权力调整的限制,为"半开放"市场,后者为完全开放的自由流转市场。在自由处分方面,土地经营权人既可以对土地经营权的部分权能进行处分,又可以将土地经营权下的地块进行分割处分,[③]还可以从时间维度对经营权进一步分割,在经营权所包含的时间范围内,自主裁剪部分时段创设"次级土地经营权",同样作为一种独立财产权利,也可自由处分如有偿让与他人,原经营权人保有该"次级经营权"时段终止时的复归权。如此方能真正实现土地权益的多层次灵活利用,实现"三权分置"的改革初衷。

---

① 参见冉昊《论权利的"相对性"及其在当代中国的应用——来自英美财产法的启示》,《环球法律评论》2015 年第 2 期,第 56 页。

② 物权的对世性是一个无效的隐喻,往往会造成不必要的浪费,因为如果当事人只要权利可以对抗某些人即可,那么构建对世性的权利就会造成立法定价高于内部定价,引起浪费。当事人对权利的对抗力需求不是刚性的,而是取决于具体场景下的风险,即成本与收益的综合判断。参见张淞纶《财产法哲学》,法律出版社,2016,第 159 页。

③ 因为土地经营权的物权型流转本身就应当是双向的,即具有集约化与分散化的功能,以实现资源的优化配置与控制过渡规模化的风险。参见温世扬、吴昊《集体土地"三权分置"的法律意蕴与制度供给》,《华东政法大学学报》2017 年第 3 期,第 78 页以下。

宅基地管理与物权法的适用限度[*]

桂　华　贺雪峰^{**}

摘　要：对土地管理制度的既有讨论，通常是从《宪法》第10条出发，没有考虑《宪法》第6条对"生产资料的社会主义公有制"的规定，将"国家所有"与"集体所有"片面理解为民法所有权而忽视其所有制内涵。物权制度是所有制关系的法律反映，"生产资料的社会主义公有制"是超越新中国历部宪法和其他具体法律的基本宪法原则，运用物权规则完善宅基地管理制度，需以公有制为大前提。忽视公有制前提的物权化改革建议，陷入"私法宪法中立"的认识误区，加上对宅基地经济社会属性的误会，所提出的改革方案缺乏法理与现实依据。现有制度在实现社会财富公平分配、公共资源有效管理和农民权利保护等方面基本有效，下一步改革只需作局部调整而无须全盘重建。

关键词：宅基地管理　国家管制权　集体所有权　土地使用权

农村宅基地管理因城市化带来的两类矛盾而备受关注，一是城市发展受到的土地资源约束，二是土地征收引发的社会冲突。不少研究者认为，

---

* 本文原载于《法学研究》2014年第4期。本文为中国博士后科学基金资助项目"农村宅基地制度改革的社会学研究"（2014M552024）与中国土地勘测规划院"中部地区土地政策实施监测评估"课题成果之一。

** 桂华，华中科技大学中国乡村治理研究中心博士后；贺雪峰，华中科技大学中国乡村治理研究中心教授。

造成上述矛盾的根本原因是现有制度忽视宅基地的财产属性，因此提出保障农民私人财产权的改革建议，并倾向按照物权规则重构宅基地管理制度。《物权法》的颁布实施为完善宅基地管理制度提供了新的契机。从物权角度对现有宅基地管理制度进行改革，需考虑两方面情况，一是《物权法》与其他法律法规的关系，二是农村宅基地的经济社会属性。与总体否定既有宅基地管理制度的观点不同，本文认为，现行制度是长期实践的产物，是几代土地管理工作者和土地立法工作者智慧的结晶；当前，需要在厘清宅基地性质基础上，结合中国城镇化发展现实，探讨下一步宅基地管理制度改革的方向。

一　宅基地管理制度的结构与功能

宅基地是"约定俗成"的概念，[①] 在统计上和管理实践中存在一定模糊性。但从法律上看，宅基地的内涵十分明确，主要是指集体组织分配给集体成员，满足其居住需求用于建设的土地。按照现有法律规范，我国农村宅基地具有"集体所有、农民使用、一宅两制、一户一宅、福利分配、免费使用、无偿回收、限制流转、不得抵押、严禁开发"等几方面特征。[②] 宅基地的上述法律属性，主要由宪法、土地管理法、村民委员会组织法、民法通则、物权法、城乡规划法、担保法以及国土资源部《关于加强农村宅基地管理的意见》等所界定。通过分析我国农村宅基地管理实际执行过程发现，宅基地管理是集合了政治体制、基层自治与法律规范的一套综合性制度体系。宅基地管理的目标，包括提高土地资源的利用效率、实现土地增值收益合理分配、保障农民的宅基地使用权。从管理过程上看，宅基地管理包含国家管制权行使、集体所有权实践与农民宅基地使用权实现三个维度。

（一）国家管制权的行使

国家对宅基地的管制权包含两个不同层次的内容。第一层次管制权是

---

① 参见韩俊主编《中国农村土地问题调查》，上海远东出版社，2009，第83页。
② 参见张云华《完善与改革农村宅基地制度研究》，中国农业出版社，2011，第2页。

从我国基本经济制度出发，来源于宪法在所有制层面对土地作出的制度规定。第二层次管制权是政府对土地用途的行政管制权。

《宪法》第 10 条通常被看作我国土地立法与土地管理的基本起点。该条规定包括四方面内容：一是城市土地国家所有与农村土地和城市郊区土地集体所有这两种土地归属形式；二是一定条件下国家征收和征用土地的权力；三是土地所有权禁止交易和土地使用权可依法转让的规定；四是合理利用土地的规定。具体的土地管理法律法规可看作对《宪法》第 10 条的操作化和具体化。宅基地属于土地的一类，宅基地管理制度也以《宪法》第 10 条的规定为基本依据。

宅基地管理制度中的国家管制权直接源于宪法的相关规定。具体来看，《宪法》第 10 条所包含的上述第三和第四两方面内容，在现实的宅基地管理中表现为，农村宅基地需经过征收程序变为国有土地之后才能作为城市建设用地使用，农村宅基地使用权被禁止直接转让。这两方面规定使国家获得了宅基地用途转化的垄断权力，并造成作为用益物权的农民宅基地使用权受限，体现国家管制权的第一层次内容。从世界范围来看，土地上的国家管理行为通常被看作公权力对私人权利的干预，它是广义上国家干预经济社会生活的管理权在土地领域的体现。这种管理权广泛兴起于"二战"期间，实质是"主权国家所固有的社会安全、公共福利、社会秩序、教育卫生、经济发展、社会利益的保护等项事务的法定权力"。[1] 在西方资本主义国家中，这种管理权基于社会公共利益目的而具备干预私人权利的正当性。我国是社会主义国家，作为管制对象的土地不是私有财产。

假若土地在我国仅是一般意义上的物质财产，那就没有必要在宪法上对其进行规定，私人间基于土地发生的财产关系仅需在民法中作出相关规定，而政府对土地占有和利用等私人行为的干预也仅需在相关的行政法律法规中作出规定。宪法对土地进行规定，需要从土地在我国的社会主义基本经济体制中的地位上理解。佟柔先生将土地能否作为私人拥有的一般物质财产参与市场活动，看作区别"社会主义市场与资本主义市场"的重要标准，并指出"（土地）不是劳动产品，土地不能增加或者减少，谁也离不开土地，所以除了国家或集体可以拥有土地所有权外，私人要是把土地

---

① 刘俊：《中国土地法理论研究》，法律出版社，2006，第 52 页。

垄断起来，他就必定要奴役他人"。^① 土地在我国不能为私人所有，且不能作为一般物质财产自由地参与市场经济活动，其根本原因在于土地是构成社会主义经济制度基础的公有性质的基本生产资料。宪法序言指明，我国社会主义制度确立的基本标志是"生产资料私有制的社会主义改造已经完成，人剥削人的制度已经消灭"。中华人民共和国成立以后，我国社会顺利实现从新民主主义向社会主义过渡的一个关键，是通过一系列的政治社会活动完成了土地从私有制向公有制的转化。^②

《宪法》第10条规定土地属于国家或集体所有，与民法意义上的所有权不同，前者包含了生产资料所有制的内涵。《宪法》第6条规定："社会主义经济制度的基础是生产资料的社会主义公有制，即全民所有制和劳动群众集体所有制。"《宪法》第10条所规定的土地国家所有与集体所有是生产资料公有制两种形式的具体体现。第6条和第10条分别构成我国土地管理的大前提和小前提，具体管理过程中政府、集体与农民在宅基地上的法律关系，以及农民占有、使用和处分宅基地的权利，都来源于宪法的规定。

国家垄断控制宅基地用途转化并限制农民宅基地使用权的合法性，源于社会主义公有制赋予国家的政治权力。《宪法》第10条赋予国家通过征收改变土地所有权的权力，《土地管理法》第43条也规定，"任何单位和个人进行建设，需要使用土地的，必须依法申请使用国有土地"。这两方面规定相结合，使土地征收成为满足我国当前大规模城市化、工业化用地的唯一合法途径。再结合《土地管理法》第47条"按照被征收土地的原用途给予补偿"的规定，包括宅基地在内的农村集体所有土地通过用途转

---

① 《佟柔文集——纪念佟柔教授诞辰75周年》，中国政法大学出版社，1996，第136页以下。

② 1956年6月全国人民代表大会通过的《高级农业生产合作示范章程》规定，"农业生产合作社按照社会主义的原则，把社员私有的主要生产资料转为合作社集体所有"，"农民必须把私有的土地和耕畜、大型农机等主要生产资料转为合作社集体所有"，土地归合作社集体所有并取消土地报酬是高级社与初级社的关键区别。1962年中国共产党第八届中央委员会第十次全体会议通过的《农村人民公社工作条例修正草案》规定，"生产队范围内的土地，都归生产队所有。生产队所有的土地，包括社员的自留地、自留山、宅基地等等，一律不准出租和买卖"。1963年《中共中央关于各地对社员宅基地问题作一些补充规定的通知》指出，"社员的宅基地，包括有建筑物和没有建筑物的空白宅基地，都归生产队集体所有，一律不准出租和买卖"。

化实现的增值收益，大部分归国家所有。总之，在具体的宅基地管理实践中，第一层次的国家管制权，表现为国家征收宅基地和通过垄断城市建设用地一级供给而占有宅基地大部分增值收益的权力。

当前很多人参照国有土地出让价格，认为农民在宅基地被征收过程中没有获得"公正补偿"，进而质疑国家管制权的合法性。"公正补偿"的内涵，既包括国家不能借"公共利益"之名侵犯私人权利，也包括私人不能获得超过公平补偿之外的利益。因此，问题的关键就在于如何理解出让与补偿差额的来源和归属。征收通常被理解为"国家强制收买个人财产"，[①]国家征收行为除了具有强制性以外，还包含"收买"性质，这在制度经济学上可看作是一种"产权交易"行为。宅基地征收可被理解为国家强制收买农民在宅基地上的"产权"。不过这一产权交易过程不能被理解为市场经济中的一般商品交易，因为土地在我国"不属于商品"，"在社会主义社会，土地绝不允许私人垄断，因此，不能够用民法的原则来解决"。[②]国家对农民进行征地补偿时，不是将集体所有土地作为一般商品并按照市场价值进行补偿。国家确定的征地补偿包括"土地补偿费、安置补助费以及地上附着物和青苗的补偿费"三大项，其中土地补偿费和安置补偿费都按照原产值倍数方法确定。《土地管理法》第 47 条第 5 款规定："依照本条第二款的规定支付土地补偿费和安置补助费，尚不能使需要安置的农民保持原有生活水平的，经省、自治区、直辖市人民政府批准，可以增加安置补助费。但是，土地补偿费和安置补助费的总和不得超过土地被征收前三年平均年产值的三十倍。"从该规定可以看出，国家征地时向农民支付土地补偿费和安置补助费的目的，是使"农民保持原有生活水平"，是从土地作为农民的生产资料角度出发，而非将土地当作商品对待。在社会主义制度下，集体所有土地担负着向集体成员提供劳动就业机会和生活保障的功能，征地相当于对集体成员生产生活机会的剥夺，征地补偿是弥补这种机会剥夺带来的经济损失而非土地本身。征地过程实现土地从"集体所有"向"国家所有"的转化，本质是生产资料从一种公有制形态转化为另外一种公有制形态，需与民法所有权转移相区别。

---

① 参见梁慧星《宪法修正案对非公有制经济和私有财产的规定》，《私法》第 4 辑第 2 卷，北京大学出版社，2004。
② 《佟柔文集——纪念佟柔教授诞辰 75 周年》，中国政法大学出版社，1996，第 98 页。

社会主义公有制是国家垄断城市建设用地一级供给而占有土地增值收益的合法性基础。《宪法》第 6 条规定："社会主义公有制消灭人剥削人的制度，实行各尽所能、按劳分配的原则。"既然土地属于公有性质，土地增值收益就需要按照社会主义原则分配。集体所有土地转为城市国有建设用地产生的增值收益，不是来自任何个人直接的劳动投入，而是整体经济社会发展的产物，是全民劳动成果的间接体现。[1] 国家通过征地制度将土地增值收益转化为公共财政，"取之于民，用之于民"，体现了"涨价归公、地利共享"的社会主义公有制原则，具有宪法意义。

国家进行宅基地管理还要达到土地资源合理利用的目标，由此产生第二层次的国家管制权。宅基地属于稀缺性自然资源。我国人地关系高度紧张，土地资源已经成为当前制约经济社会发展的重要因素，国家需要对土地资源利用进行管理。《宪法》第 10 条规定"一切使用土地的组织和个人必须合理地利用土地"。土地管理法与城乡规划法等规定了土地用途管制与合理利用宅基地的具体方式，主要包括对宅基地占用耕地的限制、农户宅基地使用面积限制，以及积极复垦废旧宅基地的要求等。这一层次的国家管制权属于一般行政权力，并主要从资源管理角度进行，在土地管理学上一般被称为"土地用途管制"。《土地管理法》第 4 条专门规定了"国家实施土地用途管制制度"及相关内容。以土地用途管制为主要内容的国家管制权，主要是指"由行政机关进行的对土地利用主体行为的限制"。[2] 这一层次的国家管制权在现代各国普遍存在，且这方面内容较少存在争论，故不深入讨论。

（二）集体所有权的实践

在集体所有的土地上，集体组织拥有对外与对内两方面权利，共同构成集体所有权。在对外方面，集体所有权主要是确定自身的排他性边界，建立本集体与第三人之间的关系。依照民法通则第五章规定，包括宅基地在内的集体所有土地为"集体所有的财产"的一种。2011 年国土资源部、

---

[1]　孙中山指出："地价高涨，是由于社会改良和工商进步……由众人的力量经营而来的；所有由这种改良和进步之后，所高涨的地价，应该归之大众，不应归之私人所有。"参见《孙中山文集》上册，团结出版社，1997，第 619 页以下。

[2]　程久苗：《论土地用途管制》，《中国农村经济》2000 年第 7 期。

财政部、农业部联合下发《关于加快推进农村集体土地确权登记发证工作的通知》后，开始了农村新一轮土地确权工作，并规定"遵循'主体平等'和'村民自治'的原则，按照乡（镇）、村和村民小组农民集体三类所有权主体，将农村集体土地所有权确认到每个具有所有权的农民集体"。本轮土地确权工作打破了过去农村土地管理中的"有意的制度模糊"[1]，目标是保护集体的土地权益，促进土地管理工作。关于集体所有权，在对外方面较少存在争议，多数争论存在于对内方面，即集体与成员的关系以及集体成员之间的关系。

对于集体所有权的性质认识，学界存在较大分歧，主要包括"抽象的集体所有形态"、"总有说"、"法人和个人共同所有说"与"共有说"等几种观点。[2] 产生以上分歧的原因是经济制度上的所有制概念与民法所有权概念的不同一性。《民法通则》第 74 条规定"集体所有的土地依照法律属于村农民集体所有"，《土地管理法》第 8 条规定"农村和城市郊区的土地，除由法律规定属于国家所有的以外，属于农民集体所有；宅基地和自留地、自留山，属于农民集体所有"，《物权法》第 59 条规定"农民集体所有的不动产和动产，属于本集体成员集体所有"。这些条款对农村土地所有权的规定都延用"集体所有"或者"集体成员所有"这类具有政治经济学内涵的概念，并没有明确"集体"本身的性质。作为集体土地所有权主体的"集体"，通常被理解为"农村集体经济组织"。[3] 《土地管理法》第 10 条和《物权法》第 59 条不仅规定了集体土地所有权主体，而且规定了集体土地所有权的行使主体和行使方式。《土地管理法》第 10 条规定，农民集体所有的土地"由村集体经济组织或者村民委员会经营、管理；已经分别属于村内两个以上农村集体经济组织的农民集体所有的，由村内各该农村集体经济组织或者村民小组经营、管理；已经属于乡（镇）农民集体所有的，由乡（镇）农村集体经济组织经营、管理"。基于该条款，农村集体土地所有权行使主要包括"经营"与"管理"，所有权行使主体包括"集体经济组

---

① 何·皮特研究中国农村土地制度发现存在大量的产权不清晰地带，并认为这种为中央政府有意设置的"模糊"制度是中国农村改革成功的关键因素。参见〔荷〕何·皮特《谁是中国土地的拥有者？》，林韵然译，社会科学文献出版社，2008。

② 参见王利明《物权法论》，中国政法大学出版社，2003，第 283 页以下。

③ "农村集体所有权，是指农村集体经济组织成员对于本集体所有动产和不动产所享有的所有权。"参见吴谦编著《物权法注释全书》，法律出版社，2012，第 202 页。

织"、"村民委员会"、"村民小组"和"乡（镇）农民集体经济组织"四类。

农村集体土地所有权主体与所有权行使主体不一致的现象，与我国农村基层组织演变历史有关。人民公社是政社合一体制，随着人民公社制度取消，农村基层组织实现政社分离，原来既是经济组织也是政权组织的公社、大队和小队，演变为政治上的乡（镇）、村、组三级政权组织，政社分离以后只有一部分农村单独保留集体经济组织。尽管法律规定农村集体所有权行使主体包括四类，但我们在全国农村调查发现，当前绝大部分农村都不存在实质意义的集体经济组织，是由村委会或者村民组行使土地所有权。村委会与村民组属于基层群众自治性组织，通过"村民自治"产生。农村土地集体所有权对内行使，主要是按照"村民自治"原则处理农户与集体的关系以及农户与农户间的关系。宅基地分配体现"村民自治"性质。① 《村民委员会组织法》第24条规定，"宅基地使用方案"需"经村民会议讨论决定方可办理"，村组集体在宅基地分配、调整、收回以及使用限制等方面的行为属于村民自治活动。农民经过"村民会议决定"才能够占有宅基地，集体组织按照民主原则行使集体土地所有权并赋予农民宅基地的使用权。

王利明指出集体土地所有权行使方式对于所有权实现的重要意义："集体所有本质上应当是劳动者在共同占有生产资料的基础上实现民主管理，走向共同富裕的财产形式"，"集体财产所有权要体现成员的所有，恢复其作为集体所有的性质，就要强调集体成员对于集体财产的民主管理。这种管理绝不是抽象的，而应当通过具体的措施加以落实，并通过成员所享有的各项权利加以确立，才能保障这种权利真正得以落实"。② 由村组一类基层自治组织行使农村集体土地所有权，完全符合上述要求。现实中农村集体土地所有权能够有效行使的原因是，村民自治是一种有效的公共资源治理方式。从产权角度来理解这种集体所有权，农村宅基地属于公共财产，即奥斯特罗姆所讲的"公共堰塘资源"，③ 其特点是被一个小群体排他性地共同占有，且由于法律或者技术原因而无法分割。农村宅基地对外具

① 《村镇建房用地管理条例》（1982年）第14条规定了宅基地审批程序，"向所在生产队申请，经社员大会讨论通过，生产大队审核同意"。国土资源部2004年印发的《关于加强农村宅基地管理的意见》中延续了类似的规定。
② 王利明：《物权法论》，中国政法大学出版社，2003，第287页。
③ 参见〔美〕埃莉诺·奥斯特罗姆《公共事务的治理之道》，余逊达等译，上海译文出版社，2012。

有排他性，对内属于公共财产，宅基地管理要实现资源公平合理利用的目的。首先，农户间在宅基地占用上存在竞争性，需要保证宅基地公平分配，由此产生集体组织划分、调整和回收超占宅基地的权力。其次，宅基地使用具有"外部性"，① 会影响到村庄格局和他人使用，集体组织要依照村庄规划进行宅基地管理，并对农民宅基地使用权进行限制。另外，宅基地属于稀缺资源，集体组织要依照耕地保护原则进行宅基地节约集约利用，并积极组织农民进行废弃宅基地复垦。

长久以来，公共资源治理是在"国有化"与"私有化"两种方案间进行选择。奥斯特罗姆发现，在这两种方案之外，全世界普遍存在不改变资产产权前提下通过当事人协商合作实现自主治理的方式。② 通过"集体所有权＋村民自治"的方式进行宅基地管理，体现了公共资源治理的第三种方案。集体组织通过"村民自治"方式进行的宅基地管理行为，既不同于国家管制权，也不属于平等民事主体间的民事关系，而是一种针对公共资源的自主治理活动。

（三）农民使用权的实现

农民的宅基地使用权可以从取得与使用两个方面分别理解。

在取得上，符合分户条件的农户有权向本集体组织申请获得宅基地，宅基地取得与身份相联系。身份包括三层含义：一是农民身份，二是本集体成员身份，三是村社共同体的社会身份。1999 年国务院办公厅下发的《关于加强土地转让管理严禁炒卖土地的通知》规定，"农民的住宅不得向城市居民出售，也不得批准城市居民占用农民集体土地建住宅"。禁止城镇居民占用宅基地，表明农民身份是取得宅基地使用权的前提。农村宅基地为集体成员共同拥有，因此宅基地取得只限于本集体成员。在调查中我们还发现，当前很多地方普遍存在宅基地取得与"村籍"相联系的规矩。"村籍"是一种村社共同体的社会身份。比如有些村庄中，户籍外迁的原

---

① "外部性（或溢出效应）指的是企业或者个人向市场之外的其他人所强加的成本或者利益。"参见〔美〕保罗·塞缪尔森、威廉·诺德豪斯《经济学》（第 16 版），萧琛等译，华夏出版社，1999，第 28 页。

② 参见〔美〕埃莉诺·奥斯特罗姆《公共事务的治理之道》，余逊达等译，上海译文出版社，2012。

居民有资格获得宅基地，取得本村户籍的外地人却不能获得宅基地。农民解释说，宅基地与一个人的"根"有关，是否为本集体的成员关键在于"根"是否在本地，这是与现代法律理念有别的传统"乡土"观念。集体分配宅基地对"户籍"身份与"社籍"身份的要求，分别体现了集体成员权的法律与社会内涵。

农民身份与城镇居民身份的区分，体现了我国的城乡二元体制。城镇居民不能占用农村宅基地的原因在于，农村宅基地"在一定程度上具有福利和社会保障的功能"。① 1998 年我国启动城镇住房体制改革以后，在城镇停止实物住房分配政策，城镇居民主要通过市场获得住房，低收入群体可申请公租房、廉租房，公租房、廉租房的政策为城镇居民住房需求兜底。农村宅基地具有与城市公租房、廉租房相似的社会保障性质。

当前，存在较大争议的是农民处置宅基地的权利。现行法律对农民私自转让宅基地进行严格限制，宅基地转让一般随住房转让发生且限制在集体内部。《土地管理法》第 62 条规定，"农村村民出卖、出租住房后，再申请宅基地的，不予批准"。担保法规定，包括宅基地在内的集体土地使用权不得抵押。是否应该通过政策调整解除这一限制，与对宅基地基本属性判断有关。保障性与财产性构成当前理解农村宅基地性质的一对基本框架。一方面，宅基地为农民提供基本生存保障，是"稀缺性生活必需品"；② 另一方面，宅基地在用途上属建设用地范畴，为有限土地资源的一部分，在城市建设用地有偿使用制度下，宅基地存在潜在的资产价值。由于宅基地兼具保障性与财产性，很难抽象地论断是否应该开禁宅基地流转、抵押，这就要求结合中国现实情况来考察相关制度设置。

农村宅基地既属于稀缺性资源，需要国家管制，同时也属于社会主义公有性质的生产资料，附着于土地上的社会财富要按照社会主义公有制原则进行分配。③ 农村宅基地属集体所有，宅基地管理既要实现集体对外的

---

① 王利明：《物权法论》，中国政法大学出版社，2003，第 472 页。
② 参见孟勤国《物权法开禁农村宅基地交易之辩》，《法学评论》2005 年第 4 期。
③ 黄小虎指出，"在土地私有的社会里，土地所有者不劳而获，以地租或地价的形式攫取、拦截和扣留剩余价值超过平均利润的余额"，"在社会主义公有制条件下……地租或地价收入不再具有剥削性质，国家作为城市土地的所有者，收取的地租，全部用于城市建设和发展经济"。参见黄小虎《土地与社会主义市场经济》，中国财政经济出版社，2008，第 36 页以下。

排他性权利，也要结合民主管理机制进行公共资源治理，既要提高资源使用效率，也要保障集体成员间的公平。农民基于成员身份占有、使用宅基地，满足其居住的基本需求。保护农民的宅基地使用权即是向农民提供基本生存保障，是基本人权的实现。[①] 国家管制权、集体所有权与农民使用权共同构成我国宅基地有效管理的三个维度。

二 宅基地属性及对财产权话语的反思

国家管制权、集体所有权与农民使用权之间存在一定张力，如国家管制权对集体所有权的限制。在当前快速城镇化背景下，农村宅基地管理制度改革的焦点主要包括，是否引入市场机制进行农村宅基地资源配置，农村宅基地能否直接进入城市建设用地市场。在宅基地管理制度改革上，由于大部分学者从个体农民的角度认识宅基地管理制度，并忽视了三个维度之间的张力与平衡，从而形成扩大农民的私人权利并缩小国家管制权和集体权利的主导性观点。持这一类观点的学者认为，现有管理制度侵害农民对宅基地的财产权利，使得宅基地沉积为"死资产"，因此主张开禁宅基地市场并缩小或者取消征地制度，开辟一条"农民自主型城镇化道路"。[②]该类主张建立在对宅基地财产属性判断的基础上。澄清农村宅基地基本属性，构成了判断相关观点的前提。

（一）宅基地市场价值与社会财富分配

持上述改革观点的学者，错误地参照城市建设用地的市场价值来认识农村宅基地。实际上，二者仅因为用途分类同属"建设用地"而具有概念相似性，它们的市场价值完全不同。假设解除政府对土地使用的管控（包

---

① 《国家人权行动计划（2009—2010 年）》将"住有所居"归入人权范围。《国家人权行动计划（2012—2015 年）》将"通过土地确权登记保障农民的宅基地使用权与完善城市保障性制度"共同列入"基本生活水准权利"。

② 参见周其仁《还权赋能：奠定长期发展的可靠基础》，北京大学出版社，2010；韩康、肖钢《积极探索建立有中国特色的农村宅基地市场》，《理论前沿》2008 年第 13 期；刘守英《集体土地资本化与农村城市化》，《北京大学学报》2008 年第 6 期；天则经济研究所《经济学家和法学家就中国土地制度的对话与争鸣》，《甘肃行政学院学报》2010 年第 2 期。

括用途管制、规划管制、指标控制），完全按照市场机制配置土地资源，所有地块的使用权都由出价最高者获得，在理想的状况下，竞价机制会实现城市建设用地边际租金与农地租金相等，这个均衡点就在城市边际线上。① 当前我国的实际情况是，政府在城郊征地后的土地出让价格是征地补偿标准（基本等同于农业地租的资本化）的数倍甚至数十倍。现实情况与上述理想状态差异较大，其原因在于我国城市土地供给并非由市场机制决定。为了保护耕地资源和促进城市合理发展，国家通过下达建设用地指标控制城市建设规模和发展速度，形成了与理想状态下土地供求平衡不同的供给不足的局面，并造成供地价格抬高。城郊村土地参照城市建设用地形成的高于农地租金的"影子地租"，② 由紧缩的城市建设用地供给政策造成。

农村宅基地市场价值不能参照城市建设用地价格的另外一个原因是，城市建设用地需求存在总量上限。中央农村工作领导小组办公室主任陈锡文基于现有城市化率与城市建设用地规模估算得出，未来中国城市化占用农村集体所有土地最多为1亿亩，而农村土地约为60亿亩（包括农村建设用地2.77亿亩）。③ 据贺雪峰估算，未来20—30年城市发展将造成占总量5%的农村集体所有土地转为城市建设用地，④ 这一比例高于陈锡文估算的比例。放宽口径，按照5%的规模估算，假设城市和农村居民点是均匀分布在国土上，受城市建设总规模限制，最终只有5%的农村有可能随着城市扩展而变成"城郊村"，也只有这5%的农村宅基地在未来20—30年中有可能转化为城市建设用地。

倡导农村宅基地直接入市的学者，抽象地讨论农村宅基地的财产属性，忽视土地不可移动的自然属性，并忽视城市建设平面扩张的规律，进而忽视土地市场价值的区位差异。⑤ 实际上，持这类观点的学者多是将研

---

① 参见〔美〕威廉·阿朗索《区位和土地利用——地租的一般理论》，梁进杜等译，商务印书馆，2007。

② "凡是通过估算而得出的地租与地价，均可称之为'影子地租'与'影子地价'。"参见周诚《土地经济学》，商务印书馆，2003，第314页。

③ 参见陈锡文《大城市要疏散人口首先要疏散项目》，http://news.ifeng.com/mainland/special/2014lianghui/fangtan/detail_2014_03/11/34656451_0.shtml，最后访问日期：2014年4月25日。

④ 参见贺雪峰《地权的逻辑Ⅱ——地权变革的真相与谬误》，东方出版社，2013，第80页。

⑤ 城市建设用地市场价值的区位差异反映出非农用地的"级差地租"，位置是决定建筑用地级差地租的决定性因素。参见周诚《土地经济学》，商务印书馆，2003，第323页。

究对象限定在城市近郊农村。① 讨论放开农村宅基地入市的政策后果时，需加入区位因素条件，并对95%的一般农村与5%有可能变成城郊村的农村进行区分。假设农村人口在地理上均质分布，农村宅基地入市意味着5%农村的宅基地有机会转化为城市建设用地，并按照城市建设用地价格实现其市场价值，其他95%的农村宅基地因区位限制没有机会进入城市建设用地市场，而只具有农地的市场价值。两类宅基地市场价值差异会形成农村内部二元结构，其中5%的农民独享土地用途转化带来的增值收益，另外95%的农民被排斥分享城市化过程中的土地增值。推动城乡统筹通常是论证农村宅基地入市的另一个理由，其逻辑是打破政府垄断城市建设用地一级供给，取消"土地财政"，促使土地增值收益返回农村。由于没有考虑到区位因素，这一改革建议的实际结果却是，5%的农民独享原本转为公共财政的土地增值收益，造成更大的社会不公平。初始目的为打破城乡二元结构的改革建议，却有可能推动形成"一般农村—近郊农村—城市"的三元结构，其结果是弱化国家通过财政手段进行社会财富二次分配的能力，不利于缩小城乡差距。

通过行使国家管制权，让全社会分享城市化带来的土地增值收益，属于社会主义"消灭人剥削人的制度"的一部分。土地市场价值是地租资本化的反映，"实质是土地所有权在经济上的实现"。② 古典经济学将地租看作所有权参与利润分配，新古典经济学称其为"纯经济租金"，也将地租当作分配问题讨论。③ 对于地租与社会财富的关系，马克思曾给出经典论述："土地所有权并不创造那个转化为超额利润的价值部分，而只是使土地所有者……有可能把这个超额利润从工厂主口袋里拿过来装进自己的口袋。它不是使这个超额利润创造出来的原因，而是使它转化为地租形式的

---

① 刘守英提出的让农民自主城市化的改革建议，源自北京市近郊郑各庄的经验。周其仁发现农民自用建设用地（包括宅基地）经由市场竞价可表现出惊人的货币财富的观点，源自他在都江堰景区农村的调研。郑各庄和都江堰景区农村的宅基地因特殊位置而产生级差地租，都属于"城郊村"一类。参见刘守英《集体土地资本化与农村城市化》，《北京大学学报》2008年第6期；周其仁《还权赋能：奠定长期发展的可靠基础》，北京大学出版社，2010。

② 周诚：《土地经济学》，商务印书馆，2003，第303页。

③ 参见〔美〕保罗·塞缪尔森、威廉·诺德豪斯《经济学》（第16版），萧琛等译，华夏出版社，1999，第202页以下。

原因。"① 古典经济学派批判地主食利阶层通过地租不劳而获地占有社会财富，因此主张"根据财政上的需要对地租的自然增长额课税"，② 新古典经济学认为"对租金征税不会引起经济扭曲或导致非效率"并能促进"收入分配改善"。③ 这些都构成土地增值收益归公众享有的理论基础。

是否允许农村宅基地直接入市，以及如何处理少数"城郊村"农民与绝大部分一般地区农民的关系，本质是社会财富公平分配的问题。有学者指出，当前城市化背景下土地权利争论的核心是土地非农开发权利归属，即土地开发权的配置问题。④ 欧美一些国家将这种改变用途的土地开发权利，从土地所有权中分离出来，单独设立为土地发展权。有学者比较中国的征地制度与英美设定独立土地发展权制度后发现，二者在促进土地增值收益公众分享和保障社会公平方面具有相似功能。⑤ 与允许少部分农民通过宅基地直接入市独占土地增值收益建议相比，现行土地管理制度将土地增值收益转为公共财政，可实现土地增值收益全民分享，更能够体现土地"涨价归公"理念。

（二） 宅基地的使用价值与保护型制度设置

将视角转到宅基地的社会功能上会发现，尽管 95% 远离城市的农村宅基地，不可能参与城市建设而获得土地增值收益，但却具有很高的使用价值。站在使用价值角度，会看到宅基地限制交易制度的合理性。

大部分农村宅基地只具有很低的交易价值的观点，也在我们的实证研究中被证实。现有政策严禁宅基地直接进入城市建设用地市场，并禁止城市居民以各种形式获得农村宅基地使用权，但农村内部的宅基地转让行为并没有被限制死。我们完成的一项调查发现，⑥ 农民的宅基地主要是通过

---

① 〔德〕马克思：《资本论》第 3 卷，人民出版社，1975，第 729 页。
② 〔英〕约翰·穆勒：《政治经济学原因及其在社会哲学上的若干应用》下卷，胡企林等译，商务印书馆，1991，第 391 页。
③ 〔美〕保罗·塞缪尔森、威廉·诺德豪斯：《经济学》（第 16 版），萧琛等译，华夏出版社，1999，第 204 页。
④ 参见华生《城市化转型与土地陷阱》，东方出版社，2013。
⑤ 参见陈柏峰《土地发展权的理论基础与制度前景》，《法学研究》2012 年第 4 期。
⑥ 2013 年 11 月—2014 年 3 月，华中科技大学中国乡村治理研究中心选取湖北省、江苏省、陕西省的 9 个县市区 18 个行政村进行农村宅基地管理现状调查，发放调查问卷 3800 份，其中有效问卷 3767 份。下文继续运用本次调研所收集的数据时，不再一一说明。

"村里划批"与"继承"两种方式获得，除此以外，还有 3.6% 的宅基地是通过"向其他村民购买"获得。农民之间的宅基地流转主要分为两种形式。一种是村庄内部的，一般存在于集体组织不能够有效收回农户超占宅基地并进行再分配的地方，其交易价格一般参照当地征地补偿标准计算。另一种是跨村的，主要发生在城镇周边，一般是距离集镇较远的本地农民购买建房，目的是方便获得城镇的医疗、教育和交通一类公共服务，这一类宅基地价格较高。两类流转价格差异，与区位造成两种宅基地性质不同有关，后一类宅基地能够满足农民的城镇居住需求，价格反映当地城市建设用地地价。后一种形式的宅基地流转，反映出当前土地管理存在"灰色"地带，如果严格土地管理，并以国有建设土地出让方式进行农村小城镇建设供地，这种形式的宅基地市场将会消失。

受人口流动方向的影响，前一种形式的宅基地市场空间也不大。当前的人口流动主要发生在城乡之间，随着农村人口向城市流动，村庄内部的宅基地将呈现剩余状态，会出现越来越多"空心村"。这样一来，原本规模很小的农村内部的宅基地市场也将萎缩。随着农村人口减少，大量剩余的废弃宅基地将被农民自发地复垦为耕地。

若是放开政策，允许农村宅基地流转，最有可能出现的情况是城市居民到农村购买宅基地。农村较城市自然环境优美，并且投资土地是一种良好的资产保值增值手段，在总体价格较低的情况下，有可能出现农村宅基地向城市居民或者资本集中。在城市化水平较低阶段出现的"逆城市化"现象，与中国当前的新型城镇化发展战略相悖。城镇居民占有农村宅基地，与集约节约利用土地的政策目标相背离。另外，宅基地流转政策有可能造成部分农民丧失居所，会带来社会矛盾。从实现市场价值角度设计宅基地管理制度改革，有可能出现影响经济社会发展和损害农民利益的情况。从使用价值角度看，既有的宅基地管理制度具有明显合理性。集体组织以福利形式向符合条件的农民分配宅基地，使得广大农民"住有所居"，宅基地限制交易政策，防止土地向资本集中，是一种保护型制度设置。这种保护型宅基地制度设计，对 95% 的农民个体与整体中国发展都具有积极意义。

由于 95% 农村宅基地的市场价值与普通农地地价相似，限制宅基地流转政策，并没有造成资产浪费。如果这部分宅基地依然为农民有效利用，受"一户一宅"政策影响，在居住需求无其他替代性满足途径的情况下，农民不可能出售基本生存资料。① 相反，如果农民不再使用某块宅基地时，为了增加农业收入就会将其复垦为耕地，这也不会造成资源浪费。限制宅基地流转政策使农民不具有充分处置宅基地的权利，如果将农民的宅基地使用权看作一种"产权残缺"的话，那么这种产权上的不完整性，就具有阻止农民在某种情况下出售其基本生存资料的正功能。② 限制性政策具有保护功能，"两害相权取其轻"，这种产权上的不完整是值得的。

这种限制性政策为农民强制保留宅基地，可为中国快速城市化建立稳定基础。当前，大规模人口流动、高速经济增长、快速城市化的过程必然蕴含巨大社会风险。在人口与经济基数大且变化速度快的情况下，某种小比例、小概率和局部的矛盾，都有可能累积或者直接引发中国社会整体性的系统风险。改革开放以来中国持续快速发展而不失稳定的一个关键，在于在城市这一主要发展极之外还存在农村这一稳定极。当前中国的发展模式，是城市构成发展引擎、农村构成稳定器，一动一静，一张一弛，保持发展与风险的平衡。在农村稳定结构中，土地制度扮演着基础性角色。因为有耕地，在城市失业的农民可以返回农村从事农业生产，因为拥有宅基地，无法在城市买房安家的农民，能够在农村获得立身之所。作为世界上最大的发展中国家，中国大规模城市化却没有产生其他发展中国家普遍存在的城市贫民窟现象，与限制宅基地流转的政策关系极大。③ 现有的宅基地管理制度，在总体上发挥了保护性功能。

持财产权话语的学者，抽象地讨论宅基地财产属性，将农村宅基地与城市建设用地混为一谈，且没有区分区位因素所造成的两类宅基地差异，使其提出的改革建议缺乏现实依据。上述分析表明，95% 的农村宅基地不可能进入城市建设用地市场，允许农村宅基地入市，会影响社会财富分配，造成更大不公平。由于绝大部分农村宅基地几乎不具有超过农地地价的市场交易价值，允许农村宅基地流转不可能让农民致富，反而会破坏现

---

① 调查发现，排除掉政策限制因素后，当前仅有不足 10% 的农民存在出售宅基地和住房的意愿，并且出售意愿随着农民所处村庄社会分层位置的降低而降低。

② 孟勤国认为，"就农村宅基地使用权设立的宗旨和方式而言，本就是为了农民盖房，而非是让农民拿去卖，也就是说，农村宅基地使用权本无流通的含义，其性质犹如居住权"。参见孟勤国《物权法开禁农村宅基地交易之辩》，《法学评论》2005 年第 4 期。

③ 参见贺雪峰《论中国式城市化与现代化道路》，《中国农村观察》2014 年第 1 期。

有的保护型制度设置。

三 物权法在宅基地管理中的限度

(一) 宅基地管理制度物权化改革主张

抽象地从财产性角度看待宅基地的学者，倾向用物权来衡量主体在宅基地上的权利，并倾向用物权法来规范主体间在宅基地上的关系。[①] 土地作为最重要的不动产之一，是物权法调节的重要内容。物权法的出台冲击了既有宅基地管理制度三维结构的平衡关系，为按照物权规范重构宅基地管理制度的改革观点提供了法律依据。[②] 物权法出台之后，我国也加紧了土地管理法修订步伐，从话语上争夺对物权法中与宅基地相关条款的解释，成为当前直接批评现有土地管理制度不合理性之外的另一种影响宅基地管理制度改革的重要手段。物权法中与农村宅基地有关的两个关键点分别为，一是将集体所有土地与国家所有土地同等地纳入所有权保护范畴，二是将宅基地使用权规定为用益物权。如何利用这两点重构宅基地管理制度，是当前研究的热点。

征地制度是现有土地管理制度中最受争议的一部分。梁慧星指出，征收是任何国家都存在的财产权保障的"例外规则"，征收需要严格执行三个法定条件：一是限于社会公共利益目标，二是依照法定程序，三是公正补偿。[③] 目前对我国征地制度的批评主要是从这三个条件没有被满足的角度进行的。比如，有学者指出"公共利益"缺乏严格界定标准，造成地方政府借"公共利益"幌子征地用于营利性开发，"实质上是对土地权利人的欺骗，对土地私权的非法剥夺"；[④] 或是认为，程序性失序是造成当前政

---

① 王利明认为，"物权法的调整对象是物的归属即主体因对物的占有、利用等而发生的财产关系"。参见王利明《物权法论》，中国政法大学出版社，2003，第47页。

② 王利明等指出，"1986年民法通则颁布以后，农村土地权利就逐渐向物权形态转化，而且，以多元化的物权形态表现出来。可以说，2007年通过的物权法最终完成了我国农村土地权利的完全物权化"。参见王利明、周友军《论我国农村土地权利制度的完善》，《中国法学》2012年第1期。

③ 参见梁慧星《宪法修正案对非公有制经济和私有财产的规定》，《私法》第4辑第2卷，北京大学出版社，2004，第247页以下。

④ 龚刃韧：《中国农村土地征收的宪法困境》，《法学》2013年第9期。

府滥用征地权的关键，致使"财产权所具有的排他性受到征地权超越性的影响，无法从一般市场中的产权交易角度来评价征地补偿的正当性与效用"；① 而最直接的批评是针对补偿标准，认为要按照市场价值补偿才算合理。②

对于改革征地制度主要有两种思路，一种是从程序上完善土地征收立法，③ 另一种则认为与规范征地程序和清晰界定"公共利益"相比，规定按照"公平市场价值"进行征地补偿更具有实质意义。④ 与上述两种完善征地制度的观点不同，还有部分学者提出更彻底的改革方案，即直接"取消当前我国的土地供给的单轨制"，建立城乡统一的土地市场，允许包括宅基地在内的农村建设用地直接参与城市用地供给。⑤ 这三种观点的共同之处，是质疑国家垄断城市建设用地供给，认为征地制度造成农民的土地财产权得不到保护，"城乡二元土地制度结构"违反平等保护不同形式财产权的法律原则。⑥ 对于改革现有征地制度，站在不同角度的学者给出的以上改革方案本质是一样的，即扩大农民在宅基地上的私人权利，缩小甚至取消国家管制权。达成此种"共识"的关键在于，他们持有的基本前提相同，就是仅将农村宅基地看作财产对象而忽视宅基地的其他属性，并仅从物权的维度理解宅基地管理。

农村宅基地管理制度改革的另一个焦点问题是农民的宅基地使用权。尽管物权法规定宅基地使用权为用益物权，但仅赋予宅基地使用权主体依法享有占有和使用的权利，并规定"宅基地使用权的取得、行使和转让，适用于土地管理法等法律和国家有关规定"。物权法没有规定宅基地使用

---

① 程洁：《土地征收征用中的程序失范与重构》，《法学研究》2006 年第 1 期。
② 参见天则经济研究所《经济学家和法学家就中国土地制度的对话与争鸣》，《甘肃行政学院学报》2010 年第 2 期。
③ 参见程洁《土地征收征用中的程序失范与重构》，《法学研究》2006 年第 1 期。
④ 参见张千帆《"公共利益"与"合理补偿"的宪法解释》，《南方周末》2005 年 8 月 11 日。
⑤ 参见天则经济研究所《经济学家和法学家就中国土地制度的对话与争鸣》，《甘肃行政学院学报》2010 年第 2 期。
⑥ 沈开举认为，当前土地制度中最根本的问题是集体所有与国家所有两种公有制的不平等关系，要从建立两种公有制形式平等关系的角度提出土地管理法修改方案。参见天则经济研究所《经济学家和法学家就中国土地制度的对话与争鸣》，《甘肃行政学院学报》2010 年第 2 期。

权流转和抵押的内容，说明其对使用人在宅基地上的"收益权能的本质不认可"。① 物权法只将"宅基地使用权"纳入物权保护范围，却没有扩大其实际权能，这在部分学者看来，是为修订土地管理法预留空间，是立法者有意为之，且对下一步的法律完善有利。② 另外一部分学者则认为，与城市建设用地使用权自由流转相比，这是对农民宅基地使用权的歧视与侵犯，因此主张"宅基地流转制度的改革应当置重于宅基地的财产性（用益物权）"。③ 还有一部分学者认为，不允许宅基地自由流转，造成农民的私有房产"退化为事实上的使用权"，从而提出设立宅基地法定租赁权来破除法律限制，变相实现宅基地使用权流转。④ 主张赋予农民宅基地使用权以完全用益物权的学者提出的改革建议，主要是针对宅基地管理制度中集体维度对农民私人权利的限制，其出发点依然是宅基地的单一属性和宅基地管理的单一维度。

（二）物权平等保护规则与公有制

按照市价进行征地补偿与农村建设用地直接入市，属于产权交易的两种形式，⑤ 从财产权实现结果上看二者并无差异，两种主张的实质都是打破国家对城市建设用地一级供给的垄断。对于此类主张，学者给出的理由是，国有土地与集体土地作为两种所有权应该受到公平保护，且由于农村宅基地与城市土地同属于建设用地，因此要做到"同权同价"。⑥ 集体土地

---

① 参见陈小君、蒋省三《宅基地使用权制度：规范解析、实践挑战及其立法回应》，《管理世界》2010 年第 10 期。

② 参见陈耀东《宅基地使用权立法变革论》，《安徽大学法律评论》2007 年第 1 辑。

③ 高圣平、刘守英：《土地权利制度创新：从〈土地管理法〉修改的角度》，《经济社会体制比较》2010 年第 3 期。

④ 参见刘凯湘《法定租赁权对农村宅基地制度改革意义与构想》，《法学论坛》2010 年第 1 期。

⑤ 科斯提出产权交易的两种合法形式：一种是交易成本比较低时，当事人通过市场完成产权交易；另一种存在于"当市场交易成本是如此之高以致难以改变法律已确定的权利安排时"，可通过"法院直接影响着经济行为"，将其作为市场的替代，完成产权交易，并"减少进行这种交易的资源耗费"。（参见〔美〕R. 科斯《社会成本问题》，载《财产权利与制度变迁——产权学派与新制度学派译文集》，上海人民出版社，1994，第 24 页）允许宅基地直接入市符合前一种产权交易形式，按照市价补偿进行征地属于后一种产权交易形式。

⑥ 参见天则经济研究所《经济学家和法学家就中国土地制度的对话与争鸣》，《甘肃行政学院学报》2010 年第 2 期；高圣平、刘守英《土地权利制度创新：从〈土地管理法〉修改的角度》，《经济社会体制比较》2010 年第 3 期。

与国有土地"同权"观点的法理基础是物权平等保护规则。①

以物权平等保护规则论证上述主张，存在两方面问题。一是对物权平等规则的误用，二是物权平等规则的适用性问题。

物权法的平等保护规则是指，"物权的主体在法律地位上是平等的，其享有的所有权和其他物权在受到侵害以后，应当受到物权法的平等保护"。② 需要明确的是，不同民事主体适用物权平等保护规则，需在"相同性质财产对象"的前提下，才能够实现"相同相持的财产适用相同的规则"。③ 将物权平等保护规则引入对城乡建设用地管理的讨论，不能忽视这一前提条件。农村宅基地尽管在土地管理法中被纳入"建设用地"范畴，但包括农村宅基地在内的农村建设用地与城市建设用地的性质原本就不同。"建设用地"属土地用途分类概念，"宅基地使用权"与"建设用地使用权"（按照物权法规定，只有国家所有的土地才能设置"建设用地使用权"）属于法律概念，用途属性相同不构成物权平等保护的充分条件。引用物权平等保护规范论证农村集体建设用地与国有建设用地"同地同权"，存在偷换概念之嫌。进一步看，将原本在物权法中具有不同法律性质的两种土地赋予同等权能，恰恰违反物权平等保护规则。

物权平等保护规则只适用于民事主体间的法律关系。将物权平等规则引入对征地制度的讨论，是假设土地征用属于纯粹民事行为，这不符合现实。批评征地制度的学者也认识到，征地权源自"自主权力机关及其代表的命令"。④ 基于国家管制权的征地行为包含了国家政治权力，在我国属于宪法领域的问题，物权平等保护规则不足以否定征地制度的合法性。

在指出物权平等保护理由的不充分性后，更重要的是说明现有制度区别集体所有的宅基地与城市国有建设用地的合法性基础。农村宅基地与城市建设用地法律属性之不同之所以不构成民法上的"歧视"，原因在于这一差别是由所有制上的差别造成。物权（财产权）是对物质财富占有支配状态的法律确认，一个社会的物质财富占有形式，在根本上由其所有制形

---

① 参见王权典、陈维君《立法变革中农民土地权益保障之检讨》，《西部法学评论》2011 年第 2 期。

② 王利明：《物权法平等保护原则之探析》，《法学杂志》2006 年第 3 期。

③ 参见高富平《物权法上的平等保护原则及其实现》，《上海交通大学学报》（哲学社会科学版）2007 年第 5 期。

④ 程洁：《土地征收征用中的程序失范与重构》，《法学研究》2006 年第 1 期。

态决定。我国作为社会主义国家，土地首先受所有制规范，宅基地与城市建设用地的法律属性的差别，体现了经济体制中集体所有与国家所有两种所有制形式的差别，而所有制范畴上的差别不能从民法角度理解。在所有制层面上，国家所有与集体所有不是平等的法律关系，而是整体与部分的政治关系。① 国家与集体作为两个政治主体本身就是不平等的。通过土地征收将集体所有的土地变为国家所有的土地，本质上体现的是公有制两种形式间的关系，其合理性源自社会主义公有制为主体的宪法规定。用物权平等保护规则论证农村宅基地与城市建设用地"同权"，实质是用民事关系替代所有制关系，不具合法性。

坚持公有制为主体，并不必然否定民事意义上的所有权平等关系。比如，国有企业、集体企业与私人企业在市场经济中受到平等保护，此时指的是民法意义上的三种所有权间的关系，这与公有制经济形式在国民经济中的主导地位不冲突。在制定物权法的过程中，出现了不同所有制经济形式是否应该受到平等保护的争论。对此，要区分所有制与所有权之不同。我国采用社会主义市场经济形式，任何经济活动既具有社会主义性质，也要遵循市场经济规律。所有制属社会主义范畴，所有权在市场经济领域发挥作用。保护公有制经济的主体地位，是社会主义性质的体现，赋予各种经济主体在经济活动中的平等地位，则体现市场经济的公平竞争性。物权平等保护规则构成市场经济运行的法律基础，但不能否定社会主义基本原则。② 同理，从物权角度平等保护集体所有土地权利与国有土地权利，不能改变"全民所有"与"劳动群众集体所有"两种公有制形式不同的社会主义性质。

接下来的问题是，社会主义公有制如何决定国有土地与集体所有土地的性质差异。具体到宅基地就是，为何农村宅基地不能够直接进入城市建

---

① "国家所有制即全民所有制，是社会主义的高级所有制，集体所有制是社会主义的低级所有制形式，集体所有制要向国家所有制过渡。因此，集体利益、个人利益都要服从国家利益，个人利益要服从集体利益，小集团利益要服从大集体利益。"参见韩松《论物权平等保护原则与所有权类型化之关系》，《法商研究》2006 年第 6 期。

② 佟柔先生指出，"社会主义民法和资本主义民法的区别，主要不在于反映一般商品关系和价值规律的平等、等价的民法方法，而是在于民法规范本身所体现的社会主义公有制性质和反映社会主义的新型商品关系的特征"。参见《佟柔文集——纪念佟柔教授诞辰 75 周年》，中国政法大学出版社，1996，第 35 页。

设用地市场。问题的答案在于土地的所有制形式会影响社会财富分配。所有制对生产关系的描述，不仅包含财产归属的内涵，而且包含基于生产资料占有所产生的财富分配关系。① 赋予国有土地与集体所有土地两种所有权不同法律属性的制度设置，是在社会主义按劳分配体制下实现社会财富公平分配的一种手段。严格地讲，由国家垄断的城市建设用地一级供给，不是纯市场行为，它在进行土地资源配置的同时，还具有将土地增值收益转化为公共财政而进行社会财富再分配的功能。反过来看，包括允许农村宅基地直接入市在内的各种实质上取消城市建设用地国家垄断供给的改革方案，本质是将城市化带来的土地增值收益变为私人或者部分人享有，这是对社会主义公有制的改变。

（三） 物权排他规则与公共资源管理

上面所讨论的一些改革观点直接或间接地触及土地所有权，这不可避免地受到所有制的限制，为了避开意识形态上的阻力，② 一部分学者提出进行宅基地使用权改革，③ 尝试在利用层面推动宅基地管理制度改革。做实宅基地使用权，除了会严重削弱国家管制权并冲击公有制以外，还会对宅基地的集体所有权造成影响。

从资源管理的角度看，集体成员在占有使用集体所有的宅基地时，相互间存在非排他的竞争。任何一个集体组织的宅基地总量都相对有限，这种资源稀缺性产生行为上的竞争性，而集体所有形式对内又不具有排他性。集体内部的这种非排他竞争性关系意味着，某个村民占有和使用宅基地的行为会直接或间接影响其他成员，这就带来了行为的外部性。这种外部性源于宅基地集体所有的产权设置。若是从使用权层面进行物权化改革，让宅基地使用权变成个体农民的"直接支配一定之物，而享受利益之

---

① 有林指出，所有制"不仅包含生产资料的归属，而且包括生产资料所有制在直接的生产领域、流通领域和分配领域的实现"。参见有林《略论我国现阶段生产资料的社会主义公有制》，《马克思主义研究》2011 年第 10 期。

② 张千帆等提出，当前推动土地管理制度改革应该避开意识形态限制，可以采取虚化所有权、做实使用权的改革路径。参见天则经济研究所《经济学家和法学家就中国土地制度的对话与争鸣》，《甘肃行政学院学报》2010 年第 2 期。

③ 参见柳经纬《我国土地权利制度的变迁与现状——以土地资源的配置和土地财产的分配为视角》，《海峡法学》2010 年第 3 期。

排他性的权利"，①　那么这种用益物权所包含的绝对性与排他性，就与所有权层面的共有产权关系相抵牾。某一物品唯有被设定排他性私有产权后，才具有流通性。②　提出做实宅基地使用权的改革建议，让农民私人享有的宅基地使用权变成一种排他性产权，最终目的是为放开宅基地流转铺路。依照产权经济学观点来看，物权即"一束权利"，③　宅基地使用权物权化改革的本质，是通过扩大农户使用权的"权利束"而抽空集体所有权"权利束"。

做实宅基地使用权的限度在于，在集体所有的宅基地上设置他物权，确定宅基地使用权的用益物权性质，需以不改变宅基地所有权为前提。不少学者都认识到宅基地集体所有权的不可分割性。王利明认为土地集体所有权为"特殊共同共有形式"，其特殊性在于"集体成员不能对集体财产擅自转让、分割，否则就是等同于个人所有"。④　温世扬等则认为集体所有属于"总有"形式，即"总有成员对总有财产的应有份并不具体划分，永远属于潜在份，不得要求分割、继承或转让"。⑤　如果允许宅基地对集体外流转，会造成"宅基地就不再与农村集体的成员权联系在一起"，⑥　后果是改变集体所有的性质。

宅基地使用权物权化改革还会影响资源的利用效率。除了集体所有形式带来产权意义上的外部性外，宅基地的物质属性也造成宅基地使用的外部性。农民向集体申请宅基地的目的是建房居住，建房是宅基地使用权的实现。农村宅基地划分地点一般在村落居民点内部和周围。在集聚的居民点建房，一般会形成邻里关系，并影响整体居民点格局。这种居住结构使农民在宅基地使用过程中，会产生相互影响，由此产生另一种外部性。比如，村民建房格局会影响左邻右舍的通风、采光、排水和出路。宅基地使

---

① 史尚宽：《物权法论》，中国政法大学出版社，2000，第 7 页。
② 参见〔美〕哈罗德·德姆塞茨《所有权、控制与企业：论经济活动的组织》，段毅才译，经济科学出版社，1999。
③ "权利束既是一个'总量'概念，即产权是由许多权利（或权能）构成的，如产权的排他性、收益性、可让渡性、可分割性等；也是一个'结构'概念，即不同权利束的排列与组合决定产权的性质及结构。"参见卢现祥主编《新制度经济学》，武汉大学出版社，2011，第 64 页。
④ 王利明：《物权法论》，中国政法大学出版社，2003，第 288 页。
⑤ 温世扬、廖焕国：《物权法通论》，人民法院出版社，2005，第 308 页。
⑥ 王利明：《物权法论》，中国政法大学出版社，2003，第 475 页。

用过程带来的外部性，包括正外部性与负外部性两类。比如，农户合理地进行房屋建设会形成整体良好的村庄格局，使全村居民生活方便，就形成正外部性，而如果乱搭乱建，相互间造成消极影响，就造成负外部性。

为了消除负外部性并增加正外部性，就需要通过村庄建设规划引导村庄建设向合理方向发展。在传统时期，主要是靠习俗、"风水"一类民间惯习发挥引导作用。比如，农民约定俗成地遵守前排建房不能高于后排以及左右平齐的习惯。我们在山东调查发现，当地农民十分忌讳占用道路建房，认为道路对着房屋，如同"穿心箭"，会带来家庭不吉。按照赣西某些农村的规矩，农户建房时一般不能修院墙，这一行为因象征着对其他人不信任而遭受非议。这类民间规范在各地差异较大，但都具有相似功能。在当前阶段，除传统习俗在很多农村依然发挥作用外，主要是通过农村集体组织引导和控制农民建房行为。城乡规划法规定，"发挥村民自治组织的作用，引导村民合理进行建设，改善农村生产、生活条件"，将集体组织作为落实乡村规划实施的重要一环。在划分宅基地时，集体组织要考虑整体村庄格局，当农户建房发生纠纷时，集体组织要进行调解。

这表明，集体土地的公有制形式还包含公共资源管理功能。集体组织基于集体所有权并通过村民自治机制对农户宅基地使用权进行干预，能够最大化地消除负外部性，增加正外部性，提高宅基地资源利用效率。假若赋予农民排除集体管理的权利，有可能造成村庄建设失去控制，引起所谓的"反公地悲剧"。针对公共资源管理无效而陷入枯竭的"公地悲剧"现象，美国经济学家赫勒发现社会中普遍存在"反公地悲剧"现象,[1] 即私有产权的排他性造成的公共利益不能实现，与"公地悲剧"中产权非排他性造成的公共资源不能保护相区别。"反公地悲剧"可比作一扇门上有很多把锁，钥匙为不同人掌握，谈判成本高昂导致集体行动不能达成，最终这扇门不能被打开，使所有人不能通过。农民使用宅基地不仅满足个人建房目的，而且要照顾周围邻居利益并促成村庄整体上的良好格局，合理利用宅基地资源要达成这两方面目的。排他性的宅基地使用权，有可能致使村民自治无法发挥作用，不利于后一方面目的实现，其最终结果是，每个村民因生活在布局不合理的村庄中而减少居住福利。以上分析表明，宅基

---

① 参见〔美〕迈克尔·赫勒《困局经济学》，闫佳译，机械工业出版社，2009。

地使用权物权化会弱化宅基地的集体所有权，可能破坏农村既有的公共资源治理机制，最终陷入私有产权与公共利益冲突的困局。

物权法一般设定相邻权（或地役权）来解决不动产的外部性困扰。在产权经济学看来，当产权界定成本高于产权收益时，主体就会放弃这种"不经济"的产权而任由外部性存在。① 外部性与产权属孪生关系，由于产权界定成本永远存在，使现实社会不可能达到完全消除外部性的理想状态。在我国人地高度紧张，村庄内的居住密度普遍很高的情况下，采取进一步设定产权的思路来解决宅基地使用过程中的外部性问题，必然会导致产权界定成本过高而使这种解决方式无效，于是就产生了现实中的"反公地悲剧"。与物权化的思维不同，从公共治理角度寻求解决问题方案时，会发现只要充分发挥宅基地管理的集体维度，就能够弱化宅基地使用权排他性所产生的外部性影响。与通过法律上"相邻关系"来解决问题的方式相比，结合村民自治和当地风俗习惯的自主协商治理方式，因其交易成本低而十分有效。

（四）"宪法原则"与物权法的适用限度

不同法律在经济社会生活中各司其职，才有利于建立良好的社会秩序。宅基地管理也是如此。良好的宅基地管理秩序建立在国家管制权、集体所有权和农民使用权三个维度共同发挥作用的基础上。总体上看，当前大部分学者都是对既有的宅基地管理制度持批评态度，较少有人深入研究现有宅基地管理制度的结构及其合理性。造成这一现象的原因是，批评者多是从某单一角度理解宅基地，忽视了宅基地的复杂性以及宅基地管理的多维性。总结当前主导性批评观点可以发现，几乎所有的批评者都只将宅基地看作一种可以为私人占有的财产，由此提出的改革建议都强调扩大宅基地管理中的农民私人权利之维，并缩小甚至取消国家管制权和集体所有权。物权法是保护私人财产权利最重要的法律，也因此成为这些批评者的批评工具。

---

① 阿尔钦的研究表明，由于转让、获取和保护产权的交易成本必然存在，使得任何产权永远都不能被完整界定，当所有者发现产权收益不能够弥补其成本时，就会将这种权利放在公共领域，使得产权的排他性丧失，公共领域中的行为具有外部性。参见〔美〕Y. 阿尔钦《产权的经济分析》，费方域等译，上海三联书店，1997。

　　按照物权规则重构宅基地管理制度，存在诸多法理和现实上的困境。物权法不能"包打天下"的第一个原因是，土地在我国首先是所有制规范的对象。土地不是一般的物质财产，它不能为私人所有，土地作为最重要的生产资料属于社会主义公有。作为同样能够规范经济社会生活的两种制度，物权法处理的是民法所有权问题，宪法处理的是基本经济制度意义上的所有制问题。民法物权法的发展为我国市场经济发展开辟了制度空间，但这并不意味着民法所有权制度可以脱离我国社会主义公有制的前提。对于二者的关系，在发展社会主义市场经济过程中，老一辈法学家早已经深刻地讨论过，如佟柔先生指出，"民法的所有权制度是直接反映所有权关系的"。① 对于物权与所有制的关系，王利明指出，"物权制度是一定社会所有制关系在法律上的反映，与其他法律制度相比，物权制度最直接地反映了社会基本经济制度，且是直接为特定社会关系的所有制服务的"。② 基于这种认识，在物权法制定过程中，王利明批评一些学者基于物权平等保护规则提出"放弃传统理论和立法中以生产资料所有制划分所有权类别"的建议，他认为"公有制占主导地位的性质决定了廓清国家所有权、集体所有权的具体权利归属乃是我国物权立法重大的课题"，并指出"在物权法中，必须对各种不同的所有制类型作出确认"。③ 我国颁布实施的物权法体现了这种从所有制出发的立法理念。物权法既平等地保护土地上的国家所有权与集体所有权，也通过分列规定建设用地使用权与农村宅基地使用权，赋予了二者不同的法律性质以体现公有制两种形式的差别。

　　由于所有制是宪法规定的内容，物权制度与所有制的关系反映了物权法与宪法的关系。王泽鉴认为，尽管"'宪法'非属私法的法源"，但是私法要"以'宪法'为最高规范"，因此"'宪法'非系'私法中立'，私法亦非'宪法中立'"。④ 基于私法非"宪法中立"的观点，他在《民法物权》一书中专辟"物权法与宪法"一节讨论二者关系。王泽鉴认为，中国

---

① 《佟柔文集——纪念佟柔教授诞辰 75 周年》，中国政法大学出版社，1996，第 38 页。
② 王利明：《物权法论》，中国政法大学出版社，2003，第 80 页。
③ 王利明：《物权法立法的若干问题探析》，载《中华人民共和国物权法——立法进程资料汇编》，中国政法大学出版社，2010，第 67 页以下。
④ 王泽鉴：《民法概要》，北京大学出版社，2009，第 5、21 页以下。

物权法的颁布实施是"在公有制的体制上建立了一个新的物权法秩序",而"一个国家的物权法及其法律秩序,因其是否或在何种程度上承认私有财产制度而有不同"。① 当前很多学者在讨论物权法与宅基地管理制度改革关系的问题时,忽视我国社会主义公有制的大前提,在参照西方国家的土地管理制度提出中国土地管理的改革方案时,避而不谈西方国家及东亚的日本、韩国和我国台湾地区的土地立法都是建立在私有制这一宪法基础上,陷入了"宪法中立"的思维误区。

陷入上述误区的学者将"社会主义"当作意识形态话语看待,认为物权制度能够超越所有制存在。持此种观点的学者,很难深刻认识到《土地管理法》第 1 条中"维护土地的社会主义公有制"、《物权法》第 1 条中"维护国家基本经济制度"及第 3 条"坚持公有制为主体"等相关条款的真实内涵。许崇德先生指出,"中华人民共和国的经济制度是以生产资料公有制为核心的社会主义经济制度。它是全部政权体系和法律体系赖以建立的基础,从而是国家的一项极其重要的根本制度"。② 既然"任何社会的物权制度,都是人与人之间社会关系的反映,都不过是一定历史时期所有制关系的法律表现",③ 那么当前借助物权法进行宅基地管理制度改革创新,也就不能违背宪法相关条款的规定。现行《宪法》第 10 条是从土地方面对第 6 条"生产资料的社会主义公有制"规定的落实。"生产资料的社会主义公有制"在我国超越了具体法律,甚至是新中国历部宪法的基本"宪法原则"。正如许崇德先生指出的,中国的宪法不是少数宪法制定者苦思冥想的产物,"它是中国人民斗争的产物,是历史经验的总结,也是客观现实的真实反映"。④ 中国宪法所根植的现实就是中国的社会革命。土地作为基本生产资料实行社会主义公有制,是通过新民主主义革命和社会主义改造逐步消灭土地私有制建立起来的。1954 年宪法提出对生产资料私有制实施社会主义改造的目标,之后的合作化运动开始将社员的私有土地转化为集体所有,1962 年通过的《农村人民公社工作条例修正草案》规定"生产大队的集体所有制为基础的三级集体所有制,是现阶段人民公社的

---

① 王泽鉴:《民法物权》,北京大学出版社,2009,第 12 页。
② 许崇德:《宪法规范与社会实际》,载《许崇德自选集》,学习出版社,2007,第 89 页。
③ 王利明:《物权法论》,中国政法大学出版社,2003,第 3 页。
④ 许崇德:《宪法规范与社会实际》,载《许崇德自选集》,学习出版社,2007,第 104 版。

根本制度"，1975 年与 1978 年两部宪法都规定"中华人民共和国的生产资料所有制现阶段主要有两种：社会主义全民所有制和社会主义劳动群众集体所有制"，以及现行宪法相关规定，都是对"生产资料的社会主义公有制"这一宪法原则的体现与落实。改革开放总设计师邓小平同志于 1979 年提出"四项基本原则"的改革底线，其中第一项就是"必须坚持社会主义道路"。当前进行包括宅基地在内的土地制度改革，也需要坚持这一底线。

当然，坚持社会主义公有制的底线原则，并不排除改革和完善土地管理制度的现实需求。例如，在经过城市土地有偿使用局部先行试点之后，1987 在全国范围实施国有土地使用权出让制度，并在 1988 年修订宪法增加"土地的使用权可以依照法律的规定转让"的条款。这一制度改革是对通过行政划拨方式配置土地资源的传统方式与市场经济发展不适应性的调整。对于社会主义公有制下的土地使用权出让制度，佟柔先生指出，"（土地）可以使用、有偿转让，这只是利用经济杠杆来促使土地占有者充分发挥它的效益"。[①] 由于土地使用权转让要遵照《土地管理法》第 47 条规定，这就使得国家垄断土地一级供给，并将附着在土地上的社会财富转化为公共财政而实现土地的公有属性。国有土地使用权转让制度没有突破上述宪法原则。

物权法出台对于完善宅基地管理制度具有重大意义，将宅基地使用权列入用益物权范畴，有利于强化宅基地管理中的私人权利维度。但这并不意味着可以随意扩大对宅基地使用权的解释，赋予该项权利原本不存在的权能而与集体所有权、社会主义公有制相冲突。总而言之，运用物权法改革完善宅基地管理制度的目标不是"实行全盘的私有化"，"而应在以公有制为主导的前提下实现财产权关系的明晰化，通过对财产权制度的改革，使公有制与市场经济形成和谐的结合"。[②] 唯有明确物权法的性质并确定其限度，才能够使其在宅基地管理制度改革中获得合法地位，也才能够让社会主义法制建设得以顺利推进。

[①] 《佟柔文集——纪念佟柔教授诞辰 75 周年》，中国政法大学出版社，1996，第 138 页。
[②] 王利明：《物权法立法的若干问题探析》，载《中华人民共和国物权法——立法进程资料汇编》，中国政法大学出版社，2010，第 68 页。

四　城镇化背景下的制度完善

区分两类农村，是设计农村宅基地管理制度的关键。宅基地增值是城市化的结果，中国城市化规模上限与城市平面扩张规律决定，只有占总量5％的"城郊村"的宅基地有机会转化为城市建设用地，这部分宅基地才具有高于农地价格的市场价值。基于财产属性作出的宅基地管理制度改革建议，只对这部分农村有效。另外95％远离城市的农村宅基地，在市场价值上更接近农地，但其使用价值方面的意义十分重大。合理的土地管理制度不仅带来城镇建设中土地资源供给的高效，而且发挥降低城市化过程风险的"稳定器"功能。这95％的农村宅基地构成农民进城万一失败时的退路。农村宅基地管理制度设置，要与中国的城镇化特点结合。中国加工制造业主导的产业结构决定农民工较低的劳动生产率及其工资水平，受此硬约束，当前阶段只有较少一部分农民能够举家定居城市，总体上形成青壮年在城市务工和老人儿童留守农村这一中国特色城镇化格局。对于绝大部分没有能力一次性完成城镇化的农民而言，农村宅基地是其基本生存保障。

与中国城镇化的结构性特征相匹配的是个体往复式的城镇化方式。每个农民在一定的人生阶段（20—45岁）会努力进入城市，幸运者积累收入并在城市定居，实现身份转换，不顺利者最终返回农村。个体农民持续奋斗及其在城乡间往复的特征，积累形成中国城镇化的整体样态。现有的宅基地管理制度在满足居住方面，与往返式城镇化格局相匹配，搭建了一个农民"出得去、回得来"的城乡关系平台。既为个体融入城市提供了机会，也为整体城镇化顺利推进建立了稳定基础。在当前农民融入城市已经基本不存在制度障碍的情况下，为农民提供"回得来"的机会，这种选择上的自由对于个体而言是保障基本人权的体现，对于整体来说是促进中国现代化发展的制度红利。鼓励农民通过流转宅基地积累进城资金的做法，实是打破往复进城模式，既提高了个体的城镇化风险，也提高了整体社会风险。农民的往复进城模式，必然造成农村部分宅基地和房屋的"季节性闲置"，可以将其看作现有宅基地管理制度降低城镇化风险时，必须付出的制度成本。

从这个意义上看，物权法在农村宅基地管理中的限度，亦与中国城市化模式相关。出台物权法有利于增强对农村宅基地集体所有权和农民使用宅基地权利的保护，却不能替代宅基地管理的"三维"结构。站在当前中国城市化现实而非抽象理念的角度看，"三维"结构具有极大的合理性，未来改革仅需对其调整和完善，无须全盘重建。

在国家管制权层面，社会主义公有制赋予国家垄断土地增值收益的权力，通过将其转化为公共财政实现社会财富公平分配。相较于允许农村宅基地入市，进而造成5%农民独享城市化成果的做法，这样的制度设置更加合理。当前存在的与管制权相关的问题包括两方面，首先是"土地财政"造成地方政府积极扩大征地规模，引发土地资源的不合理利用和城市的不合理扩展；其次是当前绝大部分"土地财政"投入城市建设，较少投入农村，造成公共资源城乡分配不公平。① 前一个问题与分税制后的中央与地方的整体财政结构相关，让地方政府摆脱"土地财政"依赖症的关键是进行财政体制改革。后一个问题与政府财政预算方式和现有政府考核体制有关，将农村发展纳入考核范围，提高地方政府对农村公共资源投资的积极性是解决问题的关键。这两个问题，都不是改革宅基地管理制度所能够解决的，因此它们不构成否定国家管制权的理由。

在集体所有权层面，需要区分三方面问题。一是"小产权房"问题。"小产权房"所反映出的宅基地市场价值是由其城郊位置带来的。其区位特殊性恰恰说明，一般地区农村宅基地不具有与城市建设用地相同的市场价值，而非相反。二是当前农村存在"一户多宅"等宅基地利用效率的问题。其根本原因是集体组织没有严格执行宅基地管理政策。对此，改革的方向是强化集体维度与村民自治，提高集体组织的公共治理能力。三是宅基地退出机制与村庄建设问题，如"空心村"现象。随着一部分农民逐渐脱离农村，村庄内部废弃宅基地会形成"插花"格局，既影响宅基地复垦，也影响村庄建设。正确的解决方式不是一刀切地进行"撤村并居"等形式的村庄重建，而是结合当前农民的建房需求，引导农民在经过科学规

---

① 贺雪峰提出"土地财政"的另外一种理解。由于存在"土地财政"，中央财政无须承担地方建设支出，这使得中央政府有能力通过中央财政支农。直接地看，绝大部分土地增值收益被地方政府用于城市建设；间接地看，地方"土地财政"构成了中央财产投入"三农"的基础，农民变相地分享土地增值收益成果。

划的居民点上新建翻建房屋，逐渐实现废弃宅基地集中并复垦为耕地。物权化的宅基地使用权，会固化废弃宅基地"插花"格局，造成资源浪费，也影响新农村建设。

在宅基地使用权层面，物权法使得农民基本生存资料进一步获得法律保障，有利于防止地方政府和基层干部干预和损害农民使用宅基地的合法权益。物权法确认农民取得宅基地的合法程序，重申一户一宅原则和集体成员权资格，有利于宅基地管理。基于宅基地管理制度的整体结构，合理设定物权，既有利于提高宅基地资源配置效率，也有利于强化宅基地之于农民的社会保障性，使之成为宅基地有效管理的必要组成部分。

总体而言，在中国城市化任务艰巨且前景不十分清晰的情况下，在宅基地管理制度改革上持渐进态度，具有现实合理性。我国土地管理制度是通过长期的实践经验总结，并参照其他国家和地区经验逐步形成的。从现实需求而非抽象理念出发，通过局部经验积累而建立起整体制度框架，逐步形成当前总体有效的"三维"结构模式。下一步的宅基地管理制度改革，需继续坚持这种"摸着石头过河"的实用精神。

第二编　土地征收与补偿

土地征收审批的正当程序改革[*]

刘国乾[**]

摘　要： 程序正当是土地征收理应遵循的原则，实践中的改革已使报批前的准备阶段包含正当程序要素，然而公告之前的征收审批是否也应遵循该原则却有争议。征收审批内部程序运作的技术性设置不能改变其具体行政行为的属性，而其在实质上还具有对土地权利变动进行裁决的功能。征收审批的行为属性和功能属性理论上均要求引入正当程序。现行征收审批是由申请机关单方主宰信息的封闭决策过程，这导致审批机关缺乏第三方信息对报批材料进行验证。提高审批实效的要求呼唤引入正当程序作为信息传导机制。审批机关可利用拟被征收人表达异议或抗辩的信息弥补无法观测到申请机关行为的局限，增强对报批材料的核实能力。

关键词： 土地征收审批　正当程序　具体行政行为　土地管理法

一　征收审批程序正当化改革议题的提出

修订中的土地管理法将农村集体土地征收制度改革作为"重中之重"，而如何完善征收程序又是其中的核心议题之一。现行土地管理法确定了如下土地征收流程：申请征收的地方政府报批—农用地转用审批—土地征收

　＊　本文原载《法学研究》2012 年第 3 期。
　＊＊　刘国乾，北京大学法学院博士生，现为云南大学法学院副教授。

审批—土地征收公告—办理补偿登记—补偿公告—听取被征收人的意见（或组织听证）—补偿争议裁决—补偿—交付土地。其中，只有补偿争议裁决不是必经程序。以上征收流程遭受诟病最多的是该过程程序"不正当"。① 正当程序意味着行政机关针对私人作出的不利行为必须满足最低限度的公正标准，在决定作出之前就应使相对人获得适当的通知以及有意义的听证或被听取意见的机会。② 按照这种思路，在土地征收决定作出之前，应当告知土地拟被征收的农村集体经济组织和农户，并赋予其表达意见或者获得听证的权利。现有征收过程中，被征收一方在土地征收公告之前没有知情权和参与权。"公告发布是在征地被批准之后。也就是说，此时被征地一方只有搬迁的义务，而没有保护自己土地不被征收的权利。剩下的，只有对补偿、安置方案进行一些讨价还价的机会而已。"③ 土地管理法的修改理应对以上批判有所回应。

然而，法律规范层面正当程序的缺失并不代表实践中不存在。《国务院关于深化改革严格土地管理的决定》（国发〔2004〕28 号，以下简称《决定》）要求申请机关在征地报批前履行"预公告"、"确认土地现状调查结果"和"听证程序"："在征地依法报批前，要将拟征地的用途、位置、补偿标准、安置途径告知被征地农户；对拟征土地现状的调查结果须经被征地农村集体经济组织和农户确认；确有必要的，国土资源部门应当依照有关规定组织听证。"国土资源部《关于完善征地补偿安置制度的指导意见》（国土资发〔2004〕238 号）进一步明确和细化以上内容："……在征地依法报批前，当地国土资源部门应将拟征地的用途、位置、补偿标准、安置途径等，以书面形式告知被征地农村集体经济组织和农户。……国土资源部门应对拟征土地的权属、地类、面积以及地上附着物权属、种类、数量等现状进行调查，调查结果应与被征地农村集体经济组织、农户和地上附着物产权人共同确认。在征地依法报批前，当地国土资源部门应告知被征地农村集体经济组织和农户，对拟征土地的补偿标准、安置途径有申请听证的权利。当事人申请听证的，应按照《国土资源听证规定》规

---

① 参见章剑生《行政征收程序论——以集体土地征收为例》，《东方法学》2009 年第 2 期。
② 参见〔美〕恩斯特·盖尔霍恩、罗纳德·M. 莱文《行政法》（影印本），法律出版社，2001，第 191 页。
③ 刘向民：《中美征收制度重要问题之比较》，《中国法学》2007 年第 6 期。

定的程序和有关要求组织听证。"

理论上，预公告可使拟被征收人知晓涉及自己利益的拟征地方案的细节，确认土地现状调查结果能让拟被征收人知晓并核实与自己有关的拟被征收土地的种类、面积等。组织听证和签订补偿（安置）协议这两项原本置于土地征收公告后的程序已被前移，使拟被征收人在报批前就得以对补偿标准和安置方案发表看法、提出意见。另外，虽然在全国范围没有统一的要求，但在很多地方的征地实践中，签订补偿（安置）协议环节也被放在报批前进行。① 如果将相对人在行政决定作出之前的知情和表达意见的权利视为正当法律程序的核心要素，那么报批前的阶段已经包含了这样的要素。以上规定需要立法加以确认，但忽略这些规范、否认我国土地征收程序缺乏正当性，并不符合事实。②

但是，报批前的准备阶段被植入正当程序要素，尚不能得出土地征收程序已正当化的结论。土地征收涉及多个机关、包含复数阶段的构造，使之不同于由单一机关作出的普通行政行为。征收公告之前除了包括上述说明的准备阶段，尚包括审批核准阶段。核准阶段又包括两个环节：农用地转用审批和土地征收审批。这一阶段是否需要引入正当法律程序不无疑问。一方面，同意土地转用和征收的批复是上级行政机关对下级作出的，因而"两审批"被视为内部行政程序。③ 如果审批属于内部行政行为，则没有必要引入正当程序，因此征收审批排斥正当程序很大程度被视为一个理所当然的命题。但另一方面，是否征收的决定是在土地征收审批环节完成的，这意味着征收审批是直接面向被征收人，确认合法剥夺其土地财产权的行政决定。在此决定作出之前不适用正当程序似乎不合法理。

二 征收审批正当程序改革的观点

在为数不多的涉及对征收审批改革引入正当程序的讨论中，主要有两

---

① 其中有的省份已经通过立法来确认，参见《山东省土地征收管理办法》第12、13条规定。
② 这种程序变化已为部分学者所注意到，并以该实务中的操作程序作为讨论对象。参见程洁《土地征收征用中的程序失范与重构》，《法学研究》2006年第1期；房绍坤等《公益征收法研究》，中国人民大学出版社，2011，第277页以下。
③ 参见章剑生《行政征收程序论——以集体土地征收为例》，《东方法学》2009年第2期。

种意见。第一种意见认为："两审批"尽管属于内部行政程序，但在拟被征收人不知情的前提下，通过"两审批"程序将非国有财产的集体土地变成国家所有不符合正当法律程序的要求。如等到造成既成事实之后再告知，即使审批机关错误审批，其纠正的成本也较高。基于预先防止优于事后纠错之常理，"两审批"程序向拟被征收人开放，引入拟被征收人介入程序，给予其在法律程序上的抗辩权以防止错误审批。① 这种意见强调在现有审批体制下引入正当程序。本文将此种意见提出的方案称为"改良方案"。

第二种意见认为现有的"两审批"体制既未有效遏制地方政府随意征占集体所有土地的行为，同时层层报批的审批体制又有妨碍效率之虞，不能满足地方经济发展的用地需求。为提供审批效率，可让县级政府在国务院规定的一定期限内和农用地转用指标范围内自主决定征地事项，同时实行严格的责任追究制，以确保地方政府在一定期限内补充相同数量和质量的被批准转用的耕地。同时，在县级政府作出征收决定之前，就征收事项进行公告，并规定一个合理的期限，允许拟被征收人就征收事项提出异议。如其提出异议要求举行听证而县级政府不召开听证会的，其作出的征收决定无效。其理由为，农用地转用审批的功能是为了防止随意变更土地用途，从而危及国家的粮食安全和经济安全。为了保护整个社会未来长远的发展利益，在实施时程序可以从宽，但在数量上要从严。而土地征收审批的功能是为了防止随意将农民使用的土地转变为建设用地，从而危及被征地农民的生产和生活。为了保护被征地农民的土地财产权和生存权，在实施时程序应当从严，但在数量上可以从宽，必须针对具体个案进行控制。② 这种意见要求在对现有审批体制进行改革的基础上，引入正当程序控制县级政府的征收权。该意见提出的方案在下文用"变革方案"指代。

改良方案的核心观点可以概括为：拟被征收人通过参与征收审批过程行使抗辩权影响审批决定的作出，从而维护自己的实体权益。这种方案引入正当程序为拟被征收人提供进入决定过程的机会，而至于拟被征收人所具有的抗辩权"武器"究竟是一种实体否决权，还是程序上提出异议的权

---

① 参见章剑生《行政征收程序论——以集体土地征收为例》，《东方法学》2009 年第 2 期。
② 参见邹爱华《完善土地征收审批制度的基本思路与具体对策》，《国家行政学院学报》2011 年第 2 期。

利，这种方案并未言明，因此该抗辩权如何影响审批结果则不得而知。变革方案的核心观点可以概括为：拟被征收人在土地征收决定作出前可提出异议，并要求召开听证会来确保县级政府作出的征收决定是公正的或可接受的。同样，该方案也没有说明举行听证如何确保征收决定的可接受性。拟被征收人可通过听证会行使实体否决权，还是征收决定必须按听证记录作出，抑或召开听证会实现程序公正就当然地满足实体公正？这两种方案留下同样的未决问题：拟被征收人如何通过正当程序来影响征收决定的作出？

这两种方案的提出都建立在一定的逻辑假定或制度设计构想之上。如果作为前置议题的逻辑假定不成立，或制度改革方案在理论上不可取，那么以上问题则无回答的必要。因此，首先需要检视提出这两种方案所依赖的前置性议题在逻辑上是否成立或在理论上是否可取。

改良方案基于批准征收决定直接涉及对非国有土地权利的剥夺、事先预防优于事后救济这两方面的理由，但这种方案没有否认征收审批具有内部行政行为程序的性质。内部行政程序无须以引入第三方参与作为必要条件。即便引入第三方进入行政过程，参与也仅服务于咨询目的。例如，在不直接涉及第三人利益的行政决策中，邀请专家论证之目的并非满足程序正义的需要，而是为服务科学决策提供咨询。因此，该方案如能成立，就必须证明"土地征收审批"不属于内部行政程序，否则提出使拟被征收人介入审批环节仅仅表明对正当程序偏爱的价值立场，而置理论逻辑是否自洽于不顾。

变革方案建立在将征收决定权下放至县级政府的基础之上。按照现有的审批体制，县级政府是最低层级的有权申请征地的机关，将征收决定权赋予县级政府意味着申请机关也是审批机关。这种方案虽未言明要废除土地征收审批，但由县级政府自己决定征收的改革方案已经包含这样一个命题：现有土地征收审批没有存在的必要。因此，征收审批是否具有存续的价值涉及改良方案和变革方案的根本分歧。进而言之，对征收审批是否有存续必要的回答实际上就构成了对一种方案的支持和对另一种方案的否定。

土地征收审批专门针对农村集体所有土地而设，其对保护集体所有土地有何意义？这可以结合具体案例来加以讨论。

2009 年 3 月 2 日徐州市贾汪区人民政府在贾汪镇宗庄村发布公告，经江苏省人民政府苏国土资地函〔2008〕0381 号和〔2008〕0829 号批复同意征收贾汪镇宗庄村土地 34.6749 公顷。吴学东一户家庭承包经营的 2.46 亩耕地在本次征地范围内。吴学东不服此次征地，于 2009 年 4 月 22 日向江苏省人民政府提出行政复议申请。在行政复议审理期间，吴学东申请查阅了相关征地材料，发现宗庄村被征收的 34.6749 公顷土地种类全部被定为未利用地，而吴学东的土地承包证上注明的地类是基本农田。相关材料中没有包含征地报批前与吴学东确认征地现状调查的有关材料。[①]

从本案中至少可以发现以下几点事实：第一，申请机关篡改了征收土地的地类，将基本农田谎报为未利用地；第二，申请机关在报批前未履行土地现状调查确认程序；第三，作为征收审批机关的省政府放弃了审查职责、批准了征收。申请机关为何会篡改地类？如果申请机关履行土地现状调查确认程序，可能会有何种结果？如果省政府认真审查，本案的结果又当如何？

首先，申请机关篡改地类的目的显然是规避国务院的审批。根据《土地管理法》第 45 条的规定，土地征收审批的权限以拟征收土地的种类和数量为依据在国务院和省级政府之间划分：征收基本农田、基本农田以外的耕地超过 35 公顷、其他土地超过 70 公顷的由国务院批准；征收该列举之外的其他土地由省、自治区、直辖市人民政府批准。所以，如要规避国务院的审批，可以通过对拟征地的地类或总量进行造假来实现。

其次，如果申请机关履行了报批前的"确认土地现状调查程序"，拟被征收人就能够对地类和数量等进行核实，那么篡改地类的情况就可能不会发生。虽然"确认土地现状调查程序"在理论上具有制约申请机关篡改事实的功能，但该案例表明，此类程序规则作为哈特所称的设定义务的"第一性规则"，自身并不总是具有获得自动履行之能力，需依赖外在的、有效预防和处理违反义务的"第二性规则"来保障实施。[②]《决定》在确

---

① 参见《荒地报批基本农田骗取批复案》，国土资源部网站，http://www.mlr.gov.cn/tdzt/zdxc/tdr/20thlandday/zfyf/201006/t20100609_721541.htm，最后访问日期：2012 年 6 月 25 日。

② 参见〔英〕哈特《法律的概念》，张文显等译，中国大百科全书出版社，1995，第 97 页以下。

定申请机关上述报批前的程序义务的同时，也规定"要将被征地农民知情、确认的有关材料作为征地报批的必备材料"。"农民知情、确认的有关材料"即指申请机关履行预公告、确认土地调查现状程序义务的证明材料。这意味着申请机关在报批前应履行预公告和土地现状调查结果确认的程序，且提交相关证明材料，其报送的土地征收方案才可能被审批机关批准。①《决定》的设置将申请征地机关履行报批前的程序义务作为审批机关批准征地的必要（非充分）条件，使履行程序义务与批准征地的实体结果相关联，从而使审批机关能够以是否批准征地来制约申请机关履行报批前的程序义务。本案中，作为审批机关的省政府显然放弃了审查申请机关是否履行土地现状调查确认程序的责任。当然，现实中并不能排除申请机关没有履行报批前的程序义务却伪造已经履行的证明材料，或将土地现状调查结果交由拟被征收人核实确认后再篡改地类和土地总量数据，以规避国务院的审批或使不符合条件的征收申请获得批准。因此，尚需要审批机关对报批材料是否真实进行审查。

其次，本案中审批机关显然未对拟征收土地的界址、地类、面积是否清楚进行有效审查，导致不符合条件的征收申请获批。审批机关这样做同样属于放弃职责的情形。按照《建设用地审查报批管理办法》第14条的规定，审批机关除了审查申请机关是否履行报批前的义务或报批材料是否真实，还需要审查申请是否符合批准征收的条件。具体审查内容包括：第一，拟被征收土地界址、地类、面积是否清楚，权属有无争议；第二，被征收土地的补偿标准是否符合法律、法规的规定；第三，被征收土地上需要安置人员的安置途径是否切实可行。

本案中，如果审批机关履行法定职责，切实进行有效审查、公正审批，那么该不符合条件的申请就不会被批准。征地审批设置的立法意图和政策目标在于使审批机关对每次申请是否符合条件进行审查，阻止不符合条件征地行为的发生，从而发挥事前预防之作用。据此可以认为，土地征

①　对于有关听证程序的材料是否作为报批的必备材料目前尚无统一的规定，但在各地方的征地实践中，一般都要求报批机关提供相关证明材料和补偿（安置）协议文本。例如北京市国土资源局要求申请征地应提交听证情况说明（原件）、征地听证记录或村组放弃听证的回执（原件）以及补偿协议（原件）。参见北京市国土资源局网站，http://www.bjgtj.gov.cn/tabid/3342/Default.aspx，最后访问日期：2012年6月27日。

收审批的宗旨很大程度在于确保公正征收，防止地方政府随意占用集体所有土地。该结论可从 1998 年土地管理法的修改得到印证。根据修改前《土地管理法》第 25 条的规定，县级以上各级人民政府均可以批准征地。这导致土地审批权过于分散，在实践中导致征收权滥用。该次修改在总结以往经验教训的基础上，上收了征地审批权。

以上讨论从正面说明土地征收审批的积极意义。"变革方案"事实上要求废除现有的征收审批体制，以克服其造成的效率延误。该方案提出的防止随意征占集体土地的替代性对策有二：一是依赖土地转用审批事前确定用地指标并进行事后检查监督；二是通过听证程序制约县级政府作出的征收决定。这两个替代性对策是否可行？如果替代性策略可行性较低，或虽然具有可行性但仍不能代替征收审批，则从反面说明征收审批具有存续的必要。

第一种替代性对策是依赖土地转用审批在事前确定用地指标并进行事后监控。首先，事前确定用地指标是否可行。在实践中需要征地的建设项目分为"城市分批次建设用地"和"单独选址建设用地"。城市分批次建设用地是指在土地利用总体规划确定的城市建设用地规模范围内，为实施规划而需要占用的土地。常规的具体建设项目必须依法申请使用土地利用总体规划确定的城市建设用地范围内的土地。单独选址建设用地是指能源、交通、水利、矿山、军事设施等需要在土地利用总体规划之外选址进行建设的项目用地。只有前者是按照土地利用年度计划分批次由原批准土地利用总体规划的机关进行土地转用审批，因而可以事前确定用地计划指标。而后者涉及规划之外的土地，难以事先确定用地指标。其次，事后监控是否可能奏效？针对"城市分批次建设用地"，土地转用审批机关一揽子授予县级政府一定周期内特定数量的用地指标后，在一定周期结束后能否保证县级政府用地没有超出指标？这种方案给出的对策是将事后检查和问责作为制约机制。这种机制能够奏效的前提是事后检查能够发现县级政府是否超越指标征地。一个显而易见的事实是，受制于人力、财力成本和信息不对称的限制，寄希望于一种极端不平衡的"一对多"的自上而下的主动检查模式是不切实际的。即便可能，建立庞大的督查队伍对全国所有县级政府的用地进行检查，其成本必然无比高昂。这种对策连能否做到有效的检查都不确定，更遑论问责制裁。

　　第二种替代性的监督策略是以听证程序对县级政府作出的征收决定进行制约，并且通过事后救济来确保县级政府履行听证程序。听证程序能否制约县级政府恣意作出征收决定？如果举行听证只是作出征收决定的一个程序要件，那么听证至多表明程序公正而无法影响实体结果。如果通过举行听证赋予拟被征收人否决征收的实体权利，这又不符合公益征收的"强制性"要义。① 显然，听证程序至多为拟被征收人提供征收的细节，如地类、数量是否准确、补偿或安置是否合理等问题发表意见的机会，并要求县级政府必要考虑拟被征收人提出的合理意见。如果县级政府未对拟被征收人提出的意见予以考虑，按照这种方案给出的思路，拟被征收人可以申请事后救济。可见，这种对策最终依托有效的事后救济来制约县级政府。这种思路事实上又回到对行政行为进行控制的传统策略，即斯图尔特所称的行政法的"传统模式"。② 传统模式中，程序服务于立法指令被行政机关遵守，且为法院审查提供便利。能够保障这种模式得以有效运作的要素除了立法机关提供实体和程序规则外，最重要的是必须存在有效的事后救济机制，尤其是公正的司法审查。对此，至少我们目前尚不具备如此能力的司法机关。③ 即便有效的事后救济是可能的，其作为一种事后监督也必然不优于事前的预防性控制。尤其是在土地征收领域，对土地征收决定的否决不同于否定常规的具体行政行为。现实中即使征地行为违法，征地程序完成后往往已经形成大规模建设的事实，对所利用土地进行恢复可能会造成巨大经济损失或损害公共利益。这些特性决定了土地征收行为可回逆性较弱，对"木已成舟"的既定征收事实的回逆常常"为时晚矣"。

　　如果要阻止县级政府恣意征收、防止出现不符合法定条件的征收事实，唯一可行的策略就是拟被征收人通过听证发表异议或意见，且由独立于县级政府的公正的第三方根据听证记录对是否征收进行裁决，但这样的事前预防策略实际上又回到与征收审批类似的设计上。

---

① 理论上，土地征收基于公共利益方可为之，而基于公共利益的征收具有强制性。在满足公共利益的条件下，征收主体给予被征收一方公平补偿即可为之。例如我国《宪法》第 10 条第 3 款、《土地管理法》第 2 条第 4 款、《物权法》第 42 条第 1 款均作了这样的规定。

② 参见〔美〕理查德·B. 斯图尔特《美国行政法的重构》，沈岿译，商务印书馆，2011，第 5 页以下。

③ 参见程洁《土地征收征用中的程序失范与重构》，《法学研究》2006 年第 1 期。

三 征收审批的法律属性：引入正当程序的理论基础

以上"正反"两面的分析均表明土地征收审批并非可有可无。接下来需要讨论的是土地征收审批引入正当程序面临的理论问题——"土地征收审批"具有何种法律属性。"两审批"在改良方案中被"捆绑"讨论，但它实际上包括"土地征收审批"与"土地转用审批"两个不同类型。

征收审批准备阶段的行为由申请机关作出，其中包括预公告、进行土地调查并交由农户确认，告知听证权利和举行听证，拟定各种报批所需材料等。这些都是纯粹的程序性行为，没有直接产生使土地权利发生转移的效果，不具有处分性，它们的目的在于为征收申请获得批准作准备。土地现状调查的目的在于发现和确认事实，同样是为申请征收作准备，没有产生对外效果。因此，报批前的行为具有预备性，它们的设置旨在"推动行政程序的进行"，① 从本质上而言均不属于具体行政行为。

土地转用审批涉及是否同意将农用地转为建设用地。农用地包括国有农用地和集体农用地，转用审批的对象可能是二者之一。土地转用包括国有农用地转为国有建设用地、集体农用地转为集体建设用地、集体农用地转为国有建设用地三种情形。前两种情形中批准转用的决定可直接导致土地的性质发生变化、使用权发生转移。而在第三种情形中，批准转用的决定对土地性质和使用权的变化仅产生一种预期效果，这种效果的实现以批准征收决定的作出为条件。尽管批准转用的决定涉及的客体指向拟被征收人所有或使用的土地，但在批准征收决定作出之前其不会直接导致拟被征收人丧失土地权利。因而，批准土地转用只是土地权属性质由集体所有变更为国家所有的一个必要条件，而非充分条件。转用审批机关具体决定的问题包括：具体建设项目所需的用地是否符合转用条件；用地计划是否符合现有既定规划；确属必需占用农用地的，用地计划是否符合土地利用年度计划确定的控制指标；占用耕地的情况下，补充耕地计划方案是否符合土地整理开发专项规划且面积、质量符合要求；单独办理农用地转用的，用地项目是否符合单独选址条件。可见，批准土地转用审查的内容涉及用

---

① 〔德〕汉斯·J. 沃尔夫等：《行政法》第2卷，高家伟译，商务印书馆，2002，第28页。

地项目、用地计划是否符合总体规划和农用地转用指标，以及补充耕地计划是否可行和合理。这些要求针对申请机关作出，而不直接涉及拟被征收人。总之，批准转用的决定在形式上既非针对拟被征收人作出，在实质上也不必然导致其土地权益受影响，所以将集体所有转为国有建设用地的批准行为尚不构成具体行政行为。

尽管土地转用审批和征收审批的主体经常可能发生重叠竞合，但二者主体权限的配置原理却不相同。土地转用审批的主体权限是根据用地项目类型进行划分的。"城市分批次建设用地"的土地转用审批机关为原批准土地利用总体规划的机关，"单独选址建设用地"的土地转用权限根据用地项目批准机关的层级来划分。土地征收审批机关的权限则是以拟征收土地的种类和数量为依据在国务院和省级政府之间划分。

批准征收决定一经作出就意味着土地权属的变化具有必然性：使农村集体所有变为国家所有。土地征收审批程序是针对集体所有土地而设的，其关系国家强制征收权的实现，是导致集体土地所有人和使用人丧失土地权利的直接原因。拟被征收人土地上的权利属于财产权，批准征收这种典型的"剥夺甲方权利而授予乙方权利"的行为已涉及对财产进行强制再分配的实体问题。[①] 批准征收的决定实质上已直接面向相对人，直接产生影响相对人权益的法律效果，因此具有具体行政行为的属性。

具体实施征收的机关（原申请机关）获得土地征收机关的批准后对土地征收方案进行公告实施。公告内容包括：批准征地机关，批准文号，批准时间，批准用途，被征收土地的所有权人、位置、地类和面积，征地补偿标准和农业人员安置途径，办理征地补偿登记的期限、地点。显然，公告并没有给被征收人创设新的负担，因此公告并不是一个新的行政行为，而仅属于对批准征收决定进行送达的方式。

综上分析，报批前的行为属于准备性措施，它们为作出最终的批准征收决定提供必要的程序准备和认定事实的依据。同意集体农用地转为城市建设用地的批准决定指向申请机关且不会直接导致土地权属发生变化。同意转用的决定是批准征收决定的前提，在此情况下转用审批机关和征收审

---

① 关于"剥夺甲方财产授予乙方"范式的讨论，参见〔美〕约翰 V. 奥尔特《正当法律程序简史》，杨明成等译，商务印书馆，2006，第 34 页以下。

批机关之间形成"事项决定的接力关系",① 因此土地转用审批具有内部行政程序的属性。最终针对拟被征收人作出决定征收土地的是批准征收的决定。尽管根据现有的法律安排,批准征收的决定以批复的形式针对申请机关作出,但这种做法仅体现技术操作层面的内部性。公告本身是一种将批准征收决定向被征收人送达的方式,而非具体行政行为。征地公告后,作为具体行政行为的土地征收行为业已完成。此时,虽然土地征收过程还没有就此结束,但补偿仅仅是强制征收土地所支付的对价。补偿并不是作为具体行政行为的土地征收行为的组成部分。

完整的土地征收过程尽管存在多个机关经历复数阶段形成的多个行为,但只有征收审批机关作出的批准征收决定具有直接的对外效力,符合具体行政行为的特征。土地征收行为属于典型的多机关参与的一个对外程序,表现为单数具体行政行为的多阶段行政行为。② 在涉及对集体所有土地征收的情况下,土地转用审批和土地征收审批经常被"捆绑"讨论,但以上已说明只有"土地转用审批"具有内部行政程序的特征。无论批准征收的决定过程有多么隐蔽或被多少后续环节所包裹,征收审批都不应视为内部行政程序。因而,征收审批阶段引入正当程序的内部行政程序障碍仅仅是对操作层面的误读,实质上这种障碍并不存在。

以上讨论实际上仅涉及征收审批机关作出批准征收决定这一方面,而未关注审批机关对报批材料进行审查后也可对不符合条件的征收申请予以拒绝。征收审批绝不当然地指代审批机关批准征收。那么征收审批具有何种法律属性?

首先,从实质效果来看,审批机关在审查征收方案是否符合征收条件的基础上能够作出批准或不予批准的决定具有裁决性质。虽然理论上征收审批构成对国家能否征收集体土地的决定机制,但事实上未来真正获得土

---

① "一机关在一程序中为事实认定及事项决定后,再接由另一机关以此为基础,就另一法定事项作成决定"即形成"事项决定之接力关系"。参见李建良《论多阶段行政处分与多阶段行政程序之区辨》,《中研院法律期刊》2011 年第 9 期。

② "多阶段行政处分的作成,在概念上,须有二(复数)以上机关的参与,且原则上以一(单数)行政处分表现于外,形成'多机关、一(外部)程序、一处分'的程序构造,复数机关之间的关系是内部程序。反而言之,行政处分之作成,不同程序构造如何繁复,从头至尾若均为同一机关者,则无疑构成多阶段行政成分。"参见李建良《论多阶段行政处分与多阶段行政程序之区辨》,《中研院法律期刊》2011 年第 9 期。

地的使用权，并能对征收后土地的使用权进行处分的主体是申请机关。因而，审批实质上是对申请机关能否在对拟被征收人进行补偿后获得原集体所有土地使用权的确认，或者是对拟被征收人的土地权益现状能否得以维持的决定。这与富勒所认为的"裁决是对权利主张争议和控告违法的权威决定"中的第一项任务类似。①

其次，从形式上看，征收审批的架构具备类似裁决模式的诸多特征。第一，审批虽在实践中由审批机关向申请机关作出，但这一过程实际上至少涉及三方主体——申请机关、拟被征收人和审批机关。其中所涉及的利益格局中，作为利害关系人的申请机关和拟被征收人形成横向的、利益对立的两造"当事人"；就纵向关系而言，审批机关在层级上高于申请机关，在利益和价值取向方面理论上能够独立于申请机关。因此，审批机关可作为一定程度上独立于申请机关和拟被征收人的第三方。第二，审批机关在此过程中具有被动性，至少在形式上如此：其作出是否批准征地的决定有赖于申请机关的申请，审批机关不能主动发起征地程序；申请机关之申请是否符合批准条件，主要由申请机关来提供证明材料，此类似"谁主张谁举证"；审批机关作出的决定体现了对"当事人"提供证据和请求的回应，审批机关不能根据自己的意思变更拟征收的地块、数量等内容。第三，征收审批所包含的事实认定和作出权威决定两个环节，具有依法决定的特征。审批机关认定事实需要对申请机关报批的材料进行形式和实质审查。形式上主要就报批材料是否齐备，以及是否符合形式要求进行审查。本质上主要就是否符合征收的要件进行审查，如前述是否履行报批前的程序义务，拟征收土地的界址、地类、面积是否清楚，权属有无争议，补偿标准是否合法，安置途径是否切实可行，等等。经过审查后，审批机关只能在批准征收或不予批准中作出选择。

征收审批是一个裁判过程，那么通知权利或利益可能受裁决不利影响的一方当事人参与该过程并提出对自己有利的证据和观点，是正当程序的最基本要求。富勒对裁决的分析基于这样一个命题：裁决的基础是利益受影响的各方得以提出有利于自己的证据和合理观点。② 在其眼中，没有参

---

① 参见 Lon L. Fuller，"The Forms and Limits of Adjudication," *Harvard Law Review* 92 （1978）: 353。

② 参见 Lon L. Fuller，"The Forms and Limits of Adjudication," *Harvard Law Review* 92 （1978）: 353。

与则无裁决，利益受影响的各方之参与形成一个对抗格局。在此格局中，各方展示证据得以使裁决者获得全面的信息并对双方均保持必要的关注，可能形成的相互抵牾之证据和论点使裁决者与双方均保持充分的距离，从而有助于裁决者作出公正合理的决定。① 虽然这种观点深深烙有在普通法司法审判程序基础上发展起来的抗辩式裁决模式的印记，② 但不能否认，裁决所涉及的双方当事人均得参与裁决过程，裁决者应听取双方的意见才能实现最低限度的程序公正。

综上所述，直接涉及对农村集体土地所有权和使用权进行处分的批准征收决定具有具体行政行为之性质，因而引入参与程序并不存在理论上的逻辑障碍。土地征收审批以裁决方式防止不符合条件的征地申请获批，审批机关应为土地权利可能受裁决不利影响的拟被征收人提供参与机会，方符合最低限度的程序公正。

四　征收审批引入正当程序的现实呼唤

上文从征收审批面向相对人和当事人两个维度，分析了批准征收决定的行政行为属性以及征收审批对财产权利归属进行裁决的功能属性。无论从哪一个维度，均可从理论上推导出征收审批环节引入正当程序具有确保最低限度的程序公正的意义。但以上讨论更多关注的是正当程序之于拟被征收人的程序价值理性，而对作为手段的正当程序如何作用于征收审批结果之工具意义并未深入讨论。在裁决模式中，正当程序的工具理性首先体现为当事人的参与有利于裁决机关根据权威的标准作出正确或准确的裁判。③ 类似地，如果引入正当程序，也应有利于征收审批机关作出公正或准确的决定。审批机关作出公正决定与拟被征收人最低限度的结果预期是一致的，即阻止不符合条件的征收申请获批。因此，对这个问题的讨论同时也是解答改良方案留下的未决问题——拟被征收人介入审批程序如何通

① 参见 Robert G. Bone，"Lon Fuller's Theory of Adjudication and the False Dichotomy between Dispute Resolution and Public Law Models of Litigation," *Boston University Law Review* 75 （1995）：1273。

② 参见 D. J. Galligan，*Due Process and Fair Procedures：A Study of Administrative Procedures*，Oxford：Clarendon Press，1996，p. 243。

③ 参见 D. J. Galligan，*Due Process and Fair Procedures：A Study of Administrative Procedures*，Oxford：Clarendon Press，1996，p. 246。

过行使抗辩权进而维护其实体权利。

让我们从一个真实案例入手。江苏如皋市如城镇宏坝村近 200 户村民集体所有 127470 平方米土地（其中村庄住宅占地 99336 平方米，农田等其他毛地占 28134 平方米）在村民不知情的情况下被征收为国有建设用地，并被当地国土资源行政管理部门挂牌出让给一家房地产公司进行商品房开发。村民们在向当地国土资源部门了解情况的过程中发现：有关部门在"征地调查表"上弄虚作假，伪造 130 多户被征地农民的签名，骗取了省国土资源厅的征地批复。更为荒诞的是，当地国土资源主管部门出具的"征地调查表"的签名全都是一人的笔迹。"被调查人签名"中，有 4 名村民其实早已死亡，有的死亡时间已达 7 年之久。①

本案中，申请机关未履行报批前的程序义务，而是通过伪造"征地调查表"表明已经履行土地调查现状确认程序。代表省级政府具体负责办理审批事项的国土资源厅也未能发现其造假，并批准了征收。

审批机关理论上能够以是否批准征地来制约申请机关履行报批前的程序义务。如果申请机关切实履行义务，其报送的征收方案同样能获得批准。从这个角度，批准征地可理解为对申请机关履行报批前程序义务的"激励"。如果审批机关能够发现其造假而不予批准，造假对于申请机关来说就得不偿失。那为何申请机关还要进行造假？通过造假排除拟被征收人的知情和参与，从而也排除了他们讨价还价给申请机关带来的利益损失。但不履行报批前的程序所能节约的成本，相比征收申请不被批准造成的预期损失，仍是"蝇头小利"。所以，申请机关敢于造假的根本原因在于，即便其造假也不会导致这种"激励"的丧失。据此可以推知，排除审批机关主观上故意放弃职责的情形，申请机关通过造假获得批准相比履行报批前的程序义务使申请获批成为更优选择的唯一解释是：申请征地机关认为审批机关无法发现其造假。事实也确实如此。

是否履行报批前的程序义务是一个需要验证的事实。为了使土地征收方案获批，申请机关自然不会把未履行报批前程序义务的事实展现出来。造假的客观存在要求审查机关对报批材料进行实质审查，仅对报批材料的形式审查并不能满足核实材料真伪之要求。认定事实发生在审查环节，从

①　参见《如皋死亡 7 年的村民居然能在征地调查表上签名》，《现代快报》2007 年 5 月 22 日。

审批制约的失败可以推断出审批机关不具备发现申请机关造假的审查能力。以上推断是否合理需要进一步验证。由于审批机关主观上是否存在过错难以进行考察，故以下讨论假定不存在审批机关故意放弃审查职责的情形。排除人为因素，焦点就应聚于现有审查机制上。

法定的审批机关为国务院和省级政府，但实践中具体的审查工作是由国土资源主管部门完成的。法定的审批机关事实上至多根据同级国土资源主管部门的审查意见作出是否批准的决定，或者决定是否同意国土资源主管部门经审查后作出的予以批准的初步结论。在国土资源主管部门系统内部，审查还存在上下级的垂直分工。以《国土资源部关于改进报国务院批准单独选址建设项目用地审查报批工作的通知》（国土资发〔2009〕8号）的规定为例，该《通知》要求省级国土资源主管部门进行初审，说明审查依据并提出审查意见。然后，国土资源部对省级国土资源管理部门的审查内容和意见进行复核性审查，必要时进行实地核实。无论是初审还是复核性审查，根据《建设用地审查报批管理办法》第12条第2款规定，负责审查的机关内部均实行"内部会审制度"。

通常，申请征收的地方政府国土资源行政主管部门具体负责履行报批前的程序义务，制作报批所需的材料，经本级政府审核同意后报送上一级国土资源主管部门审查，尔后再依此流程上报至审批机关。这表明，审批机关仅对申请征地机关单方面提供的报批材料以及下级审查机关的审查意见进行复审。换言之，审批机关审查申请机关是否履行报批前的程序义务以及是否满足其他征地条件的信息均来自申请机关。而审批机关对申请机关的行为不可能总是采用一种集中、主动、直接的"警察巡逻"式的过程监督，[1] 因而二者所掌握的信息必然是不对称的。如果申请机关没有履行报批前的程序义务，为了使报送征收方案获批，其必然会采取隐藏信息的策略。在不可能事先监督申请机关行为的前提下，未履行报批前程序义务对于审批机关而言不具有可观测性。然而，除了申请征地机关报送的材料，审批机关没有有效的第三方信息来核实申请征地机关上报的、表明已履行义务材料的真伪。这意味着，无论报批材料表明的事实是否为真，对于审

---

① 参见 Mathew D. McCubbins and Thomas Schwartz, "Congressional Oversight Overlooked: Police Patrols versus Fire Alarms," *American Journal of Political Science* 28 (1984): 165。

批机关而言都不具有可验证性。除非伪造的报批材料存在明显的瑕疵或表明的事实明显不合理，才有可能引起审批机关的注意。只有审批机关启动实地核实，这个时候实质审查才有可能进行。换言之，只要不存在这两种情形，审批机关除了对始于申请征地机关的单方上报的材料进行形式审查外，便再无可为的余地。尽管审查机关采取内部会审制度，但这仅是一种审批机关内部采用会议形式或传文形式进行集体审理的组织形式，其核心机理是集体审理，目的在于避免个人智识、专业等局限以及防止个人审理的疏忽、独断、腐败等。这种制度对增强审批机关获得外部信息的能力并无帮助。

对于申请机关可能造假骗取批准，国土资源部已经注意到并提出了应对措施。例如，《国土资源部关于改进报国务院批准单独选址建设项目用地审查报批工作的通知》要求市、县级国土资源主管部门："……编报建设项目用地'一书四方案'，履行征地报批前告知、确认和听证程序等；向上级国土资源管理部门报告上述内容的审查情况；对申报材料内容的真实性负责。省级国土资源管理部门负责审查……用地是否确权登记、地类和面积是否准确……审查是否落实征地补偿安置和被征地农民社会保障措施……省级国土资源管理部门就上述内容形成报部的审查报告，说明审查依据，提出审查意见，对审查内容和意见的真实性、合法合规性负责。"申请机关对报批材料造假、初审机关没有尽到实质审查的义务，均违反该《通知》的要求。按照《通知》的逻辑，如果审批机关事后发现申请机关造假或初审机关没有尽到实质审查的义务，造假机关的有关责任人员或未尽审查职责的责任人可能被追究责任。这种措施显然不是针对审批机关自身的能力建设，而是试图通过事后制裁威慑申请机关、抑制其造假的冲动和通过行政命令将实质审查的职责转移给初审机关。

事后制裁之发动端赖于诸多条件得以成就，例如审查机关事后能够发现造假的事实。然而在现实中，除了与上述案例类似的伪造确认文件以外，申请征地机关没有告知听证权利但伪造村民放弃听证的文件，或者没有组织听证却制作某些村民代表听证的材料或伪造村民听证的记录，且均获得审批机关批准征地的情形也常有发生。① 现实中大量造假的存在表明

---

① 笔者在国土资源部门实习期间了解到：在不少被征收人认为征地机关程序违法的案件中，被征收人认为征地机关报批材料中所包含的表明他们放弃听证的证明是伪造的，部分案件中存在征地机关伪造村民代表听证的材料以及伪造村民签字的听证材料。

这种事后威慑机制并未发挥想象中的作用。即使事后能够启动问责，也非针对土地已被征收之事实。正如刑罚之存在并不能有效预防犯罪一样，这种事后制裁的存在并不能代替事前预防。另外，即便将实质审查的责任强行转移给初审机关也可能于事无补，因为初审机关同样不具有实质审查能力。因此，仍有必要讨论如何强化审查能力建设。

在申请机关造假的情况下，假定审批机关是公正的，其批准征收事实上违背其真实意愿，此时批准征地对于审批机关而言是一种"逆向选择"。[①] 解决逆向选择问题，首先要考虑的是能否建立一种有效的传递信息机制，使在信息上处于劣势的一方能够获得另一方不愿披露的关键信息。

对于申请机关没有履行报批前程序义务以及其他与征收有关的信息，除了申请征地机关自己外，拟被征收人是唯一能以较低成本获得相关信息的人群。前文所说明的报批前的准备程序为拟被征收人获得相关信息提供制度保障。报批前的程序具有向拟被征收人披露信息和使其参与申请机关的准备过程的功能。此时，他们可作为监督机关（审批机关）和被监督机关（申请机关）之外的"第三方"来替代前者对后者进行过程"监视"，通过这种安排使主要的过程监视任务和成本向拟被征收人转移。对拟被征收人而言，这些又是他们维护自己权益必要的付出。

没有利益受影响的拟被征收人的参与，以裁判模式运行之征收审批缺乏确保其公正和有效运作的根基。相反，赋予拟被征收人知情和表达意见的权利，审批之裁决功能方名副其实。在申请机关造假的情形下，审批机关收到报批材料后，如果拟被征收人被告知有权就征收事宜发表意见，对于申请机关操纵事实的做法，拟被征收人就能够提出异议或抗辩。如此一来，申请机关前期准备行为的不可观测性缺陷就可能得到弥补。审批机关可结合拟被征收人提供的信息来核实报批材料的真伪，从而使审批机关受限于申请机关单方面提供信息的被动局面得以改变。在对双方提交的材料和证据进行书面审查仍无法认定事实的情况下，可启动实地核实。如果查实申请机关对报批材料进行造假，则不予批准征收，并对相关责任人进行处罚。申请机关如需继续申请用地，则应重新履行相关程序、重新组织报

---

① 关于"逆向选择"在经济学中的描述，参见〔美〕弗里德曼《经济学语境下法律规则》，杨欣欣译，法律出版社，2004，第78页。

批材料。

将裁决中的言辞听证程序模式直接引入现有审批体制或许难以实现，但为拟被征收人提供表达意见或提供线索的机会并非不可能。审查机关可利用适当且有效的方式通知拟被征收人，并可利用各种技术平台为拟被征收人提供现场、非现场但实时的或非现场、非实时的表达意见和提供证据的机会。

理论上，在不改变书面审查的前提下，引入正当程序并不能完全解决审批机关甄别信息和利用信息的能力。如果要进一步解决可验证性问题仍需采取听证式审查，使申请机关和拟被征收人双方对提交的证据材料进行质证和辩论。然而可能并不需要彻底解决审批机关的验证能力问题。只要保障拟被征收人的知情和表达异议的权利，就能使申请机关意识到其作弊行为很容易被戳穿。在这种情况下，其最优的选择应当是切实履行报批前的程序义务，而不是造假。这时，审批制约机制就可发挥作用。

以上讨论并不意味着正当程序在现有审批体制中能够发挥最佳作用。前文已说明征地审批环节存在初审机关、复审机关和最终批准机关的分离，这种层层分工事实上加剧了传递信息"信号"的衰减。从参与的便利性和减少引入正当程序对审批效率的延误来看，似乎在初审环节引入正当程序更有利于拟被征收人的参与。但是，作为地方政府职能部门的初审机关的利益与复审机关所追寻的目的可能并不一致，作为代理人的下级初审机关同样可能对作为委托人的复审机关采取隐瞒策略。如果不改变审查机关垂直分工的现状，为防止下级审查机关放弃审查职责或故意隐瞒有效信息，就应当在复审阶段设置正当程序。这种情况下，引入正当程序势必或多或少有延误审批效率之虞。但妨害效率不应成为阻止引入正当程序的充分理由，因为没有达到制度目标的效率对于制度本身而言是无效的。

中国土地征收补偿标准研究

——基于地方立法文本的分析[*]

屈茂辉　　周志芳[**]

摘　要： 地方立法中的征收补偿条款在一定程度上决定着我国土地征收补偿标准的实际状况。从对地方立法文本中关于征收补偿标准的立法权行使状况和内容构成的统计分析来看，我国征收补偿的立法层级很低，地方立法文本的补偿条款具有高度不确定性，年产值倍数法仍然是占主导地位的补偿模式，补偿倍数总体不高，政策性文件和立法存在冲突。我国今后应当对土地征收统一立法，确立按市场价值公平补偿的原则，构建合理的征收补偿权力制约机制，明确征收补偿标准的计算公式，对集体土地所有权人和用益物权人分别进行补偿。

关键词： 征收补偿　年产值倍数　区片综合地价　公平补偿

一　引言

土地征收补偿是我国现阶段群众反映最为强烈的问题之一，也是司法实践中的一个难题。据国土资源部的统计，2002 年上半年群众反映征地纠纷、违法占地等问题的，占信访接待部门受理总量的 73%，其中 40% 涉及征地纠

* 本文原载于《法学研究》2009 年第 3 期。本文得到国家社科基金项目"中国国有财产法律制度的缺陷分析与对策研究"（01AFX004）及教育部"新世纪优秀人才支持计划"的支持。

** 屈茂辉，湖南大学法学院教授；周志芳，湖南大学法学院 2007 级博士研究生。

纷问题，这其中又有87%反映的是征地补偿安置问题。① 从理论上说，对征收正当性的探讨主要集中在两个方面：一是征收目的的正当性，即是否为了公共利益；二是补偿的正当性。由于公共利益的内涵和外延具有高度的模糊性，并且随着时代的发展而不断变化，因此对政府征收目的正当性的界定十分困难，全部研究成果的理论意义远远大于实际运用价值，相应地，征收补偿的正当性就成为判断征收正当性最重要的依据。而征收补偿的核心内容乃征收补偿标准，它是征收补偿费的计算依据，直接决定了征收补偿的正当性，所以，研究征收补偿标准问题具有十分突出的学术和实践的双重意义。

在我国现阶段，征收补偿标准实际上存在文本标准和实际操作标准之分。文本标准应指我国各级有权制定征收补偿规则的机关在规范性文件（包括立法法确定为"法"的规范性立法文件）中确定的标准，实际操作标准则是全国各地方政府在具体征收中实际执行的补偿标准。由于各种影响因素的存在，文本标准和实际操作标准往往有偏差。在国家立法层面，我国尚未制定统一的不动产征收法，目前对征收补偿进行规范的法律主要是土地管理法，具体体现在其第47条，② 该条确定了我国集体土地征收补偿的基本模式。但是，土地管理法对征收补偿标准的规定过于简略，主要是授权国务院和地方进一步细化和明确具体补偿标准，而国务院颁布的《土地管理法实施条例》并未涉及征收补偿标准，因此，地方立法中的征收补偿条款对我国征收补偿标准状况起直接决定作用。换言之，征收补偿的文本标准实际上是地方立法确定的。是故，本文拟通过分析我国现行地方立法文本中的征收补偿条款，了解我国征收补偿地方立法的现状，进而提出我国土地征收补偿标准的科学化问题。

二 研究对象和研究方法

本文研究的立法文本是享有地方立法权的权力机关和人民政府制定的

---

① 参见孔祥智《城镇化进程中失地农民的"受偿意愿"（WTA）和补偿政策研究》，中国经济出版社，2008，第1页。
② 《土地管理法》于1987年生效，经1988年修正后，于1998年修订，并于2004年又作修正。1998年修订的内容包括征收补偿标准，而2004年修正的内容只是将"征收"改为"征用"，并不涉及征收补偿标准。

关于征收补偿标准的地方性法规及地方政府规章。根据《立法法》第 63 条和第 73 条，省、自治区、直辖市、省和自治区的人民政府所在地的市、经济特区所在地的市和经国务院批准的较大的市的人民代表大会及其常务委员会可以制定地方性法规；省、自治区、直辖市和较大的市的人民政府，可以根据法律、行政法规和本省、自治区、直辖市的地方性法规，制定地方政府规章。因此，研究样本在我国 31 个省、自治区、直辖市（不含港澳台）、27 个省会城市、5 个经济特区、18 个较大的市、30 个自治州、120 个自治县所制定的征收补偿规范性文件中选定。

本文主要利用"国家法规数据库"（http://www.chinalaw.net）获取相关地方立法文本。笔者选定"地方性法规和地方政府规章"子数据库，分别在标题一栏中输入"土地"、"土地管理"、"征收"、"征用"、①"征地"、"集体土地"、"集体所有土地"、"年产值"、"补偿标准"等词进行查找，从所得的结果中进行筛选和排除。为了保证所查到的立法文本的准确性和全面性，笔者同时在"北大法意数据库"（http://www.lawyee.net）、"中国法院网"（http://www.chinacourt.org）、"法律图书馆"（http://www.law-lib.com）、"天下房地产法律服务网"（http://www.law110.com）上输入有关关键词来搜索以便印证和补充。此外，根据《立法法》的要求，地方性法规应当由制定该法的人大常委会发布公告予以公布，地方政府规章也应当由制定该法的当地政府发布公告予以公布，因此，为免遗漏，笔者最后在各省、自治区、直辖市和较大的市的人大及政府官方网站上通过查询每期的人大公报和政府公报的方式来进一步确保所获得的地方立法文本是全面和有效的。由于本文主要研究征收补偿的标准，故调整征收补偿争议解决程序和失地农民社会保障问题的立法文本不在本文的研究范围之列，将其舍弃。尽管这样，所获得的地方立法文本仍可能有所遗漏，但本文的分析方法和结论仍具有价值。

通过上述途径，笔者共搜索到现行有效的地方立法文本 83 个，其中

---

① 征收与征用本为法律性质迥异的两种制度，但我国立法上直到 2004 年才在第十届全国人民代表大会第二次会议通过的《中华人民共和国宪法修正案》和第十届全国人民代表大会常务委员会第十一次会议《关于修改〈中华人民共和国土地管理法〉的决定》中将土地"征用"改为土地"征收"，但许多地方立法文本并未作相应的修正。

省、自治区、直辖市人大及其常委会制定的地方性法规有 31 个;① 省、自治区、直辖市人民政府制定的地方政府规章有 12 个;有立法权的市级人大及其常委会制定的地方性法规 13 个（其中省会城市 7 个，经济特区所在地的市 3 个，经国务院批准的较大的市 3 个）；有立法权的市级人民政府制定的地方政府规章 27 个（其中省会城市 15 个，经国务院批准的较大的市 10 个，经济特区所在地的市 2 个）。为了叙述方便，本文将上述四个层级的立法文本分别按顺序简称为第一层级、第二层级、第三层级和第四层级，具体数量和颁布（修订）时间分布状况如表 1、表 2 所示。

表 1　征收补偿标准地方立法文本层级数量分布状况

立法层级	第一层级	第二层级	第三层级	第四层级	合计
比例	37.3%	14.5%	15.7%	32.5%	100%
数量	31	12	13	27	83

表 2　征收补偿标准地方立法文本颁布（修订）时间分布状况

时间	第一层级	第二层级	第三层级	第四层级	合计
1998 年以前	0	2	1	1	4
1998 年	0	1	1	0	2
1999 年	8	2	1	1	12
2000 年	8	1	3	3	15
2001 年	2	0	0	0	2
2002 年	1	2	2	4	9
2003 年	1	1	1	4	7
2004 年	5	2	1	5	13
2005 年	2	0	1	0	3
2006 年	3	0	1	3	7

---

① 这 31 个立法文本说明，有 29 个省、自治区、直辖市制定了土地管理法实施办法或条例。此外，江西省和甘肃省还分别单独制定了《江西省征用土地管理办法》（2001）和《甘肃省基础设施建设征用土地办法》（2000）。与此相对，重庆市没有制定涉及征收补偿的地方性法规，《北京市实施〈中华人民共和国土地管理法〉办法》于 1991 年颁布实施，此后未进行修订，其中的征收补偿标准与 1998 年修订后的《土地管理法》第 47 条相抵触，因此不在统计范围之列。

续表

时间	第一层级	第二层级	第三层级	第四层级	合计
2007 年	0	1	1	1	3
2008 年	1	0	0	5	6

三 我国征收补偿标准的现实结构

（一）关于征收补偿标准的地方立法权行使现状

1. 各层级立法文本关于征收补偿的立法模式

以调整范围为标准，可以将这些地方立法文本分为四类，即土地管理综合立法、征收专项立法、补偿专项立法和单项补偿立法。土地管理综合立法是关于土地管理的宏观立法，只有部分条款涉及土地征收补偿的内容，如《海南省土地管理条例》。征收专项立法是直接针对土地征收，包括土地征收程序、征收补偿在内的立法，如《陕西省建设项目统一征地办法》。补偿专项立法是直接针对土地征收补偿的立法，如《海南省土地征收补偿安置管理办法》。单项补偿立法只针对土地征收补偿中某一个补偿项目进行立法，例如《上海市征用集体所有土地拆迁房屋补偿安置若干规定》，它只调整集体土地上房屋的拆迁补偿。根据这种分类标准，对上述立法文本进行分组统计所得到的结果如表 3 所示。

表 3 立法层级与立法调整范围之间的关系

	土地管理综合立法	征收专项立法	补偿专项立法	单项补偿立法
第一层级	29（93.5%）	2（6.5%）	0（0%）	0（0%）
第二层级	1（8.3%）	2（16.7%）	3（25%）	6（50%）
第三层级	7（53.8%）	2（15.4%）	2（15.4%）	2（15.4%）
第四层级	0（0%）	10（37.1%）	9（33.3%）	8（29.6%）
合计	37（44.6%）	16（19.3%）	14（16.8%）	16（19.3%）

从表 3 中可以得到以下信息。

其一，第一层级和第三层级立法文本中土地管理综合立法的比例很高，分别为 93.5% 和 53.8%。可见，各级地方人大及其常委会制定的地方性法规倾向于采取综合立法的模式。

其二，地方政府规章倾向于采取征收专项立法、补偿专项立法和单项补偿立法的模式。第二层级立法文本中土地管理综合立法的比例只有8.3%，第四层级立法文本中土地管理综合立法的数量为0，可见，地方政府规章较少进行土地管理综合立法，而是更倾向于征收专项立法、补偿专项立法和单项补偿立法。此外，地方政府规章中补偿专项立法和单项补偿立法所占的比例要远远高于地方性法规。

其三，单项补偿立法主要集中在集体土地房屋拆迁安置补偿领域。16个单项补偿立法全部是关于地上附着物、建筑物的补偿，① 其中4个规定林地补偿，11个规定集体土地房屋拆迁补偿，1个规定农作物等地上附着物补偿，涉及集体土地房屋拆迁补偿的比例高达68.8%。

2. 地方立法文本关于征收补偿标准的规定模式

《土地管理法》第47条规定了耕地的土地补偿费和安置补助费倍数范围，即被征收土地前三年平均年产值的6—10倍，而将征收其他土地的土地补偿费和安置补助费标准授权省、自治区、直辖市参照征收耕地的土地补偿费和安置补助费的标准规定，被征收土地上的附着物和青苗的补偿标准也授权省、自治区、直辖市规定。但是，31个省、自治区、直辖市的地方性法规都未详细规定具体补偿标准，而是进一步授权本级政府、市县级人民政府制定具体的征收补偿标准，或者规定按照有关规定执行或是未作规定。在被考察的83个立法文本中，只有11个立法文本确定了具体的补偿标准，即可以根据该立法文本直接计算出各项补偿数额，其他的立法文本对具体补偿标准要么未作规定，要么规定按有关规定执行或者采取授权

---

① 这16个单项补偿立法分别是：《上海市征用集体所有土地拆迁房屋补偿安置若干规定》（2002）；《北京市集体土地房屋拆迁管理办法》（2003）；《杭州市征用集体所有土地房屋拆迁管理条例》（1998）；《宁波市征收集体所有土地房屋拆迁条例》（2006）；《武汉市征用集体所有土地房屋拆迁管理办法》（2003）；《南京市征地房屋拆迁补偿安置办法》（2007）；《宁波市征收集体所有土地房屋拆迁条例实施细则》（2006）；《吉林市集体土地房屋拆迁管理暂行办法》（2006）；《徐州市征用集体土地房屋拆迁管理办法》（2004）；《青岛市征用集体土地房屋拆迁补偿暂行规定》（2002）；《无锡市市区集体土地房屋拆迁管理办法》（2004）；《上海市征用占用林地补偿费管理实施办法》（1998）；《陕西省征用占用林地及补偿费征收管理办法》（1994）；《天津市征用占用林地收费管理办法》（1994）；《贵州省征占用林地补偿费用管理办法》（2004 修订）；《唐山市征用土地地上附着物补偿标准暂行规定》（2002）。

立法方式（见表4）。

表4　具体补偿标准的规定模式

	未作规定	按有关规定执行	授权立法			规定具体标准	合计
			授权政府主管部门制定	授权市县级政府制定	授权省、自治区、直辖市政府制定		
第一层级	6（19.4%）	8（25.8%）	0（0%）	12（38.7%）	5（16.1%）	0（0%）	31（100%）
第二层级	2（16.7%）	2（16.7%）	1（8.3%）	3（25%）	1（8.3%）	3（25%）	12（100%）
第三层级	4（30.8%）	3（23.1%）	0（0%）	6（46.2%）	0（0%）	0（0%）	13（100%）
第四层级	5（18.5%）	5（18.5%）	5（18.5%）	4（14.9%）	0（0%）	8（29.6%）	27（100%）
合计	17（20.5%）	18（21.7%）	6（7.2%）	25（30.1%）	6（7.2%）	11（13.3%）	83（100%）

从表4中，可以得出以下结论。

第一，地方立法文本关于征收补偿标准的规定具有很大模糊性。在83个地方立法文本中，能够直接作为依据计算具体补偿数额的立法文本只有11个，所占比例为13.3%。地方立法文本中存在大量的授权立法规定，甚至是层层授权，此外，还有很多立法文本干脆回避补偿标准的问题，或者语焉不详，模糊地规定"按照有关规定执行"。

第二，市县级政府成为征收补偿具体标准的实际制定者。在83个文本中，有25个立法文本直接授权市县级政府制定和公布具体补偿标准，还有8个市政府颁布的立法文本直接规定了具体补偿标准，总比例达到了38%。此外，有35个立法文本对征收补偿的具体标准作模糊处理，必然使土地征收的实施者（市县级政府）具体把握补偿标准。如此一来，征地补偿标准的实际制定权被市县级政府掌握，而且市级政府以立法的形式规定具体补偿标准的比例并不高，还不到30%，这就意味着政策性文件成为征收补偿具体标准的主要载体。

（二）地方立法文本中征收补偿标准的内容构成

1. 地方立法文本中的征收补偿模式

自1982年国务院颁布的《国家建设征用土地条例》引入年产值的概念后，我国的土地征收补偿就一直采取"年产值倍数法"来计算土地补偿费和安置补助费，即采取征地补偿为该耕地前三年平均年产值若干倍的办法。2004 年修正后的《土地管理法》仍然沿用此种模式。国务院 2004 年 10 月 21 日下发的《国务院关于深化改革严格土地管理的决定》一方面提出继续完善年产值标准，要求各地制定并公布各市县征地的统一年产值标准；另一方面提出"区片综合地价"作为征地补偿方法。① 2005 年 7 月国土资源部下发《国土资源部关于开展制订征地统一年产值标准和征地区片综合地价工作的通知》，对具体实施征地统一年产值标准和区片综合地价法进行指导。在这种征收政策的影响下，区片综合地价法也被部分地方立法文本直接采纳。

根据地方立法文本样本，可以将征地补偿模式分为以下几类：第一，年产值倍数模式，即明确规定采用年产值倍数法；第二，区片综合地价模式，即明确规定采用征地区片综合地价法；第三，混合模式，即规定采取年产值倍数法或者征地区片综合地价法；第四，其他模式，这种模式或者授权其他部门另行规定，或者未规定征收补偿模式，或者直接规定补偿地价。

除去 16 个不涉及土地补偿费和安置补助费的单项补偿立法，笔者对剩下的 67 个地方立法文本的土地补偿费和安置补偿费补偿模式按照上述分类进行分组统计，结果见表 5。

表 5　土地补偿费和安置补偿费补偿模式分组统计

	年产值倍数模式	区片综合地价模式	混合模式	其他	合计
第一层级	30（96.7%）	0（0%）	1（3.3%）	0（0%）	31（100%）
第二层级	4（66.7%）	0（0%）	1（16.7%）	1（16.7%）	6（100%）
第三层级	3（27.3%）	0（0%）	0（0%）	8（72.7%）	11（100%）
第四层级	10（52.6%）	2（10.5%）	2（10.5%）	5（26.4%）	19（100%）
合计	47（70.1%）	2（3%）	4（6%）	14（20.9%）	67（100%）

从这个统计表可以看出以下两点。

第一，国家征地补偿政策对补偿模式有一定影响。在 67 个地方立法文

---

① 所谓征地区片综合地价是指在城镇行政区土地利用总体规划确定的建设用地范围内，依据地类、产值、土地区位、农用地等级、人均耕地数量、土地供求关系、当地经济发展水平和城镇居民最低生活保障水平等因素，划分区片并测算的征地综合补偿标准，原则上不含地上附着物和青苗的补偿费。

本中，明确采取区片综合地价模式的有 2 个，^① 所占比例为 3%，采取混合模式的有 4 个，^② 所占比例为 6%，这 6 个文本均是在 2006 年以后颁布或修订的。在《土地管理法》确立的年产值倍数补偿模式尚未改变的情况下，直接规定区片综合地价补偿模式，显然是受到 2004 年《国务院关于深化改革严格土地管理的决定》提出的"区片综合地价"的直接影响。

第二，年产值倍数法仍然是占绝对主导地位的补偿模式。在 67 个立法文本中，有 70.1% 的文本明确规定采取年产值倍数法，第一层级立法文本采取年产值倍数法的比例更高达 96.7%。

2. 各级立法文本土地补偿费和安置补助费的补偿倍数

在年产值倍数补偿模式下，土地补偿费的计算公式为：土地补偿费总额 = 征地亩数 × 前三年平均年产值 × 补偿倍数。其中，征地亩数在征地个案中予以确定。测算和公布本地区前三年平均年产值的主体是当地的统计部门、物价部门，或者直接由市、县级政府测算确认。部分地方立法文本还直接公布了立法文本制定时该地区前三年平均年产值的最低保护值。在年产值倍数补偿模式下，安置补助费的计算公式为：安置补助费总额 = 需要安置的农业人口数 × 前三年平均年产值 × 补偿倍数。其中，需要安置的农业人口数 = 被征地亩数 ÷ 征地时人均承包耕地亩数。可见，在年产值倍数补偿模式下，补偿倍数是确定土地补偿费和安置补助费最核心和最关键的要素。

《土地管理法》第 47 条明确规定："征收土地的，按照被征收土地的原用途给予补偿。"由此，按照原有土地用途补偿成为我国土地征收补偿的原则，补偿倍数也基本上由土地原有用途决定。根据《土地管理法》第 4 条第 2 款，土地按照用途标准可以分为农用地、建设用地和未利用地。一般而言，农用地又可分为耕地、林地、园地、养殖水面、草地，集体土地建设用地可细分为宅基地、乡镇企业经营及公用设施用地、打谷场等生产用地。

由于农用地用途不同，测定各类不同农用地的年产值标准颇为复杂和

---

① 这 2 个文本分别是《银川市征收集体土地及房屋拆迁安置补偿办法》（2006）、《南宁市征收集体土地及房屋拆迁补偿安置办法》（2008）。

② 这 4 个文本分别是《天津市土地管理条例》（2006 修订）、《海南省土地征收补偿安置管理办法》（2007）、《昆明市土地征收管理暂行办法》（2008）和《石家庄市铁路建设工程征地拆迁暂行办法》（2008）。

烦琐，为了简便起见，很多立法文本直接以耕地的年产值作为基数来确定耕地以外其他农用地的年产值基数。以第一层级的立法文本为例，33.3%的省份对耕地以外的其他农用地的补偿是以耕地前三年的平均产值为补偿基数的。例如，《福建省实施〈中华人民共和国土地管理法〉办法》规定，征用果园或者其他经济林地，按水田补偿费的60%—70%补偿；原属耕地的，按同类土地补偿标准补偿；征用非经济林地，按水田补偿费的40%补偿；征用养殖生产的水面、滩涂，按水田补偿费的60%—70%补偿；征用盐田，按水田补偿费的50%补偿。对于农用地以外的建设用地，如村民宅基地、乡镇企业经营及乡村公共设施用地等，不存在所谓的前三年平均年产值，因此，所有采取年产值倍数补偿模式的省份都是以邻近耕地的年平均产值为基数确定非农集体建设用地的土地补偿费。

表6　土地补偿费平均补偿倍数统计分析

土地用途	有效数值	最小值	最大值	均值	标准差
基本农田	39	7.00	10.00	8.4103	0.81209
一般农田	39	7.00	10.00	8.1731	0.81949
林地	27	3.00	12.50	6.4259	2.58466
草地	28	2.40	10.00	5.6661	2.19343
养殖水面	32	3.00	11.00	6.8133	2.19512
园地	28	3.00	12.00	6.8554	2.29368
宅基地	26	2.50	10.00	6.1154	2.24636
乡镇企业、公用设施用地	25	2.50	10.00	5.9200	2.39217
集体打谷场、晒场等生产用地	19	2.50	10.00	6.0000	2.61937
未利用地	30	1.00	10.00	3.4483	1.91223

为了从总体上把握土地补偿费和安置补助费的补偿倍数，笔者借助SPSS14.0统计软件，对39个（在47个明确规定采用年产值倍数法的地方立法文本中，有8个没有规定具体倍数）规定了补偿倍数的立法文本所定的倍数均值进行统计。立法文本中规定的倍数并非确定值，而是有一个范围，对此笔者作了技术处理，取其平均倍数值（例如耕地的补偿倍数为8—10倍，取其平均值则为9倍）。需要说明的是，各地方立法文本关于土地用途的分类并不周全，大量补偿倍数数据缺失。例如，《内蒙古自治区

实施〈中华人民共和国土地管理法〉办法》规定，"征用基本农田的，土地补偿费为该耕地被征用前三年平均年产值的 8 至 10 倍；征用其他耕地的，土地补偿费为该耕地被征用前三年平均年产值的 6 至 8 倍"，但是没有规定建设用地的补偿倍数。

表 7　安置补助费平均补偿倍数统计分析

土地用途	有效数值	最小值	最大值	均值	标准差
基本农田	25	5.00	10.00	5.8640	1.68074
一般农田	24	4.00	10.00	5.7750	1.76986
林地	18	2.25	5.00	3.6806	0.93071
草地	18	2.25	5.00	3.7361	0.97947
养殖水面	18	2.25	6.25	3.8056	1.12314
园地	16	2.25	5.00	3.6719	0.95183
宅基地	12	0.00	5.00	2.0833	1.70338
乡镇企业、公用设施用地	10	0.00	5.00	2.5000	1.54560
集体打谷场、晒场等生产用地	13	0.00	5.00	1.9231	1.73020
未利用地	14	0.00	3.00	0.3929	1.00343

根据表 6 和表 7，可以得出以下结论。

第一，耕地的土地补偿费和安置补助费的补偿倍数最高。基本农田的土地补偿费和安置补助费的补偿倍数在所有类型土地中最高，其土地补偿费的均值为 8.4103 倍，安置补助费的均值为 5.864 倍，一般农田补偿倍数次之。但是，耕地的补偿倍数最高并不意味着耕地给农民带来的收益要高于其他类型的土地，而是从某种角度上体现了立法者的政策考虑，即耕地数量关系到国家粮食安全，为了防止耕地流失，抑制随意征收耕地的行为，应当使征收耕地的成本最高。

第二，各地方立法关于耕地的土地补偿费的补偿倍数相近。基本农田和一般农田土地补偿费补偿倍数的标准差分别为 0.81209 和 0.81949，[①] 这说明该组平均值差异程度不大，即各立法文本关于基本农田和一般农田的

---

① 标准差（Standard Deviation）是方差的平方根，标准差能反映一个数据集的离散程度。一个较大的标准差，代表大部分的数值和其平均值之间差异较大；一个较小的标准差，代表这些数值较接近平均值。

土地补偿费的补偿倍数范围接近度较高。这主要是由于《土地管理法》第47条已经规定耕地的土地补偿费的补偿倍数为该耕地被征收前三年平均年产值的6—10倍，地方立法文本的自主空间不大。

第三，各立法文本关于耕地以外其他土地的土地补偿费和安置补助费的补偿倍数差异较大。土地管理法没有规定耕地以外其他土地的安置补助费和土地补偿费的补偿倍数范围，因此，该倍数范围由各地区参照耕地的补偿倍数自行把握，呈现出较大的差异性。例如，在宅基地安置补偿费的问题上，《山西省实施〈中华人民共和国土地管理法〉办法》规定，征收宅基地的，不给安置补助费；而根据《河北省土地管理条例》，宅基地的安置补助费为该土地所在乡（镇）耕地前三年平均年产值的4—6倍，两者的差异很大。

第四，土地补偿费和安置补助费总和的平均补偿倍数不高。《土地管理法》第47条第6款规定，土地补偿费和安置补助费总和的倍数最高值不得超过30倍，而各地方立法文本中土地补偿费和安置补助费两项相加的平均补偿倍数最高约为前三年平均年产值的15倍，仅为最高值的一半。

3. 集体土地房屋拆迁的补偿原则

选定样本中共有25个地方立法文本对地上建筑物、附着物的补偿原则作了规定，总体而言，主要有两种做法。

第一种做法是以被拆迁房屋的"重置价格结合成新"或按照实际损失补偿。建安重置价是指按照旧房评估时的建筑技术、工艺水平、建筑材料价格、人工和机械费用，重新建造同类结构、式样、质量及功能的新房所需的费用。所谓结合成新，是指在评估旧房的建安重置价时，将房屋因使用一定年限带来价值减少的因素考虑在内。

第二种做法是在重置价格结合成新的基础上考虑同等区位土地使用权价格和商品房价格因素，对被拆除房屋进行补偿。如《上海市征用集体所有土地拆迁房屋补偿安置若干规定》第6条规定，采取货币补偿的，货币补偿金额计算公式为：（被拆除房屋建安重置单价结合成新＋同区域新建多层商品住房每平方米建筑面积的土地使用权基价＋价格补贴）×被拆除房屋的建筑面积。土地使用权基价反映了不同地段宅基地的土地价值，可谓对"地价"的部分补偿。

在25个规定了集体土地房屋拆迁补偿原则的地方立法文本中，有16

个文本以重置价格结合成新或实际损失为补偿原则，比例高达 64%；有 9 个文本采取第二种做法，比例为 36%，且这 9 个文本全部是关于集体土地征收补偿的单项补偿立法。

　　4. 青苗补偿标准

　　按实际损失对地上青苗进行补偿的基本理念得到地方立法文本的一致认同。有 31 个文本（占统计样本数的 37%）对青苗补偿费的计算方式进一步作出明确规定，即青苗补偿费 = 被征地亩数 × 作物的产值标准。

　　值得注意的是，在青苗为一年多季作物或多年生作物的情况下，产值标准是采取农作物的当季产值还是年产值，其补偿费的计算结果有明显区别。31 个文本中有 68% 的文本没有区分作物类型，对青苗补偿费的计算方法作了统一规定，其中有的规定按照"当季作物产值"补偿，如《河北省土地管理条例》；有的规定按照"作物的年产值"补偿，如《福建省实施〈中华人民共和国土地管理法〉办法》。31 个文本中另有 32% 的文本区分了短期作物和多年生作物，并分别规定了不同的计算方式，前者按照当季或一季的产值补偿，后者按照生长年限和实际损失确定补偿费或直接规定按照前三年平均年产值的一定倍数补偿，如《宁夏回族自治区土地管理条例》第 46 条规定："一般作物（人工种草、补播改良种草）按照当地耕地前三年平均年产值补偿；多年生作物按照当地耕地前三年平均年产值的 2—3 倍补偿；没有耕作种植的不予补偿。"

四　征收补偿标准立法的反思

　　通过上述统计分析，对于我国征收补偿文本标准的地方立法，至少有下列七个问题值得法学界、立法界和实务界反思。

（一）征收补偿的立法层级

　　在我国一元多层级的立法体制下，① 立法层级越高其国家强制保障力

―――――――――

① 关于我国立法体制的具体描述，学术界历来存在分歧，主要有一级立法体制说、两级立法体制说、多级或多层次立法体制说、一元性二层级二分支立法体制说、一元性两级立法体制说等。参见戚渊《论立法权》，中国法制出版社，2002，第 29 页以下。本文倾向于一元多层级的表述。

就越强。根据《立法法》第 8 条、第 9 条的规定，对非国有财产的征收只能制定法律；在尚未制定法律的情况下，全国人民代表大会及其常务委员会有权作出决定，授权国务院根据实际需要对非国有财产的征收制定行政法规。征收包括征收目的、征收主体、征收对象、征收程序、征收补偿等内容。从解释论看，对于土地征收补偿这样涉及广大农民基本财产利益的问题，只能制定法律，至少也应由国务院制定行政法规。然而，在法律层面，我国没有制定统一的土地征收法或者不动产征收法，唯有《土地管理法》第 2 条第 4 款、第 47—49 条、第 51 条、第 78—79 条规范了征收补偿；在行政法规层面，也没有关于征收征用的行政法规，只有《中华人民共和国土地管理法实施条例》有两条规范了征收补偿。[①] 于是，关于征收补偿的具有可操作性的规范性文件基本上由地方立法担当。即使如此，在省级地方性法规层面，统一的土地征收立法或征收补偿立法也屈指可数，只有《江西省征用土地管理办法》和《甘肃省基础设施建设征用土地办法》这两部省级地方性法规，而且这两部征收专项立法中的征收补偿条款均规定按照本省土地管理法实施办法中确定的补偿标准执行，没有作任何补充或细化，未能发挥专项立法应有的功能。

(二) 征收补偿的基本原则

征收补偿的基本原则是制定征收补偿标准的基本准则，体现了一个国家在征收补偿问题上的基本立场，属于征收制度不可或缺的构成要素。近现代国家一般都以宪法形式对征收补偿原则加以确认，再经过具体立法和司法实践补充和完善。[②] 我国宪法和物权法都没有确立征收补偿的基本原则，而是强调"给予补偿"，[③] 本应指导其他立法的宪法和民事基本法都回避征收补偿原则，这是颇费思量的。一个可能的解释是，关于补偿标准，宪

[①] 参见《中华人民共和国土地管理法实施条例》第 25、26 条。该条例虽然在第 2 条第 (2) 项中明确区分了征收和征用，但第 2 条第 (3) 项中征用的实际意思却是现今所言的征收。

[②] 参见周佑勇、张向东《论公益征收的补偿原则》，《淮阴师范学院学报》(哲学社会科学版) 2006 年第 4 期。

[③] 《宪法》第 10 条规定："国家为了公共利益的需要，可以依照法律规定对土地实行征收或者征用并给予补偿。"《物权法》第 42 条第 2 款规定："征收集体所有的土地，应当依法足额支付土地补偿费、安置补助费、地上附着物和青苗的补偿费等费用，安排被征地农民的社会保障费用，保障被征地农民的生活，维护被征地农民的合法权益。"

法没有作出规定，主要是要把这个问题留给物权法解决，宪法不可能规定得过于详细，它只能规定基本的原则，而由物权法来具体化。另一个可能的解释是，立法者的思想观念存在一定的偏差，认为我国各地情况差异较大，征收的目的并不全限于公共利益的需要，即使是因公共利益的需要而征收，也因工程性质的不同而有很大差异，如三峡水利工程的征收就完全不同于城市建设的征收，确立统一的补偿原则在实践中反而不好操作。在笔者看来，征收补偿原则的缺失可能也是下级立法补偿标准随意和不充分的主要原因之一。在我国，建立科学、公正的征收补偿制度不能没有补偿的基本原则。

（三）征收补偿具体标准的制定主体

征收补偿标准极具地域差异，因地因时而不同，全国或一个省份不可能统一规定征收补偿费的数额，而只能确定计算补偿费的公式。但是，如果由当地政府实际制定和发布具体补偿标准（如测算统一年产值），则存在一个致命弊端，即当地政府本身是土地征收的实施主体，从征收中获得土地财政收入，与土地征收有利益关系，同时又是征收补偿标准的实际制定者，也就是说，政府既是裁判者又是运动员，因而，其制定的征收补偿标准的正当性和合理性，无论从哪个角度来看都是值得怀疑的。在获取更高土地差价的刺激下，当地政府（尤其在财政资金不足的地区）更倾向于制定较低的补偿标准，如此，人民的利益就受到了严重的损害。

从人民主权的原理和我国宪法的精神看，征收补偿影响到广大被征地农民的根本利益，由人民代表组成的地方人大，尤其是基层人大，最了解也最适合反映当地民情，相对于其他政府部门而言最有可能制定公正的补偿标准，应当成为保护被征收者利益的第一道屏障。但从统计数据来看，市级人大制定的征收补偿立法文本在数量上远远低于市级政府制定的征收补偿立法文本（不到市级政府规章的一半），且补偿条款均为授权性和模糊性条款，缺乏对具体补偿标准的规定。权力机关监督行政征收权力、保障人民财产利益的作用没有有效发挥。

（四）征收补偿标准的确定性

从表4可以看出，四个层级立法文本的征收补偿条款都存在高比例的授权立法条款和空白条款，其中第一层级地方立法授权立法率达54.8%、空白立法率达 19.4%，第二层级地方立法授权立法率达 33.3%、空白立法率达 16.7%，第三层级地方立法授权立法率达 46.2%、空白立法率达 30.8%，即使第四层级的地方立法都有 14.9% 的授权立法率和 18.5% 的空白立法率。甚至征收专项立法对征收补偿标准的规定都极度空白，例如《南宁市征用集体土地条例》对于征收补偿仅规定"征地时，市土地行政主管部门应当向被征地的单位支付征地补偿费（包括土地补偿费、安置补助费、青苗补偿费和地面附着物补偿费）"，从中完全看不出有关征收补偿标准的内容。必须注意的是，每一层级的地方立法都有较高的比例授权市县级政府制定征收补偿标准。另外，不同层级的地方立法制定的具体征收补偿标准都具有多元性与多变性，各地的差异度很高。如此高的差异度，很难与平等性相吻合，也与制定法的确定性原理相悖。

（五）政策性文件与立法的冲突

如表 5 所示，区片综合地价法已经被写入 6 个地方立法文本，这种做法顺应了国家政策的要求，但土地管理法仍规定按照年产值倍数法计算各项补偿费用，这种创新难免与土地管理法有相悖之嫌。这种现象凸显出立法和政策性文件之间冲突。冲突的产生有多方面原因：首先，立法文本关于征收补偿标准的模糊规定给政策性文件留下了广泛的空间；其次，制定征收补偿标准的立法文本时代久远，滞后于现实需要，易被更为灵活的政策所取代。例如，土地管理法中的土地补偿费和安置补助费倍数范围制定于 1998 年，距今有 10 年之久，表 2 显示，有关征收补偿的地方立法文本也多于 2004 年以前颁布或者修订。但无论政策性文件中的征收补偿模式或征收补偿标准是否更具有实质合理性，政策性文件与立法相悖的现象仍然不具有程序和形式上的正当性，可能导致更大的危害。

（六）按照原有用途补偿农用地的妥当性

土地估价的一条基本原则就是以土地的最高最佳使用为标准进行估价，土地的价值是由其使用用途所产生的效用决定的。在土地的管制用途为农用地的条件下，农民有权选择在该土地上种植的农作物的类型。如果被征收土地前三年的使用结构没有达到最优最佳，按照原用途下前三年的平均产值进行补偿就不尽合理。尤其是我国农产品市场信息不完备、农户把握市场能力不高以及缺乏政府的引导，农地利用往往并不一定能够反映其最佳用途。比如，由于种种原因在本可以种植棉花的土地上种植水稻，在此情况下，按照水田用途来测算农用地地价就低估了土地的潜在价值。

更严重的是，土地补偿标准不仅未按照最佳最高用途估算土地补偿费，甚至也并未以原土地用途的年产值为基数计算土地补偿费。例如，果园的年产值一般要比水田高出好几倍，在耕地上养殖渔业的年产值一般也比水田高得多，但按照各地区现行的补偿标准，原有用途为果园的土地，其补偿费却要以耕地的年平均产值为补偿基数，而且补偿倍数还不及耕地，这对果园的承包人而言相当于价值的双重损失。这一点在非农集体建设用地的土地补偿费上体现得更为明显。按照现行的补偿标准，宅基地土地补偿费最高也仅是按照耕地的补偿标准进行补偿，但很明显，同一土地上建设用途的价值要高于农业用途的价值，尤其是丧失宅基地后，失地农民在市场上再次购买住宅的成本很高，按照耕地的补偿标准补偿建设用地违反了土地估价原则。

（七）用益物权的补偿

从上述统计资料可以看出，现行征收补偿地方立法没有规定对土地承包经营权、宅基地使用权等用益物权的补偿。作为征收对象的集体土地，其上的权利不仅有土地所有权，还有用益物权，包括土地承包经营权、宅基地使用权等。于理而言，对集体土地的征收补偿应当包括对所有权的补偿和对用益物权的补偿。这种补偿思路已经在物权法中得到体现。按照《物权法》第121条的规定，因不动产或者动产被征收、征用致使用益物权消灭或者影响用益物权行使的，用益物权人有权依照《物权法》第42条、第44条的规定获得相应补偿。但是，我国土地管理法所规定的土地补偿费并没有区分是对所有权的补偿还是对用益物权的补偿，补偿对象模糊，致使补偿标准也模糊不清。遵循同样的思路，现行征收补偿地方立法都没有规定对土地承包经营权、宅基地使用权等用益物权的补偿。

五 征收补偿标准的科学化

依照社会主义法治理念构建科学的征收补偿标准，最重要的是必须解决以下几个关键问题。

（一） 尽快制定不动产征收法

作为法律的不动产征收法是贯彻物权法的必不可少的配套立法，在物权法颁布实施后，越来越多的学者和社会公众呼吁与期盼这部法律尽快出台。前文的分析已经充分说明，没有统一的法律加以调整，按照社会主义法治原则构建征收补偿标准及其相关制度的理想就会落空。从比较法的角度观察，为了突出征收补偿的重要性和特殊性，一些国家和地区对土地征收进行了专门的立法，如日本的土地收用法、韩国的土地征收法、英国的土地征收条例和我国香港地区的官地回收条例。这些立法对土地征收条件、补偿主体、程序、方式、补偿标准等内容作了详细规定，为征收补偿提供了充分的法律保障，也为我国不动产征收法的制定提供了十分有益的范本。针对我国征收补偿地方立法中存在的诸多问题，我国不动产征收法应当专章规定征收补偿，具体规定征收补偿的基本原则、征收补偿的范围、补偿标准的制定主体和权限范围等内容。

（二） 确立公平补偿原则

在当前我国法学界与实务界，立法机关应在不动产征收法中规定征收补偿的基本原则已毫无争议。然而，关于征收补偿的基本原则及其解释，各国和地区的实践与学界的认识却有着较大的差异，有的规定 "充分"补偿，[1] 有的规定 "公平"[2]、"公正"[3] 或 "正当"[4] 补偿，有的规定 "适

---

[1]　荷兰 1814 年宪法第 13 条第 1 款规定："若因公益所需而征用财产，须依照法律规定，并须事先保证给予充分补偿。"

[2]　法国人权与公民权利宣言第 17 条规定："私有财产神圣不可侵犯，除非（侵犯）是基于合法认定的公共需要且得到公平与事先补偿，否则，任何人的财产不受剥夺。"巴西宪法第 153 条规定："为公共利益征用财产，必须由国家进行公平赔偿。"德国基本法第 14 条第 3 款规定，"补偿应当经公众利益和关系人权益的适当斟酌予以确定"，这一条款也被认为规定了公平补偿原则。

[3]　1804 年法国民法典第 545 条规定："任何人不能被强制转让所有权，除非基于公共用益与事先公正补偿。"美国联邦宪法第五修正案规定："无正当法律程序依据，不得剥夺任何人的生命，自由或财产；无公正补偿（just compensation），不得征用私有财产供公共使用。"

[4]　日本宪法第 29 条第 3 款规定："私有财产在正当补偿下得收为公用。"韩国宪法第 23 条第 3 款规定："因公共事业的需要，对产权进行征用，使用或限制时，应根据法律对其损失给予正当的补偿。"

当"①或"合理"②补偿。这些对补偿原则的不同表述一方面是由于修辞和翻译的偏差,另一方面也在一定程度上体现了各国在征收补偿范围和程度上的差异,就其实质而言,大体上可以归纳为三种模式。第一种是完全补偿模式,即要求对征收实行全额的补偿,补偿的对象包括经济损失和非经济上的损失,补偿不仅限于征收的客体,而且还包括与客体有直接或间接关联以及因此延伸的一切经济上和非经济上的利益。第二种是按市场交易价格补偿的公平补偿模式,即以被征收财产在公开市场上的交易价格作为判断正当补偿的标准,对征收所导致的被征收人的情感等非财产利益的损失则不予补偿。虽然有观点认为按照市场价值公平补偿就是完全补偿,但美国著名法官波斯纳在 Coniston Corp v. Village of Hoffman Estates 案中较好地阐述了公平补偿和完全补偿之间的差异,颇有道理。他认为:"公平的补偿应被认为是只要支付市场价格就可以了……因此,宪法意义上的补偿不是完全的补偿,因为市场价格不是每个财产所有权人赋予其财产的价值,而仅仅是边际所有权人对其财产所赋予的价值,且其边际性是外在的和客观的。在大多数情况下,许多所有权人的边际性实际上是内在的和主观的,即所有权人由于拆迁成本和对其财产具有的情感或特殊(可能是怪诞的)的需要,对其财产赋予的价值往往会大于该财产的市场价格。对这些所有权人来说,如果政府征收他们的财产而仅仅给予他们市场价格的补偿,那么这些人就会感到受伤害。征收实际上剥夺了他们从财产上所获得的附加价值或私人价值。但是,只要征收是用于公共使用的目的,公平市场价格便是公平的补偿。"③第三种是适当补偿模式,是指权衡公益的需求并参考当事人的财产状况而给予适当的补偿。

如何确定我国的征收补偿原则,应当重点考虑我国征收的现状和特点。我国土地征收的主要特点是:第一,我国正处于城镇化、工业化发展过程中,经济发展对非农土地的需要仍然十分迫切,土地征收仍将是土地供应的主要来源;第二,征收补偿标准主要由市县级地方政府实际制定;

---

① 德国1919年制定的魏玛宪法第153条第2款规定:"除联邦法律另有规定外,征收必须给予适当的补偿。"我国澳门民法典第1234条规定:"对私有财产的征收、征用,应当作出适当的损害补偿。"

② 意大利民法典第834条第1款规定:"不得全部或部分地使任何所有权人丧失其所有权,但是,为公共利益的需要,依法宣告征用并且给予合理补偿的情况不在此限。"

③ 张利宾:《美国法律中政府对私人财产的"征收"和补偿》,《中国律师》2007年第8期。

第三，征收补偿标准过低，已经引起被征收农民的强烈不满，征收者和被征收者之间的利益冲突激化。上述第一个特点决定了我国不宜采取完全补偿原则，否则用地成本过高，可能使土地供给过于紧张，不利于经济的持续发展，而且完全补偿模式中很多损失是不能准确衡量或者根本无法衡量的。后两个特点决定了我国也不宜采取适当补偿模式，适当补偿需要对相关利益进行衡量从而确定补偿数额，这种补偿原则主观性过大，且往往与不完全补偿或者部分补偿相联系，不利于抑制市县级政府在补偿标准问题上过大的自由裁量权，不利于提高和维护被征地农民的生活水平和利益。

相比较而言，以市场价值为衡量标准的公平补偿原则是我国补偿原则的最佳选择。第一，以市场价值作为补偿标准，能使被征收主体的利益和政府的利益在某种程度上保持平衡。经济学的研究表明，按市场价格对征收土地加以补偿可以提高经济效率，而以低于社会成本的价格取得土地会影响土地的优化配置。[1] 政府采取强制性征收而非自由市场交易的方式获得土地，其经济上的合理性在于强制性征收可以减少与交易主体一对一谈判所产生的巨大交易成本，而不是低于市场价值进行补偿。第二，市场价值具有形式上的中立性。通过市场来决定财产的价值，就不会偏向于交易的任何一方，能够实现最大可能的"自然公正"。第三，市场价值在客观上是可以被确定的。与适当补偿、合理补偿标准的模糊性不同，市场价值是可客观衡量的。在被征收财产可自由流通的情况下，财产的市场价格由交易主体经过多次市场博弈后形成，很容易确定。虽然我国农村土地一级市场由国家垄断，土地使用权流转受到限制，不能在公开市场自由交易，难以直接确定农村土地的市场交易价格，但仍可以通过技术手段间接测定其市场价格。例如，对于农村住宅而言，类比置换法——即将在该区域维持相同居住条件所花的费用作为该农村住宅的市场价格——所得出的结果是基本合理的，可以确保农民不因征收而减损居住利益。

确立按市场价值公平补偿的原则，是否会如三峡水利工程等大型项目那样导致开发成本过高，不利于公共利益的实现？这是存在于部分立法者和学者心中的疑问。需要解释的是，从法理上看，无论是重大公共项目抑或是其他项目，都不应以牺牲特定局部的公民利益来实现公共利益；而从

---

[1] 参见汪晖、黄祖辉《公共利益、征地范围与公平补偿》，《经济学》2004年第1期。

实践操作来看，三峡水利工程补偿的特殊之处在于其补偿方式，而不应是补偿原则。在一般的土地征收项目中，主要以一次性金钱补偿方式为主，但三峡水利工程则实行就地后靠、就近安置等实物补偿方式和开发性移民政策，通过发展经济来安置移民，对移民迁建后的生产生活安置作全面安排。

（三） 构建合理的征收补偿权力制约机制

必须着重指出的是，不能以为制定一部不动产征收法就能解决目前土地征收补偿中存在的诸多弊病。法律不可能自动顺利实施，由于法律存在抽象性、模糊性，各地在经济发展水平等诸多方面存在差异，即使制定了不动产征收法，即使加强各级人大在制定征收补偿立法方面的作用，限定转授权立法行为，但由地方政府制定征收补偿标准的具体实施细则仍是不可避免的。

要使地方政府正当行使其征地补偿自由裁量权，除了制定完备的法律外，更重要的是构建合理的征收补偿行政权力制约机制。征收补偿标准在地方立法文本中的各项数据都表明，在我国的征收补偿权力分配框架中，与中央政府相比，地方政府处于主导地位；与立法机关相比，行政机关处于主导地位。此外，在对征收补偿标准的监督问题上，司法机关处于被动的事后介入的地位，只有当事人因征收补偿标准发生纠纷并起诉至法院时，司法权才介入征地补偿标准，才可能对地方行政机关的征地补偿行为进行司法监督。又由于诉讼程序的时间成本和金钱成本高昂，实际进入诉讼程序的征地补偿纠纷并不多。如此一来，可以看到，整个征收补偿的权力分配体系完全失衡，行政权力独大，立法权、司法权难以有效制约行政征收权。在经济利益的刺激下，行政征收权力极容易被滥用，并导致整个征收补偿机制运转失灵，侵害人民财产权。

考察发达国家的征收补偿体系乃至征收体系可以发现，正是司法权、立法权和行政权之间的相互制约，使征收补偿立法得到很好的实施，公民财产权得到较好的保障。例如，在美国，是否征收和如何补偿的决定经常由地方议会作出。此外，美国宪法第五修正案明确规定了"公正补偿"，司法机构在实施这个条款的过程中对行政机关和立法机关的征收及补偿决定发挥了积极的司法审查作用。[①] 法国不动产征收程序最主要的一个特点

---

① 参见张千帆《"公正补偿"与征收权的宪法限制》，《法学研究》2005 年第 2 期。

就是司法权和行政权的分离，司法机关和行政机关的分权遍及不动产征收的每一阶段，包括公共利益的确定与宣告、不动产征收的补偿等环节。这种司法权的介入不是单纯的诉讼法规范的对象，而是不动产征收中的一个独立程序，不是公民被损害之后的消极救济，而是司法权的主动介入。①

我国在传统上就是一个行政权力占据支配地位的国家，要使司法权和立法权发挥有效制约行政权的作用，需要一个长期的过程，但并不意味着目前就应无所作为。就近期来看，在国家立法层面，不动产征收法应明确设定征收补偿标准的最低水平，而不是像目前的土地管理法那样设定最高补偿标准。不动产征收法还应当限定征收补偿立法的主体和层级，禁止转授权立法行为，尽可能明确征收补偿的计算公式。从长远来看，应当建立司法审查制度，赋予法院对地方政府制定征收补偿标准的抽象行政行为进行司法审查的权力，由此，法院可以同时监督行政机关征收补偿的抽象行政行为和具体行政行为，压缩行政征收补偿权力滥用的空间。

（四）明确征收补偿的计算公式

在年产值倍数模式下，征收补偿有明确的计算公式，但这种模式考察的因素比较单一，仅为年产值和土地用途，难以准确反映土地的真实价值。与年产值倍数法相比，区片综合地价法较为全面地考察影响土地价值的各项因素，包括年产值、土地用途、地理位置、人均收入水平等，并综合评定土地的价值，更能反映土地的真实价值。但是，区片综合地价法的计算公式中涉及更多的变量因子，更为复杂难懂，技术性更强，选取何种变量，变量之间的函数关系如何，每个变量所占的比重系数是多少，都将直接影响最终补偿数额。因此，补偿计算公式的设定，变量因子的测算，都应在科学实践的基础上提炼总结，并通过规范性法律文件确立。②

---

① 参见许中缘《论公共利益的程序控制——以法国不动产征收作为比较对象》，《环球法律评论》2008 年第 3 期。

② 2005 年国土资源部制定的《征地区片综合地价测算指导性意见（暂行）》提出，"征地区片价可采用农地价格因素修正、征地案例比较和年产值倍数等方法进行测算，也可以根据本地区实际情况采用其他合适的方法进行测算。征地区片价原则上应在两种或者三种方法测算结果的基础上综合平衡确定"。由于征地区片地价补偿法仍处于政策推广和试验阶段，该文件提出的三种测算方式仍比较笼统，其操作性有待加强，其科学性有待检验。

（五）按照不同物权类型的权利价值计算土地补偿费

1. 参照同等区域的国有建设用地地价补偿宅基地使用权

物权法将宅基地使用权确定为一种用益物权，宅基地使用权人有权依法利用该土地建造住宅及其附属设施。宅基地虽然是无偿取得的，却是村民在其集体组织内分得的一项"福利待遇"，承载着集体组织成员的居住利益，按照年产值倍数法对宅基地使用权进行补偿，显然不符合按照土地原有用途进行补偿的原则。宅基地使用权作为住宅类建设用地，其功能是满足农民的居住需求，也应当按照居住用途确定补偿标准，参照同等地域、核定面积的住宅类国有建设用地的平均地价进行货币补偿或者异地安置。

2. 按照农用地的最佳用途补偿土地承包经营权

在土地用途限定为农业用途的条件下，应以土地最佳农业用途的年平均产值为补偿基数，对土地承包经营权人进行补偿。具体而言，应该综合考虑土壤类型、土地肥沃程度、最佳种植结构等因素对农用地进行分类，确定各种类型农用地的最低补偿标准。

3. 按土地增值收益的一定比例补偿土地所有权

所有权是对物占有、使用、收益、处分的权利。由于集体土地所有权上已经设定了宅基地使用权和土地承包经营权，集体土地所有权的占有、使用、收益权能由用益物权人享有，在对用益物权进行补偿后，对这部分权能不应当再重复补偿。但处分权能仍然留存在所有权中，这种处分权能体现在如果没有土地用途的管制，土地所有权人有权改变土地用途，将农业用地变更为建设用地。之所以严格限制农用地转为价值更高的建设用地，是为了保证耕地数量、确保粮食安全，是为了公共利益的需要而使集体土地所有权人作出的必要牺牲。一旦集体土地被征收为建设用地，则意味着在该土地上为公共利益作出的用途限制应当解除，土地所有权人自然应当在这种土地用途改变带来的增值中享有分配权。也就是说，应当在土地出让金和土地成本的差价中提取一定比例作为对集体土地所有权的补偿。根据《物权法》第 59 条的规定，农民集体所有的不动产和动产，属于本集体成员集体所有，对集体土地所有权的补偿应当按照人口在集体成员中分配。

土地发展权的理论基础与制度前景[*]

陈柏峰[**]

摘　要： 征地纠纷的本质是各方对土地发展增益的争夺，土地发展增益在法律上表现为土地发展权。土地发展增益主要源于外力，是全体社会大众努力的结果，具体地块的发展增益与国家发展战略、城市规划、非农用地供应政策、城市化速度等因素密切相关。土地发展权并非土地所有权的派生权利，它因国家管制权的行使而成为一项独立的权利。我国的土地发展权国有模式具有一定的合理性，能防止少数人独享土地发展增益。其不合理之处在于，未能明确保障失地农民分享土地发展增益，且缺乏制度设置来让大田农民分享土地发展增益。我国应当坚持土地发展权国有模式，并通过完善具体制度来保障土地发展增益全民共享。

关键词： 土地发展权　土地发展增益　征地补偿　土地管理法

一　引言

自 20 世纪 90 年代后期以来，中国进入了城市化快速发展期。城市化发展必然需要占用城郊农村土地，由此带来了土地征收问题。按照我国宪

---

* 本文原载于《法学研究》2012 年第 4 期。本文受中央高校基本科研业务费（2012002）和教育部人文社科项目"农地制度变迁的法律效果和社会效果研究"（09YJCZH119）的资助。感谢张继成、谢海定、陈景良、王全兴、强世功、顾培东、刘水林、耿卓、齐云、宋亚辉等师友对本文提出了意见和建议。

** 陈柏峰，中南财经政法大学法学院副教授，现为中南财经政法大学法学院教授。

法规定，"城市的土地属于国家所有"，农村土地转为城市建设用地必须同时完成国有化，土地征收是其唯一合法途径。然而，土地征收引发了大量地方政府与城郊农民之间的纠纷，[①] 其原因主要有以下两方面。

第一，部分失地农民得到的补偿难以维持体面生活。他们未能得到法定补偿，或得到的法定补偿不足以维持长远生计，从而成为"种田无地、就业无岗、保障无份、创业无钱"的群体，进而引发纠纷。

第二，部分失地农民得到了足够补偿却仍不满意。不可否认，一些失地农民得到了法定补偿（甚至更高补偿），数额可能是大田农民家庭种田、打工"辛苦几十年都挣不到的"。目前，在农业种植区，土地的正常交易（30 年土地承包经营权的流转）价格只有每亩两三千元。而在城郊农村，土地一旦被政府征收，失地农民获得的补偿至少可以达到每亩五万元。如果涉及房屋拆迁，失地农民得到的补偿会高出更多，城中村拆迁改造更是如此。[②] 部分失地农民因征地而变得富有，[③] 可以顺利转化为市民，此类现象甚至让不少城市中产阶级心生羡慕。尽管如此，这些失地农民中仍有人希望得到更多补偿，其中，部分人认为法定补偿标准并不合理，部分人则试图通过与政府博弈来获取额外利益。

由此看来，征地纠纷既可能是失地农民依法维权，也可能是他们追求法外利益。无论何种情形，都会涉及法律上的征地补偿标准，而征地补偿标准不过是土地增值收益分配的具体规则，因此，征地纠纷的本质是各方对土地增值收益的争夺。众所周知，农村土地被征收后转变成城市建设用地，其市场价格立即数十、数百倍上涨，巨大的土地增值收益开辟了各方

---

① 本文主要从政府和农民之间的征地纠纷（征地补偿标准问题）展开，不讨论村庄集体内部围绕征地补偿款的具体分配所产生的纠纷，如村庄集体截留征地款的比例和额度争议、参与征地款分配的村庄集体成员资格争议、外嫁女的土地权益争议等。同样，本文也不讨论失地农民与村庄集体之间的土地发展增益分配问题，暂且将他们视为同一利益主体。

② 据报道，2010 年郑州市的城中村拆迁改造中，原有房屋三层以下者按 1∶1 进行赔付，三楼以上者按 3∶1 或 4.5∶1 进行赔付。上至老人下至顽童，每人可以分到 200 平方米的房子，折合市价 100 多万元。有的一家分到 6000 平方米的房子，折合市价 2000 多万元。郑州 124 个城中村的拆迁，让很多村民一夜暴富，最少可以出现 15 万个百万富翁。参见李凌《暴富：郑州"城中村"拆迁将造就 15 万个百万富翁》，《东方今报》2010 年 3 月 30 日。

③ 有学者并不否定漫天要价、大发横财的被拆迁户确实存在，但认为实际得到超额补偿的，大多与地方政府官员或开发商有千丝万缕的联系（冯玉军：《权力、权利和利益的博弈》，《中国法学》2007 年第 4 期）。这种认识对征地拆迁纠纷缺乏实证了解。

争夺的空间。那么，土地增值收益到底应当如何进行合理的分配？利益分配在法律上往往表现为权利配置。土地增值收益的分配，在法律规则上落实为征地补偿标准，在法律理论上则关涉土地发展权的配置。土地发展权，即发展土地的权利，也就是土地用途改变或利用度提高的权利。这种权利到底应当属于谁？在国家、土地所有权人或其他社会群体之间，应当如何进行合理的初始配置？

　　我国《土地管理法》第47条规定，"征收土地的，按照被征收土地的原用途给予补偿"，具体补偿费用包括土地补偿费、安置补助费以及地上附着物和青苗的补偿费。该条同时规定了土地补偿费、安置补助费的计算规则。虽然在特定情况下安置补助费可以有所增加，但"土地补偿费和安置补助费的总和不得超过土地被征收前3年平均年产值的30倍"。该条还规定："被征收土地上的附着物和青苗的补偿标准，由省、自治区、直辖市规定。"实践中，农村土地上的居住用房被当作地上附着物，以统拆统建、划地自建等形式重建，或根据建筑重置成本进行货币补偿。这种征地补偿标准，基本上没有考虑市场条件，如土地的区位、征收后的用途等，它主要根据土地被征收前的用途（农业用途）确定价值，相关安置、补偿的法定根据是其成本价，国家实际上得到了土地发展增益。可以说，法律虽未言明土地发展权，却近乎采取了土地发展权国有模式，或者说土地发展增益国有模式。

　　国有模式在实践中导致一些失地农民不满，并造成法定征地补偿标准在有些地区落空——这些地区的政府给予失地农民超标准补偿。国有模式在理论上也遭到诟病，有学者将土地发展权视为土地所有权的派生权利，主张失地农民应当得到土地发展增益，认为国家应当按照土地被征收后的用途和市场价来补偿失地农民（农村集体）。[①] 这种主张可称为土地发展权派生论。

　　本文拟从中国实践出发，厘清土地发展增益的来源和土地发展权的法律属性，分析土地发展权派生论和土地发展权国有模式的成败得失，并试

---

① 参见刘俊《土地所有权权利结构重构》，《现代法学》2006年第3期；胡兰玲《土地发展权论》，《河北法学》2002年第2期；杨明洪、刘永湘《压抑与抗争：一个关于农村土地发展权的理论分析框架》，《财经科学》2004年第6期；郑振源《征用农地应秉持"涨价归农"原则》，《中国地产市场》2006年第8期。

图从西方国家的土地发展权制度模式中受到启发，探讨中国土地发展增益之公平合理分配的制度前景。

二 土地发展增益的来源

探究土地发展权的公平合理配置，首先需要厘清土地发展增益的来源。

在中国，孙中山先生很早就从理论上论及土地发展增益的来源，并提出了相应的分配原则，这构成其"平均地权"思想的重要组成部分。孙中山指出："地价高涨，是由于社会改良和工商进步。……这种进步和改良的功劳，还是由众人的力量经营而来的；所以由这种改良和进步之后，所涨高的地价，应该归之大众，不应该归之私人所有。"[①] "如果上海的人完全迁出上海，广州的人完全迁出广州，……试问上海、广州的地价，还值不值现在这样高的价钱呢？由此可见土地价值之能够增加的理由，是由于众人的功劳，众人的力量；地主对于地价涨跌的功劳，是没有一点关系的。"[②] "上海房产地价百年来增加了一万倍。中国处在大规模的工业发展的前夜，商业也将大规模地发展起来，再过五十年我们将有许多上海。要能预见未来，我们必须是有远见的人，而且要现在就作出决定，使地产价值的增值额，成为创造这一价值增值额的人民的财产，而不是成为那些侥幸成为土地私有者的个别资本家的财产。"[③]

孙中山的思想在我国台湾地区影响甚大。台湾学者林英彦即依据"平均地权"思想指出，"站在人民的立场来说，土地被征收，当然是补偿越多越受欢迎，但就平均地权的理论来说，以市价补偿不见得合理"，"目前之土地市价，除了土地所有人申报而应归其个人所有的地价以外，尚包含庞大的自然增值额，这是应当属于社会全体的。所以，如果按照市价补偿，那无异将自然增值部分也视为个人财产来予以补偿，其不合理之情形至为明显"。[④]

---

① 孙中山：《三民主义》，岳麓书社，2000，第 200 页。
② 孙中山：《三民主义》，岳麓书社，2000，第 195 页。
③ 孙中山：《孙中山文集》上册，团结出版社，1997，第 619 页以下。
④ 林英彦：《土地经济学通论》，文笙书局，1999，第 174 页以下。

其实，孙中山的"平均地权"思想，有其理论渊源。英国经济学家约翰·穆勒早就主张，"应对自然增加的地租课以特别税"，把土地自然增长的价值收归社会所有，即凡不是由于土地改良而增加的价值一律归公。他说："社会的进步和财富的增加，使地主的收入无时无刻不在增长；……他们不干活儿，不冒风险，不节省，就是睡大觉，也可以变得愈来愈富。依据社会正义的一般原则，他们究竟有什么权利获得这种自然增加的财富？如果国家从一开始就保留有权利，可以根据财政上的需要对地租的自然增长额课税，又有什么对不起地主的呢？"[①] 美国经济学家亨利·乔治对这一思想作出进一步的发展，他指出："土地的价值（或者经济学上的地租），如我们所知，完全不是劳动或资本这种要素制造的，表示的仅仅是占用土地得来的好处。土地价值不表示生产的报酬，……它在任何情况下都不是占有土地者个人创造的，而是由社会发展创造的。因此社会可以把它全部拿过来，而无论如何不会降低改良土地的刺激，或对财富生产有丝毫的影响。"[②] 英国城市学家、"田园城市"运动创始人埃比尼泽·霍华德也指出，"城乡之间最显著差别可能莫过于使用土地所支付的租金。……这种租金之间的巨大差别几乎完全是一处有大量人口，另一处没有大量人口；由于这不能归功于某一个人的行动，它通常被称为'自然增值'，即不应归于地产主的增值，较准确的名称应该是'集体所得的增值'"，"显然向任何特定地区大规模迁移人口，肯定会导致所定居的土地相应地增值"，"田园城市属于托管人，他们受全社区的委托掌管这些土地，因而逐渐上涨的全部增值就成为这座城市的财富"。[③] 上述经典理论家的论述，从理论上说明了土地增值的来源和归属，明确了土地发展增益的社会属性。

土地增值包括自力增值和外力增值。土地权利人改善土地的物理、化学、地质性状，改善基础设施、增加附属物，由此带来的土地增值，属于自力增值。自力增值的成果，因土地权利人投资投劳获得，当然应当由他们享有。土地的外力增值则是非因土地权利人直接投资投劳而获得的增值，它通常由于社会性投资产生了外部性后果。社会性投资包括交通、通

---

① 〔英〕约翰·穆勒：《政治经济学原理及其在社会哲学上的若干应用》下卷，胡企林、朱泱译，商务印书馆，1991，第391页。

② 〔美〕亨利·乔治：《进步与贫困》，吴良健、王翼龙译，商务印书馆，1995，第347页。

③ 〔英〕埃比尼泽·霍华德：《明日的田园城市》，金经元译，商务印书馆，2010，第20页。

信、环保、能源等基础设施的建设，商场、银行、工厂等工商业投资的发展，医院、学校等公共事业设施的健全。土地用途改变带来的增值，也属于外力增值。[①] 土地的外力增值基本上是国家、政府、公私单位长期投资积累的成果，是社会大众共同努力的结果，而与土地权利人的努力关系甚微。外力增值对于农业生产的作用通常微不足道，也就是说，农业用地的外力增值空间很小。

我国城郊农村的土地增值主要是外力增值。城郊农村的土地作为耕地时，社会性投资的作用微不足道，对土地价格的影响极其微弱。只有当土地被征收改变用途之后，社会性投资的作用凸显，土地才有了巨大升值空间。这种升值属于外力增值，其投资来源于整个社会，因此增值应当归全社会所有，而不应当由原土地权利人独占，[②] 如此方符合"谁投资谁收益"原则。目前，一些地方立法界定了户外广告发布权，并将其归于政府，其理论依据即与此类似的"谁投资谁收益"原则：户外广告效应源于城市巨大的车流、人流，正是由于政府在道路、公园、体育场馆等基础设施的建设和维护上投入了大量前期成本，才有了现代城市车水马龙的繁荣场面，从而为广告效应和广告价值的产生提供了基础。[③]

随着中国城市化的快速发展，越来越多的农地被征收进入城市规划区，由此产生了巨大的土地发展增益。在一般意义上，影响土地发展增益的因素非常广泛，从影响性质上看包括投资因素、供求因素、用途因素、收益因素、土地本身因素，从影响空间上看包括一般因素（政治状况、治安状况、人口与家庭状况、社会风尚、经济形势、城镇建设状况、不动产投资投机状况、收入水平、物价水平、利率、城市规划、土地供应政策、土地出让方式、住宅政策、税收政策等）、区域因素（地区差异、功能分区）、个别因素（土地本身、自然与生态环境、基础设施、规划制约等），从影响时间上看包括持久性因素、可变性因素。[④] 在当前实践中，具体地块的土地发展增益主要受两大方面的影响：一是土地的位置，它主要与国

---

① 参见周诚《土地经济学原理》，商务印书馆，2003，第347页。
② 参见周诚《农地征用中的公正合理补偿》，《中国经济时报》2003年9月2日；周诚：《再论我国农地征收的合理补偿》，《中国经济时报》2005年10月17日。
③ 参见宋亚辉《新权利的生成：以"户外广告发布权"为例》，《法制与社会发展》2010年第3期。
④ 参见周诚《土地经济学原理》，商务印书馆，2003，第334页以下。

家发展战略、城市规划两大要素相关；二是非农用地的供求关系，它同时受供应量和需求量的影响，主要与非农用地供应政策、城市化速度两大要素相关。

（1）国家发展战略。国家发展战略规划优先发展的地区，城市发展速度快，纳入城市规划区的农地面积就大，能够分享到发展增益的农地就越多。改革开放以来，国家优先发展的东部沿海地区，尤其是长三角、珠三角地区，相当多的农地已经开发，并得到了较多的发展增益。现在，国家又将中西部一些城市和区域纳入重点发展试验区，如武汉"1+8"城市圈、湖南长株潭城市群等。这些试验区内的农地会比其他区域更多更快地纳入城市规划区，可以更多更快地获得发展增益。

（2）城市规划。在城市规划的功能分区原则下，非农用地可以分享土地发展增益，而农业用地不能，用于不同非农用途的土地可以分享的发展增益也不相同。同样在城市周边，规划的重点发展区域相比其他区域被更多更快地开发使用，也会更多更快地得到土地发展增益。有时，土地发展增益甚至完全由城市规划决定。比如，汶川地震后，新北川县城规划区内的土地获得发展增益，就完全因为新县城的规划重建。由于土地位置具有不可移动性，在特定的城市规划之下，不同地块可能获得的发展增益在实践中是不等的。

（3）非农用地供应政策。二、三产业的发展需要非农用地供应，从政策上讲，非农用地供应量是可变的，获准入市的土地增多，单位面积的土地可以获得的发展增益就会降低。如果非农用地的供应少于需求，入市地块就可以获得更多的发展增益；非农用地供给充分，入市地块的发展利益相对较少；非农用地可以无限度地供应，土地发展增益也许不会高于农业种植收益。但是，过多的土地非农使用会带来不必要的浪费，故土地资源紧缺的中国有必要实行最严格的耕地保护政策。土地用途管制是现代国家的通则，这大概由于土地资源不可再生，一旦用于农业的土地不够，粮食安全就不能有保障，饥荒就可能发生。国家实行土地用途管制，严控农地转化为非农用地，这决定了投入非农使用的特定地块可以产生巨大的发展增益。

（4）城市化速度。非农用地需求不可能无限度增长，目前中国的非农用地需求主要取决于城市化的速度。如果城市化速度不够快，非农用地需求量就不会大，地价就不会高，土地发展增益也就不会高。相反，城市化速度越快，需要纳入城市规划区的农地就越多，就有更多的农地变成非农用地，从而分享发展增益。由于土地发展增益与城市化速度相关，即使放弃土地用途管制政策，也并非所有农地都可以获取高额发展增益。

在上述四个因素的共同作用下，只有处在特定位置的土地非农使用，才可能产生较高的发展增益。土地发展增益从本质上来源于社会发展，是社会大众共同努力的成果，却因诸多因素的共同影响而聚集于个别地块之上。认为土地只要非农使用就可以产生发展增益的想法，显然缺乏对实践的全局性理解。忽视土地发展增益的影响因素，将很难认清土地发展增益的来源，并可能提出错误的理论和制度意见。

如果国家占有土地发展增益，同时存在让全民受益的具体制度安排，应该可以实现土地发展增益的全社会共享。在这个意义上，土地发展权国有模式具有其合理性基础。当然，这既不表明中国目前的制度模式完全合理，也不必然表明土地发展权国有就是唯一合理的制度模式。

三　土地发展权的法律属性

配置权利是为了保障利益，土地发展权是土地发展增益分配格局的法律保障。由于土地发展增益来源于全社会的共同努力，因此土地发展权的制度初衷应当是实现土地发展增益的社会共享。如果土地发展增益来源于土地所有权，那么将其完全分配给土地所有权人就是合理的，但事实并非如此。土地发展权不太可能是土地所有权的派生权利，这可以从法律理论上得以印证。

土地发展权派生论的立论基础是"所有权绝对"的观念。"所有权绝对"观念认为，土地是具有三维空间之物，地表上下能满足权利人需要的一定空间都是土地权利人的当然支配范围。古代罗马法有"土地所有权及于土地之上下"的谚语，后来注释法学家将其绝对化，解释为土地所有权"上达天空、下及地心"。1804年法国民法典贯彻了"所有权绝对"的观念："所有权是对于物有绝对无限制的使用、收益及处分的权利"（第544条），"土地所有权包含该地上及地下的所有权"（第552条）。"所有权绝对"意味着，土地的纵向范围不受限制，可以延伸至地上及地下无限的空间；权利人对土地上下空间的支配权，可以包含在土地所有权或使用权之中，也可以分离出来作为独立的物权。基于此，农民（农村集体）应当拥有完整的土地所有权，包括占有、使用、收益、处分等权能。其中，土地的使用和收益，包括直接使用收益（如种植作物、养殖鱼类）和间接使用收益（如保持水土、保护环境等），选择性使用收益（即权利人可以选择未来使用收益）和存在性使用收益（如特定的自然资源的保留即可以获取收益）。

依据上述观念，土地发展权被认为是从土地所有权中分离出来的一种物权，是通过土地利用的纵深扩展或用途变更来谋取更大发展增益的权利，它是土地所有权的派生权利。因此，土地所有权人理所当然地拥有土地发展权。[①] 这意味着，农地无论以何种方式转变为非农用地，原所有权人都应当获取全部增值收益，只有这样才称得上"农民的土地产权完整"。

然而，即使不论土地发展增益的来源，上述思路的理论说服力也非常有限。20 世纪以来，所有权应当受到限制逐渐成为社会共识，并为各国立法所接受。在各国民法中，土地所有权都不是绝对的，而是受到了明确的限制，这一点首先体现在相邻关系中。[②] 我国《物权法》第 86 条至第 92 条体现了对所有权的限制。根据这些条文，土地所有权因相邻权利人用水、排水、通行等受到限制，因相邻权利人建造、修缮建筑物以及铺设电线、电缆、水管、暖气和燃气管线等而负有必要的义务，因相邻权利人的通风、采光、环境安全、不动产安全等而负有必要的义务。

土地所有权不仅受到私法的限制，还普遍受到公法的限制。在日本，土地所有权至少受到土地征收法、都市计划法、都市再开发法、国土使用计划法、自然公园法、自然环境保护法、都市绿地保全法、消防法、道路法、航空法、电波法、下水道法、河川法、森林法、渔业法、矿业法、采

---

① 参见刘俊《土地所有权权利结构重构》，《现代法学》2006 年第 3 期；胡兰玲：《土地发展权论》，《河北法学》2002 年第 2 期；杨明洪、刘永湘：《压抑与抗争：一个关于农村土地发展权的理论分析框架》，《财经科学》2004 年第 6 期。

② 德国民法中的所有权限制，可参见〔德〕鲍尔、施蒂尔纳《德国物权法》上册，张双根译，法律出版社，2004，第 524 页以下；日本民法中的所有权限制，可参见〔日〕我妻荣《新订物权法》，罗丽译，中国法制出版社，2008，第 283 页以下；美国财产法中的所有权限制，可参见〔美〕约翰·G. 斯普兰克林《美国财产法精解》（第 2 版），钟书峰译，北京大学出版社，2009，第 506 页以下。

石法等的限制。① 在德国，土地所有权至少受到建筑治安法、建设规划法、跨地区规划法、州规划法、自然保护法、文物保护法、长途公路干线法、航空运输法等的限制。② 在美国，土地财产权至少受到水权、公共信托、航空、分区规划等方面的判例和成文法的限制。③ 同样，在中国，土地所有权也受到若干公法的限制，至少包括土地管理法、环境保护法、耕地保护法、航空法、渔业法、矿产资源法、森林法、文物保护法、防洪法等。

在公法和私法都对土地所有权作出广泛限制的今天，依据"所有权绝对"的观念，认为土地发展权派生于土地所有权，主张土地所有权人应当得到土地发展增益的全部，这在法律理论上缺乏足够的说服力。

不过，土地发展权的实现毕竟需要高度依赖于土地所有权，需要依赖于土地上下空间，因此会牵涉地上权（建设用地使用权）、空间权，而地上权、空间权被认为是土地所有权的派生权利，它们都是设定在土地所有权上的用益物权。随着人类活动范围的扩大，空间逐渐成为稀缺资源，"空间权"的法律规范也随之产生，它们对空间进行立体分割利用。日本、德国和我国台湾地区"民法"都建立了空间权制度。④ 我国《物权法》第136条也规定："建设用地使用权可以在土地的地表、地上或者地下分别设立。"据此，土地发展权的实现，似乎是建设用地使用权、空间权的应有之义。不过，这是一种误解。土地发展权不仅涉及私法上的关系，还涉及公法中的土地规划、用途管制等。土地建设、使用和空间分割的前提是权利人享有土地发展权，若公法对土地开发有所限制，土地建设、使用和空间分割就不具合法性。例如，根据耕地保护法、土地管理法和某市建设规划，基本农田保护区内的某地块不能用于非农建设，其建设用地使用权、空间权就不可能设立。所以，建设用地使用权、空间权设立的前提是权利人享有土地发展权。可以说，土地发展权构成了对所有权、使用权、地上权、空间权等物权的限制。

公法中的土地规划、分区、用途管制等权力，在性质上属于国家管制

---

① 参见〔日〕我妻荣《新订物权法》，罗丽译，中国法制出版社，2008，第284页以下。

② 参见〔德〕鲍尔、施蒂尔纳《德国物权法》上册，张双根译，法律出版社，2004，第564页以下。

③ 参见〔美〕约翰·G. 斯普兰克林《美国财产法精解》（第2版），钟书峰译，北京大学出版社，2009，第493页以下，第587页以下。

④ 参见陈华彬《物权法》，法律出版社，2004，第247页以下。

权，隶属于国家主权。管制权是国家为了促进和维护公众的健康、安全、道德和一般福利，而扩大立法范围直至对个人进行干预的权力。[①] 它是现代社会健康发展所不可缺少的，构成了立法保护公共卫生、公共道德、公共安全和整体福利的内在权力基础。土地规划、分区控制、用途管制、地方建筑准则、建筑从业许可等，都是国家在土地利用方面行使管制权的体现。管制权的实施不会给国家带来赔偿土地所有人价值损失的义务。[②] 早在 1926 年，美国联邦最高法院在尤科里德村诉漫步者地产公司一案中，就稳固地确立了国家管制权行使的合理性。萨瑟兰大法官（Justice Suther-land）在撰写多数意见时，强调人口增长和城市化产生的各种新问题，指出现代的环境使过去认为无理、苛刻而被否定的管理规定变得有其存在的正当性。他还指出，政府对土地分区规划的权力来源于管制权，把工业用途从居住用途中分开的条例，可以保护住宅不受噪声、烟尘、异味以及其他类似侵犯物的干扰。[③]

土地发展权产生于国家管制权对土地开发利用的限制。土地利用若不受限制，就无须所谓的土地发展权。古代的土地利用就自由而不受限制，到了近现代，基于对土地开发利用进行管制的需要，产生了土地发展权的观念和制度。

近现代以来，社会经济快速发展，由此产生了历史古迹保护、环境保护、城市开敞空间、粮食安全、土地利益均衡等多方面的需求，进而产生了土地分区规划和用途管制的需要。[④] 经济社会发展导致城市规模不断扩展，建筑密度不断提高，一些区域的土地可以通过变更用途或提高利用度来获取高额增值收益。由于农业用地的收益远远不如非农用地，因此土地所有人有足够动力将土地改作非农用途。在经济利益刺激之下，人们有可能主动破坏历史古迹和自然风景，而建造更有经济价值的建筑设施。随着建筑物不断增多，城市中心日益拥堵，这导致人们对开敞空间的需求不断

---

① 参见《不列颠百科全书》第 13 卷，中国大百科全书出版社，1999，第 378 页。
② 参见〔美〕查尔斯·温茨巴奇等《现代不动产》（第 5 版），任淮秀等译，中国人民大学出版社，2001，第 91 页。
③ 参见 *Village of Euclid v. Ambler Realty Co*，272 U. S. 365 （1926）。
④ 参见 Joseph Stinson，"Transferring Development Rights：Purpose，Problems，and Prospects in New York，" *Pace Law Review* 17 （1996）：319 – 357；臧俊梅等《土地发展权制度国际比较及对我国的借鉴》，《农村经济》2010 年第 1 期。

增长。因此，除非基本农田、历史古迹、自然风景区、城市开敞空间等能得到法律的优先保护，它们因土地发展增益刺激而被破坏的风险才会降低。

然而，土地规划和用途管制会限制某些土地的发展（非农利用或高强度利用），限制所有权人对土地发展增益的分享，这样反过来也增加了另一些土地（可以非农利用或高强度利用的土地）所能分享的发展增益。具体地块能否分享以及可以分享多少发展增益，与土地的自然属性无关，而与政府管制行为密切相关，政府的管制可以使社会发展的成果刚好集中在特定地块。土地发展权的制度初衷，就是政府为了贯彻土地利用规划，而对土地发展增益分配进行干预，以平衡并重构土地利益结构。如果赋予城郊农村土地无限制的发展权，就违背了土地发展权的制度初衷，它会使土地分区规划、用途管制所造成的土地利益落差缺乏平衡补救机制。因此，土地发展权与国家管制权的"限制"相伴而生，它力图平衡和解决土地发展增益的分配，以促进土地资源的有效利用，最终实现保护历史古迹、环境、城市开敞空间、粮食安全等目的。

中国在土地利用方面行使国家管制权，包括规定土地用途、编制用地规划、进行开发管理控制等多方面。我国城市土地归国家所有，农村土地归村集体所有。城市土地经审批后可以开发建设，而农村土地开发用于非农建设，需要先进行征收，转变为国有建设用地。国家垄断了土地开发一级市场，政府或其授权委托的企业，对农村集体土地进行统一的征收、拆迁、安置、补偿，并进行适当的市政配套设施建设，然后在土地二级市场上进行有偿出让或转让。在土地二级市场中获得土地使用权的主体，要进行非农建设，还需要城市规划部门核发"一书两证"（建设项目选址意见书、建设用地规划许可证、建设工程规划许可证）。

在国家管制权的作用下，我国法律虽未言明土地发展权，却近乎采取了土地发展权国有模式。这至少意味着，农村集体土地的发展权与土地所有权是分离的。英国、美国等西方国家则明确规定，土地发展权可以与土地所有权分离，土地发展增益的独立性得到了普遍承认。英国、美国及我国的法律制度都不认为：土地发展权是土地所有权的派生权利，土地所有权人应当享有土地发展增益。也就是说，土地发展权是一项独立于土地所有权的权利（利益）。随着法学理论和司法实践的发展，特定的利益上升为权利的现象不断增多，且不断被法律规范所认可。① 我国法律明确以土地发展权的形式调整土地发展增益可能是大势所趋。

四　英美两国的土地发展权制度及其启示

理论解析可以为制度建构奠定理论基础，但代替不了制度建构。土地发展权的具体配置，需要拥有更广阔的视野。目前，不少国家已经有了成熟的土地发展权制度，其中以英国和美国最为典型。

（一）英国的土地发展权国有制度

土地发展权的观念和制度始于英国。英国最早构想对从规划控制中得益的土地所有人收取改善金，以对受损失的土地所有人进行补偿。1662 年法案首次将此构想付诸实践，它授权向伦敦街道拓宽后地产得到"改善"的所有人征收一笔资金。相似的规定也见于伦敦大火后的重建法案。1909 年和 1932 年的规划法修改和拓宽了这一原则，允许地方规划当局对因规划方案实施而引起地产的任何增值征收改善金，税率从起初的 50% 上升到后来的 75%。不过，这些规定在实践中几乎没有实效，因为很难确定地产增值多大程度上是规划方案的结果，以及多大程度上被归因于其他因素。1942 年，国会成立的厄思沃特委员会注意到，只有 3 个在规划法责令下支付了改善金的案例。② 在此背景下，厄思沃特委员会认为必须改革土地所有制，并声称如果"私有"制继续存在，任何一种新的评估补偿金或改善金都不能满足需要，因为"私有"体系具有内在的"引起私人和公共利益冲突，并阻止规划机制良好运作"的特性，需要一种新的避免矛盾的体系来统一现有的土地发展权，它"在所有制不变的情况下，能够实现土地的价值转移"。③ 厄

---

① 改革开放以来，中国社会中有多种特定利益被上升为权利，如土地承包经营权、隐私权等。隐私权是一个由"利益"逐渐上升为"权利"的典型。在 2001 年颁布的《最高人民法院关于确定民事侵权精神损害赔偿责任若干问题的解释》第 1 条中，隐私仅以"人格利益"的方式得到确认，而 2009 年颁布的《侵权责任法》第 2 条则明确规定了"隐私权"。

② 参见〔英〕巴里·卡林沃思、文森特·纳丁《英国城乡规划》（第 14 版），陈闽齐等译，东南大学出版社，2011，第 267 页以下。

③ 参见〔英〕巴里·卡林沃思、文森特·纳丁《英国城乡规划》（第 14 版），陈闽齐等译，东南大学出版社，2011，第 214 页。

思沃特委员会建议把未开发土地的发展权国有化。

1947 年英国城乡规划法设立了土地发展权制度，并使发展权及相关利益实现了国有化。该法规定，一切私有土地将来的发展权移转归国家所有，私有土地也只能在原用途的范围内进行利用。若私人想变更土地用途，必须向规划当局申请许可。如果许可被批准，任何由此引起的土地增值都需要支付开发捐（Development Charge），其具体数额按变更用途后土地自然增长的价值计算，根据预先评估数额支付，这相当于向国家购得土地发展权。如果许可被否决，就不能得到补偿（除了有限范围内的特殊案例以外）。该法明确表明："所有因本法实施而损失的开发价值将不被计入补偿的范围之内。"这使得之前收取改善金所面临的增值确定难题迎刃而解。在该法规定下，政府仅以现有用途的价值对土地进行征购。如果严格遵循 1947 年城乡规划法的逻辑，土地发展权向国家的转移根本不存在赔偿的问题，但这会在个案中产生难以想象的困难。为此，国家设立了一个 3亿英镑的基金对业主进行"支付"（payments）（并非"补偿"，compensation），前提是业主能够证明，在转移发展权的法律条款生效时，他们的土地具有某些开发价值。

土地发展权国有化的法律颁布之后，并没有像预料的那样顺利实施，而是产生了一些消极效果。它完全否定土地所有人参与分享土地发展增益，造成了地产市场萎缩。[①] 因此，英国保守党政府执政后，开发捐的支付额度变成了土地增值的 60%—80%，1954 年又取消了开发捐。但为了减少政府公共支出，仍然以现有用途的价值对土地进行征购。这实际上造就了一个"土地二元市场"，那些被迫向公共机构出卖土地的人觉得受到了不公平待遇，而未来公共收购的不确定性也导致这种差别非常随意和不公。最终，在公众的压力下，1959 年修改后的城乡规划法将"公平的市场价格"恢复为强制收购的补偿标准。取消开发捐后的城乡规划法仍然坚持土地发展权国有的原则，并规定如果规划许可受到否决，土地发展增益损失不会得到补偿。但这仍然可能导致不公平，因为它实际上使一些人可以不支付费用而从国家那里要回发展权，而另一些人却不能。因此，1964 年

---

① 参见周诚《我国农地转非自然增值分配的"私公兼顾"论》，《中国发展观察》2006 年第 9 期。

重新上台的工党提出了土地委员会法，该法通过对开发价值增收改善金，来保证"由社会创造的开发价值中的相当部分可以物归原主"。[①] 改善金的税率最初是40%，后来涨到45%乃至50%。与1947年的开发捐相比，改善金不会带走所有的开发价值。20世纪60年代后期到20世纪70年代初期，土地价格不断上涨，保守党还针对土地出售收益开征了开发收益税。

由于英国工党和保守党关于经济政策的基本观点不同，也由于土地发展权国有制度在实施过程中面临诸多具体问题，该制度几经变化。但总的来说，通过设立土地发展权制度，控制土地开发利用，确保因开发而引起的土地自然增值（部分）中国有的基本制度不变。[②]

（二）美国的土地发展权转让制度

20世纪60年代，土地发展权观念被引入美国。1968年，纽约市首次在其标志性建筑保护法案中引入土地发展权转让机制。[③] 20世纪70年代，美国不少州开始启动土地发展权转让项目，到2007年已至少有181个项目在33个州实施。[④] 在美国，土地发展权与土地分区管制有着天然的密切联系，分区管制中的土地开发利用要求与条件是设定土地发展权的依据，而土地发展权转让是实施土地分区管制的一项有效、灵活的制度手段。在土地分区管制下，法律赋予所有土地平等的定额发展权，但开发建设工作只能在建设规划区内进行，建设规划区之外的土地发展权只能通过转让来实现。土地发展权转让的法律依据在于，土地产权是一个权利束，由不同的权利组成，它们可以分离而单独在市场上交易。[⑤] 市场机制下的土地发展权转让，可以实现土地发展增益与土地所有权的分离，从而将土地开发引向更适合的地区，以达到保护高农业价值的土地、环境敏感区以及战略性的开敞空间等目标。

土地发展权转让制度中，先对土地进行分区，然后将"出让区"

---

① 〔英〕巴里·卡林沃思、文森特·纳丁：《英国城乡规划》（第14版），陈闽齐等译，东南大学出版社，2011，第217页。

② 参见刘国臻《论英国土地发展权制度及其对我国的启示》，《法学评论》2008年第4期。

③ 参见 David Richards，"Development Rights Transfer in New York City，" *The Yale Law Journal* 2 （1972）：338–372。

④ 参见 Rick Pruetz and Erica Pruetz，"Transfer of Development Rights Turns 40，" *Planning and Environmental Law* 6 （2007）：3–11。

⑤ 参见 Joseph Stinson，"Transferring Development Rights：Purpose，Problems，and Prospects in New York，" *Pace Law Review* 17 （1996）：319–357。

（Sending Areas）的土地发展权转让给"受让区"（Receiving Areas）。一旦"出让区"地块的土地发展权被买走，该地块将永远不能被开发，而"受让区"地块上可建造的建筑面积是两个地块的土地发展权所含建筑面积之和。[①]"出让区"和"受让区"有明确的地理范围。"出让区"是土地保护区，一般依据环境、生态、文化和农业发展等确定。"受让区"是被引导的城市发展区，其地理空间范围一般根据城市发展方向、城市基础设施建设、城市经济空间聚集等划定，它的土地开发密度和强度因受让土地发展权而变得更高。[②]"出让区"只能转让土地发展权，不能受让，这样就通过避免或减少地块的开发来达到土地保护的目的。"受让区"则相反，只能受让土地发展权，不能跨区域出让，因为它是政策引导的未来城市发展的方向。

开发商只能在"受让区"从事土地开发投资，而且必须与"出让区"的土地所有人进行土地发展权交易，政府一般不会干预发展权交易的具体过程。有的州、市建立发展权市场，通过中介商公开买卖。政府有时也会向土地所有人购买发展权，或接受土地所有人的发展权捐赠。政府为了保护农地、开敞空间、环境敏感地带和历史古迹，在土地所有人自愿的前提下，可以按照市场价购买特定地区的土地发展权。有的州、市规定必须以政府部门为中介，如芝加哥由市政当局建立发展权市场，用征收或购买的方式取得发展权，再转售给准予高强度开发的地块所有人。新泽西州于1993 年设立土地发展权转让银行，将发展权证券化，该证券需要登记并可以在市场上自由买卖。纽约市柏林顿郡的"松林发展权银行"也是如此。[③]政府在支付土地发展权价款后，土地仍归原所有人所有，但其开发利用受到了限制。如果土地所有人改变主意，想进行非农开发建设，则需要向政府买回其土地发展权。如此，通过国家购买土地发展权，农地、开敞空间、环境敏感区和历史古迹得到了永久性保护。

（三）英美土地发展权制度的启示

从英美两国的实践来看，法律设立土地发展权是基于限制土地任意、

---

① 参见 Joseph Stinson, "Transferring Development Rights: Purpose, Problems, and Prospects in New York," *Pace Law Review* 17 （1996）: 319 – 357。

② 参见丁成日《美国土地发展权转让制度及其对中国耕地保护的启示》，《中国土地科学》2008 年第 3 期。

③ 参见臧俊梅等《土地发展权制度国际比较及对我国的借鉴》，《农村经济》2010 年第 1 期。

无拘束开发的现实需要。如果土地开发没有任何限制，则无须土地发展权制度。土地规划、分区控制、用途管制、土地征收都是对土地自由开发的限制。在这些制度产生之前，土地用途改变或利用度提高直接取决于土地所有权人的主观意愿，其发展增益也当然地归属土地所有权人。为了适应土地用途管制和多元化立体开发利用的需要，英美两国从对土地用途改变、土地利用度改变的控制中，逐渐发展出土地发展权制度。由于英美两国实行土地私有制，私权观念占绝对优势，国家公权力直接进行土地开发控制比较困难，土地发展权因此成为很好的手段和机制。

在土地私有制条件下，英国和美国都将土地发展权当作一种独立权利，它既可以归国家所有，也可以定额配置归土地所有人所有。这也表明，土地发展权不是土地所有权的派生权利，土地发展权的初始配置主体与土地所有权人并不必然同一。英国坚持土地发展增益（部分）归公原则，土地发展权归国家（部分）所有，它更类似于公共性和社会性的资产，不能像一般商品那样在市场中自由交易。土地开发利用作为公权由政府掌握，需要服从城市规划，任何人如想变更土地用途，必须先向政府购买土地发展权。而按照美国的土地发展权转让制度，土地发展权定额配置归土地所有权人所有，坚持土地发展增益定额归私原则。土地发展权作为一项私权，充分依赖市场手段进行调整，土地所有权人可以就发展权进行自由交易，其收益也归私人所有，国家一般并不干预。

英美两国的土地发展权制度看起来有很大差异，但就保障社会公平来说，殊途同归。两个国家的制度都能防止少数人获取土地发展增益，也即防止刚好位于特定位置的土地所有权人独享土地发展增益。英国法律规定土地发展权归国家（部分）所有，这大体是公平的，防止了因土地区位、城市规划而造成巨大不公平。具体而言，条件相同、价值相当、农作物产出一样的两块农地，若其中一块被纳入城市发展规划区，可以变成建设用地，其地价立刻飞涨，而这仅仅取决于政府的城市发展规划。少数土地的非农使用能够实现巨额暴利，这等于赋予了土地所有人额外的经济特权，而他们对土地升值并没有任何贡献，因此会鼓励不劳而获，违反了公平原则。英国将土地发展权与所有权分割处理，发展权（部分）属于国家，大体上能消除土地所有人之间的不公平。在美国土地发展权制度下，同一区域内相同面积的不同地块，土地发展权配额是相同的，因此对所有的土地也是公平的。一般来说，土地被规划为不同利用类型和强度（高度、密度、容积率）后，就会造成价值的巨大差异，规划改变利用强度后，土地价值也会改变。通常，商业区、住宅区、工业区、农业区的土地价值依次下降。在此背景下，土地发展权定额配置和转让制度可以平衡政府规划对土地价值的影响，减少或避免土地法规造成的市场扭曲，消除政府规划带来的利益分配不公平现象。按规划高强度发展的土地所有人，必须向限定为低强度发展的土地所有人购买发展权，从而将受规划限制而不能直接行使的发展权转移至可开发的土地上，进而实现利益均衡。在项目区内，每一块土地都平等地拥有土地发展权配额。如果规划使一些土地的实际开发受到限制，便应当由获得实际发展权的土地所有人给予补偿。这保证了不同位置相同面积土地的发展机会和所得利益均等。

当然，英美两国的土地发展权制度也存在一些差异，主要体现在限制开发土地所有人对土地发展增益的分享问题上。在英国制度模式下，土地发展增益主要由国家与开发土地的所有人分享，限制开发土地的所有人很难得到补偿。虽然为了贯彻1947年城乡规划法，英国曾设立基金对发展利益受到限制的所有人进行"支付"，但这种支付远远不够，而且它也只是维持了很短一段时间。从理论上说，作为公共权力机构，英国政府最终会将其所获取的土地发展增益用于全体人民，但即便如此，限制开发土地所有人毕竟缺乏直接的制度渠道来获取发展增益。而在美国制度模式下，限制开发土地的发展增益可以通过发展权交易市场来实现，土地发展增益由所有的土地所有人共享。美国制度模式对中国的重要启示在于，土地发展权配置还应当考虑到一个群体，即根据土地规划管理没有征地机会的土地所有权人——大田农民（农村集体）。他们虽然没有公开表达权益诉求，是"沉默的大多数"，但理论上也应当享有土地发展权，分享土地发展增益。

目前中国的相关制度与英国的土地发展权国有制度接近，土地发展增益几乎全部国有，制度未能明确保障被征地农民对土地发展增益的分享，也未考虑到并无征地机会的大田农民对土地发展增益的分享。这种模式曾经在英国遭遇失败，目前在中国实践中也遇到了一些挑战，故有学者持土地发展权派生论，主张按照土地征收后的用途和市场价补偿农民。但是这种"农民利益立场"的主张，本质是失地农民独享土地发展增益，与美国的土地发展权定额私有明显不同，缺乏美国制度中不同地块上发展增益的平衡机制，以及所有的土地所有权人对土地发展增益的共享机制。土地发展权派生论几乎剥夺了大田农民的土地发展权，使他们无法分享土地发展增益，而在土地发展权国有模式下，大田农民在理论上还可能通过某种具体机制部分分享土地发展增益。

英美两国的土地发展权制度，虽然不一定可以直接被中国借鉴，但它们仍然有着相当重要的意义。这主要体现在两个方面：一是有助于从法律理论上理解土地发展权及中国相关制度实践，二是有助于从具体立法和制度上完善土地发展增益的分配机制。

五　中国土地发展权的配置及其制度后果

我国几乎采取了土地发展权国有模式，土地用途管制、征地补偿、国有土地使用权二级市场交易等制度都是土地发展权的实现机制。

目前，我国土地开发由国家控制，土地发展增益也由国家占有。首先，国家控制着农村土地的用途及其转变。土地管理法规定，"国家实行土地用途管制制度"，"国家编制土地利用总体规划，规定土地用途，将土地分为农用地、建设用地和未利用地"，"严格限制农用地转为建设用地"，并对农用地转为建设用地作了严格的程序规定。其次，国家对农村集体土地的使用权流转作了严格的限制。土地管理法规定，"农民集体所有的土地的使用权不得出让、转让或者出租用于非农建设"，极个别情况下例外；"任何单位和个人进行建设，需要使用土地的，必须依法申请使用国有土地"，个别情况下例外。最后，国家通过土地征收补偿制度占有土地发展增益。土地管理法规定："国家为了公共利益的需要，可以依法对土地实行征收或者征用并给予补偿。"法律没有对"公共利益"进行明确界定，实践中地方政府有扩大"公共利益"进行征地的倾向。①

---

① 美国近来也有这种倾向。2005年美国联邦最高法院裁决，地方政府为发展经济，"增进就业，增加税收"的项目即可视为"公用事业"，可以强征私有土地，强拆私有住宅。多数意见认为，"这项（城市）发展计划在表面上有利于进入开发区的开发商和私营公司，但实际上是有利于整个城市的"；"（新伦敦）市政府整合各种居民和相关土地资源，就是因为作为整体发展（的收益）大于部分发展的总和"。参见 *Kelo v. City of New London*，545 U. S. 469（2005）。

在土地发展的相关制度下，目前农村自身的发展和建设也不能随意利用土地。现行土地管理法规定，乡镇企业、乡（镇）村公共设施、公益事业、农村村民住宅等乡（镇）村建设，应当按照村庄和集镇规划合理布局、综合开发、配套建设；建设用地应当符合乡（镇）土地利用总体规划和土地利用年度计划，并依法办理农用地转用审批手续；根据具体情形，需要国务院、省级人民政府批准或市、县人民政府批准。而在 1986 年土地管理法颁布之前，乡村两级可以自主利用土地，土地非农使用的管制并不严格。1982 年颁行的《村镇建房用地管理条例》规定，在村镇内，个人建房和社队企业、事业单位建设用地，都应按照规定办理申请、审查、批准的手续；审批村镇建房用地，以村镇规划和用地标准为基本依据；村庄规划由生产大队制定，集镇规划由公社制定，经社员代表大会或社员大会讨论通过后，分别报公社管理委员会或县级人民政府批准。

土地管理法的颁行固然是以保护耕地、有效规划、合理利用土地为目的，但客观上却对农民的土地发展增益进行了限制、剥夺和重构。1986 年之前，所有农民（农村集体）享有土地非农使用的自由，它被视为土地使用的范畴，即农民在事实上享有土地发展权。1986 年土地管理法颁行后，农民的土地发展权就开始受到限制，土地的非农使用需要县级以上政府审批。1998 年修订的土地管理法，对土地管理和利用方式进行了重大变革，实现了从分级限额审批到用途管制的转变，土地的非农使用权利完全掌握在政府手中。可以说，上述制度的变迁，是广大农民（农村集体）逐渐丧失土地发展权，政府逐渐垄断土地发展权的过程。政府垄断土地开发一级市场，并通过土地开发二级市场来实现土地发展权。

土地管理法将土地发展权国有化，这是国家管制权行使的附属产物。现代社会中，国家管制权行使有充分的正当理由，但这并不表明相应的土地发展权国有化的初始配置就一定完全合理。无论何种情形，将国有土地的发展权初始配置给国家，大概不会有争议。在计划经济体制下，不同群体的利益分歧可以通过国家的指令性计划来加以协调，将农村集体土地的发展权配置给国家，也不会有很大争议。随着社会主义市场经济体制的建立和完善，不同群体的利益已有很大分化，人们的权利意识也大大增强，利益分配主要通过法律上的权利配置来解决。这种背景下，国家、城郊村集体、农业村集体、个体农民的土地发展增益分配，很难通过行政指令进行协调，因此需要法律赋权机制。

土地发展权的法律配置，需要全面和仔细地考量。在保护耕地、有效规划、合理利用土地等公共目的下，一些土地可以非农开发，另一些则没有开发机会，它们之间的发展增益需要平衡，既需要思考没有征地机会的大田农民的土地发展权问题，也需要思考失地农民的土地发展权问题。

20 世纪 80 年代，中国乡镇企业蓬勃发展，在近 10 年的时间里，农民创造了乡镇企业占国民经济半壁河山的奇迹，也创造了农村居民收入增长快于城市居民的奇迹。其重要原因之一，就是农民拥有用集体土地发展乡村工业的权利。农民可以独占土地发展增益，土地可以成为发展非农产业的资本，[①] 这是华西村、南街村、大寨村等工业化、集体化村庄经济越来越壮大、村民福利持续增长的基础。[②] 享有土地发展权，能够分享土地发展增益，实现土地资本化，是这些村庄在市场经济条件下成功的重要原因。可以说，当时所有的城郊村庄，只要能遏制村庄内部的离心力，解决内部的利益分配问题，就可能建立起集体化运作模式。

与南街村等村庄相比，其他村庄就没有抓住"历史机遇"。1986 年土地管理法颁布后，大田农民分享土地发展增益的权利被国家剥夺，他们"依法"丧失了土地发展权。在当前的土地用途管制、土地规划制度下，城市规划区之外的土地丧失了发展机会，其发展增益聚集在规划区之内的土地上。也就是说，城市规划区的土地发展增益"聚集"了广大大田农民所"依法"丧失的土地发展增益。因此，土地发展增益不应该仅仅由刚好处在规划区的被征地农民独享，那些没有区位优势、无地可征的偏远农村地区的大田农民，也应该分享规划区内的土地发展增益。[③] 这样，既可以保护大田农民的土地发展增益，也可以避免城市规划区内出现土地食利者阶层。

在英国，通过土地发展权的国有化，国家获取了大部分土地发展增益，从理论上讲，这些利益可以通过公共财政来实现社会共享。在美国，

---

① 参见李昌平《扩大农民地权及其制度建设》，《中国图书评论》2009 年第 1 期。

② 有人基于意识形态的原因认定这些村庄的成功是集体化道路的成功，也有人基于另一种意识形态的原因认定南街村是个"怪胎"，最终一定会失败。这两种看法都忽略了这些村庄享有土地发展增益的事实。

③ 参见贺雪峰《地权的逻辑》，中国政法大学出版社，2010，第 66 页。

通过土地发展权配置，土地发展增益被强制分配到所有地块上，从而实现了社会共享。英美两国通过不同的方式，实现了广大公众土地发展增益的分享。我国的土地用途管制和征地补偿的制度设计初衷也是如此。国家垄断了土地开发一级市场（发行市场），政府或其授权委托的企业，对城市国有土地（毛地）或乡村集体土地（生地）进行统一的征收、拆迁、安置、补偿，并进行适当的市政配套设施建设，使其成为熟地，然后在土地开发二级市场中有偿出让或转让，交易收益归国家所有，进而通过公共财政将这些收益用于全体人民。这一制度初衷如能实现，也可以避免土地发展增益被少数人垄断。

　　然而，目前我国的制度实践却不尽如人意，大田农民与土地发展权缺乏制度上的联系。与美国土地发展权制度相比，中国征地补偿制度存在的一个问题是，那些偏远农村大田农民的土地发展权一直被忽略。在理论上，全国的每一块土地都天然地拥有土地发展权。但现在，土地用途管制和土地征收制度将土地发展权收归国有，并由政府进行发展增益分配。虽然土地发展增益确实有相当部分通过公共财政用于偏远农村，可目前国家以城市为主要发展重心，大田农民能够分享到的土地发展增益非常有限，而且公共财政开支与大田农民的土地发展增益缺乏明确的制度联系。大田农民的土地缺乏被征收的机会，他们不会也不懂得争取发展增益，是"沉默的大多数"。

　　我国的征地补偿费用包括土地补偿费、安置补助费以及地上附着物和青苗的补偿费。根据土地管理法的规定，征收耕地的土地补偿费，为该耕地被征收前 3 年平均年产值的 6 倍至 10 倍；每一个需要安置的农业人口的安置补助费标准，为该耕地被征收前 3 年平均年产值的 4 倍至 6 倍；征收其他土地的土地补偿费和安置补助费标准，以及被征收土地上的附着物和青苗的补偿标准，由省、自治区、直辖市规定。这种土地补偿费的法定计算方式虽然不尽科学，但其计算结果与征收前农地纯收入资本化的"影子价格"大体上是相当的。[①] 根据这一标准计算出来的征地补偿费用，远远低于土地征收后的非农用地市场价格。这意味着，我国的土地征收制度未

---

　　① 参见周诚《农地征用中的公正合理补偿》，《中国经济时报》2003 年 9 月 2 日；周诚《再论我国农地征收的合理补偿》，《中国经济时报》2005 年 10 月 17 日。

能明确保障失地农民对土地发展增益的分享，失地农民并不享有土地发展权。这种模式明显存在诸多问题。

第一，在理论上不能自圆其说。从理论上讲，土地发展增益来源于全体人民的努力，应当属于全体人民。失地农民虽然不能独享土地发展增益，但他们至少可以参与分享一定的发展增益，甚至在其中应当享有优先地位，毕竟土地发展增益的实现有赖于他们的土地所有权。而且，中国农民不为城镇社会保障体系所覆盖，土地因此构成农民农业就业权和社会保障权的载体。[1] 农民失去土地，就会同时失去就业机会和社会保障，因此理应让他们参与分享土地发展增益。

第二，在实践中可能导致失地农民生活水平的下降。由于中国存在城乡二元结构，城乡生活成本有着巨大的差异。一个农村家庭如果有十亩土地，年收入虽然不多，却可以维持全家温饱。土地被征收后，失地农民如果不能在城市获得稳定就业，得到的补偿费用很难维持整个家庭在城市的长远生活。如果土地被征收前主要用于种植经济作物或经营高效农业，则失地后农民的生活水平会下降得更加明显。近20年来的土地征收，制造了一个完全失去土地同时又无法在城市稳定就业的失地农民群体，他们在失地后生活水平下降，心理上的被剥夺感很强，带来了诸多社会问题。

第三，可能剥夺失地农民的习惯利益，从而导致激烈的对抗。在城郊农村，土地被征收之前，农民就享有了一些不合法的习惯利益。他们在土地上从事一些经营活动，占有了土地非农使用的发展利益，如将村里的"四荒地"出租给企业，建停车场、农贸市场，大量建造出租房屋，等等。这些经营行为也许并不合法，但国家限于执法能力未能及时查处，因此这些农民长期享受非法的习惯利益。一旦国家正式征收事实上得以开发的土地，并仅仅按照目前的法定标准进行补偿，农民因习惯利益丧失，就可能产生严重的被剥夺感，进而引发激烈的抵抗，导致群体性事件甚至恶性事件的发生。

第四，可能给失地农民带来巨大的心理冲击。现行征地补偿标准基本上没有考虑市场条件，如土地的区位、征收后的用途等。这可能导致失地

---

① 参见王全兴《当前我国社会法若干问题的思考》，《阅江学刊》2011年第2期。

农民心理不平衡，尤其是对房屋的补偿，主要考虑重置成本，这与城市房屋拆迁按照市场价进行补偿形成了强烈的反差。《国有土地上房屋征收与补偿条例》第 19 条规定："对被征收房屋价值的补偿，不得低于房屋征收决定公告之日被征收房屋类似房地产的市场价格。被征收房屋的价值，由具有相应资质的房地产价格评估机构按照房屋征收评估办法评估确定。"城郊村、城中村的房屋与城市国有土地上的房屋比邻而立、犬牙交错，补偿标准差距甚大，失地农民比照城市土地和房屋的市场价格，从心理上就难以接受法定征地补偿标准。

第五，可能使法定征地补偿标准难以执行。考虑到种种现实挑战，政府可能因严格执法成本过高而放弃执法，向失地农民妥协，也可能因"维稳"压力而给予失地农民更多的补偿。一些地方政府甚至开始倾向于以非农用地市场价补偿失地农民，这在城中村改造中最为明显，它事实上造就了一个土地食利者群体。这些做法无疑在消解法定补偿标准的权威性，损害了法律的权威。

六 中国土地发展权的制度前景

美国的土地发展权制度有很多优点：能够消除非个人努力而导致的土地增值，补偿因分区政策而开发受限的土地所有人，从而保证公平；能够减缓政治压力，特别是来自试图把土地卖给开发商的土地所有人的压力；能够促使土地所有人避免利益分裂，联合成统一的群体；能够大大减少因土地分区规划所带来的申诉和争议及相应的成本；能够以更低成本保护农地、开敞空间、历史遗迹、环境敏感区；能够促进城市的理性发展和扩张；能够在技术上避免征收土地，减少社会矛盾。[①] 倘若中国借鉴美国的土地发展权制度，且这一制度能在实践中有效运作，上述优点应该也可以体现出来。由此，一些中国学者基于美国土地发展权制度的优点，主张在

---

① 众多的研究提及了这些优点，参见 Jeffrey Bucklund，"The History and Use of Purchase of Development Rights in the United States，" *Landscape and Urban Planning* 14 （1987）：237 – 252；John Costonis，"Development Rights Transfer：An Exploratory Essay，" *The Yale Law Journal* 83 （1973）：75 – 128。

中国全面借鉴这一制度。①

然而，美国的土地发展权制度，与中国相关制度有着相当不同的基础，全面借鉴会涉及一连串的制度变动。目前中国近乎采取的是土地发展权国有模式，要转换为美国土地发展权定额私有模式，则制度转换的成本会非常高。尤其需要考虑的是，全面赋予所有土地以发展权，国家要限制农民开发就必须买断其土地发展权，这会让中西部地方政府有限的财政能力雪上加霜。倘若国家无力买断农民的土地发展权，就很难阻止农民低度开发土地，从而造成土地浪费，并使严格的耕地保护政策落空、土地用途管制制度虚化。此外，土地发展权制度的成功运作依赖于严格的外部条件，包括法律制度对权利的明确界定、科学合理的分区规划政策、公众对发展权制度的充分认可、政府对市场的高效监管等。在美国，这些背景性条件在一些地区很难全部具备，因此土地发展权转让制度的实际运作效果往往难符预期。② 目前中国的多数地区，很难在短时间内具备美国式土地发展权制度成功运作的背景性条件，因此全面借鉴美国制度模式的时机并不成熟。当然，具备条件的地区，可以尝试以项目的形式进行土地发展权改革实验，然后根据实验的成效谨慎决定是否应当在更大范围内推行这一制度。

当前中国征地纠纷频发，矛盾较为尖锐，一些地方的征地补偿未能依法进行，基层政府的执法也存在一些问题，土地发展权派生论因此批判现有土地发展权国家模式，主张将土地发展权完全赋予城市规划区内的土地所有权人。如果这种主张付诸实施，土地发展增益将主要由占有特殊位置土地的城郊农民享有，这必将催生土地食利者群体，加剧社会不公。目前中国采取的土地发展权国有模式，从原则和大方向上讲，基本能体现社会公平，应当坚持。不过，目前的制度确实未能明确保障失地农民的土地发展增益，应当加以改革完善。周诚教授提出"私公兼顾论"和"农地全面

---

① 参见丁成日《美国土地发展权转让制度及其对中国耕地保护的启示》，《中国土地科学》2008 年第 3 期；刘明明：《土地发展权的域外考察及其带来的启示》，《行政与法》2008 年第 10 期。也有学者从民法制度层面考虑，反对借鉴美国土地发展权制度。参见韩松《集体建设用地市场配置的法律问题研究》，《中国法学》2008 年第 3 期。

② 参见 Vincent Renard，"Property Rights and the Transfer of Development Rights：Questions of Efficiency and Equity，" *Town Planning Review* 1 （2007）：41 - 60。

产权观"，指出农地自然增值的公平分配应当全面顾及失地农民和国家。①
这种认识既坚持了土地发展权国有，也保障了失地农民的权益，尽管对大
田农民的权益关注不够。我国法律需要在土地发展权国有的基本制度下，
适当考虑失地农民分享土地发展增益，以保证他们过上小康生活。这需要
适当提高征地补偿标准，同时严格执行补偿标准。政府不能因为"土地财
政"需要而剥夺失地农民的权利，也不能因为"钉子户"抗争而支付超额
的补偿费用。

目前相关制度忽视大田农民的土地发展权，也应当予以改革完善。在
大体坚持土地发展权国有的同时，需要在公共财政和预算方面进行具体的
制度建设，保障大田农民土地发展权的实现。可以考虑建立专门的制度，
从已开发土地的发展收益中拿出适当的份额进行再分配，用于补偿那些没
有征地机会的大田农民，正是他们的农业耕作保障了粮食安全、生态效
益，提供了良好环境等。也可以考虑在现有的农业补贴之外，专门增加一
项"土地发展权补贴"，按土地面积进行发放。还可以考虑从"土地财政"
收入中提取一定的经费，作为农村社会风险基金，用来资助遭遇疾病、灾
害、事故等亟须帮助的农民家庭。特别需要说明的是，上述具体制度需要
突破行政区划，在全国层面建立。中国是中央集权程度较高的单一制国
家，国家发展战略已经导致各地发展状况差异很大，聚集资源的能力相当
不同，可以分享的土地发展增益有很大差别，只有全国性的制度才能保障
各地农民公平享受土地发展增益。当然，这涉及复杂的中央地方关系及省
际财政关系协调，需要进一步的深入研究。

---

① 参见周诚《论我国农地自然增值公平分配的全面产权观》，《中国地产市场》2006 年 8 月
号；周诚《关于我国农地转非自然增值分配理论的新思考》，《农业经济问题》2006 年第
12 期。

土地发展权与土地增值收益的分配[*]

程雪阳[**]

摘 要： 快速城市化过程中如何合理分配土地增值收益，是我国当前土地制度深化改革亟须处理的重大问题之一。通过研究土地发展权的知识源流和制度变迁过程，以及其与土地所有权、土地规划管制、征收补偿标准、公共利益（比如耕地保护）等问题之间的关系，可以发现，土地发展权是土地所有权的组成部分，土地规划管制是作为主权者的国家对土地发展权的干预和限制，而非土地发展权的来源。部分土地增值收益返还社会并无不当，因为土地增值的出现确实与诸多社会因素有关，但实现这一目标的方式应当符合比例原则。为此，在土地征收的过程中，土地增值收益的分配要实现从"国家垄断土地一级市场＋低征高卖"方式向"市场价格补偿＋合理征税"方式转变；在耕地保护、环境保护等公共利益的维护过程中，土地增值收益的分配要实现从"土地发展权国有化＋建设用地指标管制"向"规划管制＋发展权市场化交易"方式转变。

关键词： 土地发展权　土地增值收益分配　土地增值社会返还　土地规划管制

---

[*] 本文原载于《法学研究》2014 年第 5 期。本文受"中国地权制度的变革与反思"（14FFX010）、中国经济改革研究基金会 2014 年研究项目"赋予农民更多的土地财产权研究"资助。盛洪、杨俊峰、徐振宇、强世功、莫于川、沈开举、陈柏峰、朱虎、郭志京、强梅梅、樊纪伟等师友及匿名审稿人对本文的修改提出了许多宝贵意见，在此表示感谢。

[**] 程雪阳，苏州大学王健法学院教授，法学博士。

一　引言

随着中国城市化进程的不断加速，如何合理分配土地增值收益，已成为土地制度深化改革领域争论最为激烈的问题之一。目前围绕集体土地征收补偿标准的确定、外嫁女在土地征收过程中应否予以补偿、小产权房是否应当合法化等问题所产生的争议，都不过是集体土地增值收益分配领域中矛盾的表现形式。执政党和社会各界近几年都高度关注这一问题，不断呼吁尽快"建立兼顾国家、集体、个人的土地增值收益分配机制"。[①]

从学理上看，目前关于土地增值收益分配的争论，主要可以总结为以下两种观点。

第一种观点认为，土地增值收益应当坚持"涨价归公"，政府垄断土地一级市场是合理的，因此，政府征收集体土地不应当按照市场价格进行补偿。为了证明这种主张，持有这种观点的学者通常会援引"土地发展权"理论。[②] 论证思路大致如下。[③] 第一，在早期农业社会中，土地发展权确实曾是土地所有者的自然权利，但进入工业化社会之后，政府通过立法和分区规划将土地开发的权利与土地所有权分离，从而将前者变成一种优先满足社会需要且由政府掌管的权利。第二，既然土地发展权在现代社会中源于国家主权且由政府掌管，在没有获得国家行政许可的前提下，集体

[①] 中共中央在 2012 年 11 月发布的十八大报告中指出，必须"改革征地制度，提高农民在土地增值收益中的分配比例，让广大农民平等参与现代化进程、共同分享现代化成果"。2013 年 11 月十八届三中全会发布的《关于全面深化改革若干重大问题的决定》强调，要"建立兼顾国家、集体、个人的土地增值收益分配机制，合理提高个人收益"。2014 年中央 1 号文件《关于全面深化农村改革加快推进农业现代化的若干意见》再次指出，要"抓紧修订有关法律法规，保障农民公平分享土地增值收益"。

[②] 周诚曾经提出，"development right"一词在中文中有发展、开发、展开、发达等四个含义。按照汉语习惯，中文"发展"一词是指事物由小到大、由简单到复杂、由低级到高级等的变化，而"开发"一词则是指对资源的利用或进一步利用。农地转变为非农用地是对农地资源的进一步利用，因此应当将这一术语译为"土地开发权"方为确切（参见周诚《论我国农地自然增值公平分配的全面产权观》，《中国地产市场》2006 年第 8 期）。笔者同意上述意见，但从便于学术对话的角度，本文仍使用"土地发展权"这一译法。

[③] 参见陈柏峰《土地发展权的理论基础和制度前景》，《法学研究》2012 年第 4 期；华生《土地制度改革的焦点分歧——兼答天则经济研究所的商榷》，《上海证券报》2014 年 3 月 12 日。

土地所有权人对其所拥有的土地就不享有开发和建设的权利，农村自身的发展和建设也不能随意利用土地。具体到我国的实践，"土地开发由国家控制，土地发展增值收益也由国家占有"。第三，基于以上理由，政府在征收集体土地时，只要适当考虑让失地农民分享土地发展增益，适当提高征地补偿标准，保证被征收人过上小康生活即可，不能因为"土地财政"的需要而剥夺失地农民利益，也不能因为"钉子户"抗争而支付超额的补偿费用。

第二种观点则认为，在处理集体土地增值收益分配时，应该尊重和保护集体土地产权人的权利。持有或支持这种观点的学者通常从以下三方面认证。第一，土地发展权是一种相对独立的物权，但这种物权是从土地所有权中分离出来的，是土地所有权人或土地使用权人改变土地现有用途或者提高土地利用程度的权利，[1] 将土地发展权视为同税收权一样的国家公权力，有滥用国家警察权之嫌。[2] 第二，我国的土地所有权分为国家所有和集体所有两种形式，前者的土地发展权归国家，后者的土地发展权却被国家从农村土地"产权束"中剥离出来，由政府完全享有，是不合理的。农村集体既然拥有土地的所有权，而且在法律上国家所有和集体所有是平等的，那么集体对其所有土地也应当拥有发展权。[3] 第三，集体土地的权利人既然享有土地发展权，那么自然就享有相应的土地增值收益。为此，不仅应当"允许农民或集体自由出让建设用地与农用土地"，[4] 在征收集体土地时，也应当按照市场价格公平地补偿被征收人。[5]

上述两种观点的分歧主要集中在理论和制度两个层面。理论层面的争论主要围绕土地发展权的来源、归属和法律属性展开，制度层面的分歧则主要围绕如何建立合理的集体土地增值收益分配机制展开。理论层面的争论和制度层面的分歧存在勾连，对土地发展权归属和法律属性的理论分

---

[1] 参见刘永湘、杨明洪《中国农民集体所有土地发展权的压抑与抗争》，《中国农村经济》2003 年第 6 期。

[2] 参见刘明明《论我国土地发展权的归属和实现》，《农村经济》2008 年第 10 期。

[3] 参见许恒周《农地发展权的设立与土地征用制度改革》，《广东土地科学》2005 年第 3 期。

[4] 参见王洪亮《小产权房与集体土地利益归属论》，《清华法学》2009 年第 5 期。

[5] 参见叶必丰《城镇化中土地征收补偿的平等原则》，《中国法学》2014 年第 3 期；屈茂辉、周志芳《中国土地征收补偿标准研究——基于地方立法文本的分析》，《法学研究》2009 年第 3 期。

析，会影响对"何种土地增值收益分配机制才是合理的"等制度问题的判断。因此，要科学评价上述争论，首先要对"土地发展权"的知识源流和制度变迁进行细致的历史梳理；其次，要从法学理论角度研究土地发展权的法律属性，并以此为基础，讨论如何在我国现有的法学理论和法律体系中评价和安放"土地发展权"；最后，要厘清土地发展权与土地增值收益分配之间的关系，探讨土地增值社会返还、耕地保护、环境保护等目标应以何种方式落实才更符合比例原则的要求。

二　土地发展权的知识源流和制度变迁

依据现有文献，土地发展权作为一项制度首次出现于 1947 年的英国城乡规划法。依据该法的规定，1947 年以后，英国境内所有私有土地的发展权将被"国有化"，私有土地只能在现有用途范围内进行使用，且只拥有该法通过时的土地使用价值。私人若想变更土地用途，必须向规划当局申请许可。如果许可被批准，任何由此引起的土地增值都需要支付开发费，具体数额依照用途变更后土地增值的额度进行计算。[①]

上述这段历史常常被研究土地发展权的学者提及。有学者将英国的这段历史总结为"土地发展权国有模式"，并借此得出结论，"土地发展权不太可能是土地所有权的派生权利，其产生于国家管制权对土地开发利用的限制。土地利用若不受限制，即无须所谓土地发展权"，"土地发展权与国家管制权的'限制'相伴而生，它力图平衡和解决土地发展增益的分配，以促进土地资源的有效利用，最终达到保护历史古迹、环境、城市开敞空间、粮食安全等目的"。[②] 然而，这种对英国土地发展权制度和历史的解读可能存在偏差。

在英国历史上，土地发展权与国家规划管制权并非相伴而生。英国第一部对土地用途进行管制的法律并非 1947 年的城乡规划法，而是 1909 年的住宅和城镇规划法案。住宅和城镇规划法规定，"任何一块正在进行开

---

① 参见 *Town and Country Planning Act*，1947，10&11 Geo. 6，c. 51；〔英〕巴里·卡林沃思、文森特·纳丁《英国城乡规划》，陈闽齐等译，东南大学出版社，2011，第 214 页。

② 陈柏峰：《土地发展权的理论基础和制度前景》，《法学研究》2012 年第 4 期。

发，或者准备进行房屋建设"的土地都必须符合住宅和城镇规划的要求。①
但是，该法案所建立的国家对土地用途的管制措施并非土地发展权的来
源，英国境内的土地发展权在该法案之下依然属于各种土地权利人（比如
占有人、保有人等），并不属于国家。② 另外，虽然早在 15 世纪英国人就
认为基于公共服务所带来的土地增值应该部分返还社会，但他们主要通过
征收特别税的方式来实现这一目标，并没有提出"发展权国有化"的主
张。比如，1427 年英国曾对因为建设防洪设施而引起增值的土地征税；
1666 年伦敦大火之后，该市也曾对因为城市重建而导致的土地增值征税。③
1947 年，为了加快战后的工业和城市重建，改变民众的居住环境并确保充
分就业，首次执政的英国工党决意实施激进的"土地发展权国有化"战
略。④ 为此，工党政府首先通过 1947 年的城乡规划法将全国私有土地的发

---

① 参见 Article 54 of Housing, Town Planning, & c, Act（1909）. 关于这部法律的详细介绍，
可以参见 W. Thompson, *Handbook to the Housing and Town Planning Act*, London: National
Housing Reform Council, 1910, pp. 1 – 43。

② 需要注意的是，尽管英国所有的土地都属于国王，但是随着漫长的历史演变，国王的土
地所有权逐步被虚化，各种各样的土地保有权（tenure）和地产权（estate）通过信托
（Trust）等制度慢慢实体化。经年累月之后，这些土地权利的享有者变成了真正的土地所
有者。不过，由于大陆法系上的所有权观念和制度在英国法中并不存在完全相同的对应
物，所以很难界定英国土地的所有权人。就像 F. H. Lawson 和 Bernard Rudden 所梳理的那
样，"英国法中的绝对产权是相当少的，因此当你在使用与'产权'相关的'所有权'
一词而发现它纯粹是作为占有的对应物时，大可不必惊讶。……基于物的所有权而派生
出来的使用权和收益权是由诸多人共同分享的，因此将所有权归于任何人都是不合适的"
（参见 F. H. Lawson & Bernard Rudden, *The Law of Property*, Oxford University Press, 1998,
p. 116）。

③ 参见 Keith Davies, *Law of Compulsory Purchase and Compensation*, London: Butterworths,
1984, pp. 265 – 267。

④ "土地发展权国有化"战略是英国工党庞大"国有化"战略的组成部分，而不是一个孤
立的政策。早在 1918 年，英国工党就将"实现生产资料生产与分配的公有制"作为自己
要达到的主要目标之一写入党章。1945 年工党大选胜利后，主张社会主义就是"国家对
资源的物理控制"的艾德礼担任首相。他在就职不久即后发表演说称，"我们决议尽力尽
快实施带有工党明显特色的纲领：我们的社会主义政策，我们的国有化政策"。为此，工
党政府利用其议会多数派的优势，先后颁布了英格兰银行法、煤矿工业国有化法、国家
航空白皮书、电报和电话法、工业分布法、城乡规划法等法律。通过这些法律，工党政
府决意要将英格兰银行、煤矿工业、电力工业、煤气工业、铁路行业和钢铁行业以及土
地发展权全部"国有化"。不过，这些国有化措施进展并不顺利，而且消极作用（比如国
有企业普遍亏损）很快就显现了出来，所以 1951 年工党就被选民踢出了政府。相关梳理
参见刘成《理想与现实：英国工党与公有制》，江苏人民出版社，2003，第 38 页以下，
第 75 页以下。

展权全部"国有化",然后由政府通过城乡规划来决定土地如何开发利用,并由政府代表国家享有土地增值所带来的收益。此后,如果某块土地被政府征收,土地权利人只能按照土地现有的用途获得补偿,未来土地开发可能获得的收益则不予补偿。[①] 为了实现上述目标,工党政府还设立了"中央土地委员会"。不过,作为一个法治国家,这种"国有化"并不是无偿进行的,工党政府专门建立了一个金额为 3 亿英镑的基金来补偿土地权利人的损失,并打算在 1954 年之前对所有土地发展权受损的权利人进行一次性补偿。[②]

然而,这种"土地发展权国有化"战略并没有实现预期目标,反而给公民权利保障和社会经济发展造成了巨大的伤害:由于开发土地的利润完全被政府拿走,人们丧失了开发土地的动力和动机;由于私人没有动力开发土地,土地市场因此萎缩;政府力图取代市场成为城市住房和城市更新的供应主体,但"重建英国"的工作却进展缓慢。[③] 所以,短短 6 年之后(即 1953 年),英国政府就通过修改城乡规划法废除了"中央土地委员会"和"100% 土地开发费"这两项激进措施。[④]

1953—1954 年的改革并不彻底。"100% 土地开发费"被废除之后,土地发展权在理论上依然归国家所有,土地权利人可以在土地市场上依照市场价格出售土地,但在土地征收过程中,其只能按照土地现有用途获得补偿。这种不公平是显而易见的,所以英国政府在 1959 年又将"公平的市场价格"作为土地征收的补偿标准。[⑤] 1964 年,英国工党再次执政。为了

---

① 参见 Michael Simpson et al. , *British Planning History 1900—1952*, Altair publishing, 1988, p. 11。在具体的执行层面,1947 年城乡规划法规定,如果私人想变更土地用途,必须向规划当局申请建筑许可证。除有限范围内的特殊情况,如果申请被批准,当事人需要就土地增值向政府缴纳 100% 的土地开发费;如果许可被否决,当事人并不能得到补偿(参见 B. Cullingworth & V. Nadin, *Town and Country Planning in Britain*, London: Routledge, 1994, p. 107)。

② 参见 Peter Hall, *Urban and Regional Planning*, London: Routledge, 2002, p. 73。

③ 〔英〕巴里·卡林沃思、文森特·纳丁:《英国城乡规划》,陈闽齐等译,东南大学出版社,2011,第 25 页。

④ 参见 Town and Country Planning Act, 1953, 1&2 Eliz. 2, c. 16;Michael Simpson et al. , *British Planning History 1900 - 1952*, Altair publishing, 1988, p. 12。

⑤ 参见 Nathaniel Lichfield & Owen Connellan, *Land Value Taxation in Britain for the Benefit of the Community: History, Achievements and Prospects*, Lincoln Institute of Land Policy Working Paper, 1997, pp. 32 – 33。

不过分损害公民的土地权利和民众开发土地的热情，工党政府开始主张通过征税来实现"土地增值的社会返还"这一目标。1965 年，工党政府主导的议会通过了本年度财政法案，该法案允许政府开征资本利得税，其中包括对公民出售或者出租土地的增值收入征收税款。① 1967 年，在工党的主导下，英国议会又通过了土地委员会法案，该法案规定政府将设立专门的土地委员会来负责征收地产增值税，最初的税率为 40%，后来涨到 45%—50%。不过，1970 年政党轮替以后，保守党政府认为"土地委员会在自由社会中没有合适的位置"，该委员会以及该委员会所依据的法案于 1971 年被解散和废止，"地产增值税"只征收了三年左右。②

将英国频繁的制度变迁完全归结为党争是不客观的。英国保守党并不完全反对工党"将土地增值返还给社会"的理念。比如，1973 年 12 月，隶属于保守党的财政大臣安东尼·巴伯（Anthony Barber）曾提议，对公民处分土地和房屋的实质性收入所得征收开发利得税，但议会还未批准该项计划，保守党政府就下台了。1974 年重新上台的工党政府部分同意巴伯的方案，但他们认为开发利得税不够彻底，所以主张开设税率为 80% 的土地开发税。在工党的主导下，英国议会于 1975 年先后通过了社区土地法案和土地开发税法案来落实这一计划。不过，1979 年大选之后上台的保守党政府并不喜欢土地开发税这一遗产，他们先是调低了该税的税率（从 80% 降到 60%），后来干脆通过 1985 年的财政法案取消了这个税种。③

此后，英国没有再征收过单一的土地增值税或者地产税，"土地增值的社会返还"的目标主要是通过土地交易税、资本利得税、遗产税以及市政税和营业税等分散的税种来实现。在英国，一直有理论家对此表示不满，认为应当将上述税种整合为单一土地增值税。④ 不过，到目前为止，这些主张并没有被采纳。

---

① 参见 Owen Connellan et al. , *Land Value Taxation in Britain： Experience and Opportunities*，Lincoln Institute of Land policy，Cambridge，MA. ，2004，p. 84。

② 参见 Owen Connellan et al. , *Land Value Taxation in Britain： Experience and Opportunities*，Lincoln Institute of Land policy，Cambridge，MA. ，2004，p. 85。

③ 参见 Owen Connellan et al. , *Land Value Taxation in Britain： Experience and Opportunities*，Lincoln Institute of Land policy，Cambridge，MA. ，2004，p. 85；Christopher J. Duerksen，"England's Community Land Act: A Yankee's View," *Urban Law Annual* 12（1976）：68 – 69。

④ 参见 Owen Connellan et al. , *Land Value Taxation in Britain： Experience and Opportunities*，Lincoln Institute of Land policy，Cambridge，MA. ，2004，pp. 26，49。

20 世纪 60 年代以后，源于英国的土地发展权理论被引入美国。但依照美国学者的总结，"在美国，从来没有任何一个地方采用过'土地发展权国有化'这一策略，分区规划仅仅是一项限制私人土地发展权的管制性措施"。① 有学者认为，英美两国的不同实践表明，土地发展权存在英国式的"国有模式"和美国式的"私有模式"。② 从上文梳理来看，这种分类是可疑的。土地发展权并不是从政府规划管制权中产生的，而是土地所有权/产权的固有组成部分。如果确实存在"英国模式"与"美国模式"区别的话，那就是英国曾经试图建立土地发展权"有偿国有化模式"，而美国人没有追随英国的步伐。事实上，英国在 1947 年以后所建立的制度，也仅仅是一次短暂且不成功的"制度试错"。如果说这种试错能给我们带来一些启示，那也应该是通过开征土地增值税的方式来实现"土地增值收益返还社会"的目标，而不是把"土地发展权国有化"这种教训当作经验来加以发扬。

三　土地发展权的法律属性

支持"土地发展权国有化"的学者们通常认为，"土地发展权派生论的基础是'所有权绝对'的观念"，而"在公法和私法都对土地所有权作出广泛限制的今天，依据'所有权绝对'的观念，认为土地发展权派生于土地所有权，主张土地所有权应当得到发展增益的全部，这在法律理论上缺乏足够的说服力"。③ 笔者认为，这种观点值得商榷。

（一）土地发展权的权利来源

其一，土地发展权"所有权派生论"与"所有权绝对理论"属于两个不相关的问题。"所有权绝对"指的是 18 世纪以来的"财产权神圣不可侵

---

① Edward H. Ziegler, "Transfer Development Rights and Land Use Planning in the United States," *The Liverpool Law Review* 2 (1996): 147 – 148.
② 参见陈柏峰《土地发展权的理论基础和制度前景》，《法学研究》2012 年第 4 期。
③ 陈柏峰：《土地发展权的理论基础和制度前景》，《法学研究》2012 年第 4 期。另参见华生《城市化转型与土地陷阱》，东方出版社，2013，第二章第三节"土地开发权与所有权的分离"。

犯"（法国 1789 年人权宣言第 17 条）和"所有权是以完全绝对的方式享有与处分物的权利，只要不被法律或议会立法禁止"（法国民法典第 544 条）。这一理论的指向是"所有权人有不受公法或私法限制，自由使用和处分自己所有之物的权利"。如果说"所有权绝对理论"存在理论上的竞争对象，那应该是"所有权的社会化"或"所有权的社会义务"理论，即所有权是否应当承担必要的社会义务，进而接受来自公法或者私法的限制，[①] 而不是所有权是否可以派生或分离出其他权利。

其二，土地发展权"所有权派生论"的理论基础是"所有权理论"本身。虽然人们对于如何定义"所有权"一直争吵不休，但民法学者通常同意"所有权"就是指权利人对所有物享有永久、充分且最全面的支配权。[②] 这种"最全面的支配权"并不意味着所有权不受任何限制，而是指与其他权利相比所有权最为全面，或者说所有权人可以以任何合法的方式处分其所拥有之物。[③] 我国《物权法》第 39 条将所有权定义为，"所有权人对自己的不动产或者动产，依法享有占有、使用、收益和处分的权利"。这种定义并没有错，但"占有、使用、收益和处分"仅仅是对所有权权能和表现形式的描述和不完全列举，[④] 所有权人完全可以通过将其中两种或者两种以上的权能结合起来（如土地所有权人所设立的建设用地使用权就同时

① 关于"所有权绝对"与"所有权社会化"的关系，以及所有权绝对理论在我国近代民法中的演变，可以参见张卉林《从所有权绝对到所有权社会化：所有权观念及立法变迁》，《山东社会科学》2013 年第 5 期；韩冰《论近代中国民法变迁中的所有权绝对原则》，《河北法学》2011 年第 1 期。对财产权社会义务的研究可以参见张翔《财产权的社会义务》，《中国社会科学》2012 年第 9 期。

② 对于"所有权"的定义，一直以来存在两种不同的方式，即"通过概括所有权的本质属性来为所有权概念定义"和"通过列举所有权各项权能，揭示所有权的本质属性来为所有权概念定义"。由于本文不专门研究"所有权"的定义方式，因此将这两种方式综合起来使用。关于不同所有权定义方式的梳理以及各自的利弊分析，可以参见龙翼飞、杨建文《论所有权的概念》，《法学杂志》2008 年第 2 期。

③ 参见〔德〕J. F. 鲍尔、R. 施蒂尔纳《德国物权法》上册，张双根译，法律出版社，2004，第 515 页以下。

④ 另外，我国物权法对所有权权能的列举仅仅属于众多不完全列举方式中的一种。1911 年编纂完成的《大清民律草案》第 983 条在列举所有权的权能时使用的是"使用、收益、处分的权利"，而 1922 年的苏俄民法典第 58 条在列举所有权的权能时使用的是"占有、使用及处分的权利"。参见〔苏〕C. H. 布拉都西主编《苏维埃民法》上册，中国人民大学民法教研室译，中国人民大学出版社，1955；陈柏峰《土地发展权的理论基础和制度前景》，《法学研究》2012 年第 4 期，第 194 页。

具有收益和处分的功能），或者通过这四种权能之外的其他方式（如股份公司解散后，股东对公司剩余财产的分配，即剩余权能）来实现对物的所有权。

所以，土地发展权并非"神秘之物"。对于任何国家或者民族来说，无论那里的法学理论或法律是否明确承认或者设置了这项权利，也无论那里的法学理论或法律如何称呼这项权利，土地发展权一直是土地所有权的重要组成部分。随着社会和法律的发展，土地发展权确实越来越具有独立性，但就像土地租赁权、抵押权等权利一样，无论具有何种程度的独立性，都改变不了其源自所有权这一事实。有学者认为土地发展权是一项独立的权利，既可以归国家所有，也可以定额配置给土地所有人所有，土地发展权的初始配置与土地所有权人并不必然同一。① 笔者认为，以功利主义的成本—收益框架来分析土地发展权的权利来源问题，是不可取的。土地发展权源自土地所有权，对于这种权利来说，只存在是否被限制或者被国有化的问题，不存在初始配置的问题。

（二）土地发展权与国家管制

如果土地发展权不属于国家，那么其与国家管制之间是什么关系？这就涉及权利的限制问题。由于土地具有不可移动和不可代替等特征，某些特定的土地权利或土地利用方式，往往会受到来自法律或者土地利用规划的管制。比如，为了保护居民的生活环境，禁止在城市上风口或者在居民生活区建设高污染的工厂；为了保护自然环境，禁止在水源地或者湿地进行工商业开发等。这些限制是财产权（无论是国有财产权还是集体财产权或者私人财产权）必须承担的社会义务，而且在有人类聚居的任何社会和任何时代，这种社会义务都是存在的，只是表现方式、方面和程度不相同而已。

具体到土地发展权领域，作为国有土地的所有权人，国家拥有国有土地的发展权；作为集体土地的所有权人，农民集体经济组织拥有集体土地的发展权。这些发展权能否自由行使以及如何行使首先取决于所有权人的意志和意愿，但如果这种意志和意愿与土地利用规划、城市规划以及相关

---

① 参见陈柏峰《土地发展权的理论基础和制度前景》，《法学研究》2012 年第 4 期。

法律的禁止性规定发生冲突，则要服从后者的要求，因为这是土地发展权必须承担的社会义务。不过，国家通过法律和土地利用规划行使的管制权力，既不是土地发展权的来源，也无法分配或者赋予某块土地发展权，其仅仅决定是否限制以及如何限制土地的发展权而已。有专家认为，"土地用途管制制度的法理基础是土地的发展权属于国家"，[①] 笔者认为并非如此。

由此观之，在土地发展权领域，国家有两个非常重要的角色：其一是作为国有土地所有权人拥有私法上的国有土地所有权以及由此衍生出的土地发展权；其二是作为主权者/社会管理者拥有公法上规制领土范围内各种土地发展权的权力。如果我国如苏联在 1928 年所做的那样，将领土范围内一切土地的所有权全部国有化，实现公法上的领土与私法上的国有土地完全重合，[②] 那上述两个角色的区分就意义不大。但事实并非如此，我国《宪法》第 10 条第 2 款规定，"农村和城市郊区的土地，除由法律规定属于国家所有的以外，属于集体所有，宅基地和自留地、自留山，也属于集体所有"。

在这种特殊的地权制度之下，国家一方面要作为主权者/社会管理者来限制部分土地的发展权，另一方面还要与数百万个集体土地所有权人进行竞争，[③] 以确保作为国有资产的国有土地保值和升值。这种特殊情况毫无疑问会带来国家同时担当"足球裁判和足球队员"的风险，进而导致国

---

① 参见甘藏春《以制度创新推动社会经济发展——重温〈土地管理法〉的全面修订》，《中国国土资源报》2011 年 9 月 28 日，第 3 版。

② 苏俄《土地使用和土地重划通则》（第四届全苏中央执行委员会第四次会议 1928 年 12 月 15 日通过）宣布"土地之唯一所有权属于苏维埃社会主义共和国联盟"。苏联法学家对于这一条款的解释是，"国家独享的土地所有权，与社会主义国家领土主权有着密切的关系。社会主义国家对领土的关系，与资产阶级国家对领土的关系根本不同。在资产阶级国家中，所谓领土者，只是国家权力的空间界限。……但在社会主义国家中，领土不仅是国家权力的空间界限，而且是国家独享的所有权之标的，而且是全民的财产。它是社会主义经济的对象"（参见〔苏〕卡山节夫等《苏联土地法教程》，杜晦蒙译，大东书局，1950，第 100 页）。不过，中国和东欧社会主义国家一样，都是"分期分批实行国有化的"，并没有像苏联那样在革命后将全国所有的土地都收归国有，直到 1989 年，东欧的一些社会主义国家（比如匈牙利、罗马尼亚）仍允许宅基地私有（参见周诚《土地经济学》，农业出版社，1989，第 151、248 页）。

③ 我国现行土地管理法承认的集体土地所有权人，由三类主体构成：村集体经济组织、村内集体经济组织、乡（镇）农民集体经济组织。由于我国集体土地所有权登记目前尚未完成，所以我们无法准确统计全国集体土地所有权人的数目。不过，截至 2013 年 8 月，山东省就宣布全省共发集体土地所有权证为 302471 宗，发证率为 98.8%。由此观之，全国范围内所有的集体土地所有权人肯定会超过百万个（参见《山东集体土地所有权确权成果验收》，《中国国土资源报》2013 年 8 月 23 日）。

有土地和集体土地在土地市场上的不公平竞争。但遗憾的是，为了推动国有土地有偿出让制度改革，实现"国家垄断土地一级市场"的目标，我国现行法律并没有设置相应的机制来防范这种风险。

1994 年，在审议城市房地产管理法法律草案的过程中，有一些全国人大常委会委员反对草案中所规定的"集体所有的土地，经依法征用转为国家土地后，该幅国有土地的使用权方可出让"，提出"集体所有的土地，应当允许由所有权人出让，当然应当有所限制，如基本农田保护区的土地不得出让。理由是，1988 年 4 月七届全国人大第一次会议通过的宪法修正案规定，土地的使用权可以依照法律规定转让；1988 年 12 月七届全国人大常委会第五次会议通过的关于修改土地管理法的决定，明确规定集体所有的土地的使用权可以依法转让。集体所有的土地的所有权，包含对土地的使用权、收益权、处分权，理应可以由所有权人出让。如果所有权人无权出让，只有征用后才能出让进入房地产市场是不合理的，也是与宪法和土地管理法的规定不一致的"。① 然而，全国人大法律委员会在研究了各方面的意见之后认为，"在这个问题上，必须认真贯彻党的十四届三中全会的精神，我国地少人多，必须十分珍惜和合理利用土地资源，加强土地管理，切实保护耕地，严格控制农业用地转为非农业用地。国家垄断城镇土地一级市场。同时本法应当与宪法和土地管理法相衔接，建议将草案第 9 条修改为'城市规划区内的集体所有的土地，经依法征用转为国有土地后，该幅国有土地的使用权方可有偿出让'"。② 八届全国人大常委会第八次会议同意上述建议，最终将草案的规定纳入正式法律文本。

1998 年土地管理法修改的过程中，又有很多民众和地方政府（或其组成部门）希望建立集体土地流转和有偿使用制度。比如，"有的地方、群众提出，为了切实保护耕地，禁止农用地使用权进入市场转为建设用地是必要的，但是已经转为建设用地的集体土地应当允许流转，这也是已经普遍发生的情况，是符合市场经济要求的"。③ 浙江省土地管理局、杭州和绍兴等地的土地管理局认为，"国有土地实行有偿使用的制度适用的范围太小，应当将其扩大到集体土地。实际上目前集体土地也正在实行土地有偿

① 房维廉主编《中华人民共和国城市房地产管理法释义》，人民法院出版社，1994，第 233 页。
② 房维廉主编《中华人民共和国城市房地产管理法释义》，人民法院出版社，1994，第 233 页。
③ 卞耀武主编《中华人民共和国土地管理法释义》，法律出版社，1998，第 318 页。

使用制度，……建议规定集体土地实行有偿使用制度"。① 四川省则建议在土地管理法中增加"农民集体所有的土地使用权，在不改变所有权和土地用途的前提下，可以依法转让、出租或者抵押。具体办法由国务院规定"。② 但立法者再次拒绝了这些建议，并在该法律中对集体土地增加了新的限制性规定："任何单位和个人进行建设，需要使用土地的，必须依法申请使用国有土地；但是，兴办乡镇企业和村民建设住宅经依法批准使用本集体经济组织农民集体所有的土地的，或者乡（镇）村公共设施和公益事业建设经依法批准使用农民集体所有的土地的除外"（《土地管理法》第43条）；"农民集体所有的土地的使用权不得出让、转让或者出租用于非农业建设；但是，符合土地利用总体规划并依法取得建设用地的企业，因破产、兼并等情形致使土地使用权依法发生转移的除外"（《土地管理法》第63条）。在随后出台的权威释义中，立法者解释说，"由于我国的土地市场刚刚建立，政府管理土地市场的各项措施还不健全，加上前几年'房地产热'、'开发区热'造成大量的闲置土地，如果再允许集体土地进入市场，将又有大量集体土地变为建设用地，形成更多的闲置土地，国有土地使用制度改革也将难以进行"。③

借此，集体土地的大部分发展权被法律无偿国有化了。现在看来，这种"土地发展权无偿国有化"制度确实有很多优点，如有力推动了国有土地有偿出让制度改革，有力改善了地方政府的财政收入情况，有力促进了中国经济在20世纪90年代以后的高速发展。但是，其所带来的弊端也越来越明显。比如，地方政府患上了"土地财政依赖症"，集体土地权利人被剥夺了大部分土地增值收益，城市"摊大饼"式地扩张以及由此产生的"扭曲的城市化"和"土地的城市化快于人口的城市化"等恶果。④

从宪法学角度来看，这种"土地发展权无偿国有化"措施存在违宪嫌疑。现行《宪法》第10条第1款和第2款规定，土地所有权分为国家所

---

① 卞耀武主编《中华人民共和国土地管理法释义》，法律出版社，1998，第366页。
② 卞耀武主编《中华人民共和国土地管理法释义》，法律出版社，1998，第381页。
③ 卞耀武主编《中华人民共和国土地管理法释义》，法律出版社，1998，第176页。
④ 2011年，人民日报发表文章称，"当前，我国城镇化率是46.59%，而城镇户籍人口占总人口的比例只有约33%。这意味着有13.6%即1.28亿生活在城镇里的人没有真正城市化。许多进城农民并没有成为真正的市民"，并借此呼吁城市化是人的市民化，而不是土地的城市化（参见高云才《城市化不能"大跃进"》，《人民日报》2011年2月14日）。

有和集体所有两种形式。这两种土地所有权以及由其衍生出来的其他权利在法律地位上应该是平等的，权利内涵应当是一致的。① 1988 年通过的宪法第 2 条修正案，将《宪法》第 10 条第 4 款"任何组织或者个人不得侵占、买卖、出租或者以其他形式非法转让土地"，修改为"任何组织或者个人不得侵占、买卖或者以其他形式非法转让土地。土地的使用权可以依照法律的规定转让"，意图就在于强调土地的使用权，无论是国有土地使用权还是集体土地使用权，原则上都是可以转让的，只有在例外的情况下依照法律的规定才可以进行限制。1988 年修改通过的《土地管理法》曾明确规定，"国有土地和集体所有的土地的使用权可以依法转让。土地使用权转让的具体办法，由国务院另行规定"（第 2 条第 4 款）。遗憾的是，

---

① 有学者认为，《宪法》第 10 条规定土地属于国家或集体所有，与民法意义上的所有权不同，前者包含了生产资料所有制的内涵。在所有制层面上，国家所有与集体所有不是平等的法律关系，而是整体与部分的政治关系。国家与集体作为两个政治主体本身就是不平等的。通过土地征收将集体所有的土地变为国家所有的土地，本质上体现的是公有制两种形式间的关系，其合理性源自社会主义公有制为主体的宪法规定。用物权平等保护规则论证农村宅基地与城市建设用地"同权"，实质是用民事关系替代所有制关系，不具合法性（参见桂华、贺雪峰《宅基地管理与物权法的适用限度》，《法学研究》2014 年第 4 期）。还有学者认为，从历史和意识形态的角度来看，新中国一直都将集体土地改造为国有土地的趋势和动力，所以集体土地在满足"农民市民化"的条件下应当转变为国有土地（参见黄忠《城市化与"入城"集体土地的归属》，《法学研究》2014 年第 4 期）。笔者认为，《宪法》第 10 条第 1 款和第 2 款所规定的土地制度，固然是关于经济制度的规定，但其同时也是对作为基本权利的土地财产权的确认（参见程雪阳《论"城市的土地属于国家所有"的宪法解释》，《法制与社会发展》2014 年第 1 期）。即使暂且搁置所有权与所有制的关系问题，仅仅从所有制的角度来说，上述观点在论证方面也是难以成立的。理由有以下三点。（1）虽然在 1982 年之前，中国出现过"共产主义是天堂，人民公社是桥梁"的口号，但基于对人民公社运动的反思，现行宪法并没有肯定这种理想。现行宪法序言对此表述极为明确，"中华人民共和国成立以后，我国社会逐步实现了由新民主主义到社会主义的过渡。生产资料私有制的社会主义改造已经完成，人剥削人的制度已经消灭，社会主义制度已经确立"，当下和未来不存在必须将集体所有改造为国家所有的改造目标和任务。（2）《宪法》第 6 条第 1 款规定，已经确立的"社会主义的经济制度的基础，是生产资料的社会主义公有制，即全民所有制和劳动群众集体所有制"。这两种所有制也许在财产规模或其他方面存在差异，但在法律地位上不是整体与部分的关系，而是平等的，它们都是生产资料的社会主义公有制的重要组成部分。所以，即便是根据宪法关于社会主义的规定，也无法解读出"集体所有制必须走向国有制"这个结论。（3）《宪法》第 6 条第 2 款前半句规定的"国家在社会主义初级阶段，坚持公有制为主体、多种所有制经济共同发展的基本经济制度"，解决的是公有制与其他所有制之间的关系，与同为公有制表现形式的国家所有制和集体所有制没有关系。所以，认为"土地征收将集体所有的土地变为国家所有的土地，本质上体现的是公有制两种形式间的关系，其合理性源自社会主义公有制为主体的宪法规定"，属于规范理解和适用上的不当。

1998 年《土地管理法》再次修改时，这一对宪法第 2 条修正案具体化的条款被删除了。最近有学者就"土地发展权国有化"模式提出，"土地公有，地利共享，消灭土地食利者的规范和实践具有宪法意义，可以称作中国土地制度的宪法秩序"。① 这种理论主张忽视了宪法作为根本法对于公民财产权的保护功能，也没有区分具有违宪嫌疑的具体土地法与宪法关于土地制度的规定之间的差别。

（三）土地发展权在我国法律和法学中的定位

"土地发展权"所起到的功能，在我国法律中主要由"建设用地使用权"、"宅基地使用权"等权利来承担。② 比如，依照我国物权法的规定，建设用地使用权可以在土地的地表、地上或者地下分别设立。建设用地使用权人依法对国家所有的土地享有占有、使用和收益的权利，有权利用该土地建造建筑物、构筑物及其附属设施；宅基地使用权人依法对集体所有的土地享有占有和使用的权利，有权依法利用该土地建造住宅及其附属设施。③现行《土地管理法》第 43 条也承认，集体土地所有权人有权在自己的土地上兴办乡镇企业，建设村民住宅以及乡（镇）村公共设施和公益事业。

不过，我国法律的相关规定确实存在比较严重的缺陷。（1）"土地发展权"在英美法中所承担的功能，在我国的法律体系和法学知识体系中是由"国有建设用地使用权"、"集体建设用地使用权"、"宅基地使用权"等多个术语和制度来承担的。（2）这些权利彼此之间的关系比较混乱，名称不统一。比如，从性质上来说，宅基地使用权属于集体建设用地使用权的下位概念，而集体建设用地使用权和国有建设用地使用权属于同一权利

---

① 贺雪峰：《地权的逻辑Ⅱ：地权变革的真相与谬误》，东方出版社，2013，第 36 页。

② 在德国，"土地发展权"这个术语的功能是由"地上权"来承担的。依照德国《地上权条例》第 1 条第 1 款的界定，所谓"地上权"是指"以在——受负担——土地地面上或地面下，拥有建筑物为内容的可转让并可继承的权利"。土地所有权人可以为自己设定地上权，也可以为其他人设定地上权，还可以在自己的地上权上设定下级地上权（参见〔德〕鲍尔、施蒂尔纳《德国物权法》上册，张双根译，法律出版社，2004，第 647 页以下）。需要说明的是，虽然"地上权"制度在德国的主要功能在于保护地上权人而非所有权人的权利，但这一制度的前提是，土地所有权人有权通过设立地上权来对自己的土地进行开发和建设。

③ 参见《物权法》第 125、136、152 条。另外，该法第 151 条规定，"集体所有的土地作为建设用地的，应当依照土地管理法等法律规定办理"。

类型，应当由同一术语来表述。（3）这些权利的权利内涵和法律地位也存在很大差异。从现行法律的规定来看，国有建设用地使用权不但可以用于工业、商服业、教育医疗、房地产业等几乎所有的现代产业建设，还可以通过出让、转让、抵押、担保、租赁、赠与、继承等方式在土地市场上自由流通，但集体建设用地使用权只能用于建设乡镇企业、村民住宅以及乡（镇）村公共设施和公益事业，而且原则上只能出让、转让或者出租用于农业建设（《土地管理法》第63条）。①

　　面对这种法律和权利体系的缺陷，确实有必要将"国有建设用地使用权"、"集体建设用地使用权"、"宅基地使用权"等法律术语合并为一个统一的法律术语和法律制度。上述土地权利的分散不但造成了土地权利体系的复杂和混乱，也不符合"不动产统一登记"制度的要求。所谓"不动产统一登记"制度，就是要按照统一的标准，对目前散乱在各个部门法中的相互独立、相互分割的不动产权利名称和权利体系进行"格式化"，从而建立统一的不动产权利登记标准、登记名称和登记体系。究竟是将"国有建设用地使用权"、"集体建设用地使用权"、"宅基地使用权"等法律术语统一为"建设用地使用权"还是"土地发展权"，则是一个立法政策和立法用语习惯问题。采用"建设用地使用权"可能更容易为民众所接

---

① 从法解释学的角度来说，该条关于"农民集体所有的土地的使用权不得出让、转让或者出租用于非农业建设；但是，符合土地利用总体规划并依法取得建设用地的企业，因破产、兼并等情形致使土地使用权依法发生转移的除外"的规定，是一个逻辑混乱的法律规范。如果仅仅聚焦该条前半句，其规范含义应当是"农民集体所有的农业用地（而不是所有的集体土地）使用权不得出让、转让或者出租用于非农业建设"，农民是否向本村以外的人出让、转让或者出租集体建设用地使用权与本条规定无关。因为所谓"建设用地"，就是指该块土地已经用于非农业建设了，再规定其不能"出让、转让或者出租用于非农业建设"，在语言逻辑上不通顺，在实践上也没有意义。然而，如果将该条规定作为一个整体来理解的话，其规范含义应该是"农民集体所有的建设用地使用权不得出让、转让或者出租用于非农业建设；但符合土地利用总体规划并依法取得建设用地的企业，因破产、兼并等情形致使土地使用权依法发生转移的除外"，而不是"集体农业用地的使用权，不得出让、转让或者出租用于非农业建设"。原因很简单，"集体农业用地使用权不得出让、转让或者出租用于非农业建设"与"符合土地利用总体规划并依法取得建设用地的企业，因破产、兼并等情形致使土地使用权依法发生转移的除外"不构成一个有意义的规范，也不符合正常的"原则+但书"的规范逻辑。现行土地管理法出现这种立法缺陷的根本原因在于，其将"维护国家对建设用地市场的一级垄断"和"耕地保护"这两个并不相关的问题纠缠在了一起（参见程雪阳《小产权房之困境与出路》，《中国法律评论》2014年第1期）。

受，采用"土地发展权"也未尝不可。①

四　土地发展权与土地增值收益分配

虽然有学者称土地发展权是解开土地迷局的"钥匙"，但土地发展权背后的土地增值收益分配才是人们真正关注和争论的焦点。有关论者之所以支持"土地发展权国有化"，主要是希望为"涨价归公"这一土地增值收益分配目标找到坚实的理论基础。

"涨价归公"并非一个新颖的主张。早在19世纪工业革命的初期，很多理论家就认为土地增值从本质上来源于社会发展，应当涨价归公，应当将土地增值返还社会。

在1848年的《政治经济学原理及其在社会哲学上的若干应用》一书中，自由主义大师约翰·斯图亚特·穆勒就曾抨击地主阶级的不劳而获，认为这些人"不干活儿，不冒风险，不节省，就是睡大觉，也可以变得愈来愈富"。② 1879年，美国经济学家亨利·乔治在吸收了洛克、潘恩等人的成果之后，首次明确主张"溢价归公"理论。他认为，"土地价值不表示生产的报酬，……它表示垄断的交换价值。它在任何情况下都不是占有土地者个人创造的，而是由社会发展创造的。因此，社会可以完全把它全部拿过来"。③ 马克思在《资本论》中同样对地主"把不费他们一点力气的社会发展的成果，装进他们私人的腰包"表示愤慨，并指责说"地主就是为享受这些果实而生的"。④ 孙中山则在比较了亨利·乔治与马克思的理论之后，将他们的思想归纳总结，并在自己的"平均地权"理论中加以发挥。他认为，"地价高涨，是由于社会改良和工商业进步。……这种进步

---

① 国务院法制办2014年8月15日公布的《不动产登记暂行条例（征求意见稿）》第4条不再区分"集体建设用地使用权"和"国有建设用地使用权"，而将其合并为"建设用地使用权"，但其依然将"宅基地使用权"单列。这表明相关立法者意识到了建立统一的不动产登记名称和登记体系的重要性，遗憾的是，并没有将这一思路贯彻到底，依然留下了"宅基地使用权"这个尾巴。

② 〔英〕约翰·穆勒：《政治经济学原理及其在社会哲学上的若干应用》下卷，胡企林、朱泱译，商务印书馆，1991，第391页。

③ 〔美〕亨利·乔治：《进步与贫困》，吴良健、王翼龙译，商务印书馆，1995，第347页。

④ 马克思：《超额利润转化为地租》，载《资本论》第3卷，中共中央马克思恩格斯列宁斯大林著作编译局译，人民出版社，2004，第698页以下。

和改良的功劳，还是由众人的力量经营而来的，所以由这种改良和进步之后所涨高的地价，应该归之大众，不应该归之私人所有"。①

当下中国很多论者在讨论土地增值问题时，除了强调"在工业社会，土地发展权不但与土地所有权分离，而且是由政府规划管制产生"之外，通常会援引上述理论家的论述，并借此提出，土地增值从本质上来源于社会发展，如国家发展战略、城市化、城市规划等，是社会大众共同努力的成果，与土地权利人的努力关系甚微等观点。② 应该说，上述分析很符合人们的感性认识，但如果不停留在感性认知层面，而是进行更为细致的逻辑和制度分析，就会发现，土地发展权与土地增值收益分配之间的关系并不如想象的那么简单。

（一）土地发展权与土地增值收益的初次分配

在市场经济条件下，合理的社会财富分配机制应当包括三个步骤：初次分配以尊重和保护产权为基础，主要通过自由的市场交易来完成；第二次分配以公平为基础，主要通过政府征税和提供社会保障等公共服务来完成；第三次分配则以伦理和道德为基础，主要通过公益慈善和社会爱心捐助等方式来完成。③ 土地增值收益也属于社会财富的一种，因此也应当参考这种财富分配机制。具体来说，在土地增值收益的初次分配中，政府应当尊重和承认土地权利人基于土地所有权而产生的土地发展权，保护公民基于土地所有权和发展权获得相应土地增值的权利。为此，在征收（无论是实物征收还是管制性征收）非国有土地时，政府应当公平补偿被征收人。土地征收的本质在于且仅仅在于，为了公共利益的需要，政府获得了与被征收人进行强制交易的权力，但其并没有因此获得无偿或者低价补偿被征收人的权力。英国法将土地征收称之为"强制购买"就是这个原因。④

---

① 孙中山：《民生主义》，载《三民主义》，岳麓书社，2001，第 200 页。

② 参见陈柏峰《土地发展权的理论基础与制度前景》，《法学研究》2012 年第 4 期。

③ 参见刘剑文《税制改革应更加注重分配正义》，《中国税务报》2013 年 11 月 6 日，第 B01 版。

④ 在英国，土地征收权是通过议会制定的各种法案中的强制购买令来确立的。比如 1965 年的强制购买法（The Compulsory Purchase Act），1973 年的土地补偿法（The Land Compensation Act）、1981 年的土地取得法（The Acquisition of Land Act）、1992 年的交通与工程法（The Transport and Works Act）中都有这样的规定（参见 The Office of the Deputy Prime Minister，*Compulsory and Compensation：Compulsory purchase procedure*，Communities and Local Government Publications，2004）。

虽然人们对"公平补偿"的认识并不一致，但如果从政府在土地征收过程中仅仅获得"强制交易权"这个角度来说，按照"市场价格"补偿被征收人应该是最为公平的，因为"市场价格"是当事人在同意进行交易的前提下，通过讨价还价、谈判协商和互相妥协而形成的价格。这种价格并非"市场最高价格"，而只是同一区片土地市场价格的"中间价格"或"均衡价格"。被征收土地及其附着物的特殊性因素（比如被征收人对特定不动产的感情、就业问题、预期利益等）并不包含在这一价格中。因此，即使采用"市场价格"标准，被征收人也并非获得完全补偿。

在过去 10 多年间，如果说我国的征收补偿理论和制度取得了一些进步的话，"按照市场价格公平补偿被征收人"毫无疑问应被纳入其中，2011年《国有土地上房屋征收与补偿条例》所采用的新的补偿标准就是例证。最近有学者批评"市场价格补偿论"，认为学术界应该"慎提农民土地财产权"，因为"城郊土地本来就不是农民的，农民没有理由要求独占因为城市化发展所带来农地非农使用的增值收益，农民土地发展权的说法有问题"。① 还有学者认为，应该从已开发土地的发展收益中拿出适当的份额进行再分配，用于补偿那些没有征地机会的大田农民，正是他们的农业耕作为社会提供了粮食安全、生态效益、良好环境等公共品。② 这些结论和建议的出发点是好的，不但考虑了国家的利益、失地农民的权利，还考虑了被忽略的偏远农村农民的权利，但存在逻辑不周延、实践难以操作等问题。

首先，我国《宪法》第 10 条第 2 款所规定的作为集体土地所有权人的"农民集体"，只能是具体的某个农民集体经济组织，而不可能是抽象的全体人民。比如，不具有"华西村"集体经济组织成员身份的人，无论是工人、官员、教师，还是作为其他农民集体组织成员的个体农民，都不享有该集体土地所有权和土地发展权的份额，在土地增值收益的初次分配过程中也不应当占有一席之地。认为"城郊土地本来就不是农民的"，在我国宪法上找不到根据。

其次，土地确实是"农业就业权"的载体，但其更是农民"所有权或

① 贺雪峰：《地权的逻辑Ⅱ：地权变革的真相与谬误》，东方出版社，2013，第 36、141 页。
② 参见陈柏峰《土地发展权的理论基础与制度前景》，《法学研究》2012 年第 4 期。

财产权"的载体，仅仅强调前者而忽视后者会低估集体土地所有权的重要性。"集体土地是农民社会保障权的载体"的说法，可能源自对"社会保障权"这一术语的误解。所谓"社会保障权"指的是，公民为过上有尊严的生活，有请求国家提供制度、组织和物质保障的权利。这项权利的义务主体是国家，而非公民或者公民组织自身。作为农民（集体）自有财产权的组成部分，集体土地对集体成员确实有保障功能，但这属于农民（集体）"自我保障"而非"社会保障"的组成部分。正因如此，有经济学家才把中国的集体土地所有制称为"由国家控制但由集体来承受其控制结果的一种农村社会主义制度安排"。①

再次，如果不改变现有土地征收补偿框架，仅仅"适当考虑失地农民分享土地发展增益"，在操作上难以落实，也不利于土地资源的合理利用。其一，什么是"适当"，谁来通过何种程序决定某个具体的补偿决定是否适当，都是很难解决的，人们也很难基于"适当补偿"这一要求设计出明确、公正且具有可操作性的方案。其二，只"适当考虑失地农民分享土地发展增益"意味着政府可以以较小的成本获得土地资源，这会让政府在土地征收过程中产生"财政幻觉"，刺激政府征收和储备其可能并不需要的土地。在这种机制下，土地资源就很难获得合理利用。

最后，虽然我国宪法和法律迄今为止没有对征收非国有土地的补偿标准问题作出明确规定，但是从教义学的体系化解释角度来看，2004年通过的宪法修正案第22条和第24条关于"公民的合法的私有财产不受侵犯"、"国家尊重和保护人权"的规定，已经蕴含了征收主体在征收或征用土地时必须履行"公平补偿"义务的要求。按照上文的分析，"公平补偿"的最佳方式应当是按照"市场价格"进行补偿。当然，如何准确界定"市场价格"，采用哪种时间点上的"市场价格"，也都是极为重要的问题。②

---

① 周其仁：《中国农村改革：国家与土地所有权关系的变化——一个经济制度变迁史的回顾》，《中国社会科学季刊》（夏季卷），1994。

② 关于如何确定征收过程中的"市场价格"，可参见沈开举、胡光全《美国行政征用补偿市场价值计算方法解读》，《行政法学研究》2007年第3期；王静《美国土地征收补偿的计算》，《国家行政学院学报》2008年第6期；刘连泰《宪法文本中的征收规范解释——以中国宪法第13条第3款为中心》，中国政法大学出版社，2014。

（二）通过税收实现土地增值二次分配

主张在土地增值收益初次分配过程中按照市场价格公平补偿被征收人，并不意味着"所有的土地增值收益都应当由土地产权人享有"。土地不仅是一种财产，而且是一种不可移动、不可替代、具有稀缺性且为人类生活所必需的自然资源。正视土地这种双重属性具有两方面的意义。其一，承认土地的价值容易受社会因素的影响。人们通常认为土地增值包括三大部分：土地的自然属性（比如气候、土壤构成、区位等），土地权利人的改良（比如施肥、平整等），社会因素带来的增值（比如人口集聚、国家发展战略、城市化、城市规划等）。进入现代社会以后，第三部分对土地价格变化的影响越来越大。① 其二，承认土地权利必然要受到来自国家、社会和其他权利人的基于公法（比如规划）或者私法（比如相邻权）的限制，其中既包括对土地利用方式或者土地使用权行使方式的限制，也包括对土地收益权的限制。毕竟"所有权绝对"的时代已经一去不复返了。

然而，即便承认以上两点，也不应当采用"土地发展权国有化 + 国家垄断土地一级市场 + 低征高卖"这种剥夺产权的极端方式（以下简称"发展权国有化模式"）来实现"土地增值返还社会"这一目标。事实上，在实物征收过程中，完全可以采用"市场价格补偿 + 合理征税"（以下简称"税收模式"）的方式来落实这一目标。与发展权国有化模式相比，税收模式的突出优点在于其更具有民主正当性，更符合比例原则，也更有利于国家治理现代化的实现。税收模式不仅有助于"土地增值社会返还"这一目标的达成，对公民权利的侵害最小，而且可以确保在部分土地增值社会返还目标与保护公民权利、维护社会稳定等目标之间进行有效的平衡。

第一，通过对土地增值收税来实现土地增值社会返还这一目标具有目的正当性。其一，虽然我们承认每个公民有基于与自己不甚相关的偶然因素或社会因素获得财富的机会和权利，但作为一个社会主义国家，这种获得财富的方式并不特别值得鼓励。1999 年通过的宪法第 14 条修正案关于

---

① 参见 Eric T. Freyfogle，"Property's Functions and the Right to Develop，" in Eric T. Freyfogle，*On Private Property：Finding Common Ground on the Ownership of Land*，Beacon Press，2007，p. 94。

在社会主义初级阶段允许多种分配方式并存但应当以按劳分配为主体的规定，就清晰地表达了此一立场。其二，土地增值不完全是依靠土地产权人的努力、辛勤劳动或者聪明才智实现的，还与社会的发展，人口、资本的集聚以及政府的产业规划等诸多因素相关，因此国家有权要求将部分土地增值返还社会。①

第二，税收的重要功能之一就是通过"政府之手"进行社会财富的二次分配，通过设置土地增值税、不动产持有税等税种，国家可以获得基于社会因素而产生的部分土地增值，然后将这些增值收益用于公共事业或者转移支付，从而有力促成土地增值社会返还这一目标的实现，符合"适当性原则"。

第三，世界上各主要法治发达国家的税收制度，特别是税种、税基、税率等问题，都是由不同的利益集团、阶层和群体的代表在议会中通过讨论、博弈和协商来确定的。经过充分民主讨论后确定的税制不仅具有民主正当性，与发展权国有化模式相比，其对公民权利的侵害最小，制度实施成本也最小，因此符合比例原则的"必要性"子原则。税收模式之下的税种、税基、税率的设置和调整，是在承认土地发展权基础上进行的增值收益分配调节，即使某一时期要征收很高的土地增值税（就像英国当年将地产税最高税率设置为60%—80%那样），土地权利人还可以基于土地发展权来要求立法者降低税率或缩小税基，无须采用激烈甚至惨烈的方式来保护自己的土地发展权。

近年来，常有媒体和专家评论说，"农民盼征收，等征收，靠征收发大财"，"土地征收让农民一夜暴富"，所以现行的土地征收补偿制度对公民权利的侵害不能过分夸大。根据笔者的调查和观察，农民因为土地征收获得巨额财富的现象在全国各地（特别是大城市郊区和城中村）确实大量存在。不过，需要注意以下两点：其一，由于土地管理法所建立的以原用途为补偿基础的补偿模式，征地导致民众权利被侵犯、生活水平严重下降

---

① 传统的比例原则主要包括"适当性"、"必要性"和"衡量性"三个子原则，并不包括目的正当性原则。这种情况与其产生时"无法律便无行政"的自由法治国历史背景有关。不过，随着时代环境的变化，近些年来很多国家或地区（比如欧盟）的法院在适用比例原则时，往往会以不同的方式审查公权力行为的目的正当性，目的正当性原则由此有变成比例原则重要组成部分的趋势（参见刘权《目的正当性与比例原则的重构》，《中国法学》2014年第4期）。

的情况在全国同样普遍存在；其二，要区分制度逻辑和制度实践之间的差别。现实中出现被征收人生活水平提高甚至"一夜暴富"的现象，并不是正式的法律制度带来的结果，而是取决于当时、当地和当事人的政治、经济力量对比（如被征收人的权利意识和抗争力度，地方政府的法治意识，以及对社会稳定风险的重视程度等）。在这种机制之下，土地征收价格只是"政治价格"而非"法律价格"，① 其无法像税收模式那样提供补偿标准公平谈判、税制设定民主辩论以及司法中立裁决相关纠纷的制度化沟通平台，而只能依赖于诸多非制度化的偶然因素，以及具体征收过程中的各方力量对比。这种类似于丛林法则的土地增值收益分配模式显然不是合理的，应当及早放弃。

第四，税收模式还可以实现"土地增值社会返还"目标与公民权利保护、央地土地增值收益分配、土地市场调节以及社会稳定等多重目标之间的平衡，即符合狭义的比例原则。比如，在建立税收模式的框架之后，可以将土地税设置为中央与地方共享税，然后通过转移支付，将相应税款转移到农业区域，以实现不同区域之间利益的平衡；还可以将相关税收所得用于建立和完善农民的社会保障体系（如失业保险、医疗保险、工伤保险等制度），从而既可以保障农民因为个人原因（如丧失劳动能力）或者社会原因（如经济不景气）在城市竞争失败后，依然可以有尊严的生活，又可以有效排除大规模农民失业之后所可能出现的社会不稳定因素。土地税还是进行宏观调控的重要手段和杠杆。假设土地市场不够活跃，立法者可以对土地增值税进行减免，降低相应的税率或缩小税基，从而提高相关土地权利人获得土地增值收益的比例，促进土地的开发。如果土地市场投机风气过盛，立法者则可以扩大税基或者提高税率，从而加大土地增值返还社会的力度。

有些学者认为发展权国有化模式也有上述三个优势，其不但有助于"土地增值社会返还"目标的实现，而且有助于保护农民"进得了城，返得了乡"的基本人权，进而可为中国快速城市化建立稳定基础。当前，大规模人口流动、高速经济增长、快速城市化的过程必然蕴含巨大社会风

---

① 参见杨俊峰《行政诉讼还是民事诉讼：征收补偿数额争议之解决》，《环球法律评论》2014 年第 1 期。

险。因为有耕地，在城市失业的农民可以返回农村从事农业生产，因为拥有宅基地，无法在城市买房安家的农民，能够在农村获得立身之所。① 笔者认为，这种观点的出发点是好的，但论证值得商榷。其一，这种模式固然可以防止部分农民非理性出售土地，但却为政府低价征收非国有土地大开方便之门，而农民土地被低价征收之后，其基本的生存权同样得不到保障。其二，在这种模式之下，土地权利人不但丧失了分享土地增值的请求权基础，也不能通过司法程序来加以解决。于是，土地权利人能否获得土地增值以及可以获得多少土地增值，就完全变成一个政府政策选择以及政府是否开明和仁慈的问题了。如果政府提高了征收补偿标准，那也是对公民的恩赐，而不是对公民土地权利应有的补偿。其三，政府低征高卖还将导致被征地农民产生强烈的"不公平感"和"被剥夺感"，由此导致激烈的社会抗争和群体性事件不断发生，2004 年湖南嘉禾的暴力强拆事件、2009 年的"唐福珍案"、2014 年的"山东平度征地血案"等事件都是很好的脚注。在这种模式之下，社会的稳定岌岌可危。在这种模式下，期待农村发挥"降低城市化过程风险的稳定器"的功能，是不现实的。

有人可能会说，土地被征收的农民数量是很少的，而允许集体土地自由进入市场后，卖掉土地的农民可能会很多。与后者可能带来的大规模冲突相比，前者带来的社会矛盾和社会冲突属于可以承受的制度成本。对于这种看法，笔者不予认同。原因有三。（1）允许集体土地入市只是归还农民处分自己土地财产的权利，而不是逼迫农民必须出售或者转让自己的土地。既然关系到农民自身的生存问题，那么进城农民在处理这些财产时，自然会更加慎重，所以制度设计不能以"允许集体土地入市必然会带来大量的农民都卖掉自己的土地"这个假设作为前提。墨西哥 1992 年以后的改革经验表明，尽管集体成员获得了出售土地的权利，但实际上土地所有权交易的数量非常小，获得土地的农民更倾向于出租而不是出售土地。② 我国一些社会学家在调研过程中也发现，"农民通常不愿意转让自己的土地，因为土地生产出来的粮食能为他们节约食物消费方面的大笔费用。他

---

① 参见桂华、贺雪峰《宅基地管理与物权法的适用限度》，《法学研究》2014 年第 4 期。

② 参见 William D. Signet，"Grading a Revolution：100 Years of Mexican Land Reform," *Law & Business Review of the Americas* 16 （2010）：528；程雪阳《墨西哥 20 世纪的土地改革及其对中国的启示》，《北京社会科学》2013 年第 5 期。

们认为，有了土地，基本生活就有了保障，没找到工作也有饭吃。土地虽然不赚钱，但是没有土地就没有了依靠"。① （2）不能低估我国土地被征收的农民的数量。在当前工业化、城镇化以及地方政府对"土地财政"高度依赖的背景下，不仅大城市周边的集体土地会被征收，所有的市、县以及乡镇政府都有冲动去征收集体土地，这也是土地征收带来的社会冲突遍及全国的原因。② （3）更不能低估因为土地征收所带来的社会不满情绪。在信息如此发达的时代，政府"低征高卖"不仅会给被征收人带来强烈的不公平感，而且会让整个社会感知到这种不公平。有学者敏感地关注到了"某种小比例、小概率和局部的矛盾，都有可能累积或者直接引发中国社会整体性的系统风险"问题，③ 但似乎并没有予以正视。

另外，在土地发展权国有化模式之下，政府也很难通过提高或降低征收补偿标准来改变土地权利人在土地增值分配中的比例，进而达到调节土地市场的目标。在这种模式之下，政府如果提高征收补偿标准，可能会引发已经获得补偿的被征收人的不满，而如果降低征收补偿标准，则会引发正在被征收或未来可能被征收土地的公民的不满。而税率的提高或者降低则是一个民主审议的过程，其所具有的民主正当性通常会得到人民的认同，除非其违反宪法。尽管我国当下的税收民主性依然差强人意，税收立法也没有有效遵循"法律保留原则"，但这是一个可以通过加强民主和法治来完善的实践问题，而不是一个有待争辩的理论问题。2000 年《立法法》已经确立了"税收法定"原则，税收制度的民主性和法治化程度也会越来越高。

有人可能会担心，国家作为国有土地所有权人收取了高额土地出让金，然后又作为主权者收取高额土地增值税，会让公民不堪重负。对于这种忧虑，应从以下三个方面来认识。（1）尊重和保护集体土地的发展权，可以打破国家对土地一级市场的垄断。在充分市场竞争环境下，虽然国家依然可以通过出租国有土地收取土地出让金，但其出让价格肯定不会像目

① 董国礼等：《产权代理分析下的土地流转模式及经济绩效》，《社会学研究》2009 年第 1 期。

② 参见李蒙、刘瑜汇编《〈强拆之痛〉专题报道之二：唐福珍事件之后的典型拆迁恶性事件》，《民主与法制》2011 年第 1 期。

③ 参见桂华、贺雪峰《宅基地管理与物权法的适用限度》，《法学研究》2014 年第 4 期。

前的垄断价格一样高。（2）土地增值税的征收对象不是所有的土地权利人，而仅仅是将土地用于投资或投机的主体。（3）土地增值税的客体不是土地投资或投机的全部收益，而仅仅是本次交易与上一次交易之间的差价（即增值部分），如果两次交易之间土地没有增值，则不予征收。

如果土地增值要征税，那么土地贬值要不要补偿？笔者认为，如果土地贬值构成"管制性征收"的话就应当予以补偿。所谓"管制性征收"，是指政府虽然没有从物理上征收公民的财产，但只要其行使公权力的行为对特定公民财产的价值造成了贬损，就构成了征收。比如，政府修建铁路带来的噪声污染导致周边部分土地贬值，或者政府为了确保粮食安全禁止特定区域的公民开发农业用地，都属于这种征收类型的表现形式。用美国霍姆斯大法官的话来说，"财产权可以受到一定程度上的规制，但如果这种规制超出合理限度，那就可以认定构成了征收"。① 对于这种征收，政府要么进行公平补偿，要么修改、弱化或废止相关管制性措施。

另外，还有一些专家虽然承认征收土地增值税的方式具有正当性和合法性，但认为当前我国各级地方财政对于土地增值收益依存度非常高，一旦改变土地发展权国有化模式，可能会导致地方财政收入锐减，进而可能影响中国的经济发展和社会稳定。毕竟，土地出让金是一次性收取30—70年，而税收只能按照年度征收，"远水解不了近渴"。② 笔者认为这种忧虑是有道理的，对于依然需要靠投资拉动经济增长的中国来说，如何维持地方财政收入的稳定非常重要。但需要看到，地方财政收入的稳定同样不是一个有待争辩的理论问题，而是一个可以通过财政制度改革来解决的制度问题。比如，如果地方政府需要对基础设施进行投资，其可以在获得地方人大批准的情况下，以一定年度土地增值税或者其他税种作为抵押，到银行贷款或者发行地方公债。如此一来，不但可以解决地方政府因为缺少资金而降低公共服务水平的问题，还可以将地方政府的财政收支纳入民主制度中加以监管。

事实上，约翰·穆勒、亨利·乔治和孙中山等人虽然都主张"涨价归公"或"土地增值社会返还"，但他们都不约而同地认为应当通过征收土地税的方式来实现这一目标，并没有提出或者支持"土地发展权国有化"

---

① 参见 *Pennsylvania Coal Co. v. Mahon*，260 U. S. 393（1922）。

② 参见赵燕菁《土地财政：历史，逻辑与抉择》，《城市发展研究》2014 年第 1 期。

主张。穆勒在抨击地主阶级不劳而获之后，主张对所有的土地进行估价，土地的现有价值仍归地主所有，基于社会进步所增加的价值则以赋税形式交给国家。[1] 在《进步与贫困》一书中，亨利·乔治主张"没有必要充公土地，只有必要充公地租"，为此他用了半部书的篇幅来讨论如何"把地租化作国家的税收"。[2] 孙中山先生也主张，"盖酿成经济组织之不平均者，莫大于土地权之为少数人所操纵。故当由国家规定土地法、土地使用法、土地征收法及地价税法。私人所有土地，由地主估价呈报政府，国家就价征税，并于必要时依价收买之，此则平均地权之要旨也"。[3]

（三）通过土地发展权转移实现土地增值二次分配

有很多人担心，一旦承认土地发展权属于土地所有权人，土地所有权人就可能随时依照自己的利益和对市场的判断改变土地的用途。如此一来，我国的生态环境保护、耕地保护、粮食安全等公共利益就会处于高度危险之中。为降低这种风险，在 1998 年《土地管理法》修改时，就有学者"建议在土地管理法修订中加上'设立农地发展权归国家所有。具体办法由国务院制定'"的规定。[4]

对于任何国家来说，耕地保护、自然环境保护等公共利益都是极为重要的。但对于这种重要性的承认，并不意味着必须采用"土地发展权国有化"措施。在承认公民土地发展权的基础上，充分发挥市场的决定性作用，并辅以规划管制等方式同样可以实现这一目标。对此，美国的土地发展权转移制度和发展权购买制度可以给我们提供一些有益的启示。

关于土地发展权转移制度，马里兰州特别上诉法院曾在一份判决书中作过明确的界定："（土地）发展权转移这一概念是极为简单和明了的，土地所有权是一个权利束，其包括通过建设改善土地利用的权利，……蒙特哥马利县之所以采用并实施土地发展权转移项目，就是为了在确保土地的农业用途得到长期保留的同时，对发展权受到严重损害的土地所有者提供

---

[1]　参见〔英〕约翰·穆勒《政治经济学原理及其在社会哲学上的若干应用》下卷，胡企林、朱泱译，商务印书馆，1991，第 391 页。

[2]　〔美〕亨利·乔治：《进步与贫困》，吴良健、王翼龙译，商务印书馆，1995，第 340 页，第八编的第二、三章。

[3]　中国国民党第一次全国代表大会宣言（1924 年 1 月 23 日）。

[4]　沈守愚：《论设立农地发展权的理论基础和重要意义》，《中国土地科学》1998 年第 1 期。

补偿。"① 纽约州政府也曾在 2010 年指出，之所以要设立土地发展权转移制度，主要是因为这项制度 "作为一种土地管制技术，可以在确保实现市政当局规划目标的同时，避免给土地所有者带来财政上的（过分的）负担，或者对必需的发展带来（不适当）限制"。② 以马里兰州上诉法院判决中提到的蒙哥马利县为例，由于临近华盛顿特区，该县南部在 20 世纪 60 年代以后得到较快发展，并逐步实现了城市化，北部则一直保持着农业区特征，土地利用也主要是以空地、牧场和农场为主。为了保护北部的农业区，蒙哥马利县于 1973 年通过了一项农业保护规划，该规划将北部区域从每 2 英亩 1 个建筑单元降低到每 5 英亩 1 个建筑单元。不过这一规划在保护农地方面效果不太明显。于是，自 1980 年开始，该县启动了另一个名为 "保护农业和田园开敞空间" 的土地发展权转移项目。③

依照该项目的规划，该县北部 89 万英亩农地首先被确定为乡村密度转移出让区。在出让区内，土地分区规划被重新修订，土地发展权的密度被降低到每 25 英亩 1 个建筑单位（这类建筑许可的功能主要是用于确保农业生产所必需的房屋和建筑）。该县南部的 27 个区域则被确定为受让区，通过修改分区规划，这些受让区土地开发密度和强度得到进一步提高，以方便当事人购买出让区的土地发展权以后，可以到受让区从事土地的深度开发。在出让区内，每 5 英亩土地会被计算为一个土地发展权，假设公民 A 在转让区拥有 100 英亩土地，那么就拥有 20 个可以转让的土地发展权。而在受让区，如果公民 B 拥有 10 英亩土地，分区规划允许每英亩拥有 4 个建筑单位，那当 B 购买了 A 所转让的 20 个土地发展权以后，其就在这 10 英亩土地上拥有了 60 个建筑单位，这意味着 B 可以提高其土地的开发密度、高度以及容积率。

每个土地发展权的价格并不完全相同，政府依据土壤质量、前方道路

---

① 309 Md. 183，522 A. 2d 1328（1987）.

② New York State Department of State（Andrew M. Cuomo & Cesar A. Perales），*Transfer of Development Rights: James A. Coon Local Government Technical Series*，99 Washington Avenue Albany，New York 12231 – 0001，2011，p. 1.

③ 参见布恩县规划委员会（Boone County Planning Commission）官方网站所刊登的关于 "发展权转移和发展权购买比较" 的研究报告（2001），http://www.booncountyky.org/pc/publications/pdr_tdr.pdf，最后访问日期：2014 年 9 月 7 日。以下关于该项目的介绍均来自此报告，不再一一注明。

的长度等因素将土地发展权共分 5 个等级，土地发展权所有者与购买者以土地等级为基础进行土地发展权价格协商。土地发展权单价在 1996 年时曾达到过 55000 美元的高峰，此后渐趋平稳。到 2009 年 6 月，蒙哥马利县有 71353 英亩农地获得了保护，其中 52052 英亩是通过土地发展权转让程序实现的。[①] 由于任何人都可以参与相关市场交易，土地发展权如同期货或者碳排放指标一样，成了一种投资产品。

发展权购买制度与发展权转移制度有一些功能相似性，且往往都被用于保护农业和耕地。两者最大的区别在于政府角色存在差异。在发展权转移制度中，政府的主要角色是制定土地利用规划，划定"出让区"和"受让区"，监督土地发展权转移交易依法进行。而在发展权购买制度中，政府除了制定土地利用规划以外，还负责购买农业用地的土地发展权。[②]

以美国宾夕法尼亚州的"农业保护地役权"项目为例。该项目启动于 1987 年，被认为是实施土地发展权购买制度最成功的范例之一。在该项目实施过程中，宾夕法尼亚州政府首先划定了一个农业保护区，然后向位于该保护区范围内的农地所有者发出要约，呼吁后者将自己的一部分或者全部农业用地（面积不得少于 120 英亩）纳入该项目中。有意愿的农业所有者可以到地方政府农业部门进行登记，待申请审核通过后，需要跟政府签订一个有期限（主要包括 25 年期和永久期两个类型）的土地发展权购买合同。此后，这些土地被纳入农业保护区范围，在合同有效期内，无论此块土地是否在土地市场上进行交易，用途都不得改变。1987 年，宾夕法尼亚州经过全民公决发行了 1 亿美元的地方公债作为购买土地发展权的资金。随后，该项目的资金来源日益多元化，如从烟草税中抽取一部分税金、州议会进行拨款、联邦政府资助等，[③] 这些资金有效确保了"农业保护地役

---

① 参见蒙哥马利县政府官方网站关于"农业用地保护项目"的报告，http://www. montgomerycountymd. gov/content/omb/fy11/ciprec/vol1/cnr - agland. pdf，最后访问日期：2014 年 9 月 7 日。

② 关于土地发展权购买制度的详细介绍，以及其与土地发展权转让制度的区别，参见 Thomas L. Daniels, "The Purchase of Development Rights: Preserving Agricultural Land and Open Space," *Journal of the American Planning Association* 4 (1991): 421 –431。

③ 参见 Tom Daniels, "The Purchase of Development Rights," "Agricultural Preservation and Other Land Use Policy Tools: The Pennsylvania Experience," in D. P. Ernestes & D. M. Hicks, eds., *Increasing Understanding of Public Problems and Policies: Proceedings of the 1998 National Public Policy Education Conference*, Oak Brook, IL. US: Farm Foundation, 1998, pp. 34 –44。

权”项目的实施。

有学者认为中国很难借鉴美国的土地发展权转让制度，因为“制度转换的成本会非常高，……（还）会让中西部地方政府有限的财政能力雪上加霜。倘若国家无力买断农民的土地发展权，就很难阻止农民低度开发土地，从而造成土地浪费，并使严格的耕地保护政策落空、土地用途管制制度虚化”。① 这些担心虽然不无道理，但同样不能过分夸大。

首先，任何改革都会存在“制度转换成本”，这一点毋庸置疑。但制度转换成本是否“会非常高”，需要科学测算，并通过地方试点加以检验，不能妄加揣测。在计算制度转换成本或者改革成本时，应该将其与收益（包括政治、经济、社会、生态等各种收益）放在一起进行分析，不能只考虑成本问题，还应该将长远利益和眼前利益结合起来，不能只顾眼前利益而忽视长远利益。

其次，“会让中西部地方政府有限的财政能力雪上加霜”的结论让人生疑。这种观点可能混淆了发展权转移制度与发展权购买制度之间的区别。事实上，如果政府担心耕地保护会给地方财政带来特别大的负担，那么完全可以运用发展权转让制度来保护耕地，因为在这项制度之下，政府的主要功能是划定土地发展权“转入区”和“转出区”，其本身并不需要花费大量的财政资金。从我国的实践情况来看，近几年很多地方进行的“建设用地指标增减挂钩”试验，与土地发展权转移制度的功能就非常相近，但由于交易的主体是不同地区的地方政府，而不是作为农地所有者的农民和农民集体，因此带来了许多问题。在未来的改革中，如果能对“建设用地指标增减挂钩”的经验教训加以总结，并按照土地发展权转移模式对其合理改造，不仅制度转换成本会大大降低，也不会给地方政府带来难以承受的财政负担。当然，如果地方民众支持且地方财政条件允许的话，地方政府也可以借鉴发展权购买制度保护耕地和自然环境，而不是只能建立发展权转让制度。

最后，就土地发展权转移和土地发展权购买两种制度，中央政府可以选择一些地方依法先行先试。待地方试点成熟以后，通过总结经验和教训，在全国或者部分区域设立跨区域的土地发展权转移制度，然后建立土

---

① 陈柏峰：《土地发展权的理论基础和制度前景》，《法学研究》2012 年第 4 期。

地发展权交易市场，允许跨区域的土地发展权指标交易；也可以与地方政府一起设立 50 年期或者 80 年期的土地发展权购买项目，用于基本农田保护。事实上，就像美国经验所展现的那样，地域辽阔的国家完全可以允许多种制度并存，无须一刀切式地采用单一制度。

五　结论

土地发展权属于土地所有权的固有内容，并非由国家的土地规划管制权产生，后者仅仅是限制了土地发展权的行使方式和行使范围而已。国家之所以有权限制土地发展权，是因为任何权利都应当承担一定的社会义务。如果这种社会义务超出了合理限度且给特定公民造成了特别损害，国家的管制措施就构成了征收，应该给予相关土地权利人公平补偿。如果国家放松了管制（如允许权利人提高容积率）或者改变了管制内容（如将农用地纳入城市规划区允许其进行非农开发），那么由此带来的部分土地增值收益应当返还社会，或者说可以"部分涨价归公"。

不过，就落实"土地增值收益社会返还"目标而言，"土地发展权国有化 + 国家垄断土地一级市场 + 低征高卖"方式是不符合比例原则的，其不但会严重侵害公民的土地权利，也不利于城市化的健康发展、经济的合理运行和社会的和谐稳定。合理的土地增值收益分配机制，应当在尊重非国有土地发展权的基础上，通过"承认土地发展权 + 市场价格补偿 + 合理征税"和"承认土地发展权 + 规划管制 + 发展权市场化交易"两个机制来建立。

具体来说，在土地征收过程中，合理的土地增值收益分配机制应当通过"承认土地发展权 + 市场价格补偿 + 合理征税"机制来完成。为此，政府应当承认和尊重土地所有者的土地发展权，在土地征收过程中应当按照市场价格给予被征收人公平补偿，不能低价或无偿剥夺非国有土地的发展权（初次分配）。公平补偿之后，政府要靠合理征税，特别是要通过税种、税基、税率的变化以及财政转移支付等手段来动态调节和平衡国家、集体与个人以及不同地方区域在土地增值收益分配中的比例（二次分配）。在土地管理的过程中，特别是在维护公共利益（如保护耕地、自然环境）的过程中，合理的土地增值收益分配机制则应当通过"承认土地发展权 + 规

划管制 + 发展权市场化交易"机制来完成。政府可以在承认和尊重土地权利人土地发展权的基础上，通过设立基本农田保护区、自然环境保护区等措施对土地发展权进行管制性征收，但其同时应当建立市场化的直接补偿制度（比如发展权购买制度）或者间接补偿制度（比如发展权转移制度），从而在维护公共利益和国家利益的同时，将对个人利益与地区利益的损害降到最低。

第三编　国有土地有偿出让与城市化

论土地使用权有偿转让法律制度[*]

王家福　黄明川[**]

摘　要： 土地使用权有偿转让法律制度在我国产生绝非偶然，而是我国经济社会发展的必然产物。因为从社会主义初级阶段的国情来看，建立这项制度既是大力发展生产力的客观要求，也是大力发展社会主义商品经济、进一步完善社会主义公有制以及合理利用土地的客观要求。不过，"国家垄断经营和监督是我国土地使用权有偿转让制度的第一特征"，而所谓"国家垄断经营"是指，可以有偿转让的只能是国有土地（主要是城市国有土地），而不能是所有的土地。同时，只能是代表国家的市县人民政府才能有偿批用和出让国有土地使用权，其他任何国家机关、组织和个人均无权批用和出让国有土地使用权以及农民集体土地的使用权。

关键词： 土地使用权　有偿转让　国家垄断经营

实行土地使用权有偿转让，是我国土地使用法律制度的重大改革。它一经问世，就引起了国内外商界和法学界的普遍重视和热切关注。因此，从法律的角度探讨它产生的根源，研究它的实质内涵，揭示它的固有特征，促进这一制度进一步完善，具有重要的理论和现实意义。

---

　*　本文原载于《法学研究》1988 年第 3 期。

　**　王家福、黄明川，中国社会科学院法学研究所研究员。

一 土地使用权有偿转让法律制度的产生

所谓土地使用权有偿转让法律制度，是指国家调整主要因国有城市土地有偿转让所产生的社会关系的法律规范的总称。有关土地使用权有偿转让的法律制度，尽管在苏联新经济政策时期曾"昙花一现"，但是真正问世于社会主义国家还是最近的事情。它最早见诸我国的《中外合资经营企业法》（1979 年），此后，关于《中外合资经营企业建设用地暂行规定》（1980 年）、《广东省经济特区条例》（1980 年）、《中外合资经营企业法实施条例》（1983 年）也对此作出了相应的规定。这一法律制度是对我国以及其他社会主义国家长期进行的无偿、无限期使用土地的僵化法律制度的重大突破。

土地使用权有偿转让法律制度在我国产生，绝非偶然，而是我国社会经济发展的必然产物。从社会主义初级阶段的国情来看，土地使用权有偿转让法律制度，是大力发展社会生产力的客观要求。我国的社会主义初级阶段，特指我国在生产力落后、商品经济不发达条件下建设社会主义必然要经历的特定阶段。社会主义社会的根本任务是发展生产力。由于我国人口多、底子薄，八亿农民基本上还是用手工工具搞饭吃，商品经济和国内市场很不发达，自然经济和半自然经济占相当比重，人均国民生产总值仍居世界之后列。因此，在初级阶段，为了摆脱贫困和落后，尤其要把发展生产力作为全部工作的中心。而要使初级阶段社会生产力得到突飞猛进的发展，就必须打破桎梏，使包括土地在内的各种生产要素达到最佳的配置。这就从客观上要求我国土地使用权能适应生产和市场需求而以不同形式有偿转让。实践表明，社会主义社会和其他任何社会形态一样，如若把土地完全禁锢起来，一拨定终身，不准转让，就势必造成大量土地闲置、半闲置，许多可开拓的产业无法开拓，从而严重束缚生产力发展和生产、交换的商品化、社会化、现代化。不言而喻，要使社会生产力在社会主义初级阶段得到全面发展，就必须根据生产力发展的要求，实行土地使用权有偿转让法律制度，使土地由死物变为活物，在法律规定的范围内允许土地使用权自由转让，以促进生产力的发展。

土地使用权有偿转让法律制度，是大力发展社会主义商品经济的客观要求。土地是重要的生产要素，尽管它的自然形态没有价值，然而由于土地已为人们千百年使用、开发、改良，大量人的劳动（包括活劳动和物化劳动）凝结其内。因此，它既拥有使用价值，也拥有价值，具有商品的属性，同样受价值规律和市场机制的支配。正是因为土地具有商品属性，因此，社会主义商品经济的发展，社会主义市场体系的形成和完善，就从客观上决定了土地使用权有偿转让法律制度势必应运而兴。因为，没有土地使用权有偿转让法律制度，就没有完整的社会主义市场体系，就没有国家调节市场、市场引导企业新的经济运行机制的完全实现。一句话，社会化、现代化、集约化的计划商品经济就难以得到充分发展。作为重要生产要素、社会商品的土地，也不可能按照商品经济固有的价值规律和优胜劣汰的竞争法则得到最佳利用。实践表明，社会主义商品经济要求实行使用权有偿转让法律制度，同时土地使用权有偿转让法律制度反过来又推动社会主义商品经济进一步向前发展。

土地使用权有偿转让法律制度是社会主义公有制进一步完善的客观要求。我国实行的是社会主义土地公有制，土地公有制的确立是我国巨大的社会主义成果。但是，有了土地公有制，并非意味着万事大吉。社会主义土地公有制还面临着进一步自我完善的任务。第一，由于国家是政治组织，并非经济组织，由于国有土地广袤浩瀚，国家不应当也不可能事必躬亲，自己使用每一块国有土地。而且国有土地使用者如若没有确定的权利和利益就不可能尽心尽力地开发经营每一寸国有土地，闲置、滥用、浪费国有土地现象，势必层出不穷。第二，由于土地公有制从根本上禁止土地所有权的转移，土地商品属性不能不受到最严格的抑制。同时，如将土地完全排斥在市场、流通之外，又势必与社会主义商品经济的发展不相适应，同土地的自然属性大相径庭。第三，由于国有土地长期被行政划拨，被无偿无限期使用，级差地租和超额利润均为土地使用者所占有，这势必造成国家所有权形同虚设，不同土地使用者之间苦乐不均，不能在同一起跑线上竞争。这一切就从客观上决定了土地使用权有偿转让法律制度势在必行。只有建立起健全的土地使用权有偿转让法律制度才能使土地公有制与土地责任制结合起来，土地所有权和土地使用权结合起来，国家对土地的计划管理与土地使用权的有偿转让结合起来，从而土地公有制的优越性才能充分发挥出来。土地使用权有偿转让法律制度是社会主义土地公有制进一步完善的必然产物。随着土地使用权有偿转让法律制度的进一步健全，社会主义土地公有制必将日趋完善。

土地使用权有偿转让法律制度是合理利用土地的客观要求。众所周知，我国土地占世界土地的 7%，人口却占世界人口的 20%。人均占有土地量居世界最少的国家之列，而人均耕地则更少。可奇怪的是在我们这样一个土地奇缺、寸土寸金的社会主义国度里，却存在惊人的土地浪费现象，即使在极其繁华的上海市淮海中路也有十亩土地闲置近 30 年之久而无人过问。原因就在于我国长期实行土地无限期的无偿使用的"大锅饭"制度，这实际上把土地搞得"分文不值"，使土地所有者和土地使用者均失去了合理利用土地的经济动因。而这种浪费土地的现象如果不坚决刹住，听任其继续下去，则不仅会威胁社会主义公有制，而且还要祸及我们子孙后代的生存。因此，合理利用土地从客观上呼唤着土地使用权有偿转让法律制度的诞生。只有土地使用权有偿转让法律制度才能根除无限期无偿使用土地之积弊，从经济内在因素上促使土地所有者和土地使用者精打细算，提高土地利用率，从而达到最大限度合理利用土地的目的。

土地使用权有偿转让，有许多好处。第一，它可以调节土地需求，节约用地，提高土地利用效率。从价值规律、经济利益和市场机制上把土地浪费缩小到最低限度。第二，它可以增加国家财政收入，扩充建设基金，使我国长期白白流走，甚至倒贴送人的城市土地，恢复真正的价值，变成国家的滚滚财源。第三，它可以筹措资金，促进城市基本设施的大规模改善，把从土地使用权有偿转让中所获得的收入反过来投入土地开发、市政和房屋建设，推动城市改造良性大循环。第四，它可以改善外商投资环境，改变各地竞相降低土地使用费的局面。一方面可以增强外商对土地使用的财产感，提高其对中国投资的兴趣；另一方面可以减轻外地超额负债开发土地的压力，不再做违反等价交换原则、竞相刹低土地使用费的蠢事。第五，它可以促进地产业兴起，推动整个城市经济繁荣，特别是促进金融业、房地产业、旅游业、第三产业的繁荣，推动整个城市经济向前发展。

二 土地使用权有偿转让的法律形式

土地使用权有偿转让法律形式，主要是指国有城市土地使用权依法有偿转让的方式和办法。根据我国现行法律的规定，以及经济特区、经济技术开发区和试点城市的实践经验，我国土地使用权有偿转化的法律形式就其要者而言，大体有以下两种。

（一）　土地批用

土地批用是我国国有城市土地使用权有偿转让的一种重要的法律形式。所谓土地批用，是指根据国家主管机关批准文件和土地使用合同，国家在一定期限内将土地交给土地承用人依法使用并收取土地使用费，土地承用人取得一定期限的土地使用权并依法支付土地使用费。通过土地批用这种有偿转让法律形式，作为土地所有者的国家转让的是国有城市土地使用用权，获得的是土地使用费，因此，从实质上讲，土地批用法律形式乃是土地批租法律形式，土地使用费即为土地租金。目前，我国土地批用法律形式主要适用于经济特区、经济技术开发、中外合资经营企业、中外合作经营企业、外资企业。此外，我国还有1/3的城市正在进行这一制度的试点工作。

土地批用法律关系，基于两种法律行为，即县、市人民政府批准的行政行为和县级以上人民政府与土地承用人签订的土地使用合同。比如，按照中外合资经营企业法施行条例第47条的规定，合营企业所需土地，"应由合营企业向所有土地的市（县）级土地管理部门提出申请，经过审查批准后，通过签订合同取得场地（即土地）使用权"。显然，政府是以行政机关和所有者双重身份出现的。一方面，它作为国家行政机关通过土地管理机关审查批准土地承用人的用地申请，发给土地使用证。另一方面，它代表国家作为所有者与土地承用者签订土地使用合同，规定批用土地面积、地点、用途、合同期限、土地使用费，明确双方的权利与义务和违反合同的责任。

土地批用法律关系的主体，包括土地批用人和土地承用人。土地批用人只能是县市人民政府。由它们代表国家行使国家行政机关的权力和土地所有者的权利。至于土地承用人则可以是外商投资企业（包括中外合资经营企业、中外合作经营企业、外资企业），也可以是全民所有制企业、集体所有制企业、私营企业、个体工商户以及其他单位和个人，土地批用法律关系的客体主要是国有城市土地，也包括国有农村土地。至于农村集体所有土地则不能充当土地批用法律关系之客体，土地批用法律关系的内容则包括土地承用人和土地批用人二者的权利与义务关系。

就土地承用人的权利而言，主要是取得对被批用的国有土地的使用权。土地使用权是土地承用人在规定期限内依法占有、使用、收益被批用的国有土地的权利。占有权就是土地承用人对土地实际控制的权利。使用权就是土地承用人依土地的性质和约定的用途利用土地的权利。收益权就是土地承用人依法从土地利用中获取利益的权利。土地使用权内不包括任何意义上的处分权。它是由土地国家所有权产生出来的一种他物权，在规定的期限内可以对抗第三者。土地承用人对被批用土地只有使用权，没有所有权。其使用权不得转让。土地承用人的土地使用权是有期限的，期限的长短由合同规定。外商投资企业取得的土地使用权的期限与企业经营的期限是一致的，最长期限为 70 年。期限届满土地承用人的使用权即告终止，土地承用人应当把其土地使用权交还土地批用人。就土地承用人的义务而言，主要是：（1）依法交付土地使用费，这是土地承用人最主要的义务；（2）依照法律规定和合同约定使用被批用土地，非经土地批用人之同意不得改变被批用土地之用途。

土地批用人的权利与义务，则分别与承用人的义务和权利相对应。

（二）土地使用权出让

土地使用权出让是我国国有城市土地使用权有偿转让的另一种重要的法律形式。所谓土地使用权出让，是指根据国家（由市政府代表）与受让人签订的城市土地使用权出让合同，国家将一定期限的土地使用权出让给土地使用权受让人并取得土地使用权的价款，土地使用权受让人取得一定期限的土地使用权，并支付受让的土地使用权的价款。通过土地使用权出让这种有偿转让法律形式，作为土地所有者的国家出让的是一定期限的国有城市土地使用权，获得的是一定期限的土地使用权的价款。因此，土地出让实质兼有土地使用权出售与出租的某些法律特征。说它是出售，是因为土地使用权出让人让出的是可以继承、赠与、转让、抵押的土地使用权，取得的是土地使用权的价款。说它是出租，是因为土地使用权受让人取得一定期限的土地使用权，一次支付的是全部期限的土地租金总额。同前，我国土地出让法律形式，主要试行于深圳、上海、天津、广州等城市。

土地使用权出让法律关系，是基于市政府（代表国家）与土地使用权受让人签订的土地使用权转让合同产生的权利与义务关系。这里有两层权利义务关系。第一层权利与义务关系，是代表国家作为土地所有者的市政府与土地使用权受让人的权利与义务关系，其实质是市政府代表国家把国有城市土地的使用权有偿、有期限地出让给用地者。为含义确切起见，这种法律行为可称之为"出让"。此时市政府是以土地所有者的身份出现的。第二层权利与义务关系，是土地使用权受让人与土地使用权再受让人的权利义务关系。其实质是土地使用权受让人在法定条件下把自己取得的剩余期限的土地使用权有偿地转让给新用地者。新的土地使用权再受让人完全承继原土地使用权受让人对作为土地使用权出让人的市政府因土地使用权出让合同所取得的权利和承担的义务。为明确含义起见，这种法律行为称之为"转让"。

土地使用权出让法律关系的主体，包括土地使用权出让人与土地使用权受让人、土地使用权转让人与土地使用权再受让人四种人。（1）土地使用权出让人，是指经国务院授权的市人民政府。未经国务院特别授权的市政府不能代表国家行使出让国有城市土地使用权的权利。（2）土地使用权受让人，主要指外国的企业，港、澳、台的企业，其他组织和个人。我们国家鼓励他们投资受让，进行土地开发经营。我国内地的企业也可以作为土地使用权受让人，开发经营房地产业。（3）土地使用权转让人，是指土地使用权受让人，当土地使用权受让人完成土地使用权出让合同规定的开发建设之后，即可以成为土地使用权转让人。（4）土地使用权再受让人，是指一切外国、港、澳、台以及内地的企业、其他组织和个人。他们均可以充当土地使用权受让人完成建设后的土地使用权连同地上建筑物的所有权的受让人。土地使用权出让法律关系的客体，是经市政府选定和规划的国有城市土地的土地使用权。这就是说，要有偿出让使用权的地段，必须由当地市政府选定，可以在经济技术开发区内，也可以不在经济技术开发区内。比如，上海市选定的第一块有偿出让土地使用权的地区，即位于虹桥经济技术开发区内。有偿出让使用权的地段的利用，还必须由当地市政府根据城市社会经济发展的需要作出规划，事先规定土地的用途、开发建设的任务和进度。未经选定、未作规划的土地的使用权不得有偿转让。至于农村集体所有的土地，完全不在土地使用权出让法律关系的客体之列。土地使用权出让法律关系的内容包括土地使用权出让人和土地使用授权人的权利义务和土地使用权转让人与土地使用权再受让人的权利义务关系。

1. 土地使用权出让人和土地使用权受让人的权利义务关系

在市政府代表国家将国家城市土地使用权有偿、有限期地出让给土地使用权受让人的法律关系中，土地使用权受让人的权利，主要是其所取得的被出让土地的一定期限的使用权。土地使用权，是指土地使用权受让人在合同规定的期限内依照法律和合同规定对被让出土地的占有、使用、收益、处分的权力。具有一定处分权，这是土地使用权出让法律关系中土地使用权受让人的土地使用权与前面所讲的土地批用法律关系中土地承用人的土地使用权的显著区别。受让人的土地使用权，是派生于城市土地国家所有权的一种他物权。尽管它可以在有效期限内对抗第三者，尽管它较之土地承用人的土地使用权内容广泛一些，但它仍是作为他物权的使用权，而不足以作为完整意义的自物权的所有权。因为：（1）土地使用权是建立在土地国家所有权基础之上的，是从土地国家所有权中分离出来的；（2）土地使用权的行使，受到体现在合同条款中作为土地所有者的国家意志的制约，无论占有、使用、收益、处分，除了法律规矩之外均不得违背合同的有关规定，未完成合同规定的开发建设任务的土地不得转让；（3）土地使用权受让合同规定的期限的限制，土地使用权期限（即土地使用权出让的年限）一般以不超过 70 年为宜。当地市政府也因土地的不同用途、不同位置规定了不同的出让年限。土地使用权是一定期限的他物权，而不像土地国家所有权那样具有永久的性质。土地使用权受让人还有一个重要权利，也就是完成合同规定的开发建设任务后，可将其土地使用权连同地面附着建筑物有偿转让、赠与、继承或抵押。土地使用权受让人的义务，主要有三点：其一，支付土地是用权价款；其二，按照合同规定的用途和任务使用土地，改变用途和任务，必须经由土地使用权出让人批准，并依法补交相应的价款；其三，使用权期限届满，无偿地将土地使用权连同地面附着物交还土地使用权出让人。

在土地使用权出让法律关系中，土地使用权出让人——市政府的权利主要是收取土地使用权的价款。土地使用权的价款数额应当由土地使用权出让价格决定。土地使用权出让价格不搞统一标准。不同城市和同一城市的不同地段，出让价格应有差别；对内出让和对外出让，出让价格也可以有所差别。确定土地使用权的出让价格，要考虑到已投入土地的开发费用、市场供求状况、土地用途和使用年限等多种因素，综合平衡，全面评估，既要保证政府得到应有的土地收益，又使受让者有利可图，不仅讲求经济效益，也要争取社会效益和环境效益。对外出让土地使用权，价款应当以外汇计收，土地使用权出让人的第二个重要权利，是监督土地使用权受让人正确行使使用权。土地使用权出让人的第三个重要权利，是使用期届满后无偿地收回土地使用权和地面上附着建筑物的权利。需要拆除的附着物由受让人拆除或交付拆除费用；需要继续使用的，应允许办理续期申请。使用期未届满而因公共利益需要，政府可以提前收回土地，但应当给予受让人经济补偿，或出让其他土地进行调换。

2. 土地使用权转让人与土地使用权再受让人的权利义务关系

在土地使用权转让人（土地使用权受让人）将余期土地使用权有偿地转让给土地使用权再受让人的法律关系中，土地使用权再受让人的权利主要是取得土地使用权转让的余期土地使用权；其次是对其取得的余期土地使用权进行转让、赠与、继承、抵押的权利。土地使用权再受让人的义务是：（1）支付被转让余期土地使用权的价款，余期土地使用权价格由双方当事人自由商定；（2）按照原土地使用权出让合同规定的用途和任务使用土地，改变用途和任务必须经由土地使用权出让人批准，并依法补交相应的价款；（3）使用权余期届满，无偿地将土地使用权连同地面附着建筑物交还土地使用权出让人。这里实行的是认地不认人原则。任何人受让了余期土地使用权，即承继了原土地使用权受让人对土地使用权出让人——市政府的权利与义务。因而即在原土地使用权出让合同规定期限内的余期内与土地使用权出让人——市政府发生了权利与义务的关系。在土地使用权有偿转法律关系中，土地使用权转让人的权利是取得余期土地使用权的价款。土地使用权转让人的义务就是把余期土地使用权以及与此相关的对余期土地使用权的转让、赠与、继承、抵押的权利交付给土地使用权再受让人。根据认地不认人的原则，土地使用权转让人将其余期土地使用权有偿转让后，而与土地使用权出让人不再存在法律关系，其原来的权利与义务统统转由余期土地使用权再受让人承继。

土地使用权有偿出让，是通过签订土地使用权有偿出让或转让合同来实现的。合同签订方式可以多种多样，不强求统一。土地使用权有偿出让合同可以采取以下三种方式。一曰协议方式。这就是由土地使用权出让人（市政府）与土地使用权受让人双方通过协商（要约承诺）达成一致意见，签订土地使用权出让合同。二曰招标方式。这就是由招标人即土地使用权出让人（市政府）提出招标要求，彼此竞争的投标人相互不知道其他投标人的条件，因而只能提出一个条件，最后由条件最优的投标人中标，与招标人签订合同。三曰拍卖方式。拍卖人（市政府）提出拍卖要求（开出底价），拍卖人提出自己的条件，这种要约（报价）在有其他拍买人提出较优的要约（报价）时，即失去效力。最后在没有人提出更优的要约（报价），拍卖人为承诺（拍定）时，土地使用权出让合同即告成立。拍买方式与招标方式的区别在于，相互竞争的拍买人彼此知道其他拍买人的报价，可以改变自己的报价，最后由报价最高的拍买人与拍卖人签订合同。招标、拍卖两种方式都引进了竞争机制，可以在试验中摸索经验。1987年12月1日，我国深圳市首次举行了土地使用权的公开拍卖，包括11家中外合资企业在内的43家企业法人参加了竞买。最后由深圳房地产公司以520万元的价款，获得了一块8588平方米住宅用地50年的使用权。

为了加强土地使用权有偿转让的管理，维护土地市场的秩序，依照合同出让、转让、抵押土地使用权的行为，均必须经过登记程序。土地使用权的受让人、土地使用权再受让人均必须到市土地管理机关办理登记或者变更登记手续，交纳登记费，领取土地使用证。接受抵押的银行或者其他金融机构（抵押权人）必须就抵押行为向土地管理机关履行登记手续，交纳登记费用。未经登记的出让、转让、抵押行为均不受法律保护。

三　土地使用权有偿转让法律制度的特征

（一）国家垄断经营与监督

国家垄断经营与监督是我国土地使用权有偿转让法律制度的第一个特征。所谓国家垄断经营，有两层含义：其一，是指使用权得以有偿转让的土地并非一切土地，而只能是国有土地（主要是国有城市土地）；其二，是指能有偿转让土地使用权的并非一切机关、所有组织，而只能是代表国家的县市人民政府才能从事有偿批用和出让国有土地使用权的经济活动，其他任何国家机关、任何组织和个人均无权有偿批用和出让国有土地使用权。同时，任何农村集体经济组织，任何村民委员会也无权有偿批用和出让农民集体土地的使用权。此外，目前农村普遍实行的土地承包经营法律制度，尽管土地承包经营合同约定的土地承包经营人所承担的义务（如纳税义务、交付提留义务）均带有经济内容，但由于它是集体土地承包经营法律制度，因此，不属于国家垄断经营的土地使用权有偿批用、出让法律制度的范围之内。所谓国家监督，是指国有土地使用权有偿转让经济活动是在国家宏观控制之下进行的，土地使用权转让行为与土地使用权出让行为一样，都必须进行登记。应该指出，目前在我国崭露头角的集体土地转承包经营法律制度，虽然由原土地承包经营人向新土地承包经营人移转的土地承包经营权内也包括土地使用权，虽然土地承包经营人可以在新土地承包经营人那里取得对所承包经营土地投入的补偿，虽然土地转承包经营法律制度完全符合大部分农民相继脱离土地，土地相对集中到种田能手手中，逐步向适度规模经营过渡的农村现代化的必然过程，但是由于土地转承包经营需要土地发包人同意，由于新土地承包经营人承继的是原土地承包经营人对原发包人的义务，由于新土地承包经营人交付给原土地承包经营人的仅仅是其对土地新投入的补偿，而不是包括使用权在内的土地承包经营权的使用费或者价款，因此，转承包与国家监督下的国有土地有偿转让法律制度迥然不同。

（二）坚持土地国家所有权与提高国有土地利用效益的结合

坚持土地国家所有权与提高国有土地利用效益的结合是我国土地使用权有偿转让法律制度的第一个特征。土地国家所有权是作为我国土地公有制重要组成部分的土地国家所有制（全民所有制）的法律表现。我们国家是社会主义国家，我国的经济是社会主义公有制经济。不言而喻，土地的社会主义公有制是不可动摇的。坚持国家所有权是坚持社会主义的重要方面。同时，随着社会主义有计划商品经济的发展，提高有限土地利用效益的客观要求与日俱增，所有权与使用权的分离势在必行。土地使用权有偿转让法律制度则把坚持土地国家所有权与提高国有土地利用效益有机地结合起来。土地使用权有偿批让法律制度兼容了土地公有制与价值规律、市场机制的不同要求。一方面，由于它体现了价值规律和市场机制的要求，土地使用权有偿转让法律制度可以从内在的经济因素上促使国家珍惜每寸国有土地，精心规划批用和出让每块国有土地，推动土地使用者精打细算，节约用地，千方百计利用好每一寸承用和受让的国有土地。这就从根本上保障了国有土地利用效益的提高。另一方面，由于它反映了土地公有制的要求，土地使用权有偿转让法律制度可以是法律上保障国有土地使用权从国家手中向土地使用者有限制的有计划指导的转移，使土地使用者取得一定期限的土地使用权，同时保持国家对该土地的所有权。国家对该土地的所有权主要表现为：（1）国家决定批用和出让使用权的国有土地的地区和区域；（2）国家规定土地使用年限；（3）国家规定土地使用范围、用途和任务；（4）国家拥有对土地的永业权和最后处分权。因此，土地使用权有偿转让法律制度，是一项既能坚持土地国家所有权，又能把国有土地最大限度用好，充分发挥社会主义土地公有制优越性的法律制度。

（三）兼顾土地所有者和土地使用者的利益

这里的兼顾有两层含义。其一，承认土地所有者和土地使用者应有的利益。按照土地使用权有偿转让法律制度的规定，国家即土地所有者不仅可以从该制度带来的国民经济增长中获得根本好处，不但可以从对土地使用权出让和转让开征的税收中获得利益，而且可以从批用土地、出让土地使用权中获得可观的土地使用费和土地使用权价款。此外，土地使用权期满，国家尚可以在无偿收回土地使用权的同时通过无偿收回地面附着建筑物来获得利益。根据土地使用权有偿转让法律制度的规定，土地使用者（土地承用人和土地受让人）不光能够利用自己所获得的土地使用权开展的经营业务取得好处，而且还能够通过依法转让余期使用权和附着建筑物取得利益。其二，协调土地所有者和土地使用者的利益。通过土地使用权有偿转让法律制度的内在机制，使土地所有者和土地使用者的利益保持在适当的限度内，既对国家有利，又使土地使用者有利可图。比如，适度规定土地使用权期限，使其既不太长，又不过短，使双方都获利。一则使国家能够适应适当限期内市场和经济情势之变化，通过第二次、第三次出让或者续期重新获得土地使用权新价款；二则也使土地受让者能够在适当限期内放手开发经营，谋取可观利益。这就从两个方面调动起人们开发经营土地、促进经济发展的积极性和主动性。

（四）开放和管理土地市场

土地经过开发凝聚了人类的活劳动和物化劳动，具有价值，属于商品范畴，也势必受市场和价值规律支配。土地使用权有偿转让法律制度的出让形式，正是从这一基本理论认识出发，破天荒地在社会主义国家部分解除了禁令，部分开放了土地市场（确切地讲是开放了国有土地使用权市场）。（1）它允许国家出让国有城市土地使用权，允许国有城市土地使用权受让人转让、再转让其合法取得的土地使用权，这就形成了土地的多级市场；（2）它确认国有城市土地使用权的出让、转让实质上就是国有城市土地使用权归属的移转，在规定的期限内合法取得的国有城市土地可以依法自由转让继承，这就为土地市场的形成提供了必要的内在动因；（3）它准许合法受让者以其国有城市土地使用权向中外银行抵押贷款，使金融业参与其间，为土地市场的发展提供必要的融资、集资条件。但是，根据土地使用权转让法律制度的出让形式所开放的土地市场，并非完全的自由市场，而是依法受到管理的市场。（1）它对于每个受让人所受让的土地使用权的总面积加以适当限制，以防止土地使用权过分集中，形成过大的地产业主，进而垄断和操纵土地市场；（2）它规定未完成出让合同约定的开发建设任务的土地使用权不得转让，避免炒卖地皮、牟取暴利的过分投机现象；（3）建立与土地使用权有偿转让、抵押相适应的土地登记、发证和地籍档案制度，建立相应的土地估价、仲裁等机构，以维护土地市场秩序。总之，土地使用权有偿转让法律制度既保障土地市场的开发和土地市场积极作用的发挥，又保证土地市场受到必要的管理，防止过分投机现象的发生，把可能出现的消极因素控制在最小限度之内。

城市化过程中集体土地的概括国有化[*]

陈 甦[**]

摘 要：集体土地概括国有化发生在城市化过程中，土地所有权的变更具有不按土地征用制度进行并通过社区性质变更实现的特征。作者分析了集体土地国有化的原因，并提出以农民集体转制为公司、组织土地合作社以及组织土地基金会等方式建立土地法人所有制，以克服目前集体土地概括所有化过程中的缺陷。

关键词：集体土地 国有化 法人所有

城市化过程的表现之一，是城市空间向农村空间蔓延，农村土地被不断扩及于此的城区所占据。在我国现行土地所有权制度条件下，城市化过程中存在的农村土地转化为城区土地的事实必然导致土地所有权主体的变更，即农村集体土地在成为城市建设用地的同时要转为国有土地。一般认为，在城市建设需要永久占用农村集体土地时，可以通过土地征用补偿的方法，将集体土地收归国有，一方面维持城市土地归国家所有的纯粹性，另一方面维持城市化过程中农村集体利益与国家利益之间的平衡性。这种观点有一个假定前提：城市建设需要永久占用集体土地时，都可以通过土地征用补偿的方法将农村集体土地转为国有土地。但这种假定在有些情况下是不成立的。在我国当前的城市化过程中，确实还存在另一种农村集体土地不经土地征用程序而无偿转归国家所有的情形，这就是"农村集体土

---

[*] 本文原载于《法学研究》2000 年第 3 期。

[**] 陈甦，中国社会科学院法学研究所副研究员，现为中国社会科学院法学研究所所长，研究员。

地的概括国有化"。集体土地概括国有化现象的存在，说明我国现行土地所有权制度还存在重大缺陷，在许多集体土地转为国有土地的场合，缺乏必要而合理的制度安排，以致不能充分地维持国家与农村集体之间的利益平衡。

一　集体土地概括国有化的特点

城市化过程中农村集体土地的概括国有化，是指在我国当前社会经济生活中所存在的这样一种现象：因城市建设的发展，原属农村的乡（镇）村全社区整体性地并入城市建成区，并随着乡（镇）村的建制撤销，农村基层行政组织或居民自治组织转变为城市基层行政组织或居民自治组织，农村集体经济组织成员全部由农村居民转为城镇居民，原属农村集体所有但尚未经征用的土地或者土地大部被征用之后的残余土地，便随之全部概括性地转归国有。改革开放以来，特别是随着市场经济的发展，我国城市化进程特别是小城镇建设急速加快。在 1978 年，我国只有 2874 个建制镇；1985 年全国已有建制镇 7956 个，占全国乡镇总数的 9%；到 1996 年增加到 16124 个，占全国乡镇总数的 37.4%；[1] 到 1998 年初，全国共有 49000 多个小城镇，其中，建制镇 18316 个，集镇 31000 多个。[2] 因此，在如此速度与规模的城市化过程中，会经常性地发生集体土地的概括国有化。集体土地是农村集体经济组织的重要财产，在集体土地转归国有时，农村集体经济组织应当获得相应补偿。因我国法律禁止土地买卖，集体土地可以有补偿地转归国有的程序目前只有一个，这就是土地征用制度。但是集体土地的概括国有化与之完全不同，有许多自身的特点，因而不能适用土地征用程序。

1. 集体土地概括国有化发生在城市化过程中

发生农村集体土地概括国有化的必要条件之一，是被概括国有化的农村集体土地已经并入城市建成区的范围。其中包括两种情形：一种情形是

---

[1]　参见陆学艺、王春光、张其仔《中国农村现代化道路研究》，广西人民出版社，1998，第 20 页。

[2]　参见陈为邦《精心规划建设小城镇》，《光明日报》1999 年 1 月 11 日。

随着城区的扩大，城市郊区的集体土地已经逐步被城市建成区所分割包围，最终完全融入城市建成区；另一种情形是农村集体经济组织通过自我建设，将其所在地区直接发展为城镇，如将集镇发展为建制镇。

发生农村集体土地概括国有化的另一个必要条件，是在被概括国有化的农村集体土地上，集体经济组织已经进行了符合城市规划的建设。在一般情况下，因城市化而占用农村集体土地时，需逐步逐片地征用集体土地，城市建设区根据近期规划准备发展到什么范围，就事先在什么范围征用集体土地，然后再在已征用土地上进行建设。但是，在农村经济比较发达而且集体土地利用规划制度执行得比较好的地区，有些集体土地上已经进行了较高水平的非农业建设，例如，有的农村社区虽然仍以"村"为名，但已建设成为相当现代化的"农民城镇"，如江阴的华西村、北京的韩村河村。这些集体土地上的建设如果符合城市规划，其建设用地就可以在城市化过程中不加征用，无须在其上进一步建设而直接并入城市建成区。

上述两个条件必须同时具备，才有可能发生农村集体土地的概括国有化。如果没有城市建设将特定农村社区整体性转化为城市建成区，集体土地只有通过个别进行的土地征用而转归国有，就不会发生某一农村社区或某一农村集体经济组织的土地整体性转归国有的情形。如果农村集体经济组织在其土地上没有进行较高水平的非农业建设，其土地就会在城市建设过程中被逐渐全部征用，因而也不会发生某些集体土地不需要进一步建设即可并入城市建成区，进而不加征用补偿就转归国有的情形。在城市化进程中，率先城市化的地区往往是农村经济相对发达的地区。尽管国家在城市建设中不断征用农村集体土地，将其转为国有土地后再作为城市建设用地，但在城市建成区，总有一些已经符合城市规划的集体建设用地未被征用而保留下来直接并入城区，如符合城市规划的乡镇企业用地、乡（镇）村基层组织的办公用地、乡村学校用地、道路等公共设施用地、经统一规划建成的农民住宅用地等。因此，城市化过程中农村集体土地的概括国有化，总是发生在农村经济相对发达、农村土地规划制度实行较好的地区。

2. 集体土地概括国有化不按土地征用制度进行

虽然农村集体土地概括国有化与土地征用的结果，都是农村集体土地转归国有，但两者之间的重要区别之一，就是集体土地的概括国有化并不按土地征用程序进行。土地征用是指国家为了公共利益的需要，依法对集体所有的土地实行征用，使集体所有的土地转为全民所有即国家所有。①土地征用制度是目前集体土地转为国有时所适用的唯一系统化的制度，其中既有程序性规范，如征用审批的规定；也有实体性规范，如征用补偿标准的规定。但是在集体土地概括国有化时，既不按土地征用的程序性规范实行，也不按土地征用的实体性规范实行。

与土地征用相比较，集体土地的概括国有化具有如下特征。（1）集体土地转归国有时，具有概括性。农村集体土地的概括国有化是将集体土地概括性地转归国有，即将行政区划下的一个社区（整乡或整村）的集体土地整体性地或全部地转归国有。土地征用总是个别进行的，是针对特定的建设用地分别进行的。（2）集体土地转归国有时，不是为了进行具体的项目建设。农村集体土地的概括国有化，是城市化整体建设的结果，是由于农村社区已经进行了符合规划的建设，从而在农村社区转制为城镇社区时，集体土地随之直接转为国有土地，因此集体土地的概括国有化，并不是为了一个具体的建设项目而实行，即没有具体的建设目的。土地征用总是为了特定的建设项目而进行的，每次土地征用都有具体的建设目的。（3）集体土地转归国有时，不改变原土地用途和原土地使用者。集体土地的概括国有化主要发生在城市化时的农村规划建设区，被概括国有化时，原规划建设区上的建设因符合城市规划而基本保留下来，其原土地使用者和原用途也基本不变。发生土地征用时，土地用途需发生变化，比如由农业用地变更为建设用地，在原建设用地上需进行新的建设；土地使用者也要发生变化，比如原使用者是农村居民，在土地被征用后，该土地由建设单位使用。（4）因概括国有化转为国有的集体土地，基本上是各类建设用地。发生集体土地概括国有化时，集体土地中的绝大部分属于建设用地，包括乡镇企业用地、乡村基层组织办公用地、公用设施用地、农民宅基地等，并且是经过规划建设的在其上已有可继续使用的建筑物或构筑物的土地。被征用的集体土地种类，则根据建设项目需要而定，既可以是农业用地，也可以是建设用地。（5）集体土地转归国有时，原则上具有无补偿性。由于集体土地的概括国有化不因具体建设项目而发生，没有具体建设单

---

① 《土地管理法》第 2 条第 4 款、《土地管理法实施条例》第 2 条第（3）项。

位置于其间，即没有补偿费用的承担者，并且集体土地在国有化后由原使用者继续使用，因而在发生集体土地概括国有化时，农村集体及其成员一般不会因此得到特别补偿。当然，如果被概括国有化的集体土地中还有少量残余耕地，该残余耕地一般会得到某种程度或形式的补偿，如杭州市江干区在村委会转制为居委会的试点中，由市政府土地储备中心以 16 万元一亩的价格收购农民的菜地。① 在发生土地征用时，征用集体土地则必须给予补偿。

3. 集体土地概括国有化最终是通过社区性质变更实现的

农村集体土地的概括国有化，需以农村社区的性质变更为条件，与农村基层组织建制和农村集体经济组织性质的变更相联系。也就是说，集体土地的概括国有化，最终要通过农村集体所在农村社区转变为城镇社区来实现。

在我国现行社会管理体制下，城市化的过程不仅是一个经济建设的物质过程，也是社会组织形态的变化过程。城乡二元社会结构仍是我国社会的显著特点，城市为街道办事处、城市居民委员会，农村为乡政府、村民委员会；城市的经济组织多采用公司、合伙和独资企业的形式，农村的经济组织多采取合作社、农村集体企业、股份合作企业的形式；城市居民为市民，农村居民为村民。集体所在社区被纳入城市规划区或建成区后，乡政府、村民委员会需转制为街道办事处和居民委员会，农村集体经济组织的性质也转变为城市经济组织。随着这个转化过程，农村村民也转变为城市居民。据《文汇报》报道，杭州市在 1998 年就准备将市区中的 36 个行政村撤销建制，改建成居民区。因为改革开放以来，杭州经济和城市建设不断发展，城市范围迅速扩大，在市区和城郊接合部出现了一批土地已基本被城市建设征用的行政村，有的村已经完全没有了土地，成为名副其实的"都市里的村庄"。原行政村建制撤销后，居住集中的建立居民区，居住分散的直接划入就近居民区。② 海口市则规定，土地被全部征用的或者土地虽未被全部征用，但人均耕地不足 0.02 公顷的，被征地单位农业户全部转为非农业户口。③ 在我国，这种城市化过程所导致的农村组织在形式和性质上的变化以及农民身份上的变化，实际上是非常普遍的。

---

① 参见张业清《村委会缘何不愿"改牌"居委会》，《光明日报》1999 年 12 月 27 日。
② 参见《杭州：消灭"都市里的村庄"》，《文汇报》1998 年 12 月 4 日。
③ 参见《海口市土地管理规定》（1997 年 1 月 20 日）第 27 条。

与城乡二元社会结构相对应，我国土地制度也采取了城乡二元所有制结构，即城市土地属于国家所有，农村土地基本上属于农民集体所有。国家土地所有权与城市基层组织、城市经济组织相联系，集体土地所有权与农村基层组织、农村经济组织相联系，两个体系之间界限分明。尽管城乡二元社会结构已经为世诟病，但由于变革城乡二元社会结构是一个长期过程，现行许多制度和政策不得不继续包含反映城乡二元社会结构的内容或者以此作为制度或政策制定的出发点。在此制度环境下，社区性质与土地所有权之间在经济建设中发生了一种交替进行的联动反应：在经济建设所形成的城市化过程中，农村集体土地逐步逐片转为国有土地，原农村社区也逐步逐片地转为城市社区；因土地被大部分征用或者农村集体自行建设，最终会使农村社区完全转变为城市社区。这种变化的主要表征是农村集体经济组织全体成员的身份发生变更，即由农民户口全部转为居民户口，村委会也相应地转为居委会；由于农村基层组织的转制和农村集体经济组织性质的变化，在土地权利归属上最终导致社区土地所有人彻底发生了变化，这种变化的结果，就是原农村集体土地完全转为国有土地，即集体土地最终概括性地成为国有土地。

二　集体土地概括国有化的制度原因

尽管农村集体土地的概括国有化是一个十分普遍的社会现象，而且是一个十分重要的法律现象，因为其间涉及重大的财产权属变更和利益关系协调问题，但现行法律中却没有一个系统的制度对此予以规制。在土地管理法于 1998 年 8 月 29 日全面修订以前，有关集体土地概括国有化问题的规定，只能见诸个别地方法规或政府规章中。例如，《海南省调处土地纠纷确定土地权属的若干规定》（1992 年 4 月 22 日）第 12 条第（6）项规定，被国家征用土地的单位因集体建制被撤销或人口全部转为非农业人口后所剩余的集体所有土地，属国有土地。《湖北省处理土地权属争议暂行办法》（1991 年 12 月 30 日）第 9 条规定："因国家建设征用土地造成的无地村、组，[①] 全部农业人口转为非农业人口的，原属农民集体组织所有的

――――――――――

① 需特别说明的是，这里所谓的"无地"，只是指没有耕地。

闲散地、宅基地和零星土地，所有权归国家，原使用集体土地的单位和个人应到当地县以上土地管理部门进行土地权属变更登记，注销原土地证书，由土地管理部门重新确认国有土地使用权。"《郑州市确定土地权属条例》（1994 年 9 月 2 日）第 11 条规定："农民集体整建制被撤销，其人口全部转为非农业户口的，该农民集体所有的土地属国有土地。"《石家庄市国有土地登记确权发证办法》（1992 年 8 月 7 日）第 9 条规定："农村集体经济组织人口全部转为非农业人口、已办理有关手续的，原集体所有的土地属于国家所有。"而在法律或行政法规中，有关农村集体土地概括国有化的规定，目前只能从 1998 年 12 月 24 日通过的《土地管理法实施条例》中略见端倪。

根据《土地管理法实施条例》第 2 条第 5 项的规定，农村集体经济组织全部成员转为城镇居民的，原属于其成员集体所有的土地属于全民所有即国家所有。对于这一规定，可以作出以下分析。（1）该项规定是针对当前城市化过程中集体土地转为国有的问题而制定的，在 1998 年修订以前的《土地管理法》和 1991 年发布的原《土地管理法实施条例》中，并没有此类规定。（2）该项规定所适用的情形与集体土地因征用而转为国有的情形不同，因为该条例第 2 条分别以第 3 项和第 5 项明确将二者并列，因而不能用土地征用方式来包括或替代农村集体土地的概括国有化方式。（3）该项规定明确表明，集体成员全部转为镇居民，是集体土地转为国有的原因之一。所谓"全部转为城镇居民"意味着两点：其一，农村社区发生了性质变更；其二，这种社区变更是整体性的，集体土地因此转为国有也必定是整体性的。（4）除了此项规定以外，对于此种集体土地转为国有的方式，现行法律、行政法规尚无系统规定。

一方面，法律对集体土地的概括国有化问题疏于规定，另一方面，在城市化过程中又大量地发生集体土地的概括国有化，这显然存在制度上的缺陷。（1）集体土地所有权是集体的合法财产，是农民集体及其成员重大利益之所在。国家没有通过土地征用程序，只是通过集体经济组织成员全部转变为城镇居民这一民政上的手段，就将本属于集体所有的土地转为国有土地，显然不符合保护集体财产所有权的法律原则。集体土地的概括国有化是无偿的，集体及其成员因此失去了本属于自己的经济利益。（2）集体土地概括国有化时，原集体及其成员的土地使用权并无变化，例如原属于集体的乡镇企业可以继续使用其建设用地，原农民可以继续使用其住宅用地，转为街道办事处或居民委员会的乡政府或村委会也可以继续使用其办公用地，这或许是集体土地概括国有化时得不到补偿的原因之一。但是，如果原集体经济组织及其成员进行新的建设需要使用土地时，却要为使用本来属于集体的土地而支付使用费。在国有化时没有受到补偿的情况下，再使用原集体土地却要有偿使用，这显然不是一个公平的制度安排。

（3）集体土地的概括国有化只发生在集体经济较为发达、集体土地的规划建设水平较高的地方。如果集体土地建设不符合城市规划要求，城市化时就需要在其上进行新的建设，这就要进行土地征用，集体经济组织及其成员也会因此得到补偿。可见，集体土地概括国有化的做法，将导致鼓励落后的结果，在城市周边地区，集体土地上的建设水平越高，集体及其成员在土地全部并入市区时越可能得不到补偿；相反，集体土地上的建设水平越低，集体及其成员越可能在土地全部并入市区时获得补偿。

导致集体土地概括国有化的制度原因之一，是我国宪法法律所确定的土地所有权城乡二元结构，即城市土地属于国家所有，农村土地基本属于农民集体所有。法律对土地所有权城乡二元结构的规定，具有技术上的严重缺陷。因为城市是"活体物"，城市会因其发展或衰落而扩大或缩小，即城市的市区和边界是不断变化的。目前，我国土地管理部门和学术界人士普遍赞成以"城市建成区"界定城市市区的范围。① 可是，当"城市建成区"是集体经济组织自己建成的时候，将集体土地转为国有就缺乏法律根据（如征用目的）和技术手段（如征用补偿）。要彻底维持城市土地国有的纯粹性，就只能采取集体土地概括国有化这种欠公平或许是不得已的做法。针对土地所有权城乡二元结构的缺陷，有学者指出："我国城市范围还包括建制镇，而城镇所辖的土地往往属于集体所有，所以不能简单地宣告凡是城市市区的土地均属于国家所有。"② 有的地方法规或政府规章也试图改变土地所有权城乡二元结构的严格性，如《上海市实施〈中华人民共和国土地管理法〉办法》（1994 年）第 6 条就规定："市区、建制镇、工矿区范围内的土地属于国家所有，但国家尚未征用的集体所有土地除

---

① 王卫国：《中国土地权利研究》，中国政法大学出版社，1997，第 79 页。
② 王利明：《关于我国物权法制订中的若干疑难问题的探讨（上）》，《政法论坛》1995 年第 5 期。

外。"但是,《土地管理法实施条例》第 2 条第 5 项的规定,却是否定任何试图改变现行土地所有权城乡二元结构的做法。

另一个导致集体土地概括国有化的重要制度原因,就是非土地征用程序所导致的补偿主体缺位。如果认为必须维持城市土地国有的纯粹性,那么在对集体土地实行概括国有化时就必须给予补偿,这才是公平的制度安排。根据 1998 年修订前的《土地管理法》第 27 条的规定,国家建设征用土地,由用地单位支付补偿费。1998 年全面修订后的《土地管理法》则没有明确规定土地征用时的补偿主体,但实际上最终仍是用地单位负担补偿费。但是在发生集体土地的概括国有化时,土地还是归原集体经济组织及其成员使用,不可能发生征用;由于没有建设单位置于其间,因而没有补偿费用的实际承担者。国家不会因为将农村居民转为城镇居民这一民政上的措施,就从财政上向继续使用原集体土地的集体经济组织及其成员支付土地补偿费用。

最后一个(也许是最重要的一个)集体土地概括国有化的制度原因,就是宪法法律所确认的土地所有权主体形式不周延。既然对集体土地实行概括国有化时不能给予补偿,那就应当继续保持集体对概括并入市区土地的所有权,这是顺理成章的。因而有学者指出:"在物权法中应规定在城市中存在的集体所有土地仍然应当由集体经济组织所有,而不能简单将其宣布为国有。"① 现实的问题是,农村集体经济组织在城市中无法存续,即使在城市中保留集体土地所有权,也无法继续以原农村集体经济组织作为土地所有权主体。农村集体经济组织作为一种社区经济组织,具有成员居住于社区居民成分单一的特定地域、成员职业为农民、成员流动性小、成员在其经济组织中的权利没有量化等特点,这种组织结构在城市中很快就会解体。例如《海南省农村社区合作经济组织暂行规定》(1990 年)第 17 条规定:"凡户籍在当地社区范围内,年满十六周岁的农民,承认社章并承担相应义务者,经社委会同意,均可以成为户籍所在地经济合作社(或经济联合社)的社员。户口迁出者,除社章另有规定外,其社员资格随之取消;其权利、义务在办理终止承包合同、清理债权债务等有关手续后,

---

① 王利明:《关于我国物权法制订中的若干疑难问题的探讨(上)》,《政法论坛》1995 年第 5 期。

亦同时终止。"这一规定很有代表性。类似这种农村集体经济组织的成员结构、权利义务结构和运作方式，根本不能适用于城市的社会经济环境。城市社区居民具有成分多样化、择业机会多、人口流动性大等特点，对于居住同一社区的居民来说，如果仅凭借居住在同一社区这一条件而进入集体经济组织，该组织就不可能持久地作为经济组织，因为经济利益关系必然会混乱；如果不能都进入集体经济组织，该组织就不可能再作为社区组织，因为具有同样条件的社区居民却被排除在外。在农民转为城市居民后，会经常出现变更职业、转移投资或者迁移住所等情形，但是，由于农民成员在集体经济组织中的权利没有量化，因而不能依其意思处分其在集体经济组织中的权益；由于成员身份与特定社区居民身份相联系，因而成员变更职业或迁移住所会失去在集体经济组织中的权益。显然，农村集体经济组织的运行机制根本不能适应城市社会经济环境，农村集体经济组织不可能在城市中长期存续。既然如此，集体经济组织自然不适合作为城市中集体土地所有权的主体。可见，宪法法律所确认的两种土地所有权主体（即国家和农民集体）是不周延的，不能适用于城市中存在集体土地的情形。

三　集体土地概括国有化的改正措施——建立土地法人所有制

如上所述，集体土地的概括国有化不是一个公平合理的制度，必须予以改正。但如何改正却使我们面临着选择。（1）如果继续坚持城市土地国有的纯粹性，就必须继续坚持土地所有权的城乡二元结构，其结果就是继续实行集体土地的概括国有化。在市场经济体制条件下，要继续坚持实行集体土地的概括国有化，就必须消除其中的不公平因素，比如给集体及其成员以合理的补偿，否则违反市场经济规则。但是在集体土地概括国有化时，是不可能给予补偿的，因为没有补偿费用的负担者。（2）如果不可能消除集体土地概括国有化中的不公平因素，就应当取消实行集体土地概括国有化的做法，其结果就是必须放弃土地所有权的城乡二元结构，即打破城市土地国有的纯粹性，允许在城市中保留集体所有的土地。（3）如果允许在城市中保留集体土地，我们就应当允许集体继续作为其土地的所有者。但是，农民集体的现行组织形态和运行机制，决定了农民集体不可能在城市的社会经济环境中长期存续，尤其是不能作为土地所有者而长期存续。这就必须对农村经济组织加以根本改造后，才可以将其作为城市中集体土地所有权的主体。但是，对农村经济组织的任何根本改造，都可能使其不再成为农民集体。

在农村社区整体转为城市社区的情况下，为了保证原农民在集体经济组织的权益，有的地方应农民要求每家每户保留一个农村户口。① 这是一种不得已但实际上肯定行不通的做法。由于农村社区不再存在，农民身份没有居住地作为依托；由于农村集体经济组织不再存在，农民身份也没有农民集体作为依托。所谓"农村户口"，不过是户籍上违背事实的一种特殊记载而已，其目的不过是制造一种原农民与原集体经济组织之间在经济利益上的法律联系。在市场经济体制条件下，成员与其经济组织之间的联系，应当是一种民商法上的关系。当人们试图利用公法上的户籍制度确定和保障这种联系时，不是户籍制度出了问题，就是财产法律制度出了问题。因此，在农村社区转为城市社区过程中，某些城市居民愿意以大价钱购买"农村户口"，试图以此从原农村集体经济组织中获得利益，便是一个不必奇怪的做法了。

也有的地方通过交出土地所有权、保留土地使用权的做法，以保障集体土地经营的连续性，尽可能地维护原集体经济组织在土地上的利益。据笔者调查，有的村委会在转为居委会后，由居委会组织物业管理公司，用以经营管理转为国有土地的原集体土地。这种做法固然可以在一定程度上维护原集体经济组织在土地上的利益，但是这种做法具有一些根本性缺陷。（1）这种做法以承认集体土地无偿转归国有为条件，对原集体经济组织权益的维护是不充分的。（2）通过保留原集体土地使用权来维护原集体经济组织的利益，前提是国家永远允许物业管理公司无偿使用已转归国有的土地。（3）由居委会出面组织物业管理公司，原农民成员的权益没有量化其中。随着时间的推移，居委会必将失去与原农民集体及其成员之间的私法联系，物业管理公司所保有或实现的利益最终只成为居委会的利益。

将并入市区的集体土地概括国有化是不合理的，直接保留给原农民集

---

① 参见张业清《村委会缘何不愿"改牌"居委会》，《光明日报》1999年12月27日。

体又是不可能的，在此情况下，允许城市中保留集体土地所有权的结果，就是在法律上必须允许存在国家和农民集体之外的第三种土地所有权主体。在本文论及的范围内，所谓"第三种土地所有权主体"旨在承担这样一种角色：因城市化整体并入市区的集体土地，今后不再转归国有，而是由因城市化而改变身份的农民集体的替代者——第三种土地所有权主体拥有，以维护原农民集体及其成员在土地上的利益。为实现此目的，第三种土地所有权主体必须由农民集体变更而来，并且须采取不同于原农村经济组织结构与运行机制的法人组织结构，以适应城市社会经济环境。与此相适应，在物权法上就要确立土地国家所有权和农民集体所有权之外的土地法人所有权，以此作为市场经济体制条件下土地公有制的新的表现形式。

在市场经济体制条件下，土地公有制的实现形式可以具有多样性，在土地的国家所有和农民集体所有之外，确立第三种土地所有权主体，并不会动摇土地公有制。建立土地法人所有权制度，其前提是将原农村集体经济组织法人化，即按照符合市场经济体制要求的法人制度将原农村集体经济组织予以改造，使之成为适应城市社会经济环境的法人，然后充任城市中原集体土地的所有权主体。可见，土地法人所有权实质上是土地集体所有权在市场经济条件下的新表现形式，土地法人所有制同样是土地公有制的实现方式。确立土地公有制，无非是为了确保土地资源的安全性，保证土地资源利用的持续性和效益性，实现土地利益分配的公平性。通过土地法人所有制，同样可以实现这些目的。因为按照市场经济法律制度确立的土地法人所有者同样是一种"集体"，但却比原农民集体更有组织性，更有规范性，其内部关系更有合理性。凡是采取农村集体经济组织的形式所能实现的目的，土地的法人所有者也都应当能够实现。确立土地法人所有制，同样也不会影响对土地的使用管理。对于土地的使用管理，可划分为性质不同的两种类型：一种是国家为实现社会公共利益而对土地进行的使用管理，这种使用管理主要是通过土地用途管制实现的，其目的是实现对土地的可持续利用；另一种是土地所有人为了实现自身利益而对土地的使用管理，这种使用管理主要是通过对土地的经营性或消费性使用实现的，其目的是实现对土地的有效利用。对于前者，土地的法人所有者同样要服从；对于后者，土地的法人所有者或许做得更有效益。所以，只要确立适当的具体制度内容，凡是土地国家所有制和集体所有制所要实现的目的，土地的法人所有制都可以实现。

如前所述，农村集体经济组织不能在城市社会经济环境中持久存续，因而在农村社区转为城市社区时，既存农村集体经济组织不能简单地通过变更登记直接法人化，必须将其改制为适当的组织形式，既能适应城市社会经济环境，又能作为土地所有权主体。为了避免抵触土地必须公有以及土地不能买卖这两项基本土地法律制度，以下原则是必须把握的。（1）既要确保原集体经济组织与集体土地在民法上的联系，又要使集体土地与原集体其他经营资产相分离。由于现行法律禁止土地买卖，土地所有权实际上不能作为责任财产，有的地方法规就明确禁止以土地承担民事责任。① 如果允许土地所有权作为经营资产，又不允许土地所有权作为责任财产，显然不利于保护债权人利益。但是，为了充分利用土地资源，又有必要将城市土地作为资产。为在其间寻求平衡，应当把土地法人所有者作为纯粹的土地所有者，即土地法人所有者所持有的财产限于土地，其经营范围限于收取各类地租的土地经营活动。（2）既要确保原农村集体成员得以分配集体土地收益的权利，又要限制其在法人解散或撤销时分配土地的权利。由于现行法律禁止土地私有，如果允许原集体成员在法人解散或撤销时将土地作为剩余财产分配，实际上会造成土地私有。因此，作为土地所有权主体的法人必须具有以下性质：其一，原集体成员对集体财产的一般权利，能够以适当的形式量化；其二，原集体成员拥有对土地收益的分配权，并且这种分配权应当可以转让变现；其三，原集体成员的变动不影响法人对土地的持有；其四，土地所有权不能作为分配财产。

土地的法人所有制同样可以有多种实现形式，也就是说法律可以允许土地法人所有权的主体有多种组织形式。至于哪一种组织形式更适应市场经济的发展需要和更有利于土地制度的完善，应当允许理论上实践上的不断探索，实际上许多地方已经在进行这类探索。根据当前实践中的做法以及法律制度所提供的可能选择，土地法人所有权主体可以采取公司形式、土地合作社形式和土地基金会形式。

1. 农民集体转制为公司

目前在一些经济发达地区，农民集体开始采取公司形式，全村甚至全

① 参见《广东省农村社区合作经济组织暂行规定》第 8 条第（1）项。

乡组建成公司，村民由集体经济组织成员转变为公司股东，集体的全部财产包括土地转为公司财产，并量化为股份由集体成员持有。在此组织形式下，原本为集体所有的土地实际上转变为公司法人所有，因此公司形式可以成为土地公有制的实现形式之一。

以公司形式持有集体土地有其益处。（1）公司形式适应于城市中的社会经济环境，当农村社区转化为城市社区后，由原农民集体组成的公司可以继续拥有、使用和管理原集体土地。（2）公司形式比较好地解决了农民集体与其成员之间的关系，集体成员可以通过公司实现其在土地上的利益，真正体现土地集体所有的本质。

然而，以公司形式持有集体土地也有其弊端。（1）由农村集体经济组织改制而成的公司，其经营范围既包括土地经营也包括其他经营，其财产既包括集体土地也包括集体其他财产。土地所有权往往是集体最重要的财产，但却不能作为责任财产，公司能以此使用收益却不能以此承担民事责任，这显然不利于保护公司债权人的利益。（2）既然为公司，就可以发生公司合并、分立，实际上导致土地所有权的转让；既然为公司，就可以解散甚至破产，实际上会导致土地所有权的私人持有。除非法律允许土地买卖和私有，否则这些结果不会为法律所允许。

2. 组织土地合作社

组织土地合作社，是指以集体经济组织的全体成员作为社员，组成专门以经营管理土地为宗旨的合作社。在集体经济组织全部成员转为城镇居民后，该土地合作社即取代原集体经济组织而成为土地的所有者。

以土地合作社形式持有集体土地有其益处。（1）土地合作社以拥有、经营管理特定范围的土地为宗旨，只是设立时的全体成员为原集体经济组织的成员，但在性质上不是一个社区经济组织，因而可以在城市的社会经济环境中长期存续。（2）土地合作社作为城市中集体土地的所有者，一方面维护了原农民集体及其成员的利益，另一方面又维护了土地公有制。（3）土地合作社应当与原集体经济组织的其他经营活动相分离，专以经营土地资产为业务范围，从土地资产中取得的收益主要是地租，从而减少土地合作社的经营风险。（4）在土地经营中，土地合作社主要是通过设定用益物权和土地债权以收取租金，土地不能作为责任财产的负面影响不大。

以土地合作社形式持有集体土地也有其弊端。（1）土地合作社是人合组织，以成员自我民主管理为特征，但由于原集体成员一般人数众多，因职业变换、住所迁移、婚姻继承等因素，很快会改变社员结构，并可能导致合作社运行不畅。（2）合作社以议决权分配权平等为原则，但由于社员结构的变化必然导致对合作社财产持有份额的变化，这一原则不能持久遵循。（3）在土地合作社存续期间，可能发生个别社员退社的情形。但由于土地所有权不能处分，社员退社时不易取回其在土地合作社财产中的应有利益。

3. 组织土地基金会

组织土地基金会，是指以原集体经济组织所有的土地为基础，就该特定土地财产而设立基金会。土地基金会既是城市中原集体土地的所有者，也是土地的经营管理者。土地基金会成立时的原集体成员，拥有土地基金持分，即按土地基金会成立时原集体成员的数额，将土地收益权量化，并由原集体成员按份持有。

传统的基金会属于财团法人，但又是公益法人，不能从事营利性活动。为了有效解决城市中集体土地所有权主体的形式问题，土地基金会不能拘泥于传统基金会的性质与模式。土地基金会基于土地而设立，在性质上应是财团法人，原集体成员并不是土地基金会的成员，从而避免了在土地基金会解散或撤销时土地作为剩余财产分配为私有。但与传统财团法人不同的是，原集体成员可以根据其土地基金持分，享有土地收益的分配权。在这一点上，原集体土地作为财产类似于投资基金或信托财产。

以土地基金会作为城市中集体土地的所有者，在实践中会有很大益处。（1）土地基金会作为法人之一种，可以在城市的社会经济环境中长期存续，作为并入城区的集体土地的所有者。（2）土地资产可以量化为基金持分而由原集体成员拥有，不仅可以维护原农民集体及其成员的经济利益，甚至可以将土地基金持分证券化，实现在不移转土地所有权的前提下，体现土地资产的市场价值，提高土地资产的利用效益。（3）原集体成员不是土地基金会的成员，因此原集体成员的任何变动，均不影响土地基金会的性质和运营，因而也不影响土地基金会对土地的所有权，即不影响土地所有权的公有性质。（4）土地基金会基于原集体土地而成立，其持有的土地具有不可分配的性质，即土地收益可以分配，土地本身不可分配。在土地基金会发生变更时，可以避免产生现行法律所禁止的土地私有的后果。（5）土地基金会的管理机构，可以由土地基金持有人和土地主管机关共同确定。这一方面适应了原集体成员在城市中逐渐与土地经营相分离的情况，另一方面也有助于加强对土地的经营管理。（6）土地基金会只能以土地所有权作为资产来经营，法律可禁止土地基金会从事其他经营活动。在土地基金会发生合并、分立或者破产的场合，法律可规定其土地所有权只能由其他土地基金会承接，以此确保土地所有权的法人所有制。

由此看来，在确立土地法人所有权主体时，土地基金会是最好的选择形式。土地基金会不仅适用于农村集体土地概括并入市区的场合，或许对整个农村集体土地所有权主体的重塑都有意义。

城市化与"入城"集体土地的归属[*]

黄 忠[**]

摘 要： 随着城市化的发展，无论是"城中村"抑或集体建设用地的流转，还是农民就地的自主城镇化，均会引发"入城"后集体土地如何归属的宪法难题。从城乡土地所有权二元格局、各农村集体地权实现能力的差异以及我国社会主义的性质考虑，长远来看，《宪法》第 10 条第 1 款关于城市土地归国家所有的规定仍应维持。但基于我国长期实行的城乡二元体制对农民权益严重不利的事实和新型城镇化的要求，则需要以人的市民化，尤其是农民的真正市民化为基础，来对《宪法》第 10 条第 1 款作出新的理解，即当某一个城市的公民（尤其是原来的农民）均得享有平等的政治、经济、社会等各项权利时，该"入城"的集体土地才能属于国家所有。这一解释不仅可以避免修法，维护宪法权威，而且也有助于农民市民化和新型城镇化战略的推进，合乎宪法上国家所有的内在要求和历史使命。

关键词： 城市化 城中村 集体建设用地流转 市民化 宪法

一 城市化与宪法难题

《宪法》第 10 条第 1 款规定，城市的土地属于国家所有。然而，我国

---

* 本文原载于《法学研究》2014 年第 4 期。本文为国家法治建设与法学理论研究项目"非基于法律行为之物权变动的类型化研究"（13SFB3032）、教育部后期资助项目"地票交易制度研究"（12JHQ015）和重庆市青年拔尖人才培养计划项目的阶段性成果。

** 黄忠，西南政法大学民商法学院副教授，现为西南政法大学民商法学院教授。

城市化①走的是粗放式外延增长的路子，随着城市化的发展，既有城市不断向外扩张，开始形成"城市包围农村"的局面，由此产生了所谓的"城中村"现象。很明显，以"城中村"为代表的"入城"集体土地之归属就成为一个棘手的问题——是否需要依据《宪法》第 10 条的规定将这些已经被城市包围的"集体土地"宣布为国家所有。②

就财产权保障和平等保护的理念而言，宣布集体土地为国家所有，需有正当理据。在现行法上，集体土地转为国有土地的唯一合法路径便是征收。不过，《宪法》第 10 条第 3 款和《物权法》第 42 条都将征收的条件限定为"公共利益"。虽然在理论上就公共利益的认识存有分歧，但单纯的集体土地被城市包围的事实显然不能被纳入"公共利益"范畴，进而无法通过征收方式将这些"入城"的集体土地合法地变为国家所有，否则难免导致征收制度的异化，出现城市扩展到哪里，征收也就相应地扩张到哪里的"圈地"恶果，纵容地方政府滥行征地、无度"造城"，完全使集体土地沦为国有土地的附庸。③

---

① 理论上对城市化与城镇化这两个概念是否有差异存在分歧。一般认为，广义的城市化包含了城镇化，城镇化是城市化的起点和初期阶段，是城市化的一种发展模式。因此本文对城市化与城镇化不作严格区分，视表达习惯和需要而选择使用。参见刘洁泓《城市化内涵综述》，《西北农林科技大学学报》（社会科学版）2009 年第 4 期；郑兴明《中国城镇化进程中农民退出机制研究》，人民出版社，2012，第 33 页。

② 参见谭启宇等《快速城市化下集体土地国有化制度研究——以深圳市为例》，《城市规划学刊》2006 年第 1 期；马俊驹、杨春禧《论集体土地所有权制度改革的目标》，《吉林大学社会科学学报》2007 年第 3 期；刘俊《城市扩展加快背景下的征地制度改革》，《江西社会科学》2009 年第 10 期；傅鼎生《"入城"集体土地之归属——"城中村"进程中不可回避的宪法问题》，《政治与法律》2010 年第 12 期；李伯侨等《城中村改造中集体土地所有权的立法思考——以广州市猎德村为例》，《法治论坛》2011 年第 1 期；陶然、汪晖《如何改造城中村?》，《财经》2011 年第 7 期；李宴《农村土地市场化法律制度研究》，中国法制出版社，2012，第 204 页；燕雨林、刘愿《城镇化进程中城中村改造地权归属问题研究》，《广东社会科学》2013 年第 4 期；孙宪忠等《物权法的实施：物权确定》，社会科学文献出版社，2013，第 328 页以下、第 429 页以下；王利明《民商法研究》第 4 辑，法律出版社，2014，第 240 页。

③ 参见陈甦《城市化过程中集体土地的概括国有化》，《法学研究》2000 年第 3 期；孙宪忠《争议与思考——物权立法笔记》，中国人民大学出版社，2006，第 519 页；宋志红《集体建设用地使用权流转法律制度研究》，中国人民大学出版社，2009，第 131 页以下；陈小君等《田野、实证与法理：中国农村土地制度体系构建》，北京大学出版社，2012，第 273 页；张千帆《农村土地集体所有的困惑与消解》，《法学研究》2012 年第 4 期；盛洪、沈开举总主编《土地制度研究》，知识产权出版社，2012，第 133 页；郭明瑞《关于土地权利保护的几个问题》，载田土城、刘保玉、李明发主编《民商法评论》第 3 卷，（转下页注）

特别值得关注的是，党的十七届三中全会和十八届三中全会都提出要改革征地制度，缩小征地范围。一旦缩小了征地范围，非公益性项目就不能再通过征收途径获得土地。但城市国有存量中建设用地的数量毕竟有限，因而新一轮工业化、城市化的发展只能通过集体建设用地的直接流转来满足。[①]一旦开放了集体建设用地的市场，农民集体将不再依赖于征收，而是以其所有的土地为载体，就地自主参与到工业化和城市化的建设当中，进而也必然使得该地区逐渐褪去农村的色彩，换上城市的"外衣"。随着集体建设用地流转试点以及农民就地自主城镇化政策的不断推行，建立于集体土地上的"城市"甚至所谓的"村级市"将不断出现，[②]此时是否也应依据《宪法》第 10 条的规定宣布这些已经披上城市"外衣"的"集体土地"归国家所有呢？就此问题的回答，关涉集体建设用地入市改革、农民就地自主城镇化试点，乃至城乡统一建设用地市场的构建是否违宪等问题，[③]甚为重要。

(接上页注③) 郑州大学出版社，2013，第 3 页以下；张睿《82 宪法中土地所有权条款的正当性基础——基于社会正义与市场经济理论的分析》，《法制与社会发展》2013 年第 2 期；张善斌《集体土地使用权流转的障碍排除与制度完善》，《法学评论》2014 年第 2 期。

① 参见胡存智《城镇化中的土地管理问题》，《行政管理改革》2012 年第 11 期。

② 比如深圳保安和龙岗两地的农民就自行进行了"城市化"，而在河南省濮阳县甚至还出现了全国首个"村级市"——"西辛庄市"。其实，国土资源部自 1998 年开始已先后批准了全国三十多个地区开展集体建设用地使用权的流转试点。参见刘愿《深圳地区国有化与城市化的陷阱——以新安上合社区为例》，《经济纵横》2008 年第 1 期；孙鹏、徐银波《我国集体建设用地流转态势与走向判断》，《重庆社会科学》2011 年第 10 期；郭洁《集体建设用地使用权流转市场法律规制的实证研究》，法律出版社，2013，第 9 页以下。

③ 参见孙宪忠《争议与思考——物权立法笔记》，中国人民大学出版社，2006，第 536 页；陈小君等《田野、实证与法理：中国农村土地制度体系构建》，北京大学出版社，2012，第 273 页；周其仁《农地产权与征地制度——中国城市化面临的重大选择》，《经济学》2004 年第 4 期；周建春主编《中国土地勘测规划院地政研究中心开放课题研究项目选编》，中国大地出版社，2007，第 443 页；韩松《集体建设用地市场配置的法律问题研究》，《中国法学》2008 年第 3 期；蔡继明、惠江《从中共十七届三中全会谈中国相关土地法规修改》，载中国社会科学院农村发展研究所宏观经济研究室编《农村土地制度改革：国际比较研究》，社会科学文献出版社，2009，第 190 页；汪进元《论经营性建设用地的政府采购——城市化进程中集体土地流转之法理思考》，《法商研究》2011 年第 3 期；曲相霏《消除农民土地开发权宪法障碍的路径选择》，《法学》2012 年第 6 期；冯奎《中国城镇化转型研究》，中国发展出版社，2013，第 164 页以下；刘守英《中共十八届三中全会后的土地制度改革及其实施》，《法商研究》2014 年第 2 期。

在目前的实践中，为避免上述违宪问题，一些地方要么基于《确定土地所有权和使用权的若干规定》（1995 年 3 月 11 日国家土地管理局〔1995〕国土〔籍〕字第 26 号发布）第 14 条的规定，以制定地方政府规章甚至是规范性文件的方式将已经城市化的集体土地直接转为国有；[①] 要么直接排除城镇规划区内集体建设用地的流转。[②] 但上述做法均有不当。前一方案虽然可以在表面上与宪法保持一致，但要在"公共利益"目的范围之外，仅依地方政府规章甚至是规范性文件，便将集体土地强行转为国有，不仅明显违背了《宪法》第 10 条第 3 款和《物权法》第 42 条的精神，[③] 而且还在实践中引发了诸多弊病。比如，一些地方就通过将农村集体组织成员转为城镇居民，不经征收程序，便将其原有的土地变为国有，严重侵犯了农民利益。[④] 实际上，《确定土地所有权和使用权的若干规定》第 14 条是专门用来解决历史遗留问题的，适用情形有限。2004 年《国务院关于深化改革严格土地管理的决定》（国发〔2004〕28 号）还明确禁止擅自通过"村改居"等方式将农民集体所有土地转为国有土地。后一种方案将集体建设用地的流转范围限定在城镇规划区外，似乎可以避免违宪的矛盾，但却从根本上违反了物权平等原则，在理论上并不正当，而且还容易导致征收范围的扩大化，有损城乡统一建设用地市场的构建，在实践上甚为有害，亦不值采。[⑤] 此外，将《宪法》第 10 条的"城市"缩限解释为

---

① 参见《山西省"城中村"集体土地转为国有土地管理办法（试行）》第 2 条；《深圳市宝安龙岗两区城市化土地管理办法》第 2 条；常红晓等《西溪湿地公园征地调查》，《财经杂志》2008 年第 21 期；宋志红《城市化进程中集体土地的整体转权》，《国家行政学院学报》2010 年第 4 期。

② 参见《重庆农村土地交易所管理暂行办法》第 22 条；《新野县农民集体所有建设用地使用权流转管理试行办法》第 6 条；《洛阳市集体建设用地使用权流转管理暂行办法》第 2 条；《株洲市集体建设用地有偿使用和使用权流转管理实施细则》第 2 条；《河北省集体建设用地使用权流转管理办法（试行）》第 2 条；《临沂市集体建设用地使用权流转管理暂行办法》第 2 条。

③ 参见崔艺红《城中村改造中集体土地国有化的法律途径及其补偿问题的思考》，《中国物价》2007 年第 8 期；魏联辉、罗惠兰《关于"村改居"转制过程中的有关问题和建议》，《南方农村》2004 年第 1 期；程雪阳《中国土地管理制度的反思与变革》，《中国土地科学》2013 年第 7 期。

④ 参见陈甦《城市化过程中集体土地的概括国有化》，《法学研究》2000 年第 3 期；《集体土地不能未经征收转国有土地》，《中国国土资源报》2010 年 9 月 2 日。

⑤ 参见黄忠《城镇规划区内的集体建设用地是否允许流转？》，《土地科学动态》2014 年第 2 期。

"城镇规划区",也非定论。① 如果《宪法》第 10 条第 1 款上的"城市"并不以"城镇规划区"为限,那么将集体建设用地的流转范围限定在城镇规划区外的做法仍然无法避免出现前述"违宪"的问题。

城镇化是现代化的必然趋势。随着城市化的发展,无论是"城中村"这类被动的"入城土地",抑或是因限制征收范围后集体土地直接入市和农民自主城镇化而导致的主动"入城土地",均会面临上述宪法难题。这一难题的化解不仅涉及"城中村"问题的解决,还关涉集体建设用地制度改革的范围,理论上由此开始出现修宪的主张,提出应当废除《宪法》第 10 条第 1 款的规定,允许集体建设用地直接入市,维持入市后土地的集体所有制,改变城市土地只允许国有的现状。② 但是,宪法乃一国之根本大法,宪法修改,兹事体大,不但程序复杂,启动不易,同时"轻言修宪"也不利于维护宪法应有的权威。尤其是对于当下的中国来说,宪法不仅是国家的根本法,而且还是社会基本共识的载体,是人们讨论任何重大制度改革的前提和基础,因而不宜"轻言修宪"。③

基于对宪法权威的尊重,以及我国的法学研究已经从立法论向解释论转变的基本态势,本文尝试由人与地的关系入手,在尊重宪法稳定性的基础上,努力通过法律解释,最大限度地弥合《宪法》第 10 条第 1 款与社会现实之间的"裂缝",最终为这些"入城"集体土地之归属问题提供宪法文义内的答案。

---

① 关于《宪法》第 10 条中"城市"外延的讨论,参见荆月新《城市土地立法研究》,中国检察出版社,2006,第 5 页;周其仁《农地产权与征地制度——中国城市化面临的重大选择》,《经济学》2004 年第 4 期;宋志红《集体建设用地使用权流转法律制度研究》,中国人民大学出版社,2009,第 131 页以下;陈晓芳《我国土地储备制度正当性考辨——以收储范围为视角》,《北京大学学报》(哲学社会科学版) 2011 年第 5 期。

② 参见刘守英《中共十八届三中全会后的土地制度改革及其实施》,《法商研究》2014 年第 2 期;曲相霏《消除农民土地开发权宪法障碍的路径选择》,《法学》2012 年第 6 期;张善斌《集体土地使用权流转的障碍排除与制度完善》,《法学评论》2014 年第 2 期;蔡继明《我国土地制度改革的顶层和系统设计》,《经济纵横》2013 年第 7 期;张春雨《关于"城市土地国有"法律规定的几点思考》,《中国土地科学》2009 年第 2 期;张宏东《论"村改居"不能自然改变集体土地所有权的性质》,《农村经济》2008 年第 10 期。

③ 参见韩大元《论宪法规范与社会现实的冲突》,《中国法学》2000 年第 5 期。

二　城乡二元地权格局与地权平等

法权的背后是利益。"入城"集体土地之归属背后所隐藏的其实是土地增值收益的分配问题。以农民集体建设用地的流转为例，允许集体建设用地直接入市，自主参与工业化和城市化建设，便可以使农民及其集体获得相应的土地增值收益。但值得探讨的是，让某一地区的农民及其集体永久地获得土地增值收益是否妥当。

在回答这一问题之前，我们必须注意到我国农民集体土地所有权的特殊性。按照现行法，城市居民是不能单独或以其集体（社区）的名义享有土地所有权的，[①] 大部分的城市居民只能通过国有土地市场，以有偿方式获得有期限的建设用地使用权。与此不同，我国的农民却可以经由集体的名义享有土地所有权，并无偿获得一份事实上无期限的土地使用权（主要包括宅基地使用权和土地承包经营权）。可见，现行法将农民集体土地所有权制度与国有土地所有权制度予以并列，其实已经在地权的初始分配阶段埋下了农民阶层与其他社会阶层在土地权利方面不平等的种子。正如有论者所观察到的那样：在地权的初始分配层面，农村居民要比城市居民更高一等。[②]

现行法在地权的初始分配上"厚此薄彼"，在一定程度上顺应了新中国经济与社会的特殊发展历程，具有历史的正当性。新中国成立后，在资金稀缺的条件下，优先发展重工业的战略使得国家的政策偏向了城市。而国家为了保证城市、工业的快速发展，又通过严格的户籍管理体制、严重扭曲的产品和生产要素价格的宏观政策、高度集中的资源计划配置制度，以及没有自主权的微观经营机制等手段，建立起了城乡分割的二元经济结构和二元管理体制，并通过财政税收体制和统购统销政策，把农村的财富

---

① 就理论而言，城市居民作为全体公民的一部分还是拥有土地所有权的。但需注意的是，此时城市居民是以全民的身份拥有土地所有权，而农民作为全民的一部分，当然也可以以全民的身份拥有所有权。但农民除此以外，还可以以集体的名义拥有土地所有权。

② 参见程雪阳《中国土地产权制度——基于宪法第十条的分析》，《法律和社会科学》第7卷，法律出版社，2010；李开国《论我国城市建设用地的先征后用原则——以公平和效益为视角》，《现代法学》2007年第4期。

不断地转移到城市中来。① 在此二元体制下，国家长期以来不仅未能给农民提供均等化的社会保障和就业机会，反而还通过计划的方式，借助农产品与工业品的价格剪刀差，不断从农村转移财富，以便为国家的工业化和城市化发展积累资金。学者计算，从 1952 年到 1986 年的剪刀差总额达 5823.74 亿元，改革开放以后我国的剪刀差仍未消失，反呈不断扩大的态势。② 有统计显示，仅在 1979 年至 1994 年的 16 年间，国家通过工农产品价格剪刀差这一项就从农民那里转移了大约 15000 亿元的收入。③ 这样的制度安排导致了长期严重限制农民权益的后果，以至于让学者得出了集体土地所有权的本质便在于有利于国家从农村进行资源摄取的结论。④ 正是因为这样的倾斜性政策安排，相较于农村，我国的城市一直在整体上占据经济和社会的优势地位，国家为城市居民的生产、生活提供保障，而农民则被排除在国家就业和社会保障范围之外，只能通过土地满足其生产和生活的基本需要。可见，现行法之地权初始分配其实是城乡二元体制的基础。在城乡二元体制下，农民一般很难在土地之外获得持续稳定的就业机会，国家也缺乏足够的财力构建起城乡一体化的社会保障体系，只能通过城乡二元的土地制度让农村人口拥有一定数量的土地，从而实现对社会保障的替代。

也正是因为我国农民集体土地所有权的首要功能在于为集体成员提供最基本的社会保障，集体土地的财产属性一直被严重压抑，其经济价值长期无法得到有效释放。尤其是《城市房地产管理法》第 8 条、《土地管理法》第 43 条和第 63 条所确立的"先征后用"原则，从根本上阻断了农民及其集体利用其土地所有权谋取土地增值收益的可能，进而也消除了经典作家所担忧的出现单纯土地食利阶层的可能性。申言之，在新中国成立以来的很长时期内，甚至按照目前的法律规定，土地所能够提供给农民的，仅仅是低层次的生存保障，国家并未给予农民和农村经由土地发展工业经

---

① 参见张合林、都寿义《城乡统一土地市场制度创新及政策建议》，《中国软科学》2007 年第 2 期；石莹、赵昊鲁《马克思主义土地理论与中国农村土地制度变迁》，经济科学出版社，2007，第 180 页以下。

② 参见张英洪《农民公民权研究》，九州出版社，2012，第 150 页。

③ 参见徐冰《城乡差距：世纪难题求解》，《中国经济时报》2005 年 3 月 9 日。

④ 参见李凤章《通过"空权利"来"反权利"：集体土地所有权的本质及其变革》，《法制与社会发展》2010 年第 5 期。

济乃至获取土地增值收益的足够空间。① 也就是说，在现行法下，集体土地所有权的内容是不完整的，它的处分权能和收益权能倍受限制：法律不仅没有许可集体建设用地使用权进入市场，哪怕是对于该项权利的一般民事处分，也都不被许可。② 正是由于农民集体土地的发展权一直被牢牢地掌握在国家手中，并且国家又主导了工业化和城市化进程，农民只是政府自上而下的城市化政策的贡献者，而非受益者，所以上述城乡居民之间在地权初始分配上的不平等并不会遭受质疑，尤其是考虑到农民在政治、经济、社会等权利方面受到的种种歧视，城市居民甚至根本就不会在意农民在地权初始分配上的特殊待遇问题。

可见，城乡二元体制使得农村相对于城市、农民相较于市民，在政治、经济、社会等各项制度安排和权利配置上均处于弱势地位，再加上国家长期主导建设用地一级市场，国家的经济建设（如国有企业、公共设施）又主要集中在城市，因而城乡居民之间在土地所有权层面上的不公仅仅是形式意义上的，其实并没有给农民和农村带来多少实质的利益。相反，这一制度安排反倒让城市可以源源不断地从农民、农村那里转移财富。经过几十年的发展，巨额的工农产品剪刀差、土地增值收益已经转化为工业投入、基础设施投入，进而固化为城市居民的一种公共福利，导致城乡居民的分化。据国家统计局公布的数据，1997 年至 2013 年农村居民人均年纯收入由 2090 元增加到了 8896 元，而同期城镇居民人均可支配年收入则由 5160 元增加到了 26955 元。③ 据此测算，农村居民和城镇居民的收入差距不仅绝对值由 3070 元扩大到 18059 元，而且收入比也由 0.4∶1

---

① 乡镇企业用地是一个例外。但随着市场竞争的加剧，乡镇企业的竞争力开始下降。特别是 1990 年以后，随着买方市场代替卖方市场，乡镇企业"船小好调头"的优势变成了"船小不能抗风浪"的劣势，很多乡镇企业倒闭破产。参见贺雪峰《中国城镇化战略规划需要思考的几个问题》，《社会科学》2013 年第 10 期。同时，农民集体经由乡镇企业获得的土地发展权仍然是有限的，它在权利内容上与国有建设用地使用权存在很大差异——对乡镇企业建设用地使用权，法律仍然是禁止其主动流转。参见王卫国、王广华主编《中国土地权利的法制建设》，中国政法大学出版社，2002，第 136 页；曹笑辉、曹克奇《告别"权利的贫困"——农村集体建设用地流转法律问题研究》，法律出版社，2012，第 46 页。
② 参见孙宪忠等《物权法的实施：物权确定》，社会科学文献出版社，2013，第 482 页以下。
③ 参见《2013 年国民经济和社会发展统计公报》，http://www.gov.cn/gzdt/2014－02/24/content_2619733.htm，最后访问日期：2014 年 6 月 9 日。

缩减到 0.3∶1。

　　然而，一旦严格限定了征地范围，允许农民集体直接出让建设用地使用权，自主进行工业化、城市化建设，那么前述被"掩盖"的城乡居民之间在地权初始分配上的不平等问题就会开始显现，甚至激化。由于土地资源的稀缺性，随着工业化和城市化进程的加快，农村土地特别是城市郊区农民集体土地的价值必定会日益显化。由此，前述农民在地权初始分配上的"特权"在经济上就会逐渐表现为农民尤其是城市郊区的农民可以单纯凭借其土地而不是劳动，获得巨额的土地增值收益。很明显，如果此时仍然允许该农民集体可以永久地拥有土地所有权，并以有偿方式长期出让其使用权，那不仅会在城市化发展到一定阶段时出现违反"城市土地归国家所有"的宪法规定的问题，而且还会在城市尤其是城市郊区滋生出一个单纯的土地食利阶层——他们无须劳动，却可以凭借土地所有权向社会其他各阶层收取建设用地的高额级差地租。按照经典作家的说法，这种级差收益其实就是"社会上一部分人向另一部分人要求一种贡赋，作为后者在地球上居住的权利的代价"，成为"土地所有者剥削地球的躯体、内脏、空气，从而剥削生命的维持和发展的权利"。[①] 这一结果不仅危害社会公平，也损害了通过鼓励劳动来推动社会发展的基础性动力机制，[②] 存在重大社会风险。

　　当然，考虑到城乡二元体制导致的农民权益长期受损这一事实，前述结果在农民整体上仍处于弱势的历史阶段，还是具有相当正当性的。但随着工业化、城市化的发展和我国城乡一体化政策的不断完善，在"入城"的农民也获得了与城市居民相同的政治、经济、社会等各项权利时，继续让这部分农民及其集体源源不断地获得巨额的土地增值收益，无疑会成就一批不劳而获的食利者，进而引发种种社会问题。许多"城中村"中已经出现的一部分单纯食利于土地地租的阶层，就是一个危险信号。[③]

　　依据宪法所确立的社会主义国家的性质，我们显然不能允许这样的现

[①] 马克思：《资本论》第 3 卷，人民出版社，2004，第 875 页。

[②] 参见刘俊《土地权利沉思录》，法律出版社，2009，第 58 页。

[③] 参见汪进元《论经营性建设用地的政府采购——城市化进程中集体土地流转之法理思考》，《法商研究》2011 年第 3 期；郑尚元《宅基地使用权性质及农民居住权利之保障》，《中国法学》2014 年第 2 期。

象伴随着中国工业化、城市化的历史进程不断地在城市中涌现。当农民尤其是城市郊区的农民集体通过出让等直接流转方式在经济和社会上获得了充分的发展条件，并享有了与城市居民同等的经济与社会权利时，其在土地所有权层面享有特殊待遇的"城乡二元"地权初始分配制度的基础就丧失了，因而国家理当宣布其土地为全民所有，否则无论是对城市居民，还是对其他农民而言，都是不公平的。

三 土地的不可移动性与区域公平

现行的农民集体土地所有权是依照地域进行设定的。但是由于土地不可移动，受区位和规划的限制，不同区位的土地价值是不一样的。尤其是对于那些远离城市的偏远农村的农民而言，虽然他们在法律上的土地权利能力与城市郊区的农民是平等的，但土地固有的不可移动性决定了二者在土地利益实现方面的巨大不均衡性。实证研究已经证实，农民集体建设用地的利用效率和地租收益具有围绕中心城区递减的趋势。[①] 也就是说，工业化和城市化的平面推进会使得处在工业化和城市化推进面上的城郊土地要比偏远农村土地具有更高的价值。从理论上看，不同区位集体土地的地租差异主要是源于级差地租的差异。而级差地租的收取显然要受到道路、交通以及水、电、气等诸多基础设施和社会环境的影响。一般来讲，城市郊区所享有的基础设施和社会环境要优于偏远农村，由此城市郊区的农民集体通过土地流转必然会获得较偏远农民集体更多的收益。所以，如果完全由城郊农民集体组织及其成员永久独享这一级差地租收益，不仅对城市居民不公平，对于远离城市的其他农民及其集体，也是有失公平的。

其实，不仅仅是城市近郊农民与偏远农村地区的农民在地权的实施能力上存在差异，从全国层面来看，由于我国地域辽阔，区域发展不平衡，因此不同地区的土地增值收益能力也是有很大差别的。正如论者所指出的，我国南方农村的地权实施能力要强于北方农村。[②] 这种由于土地区位

---

① 参见张洪《云南省农村集体建设用地流转与管理制度创新研究》，载中国土地学会等编《农村集体建设用地管理制度创新与城乡一体化发展》，中国大地出版社，2010，第254页以下。

② 参见张曙光《博弈：地权的细分、实施和保护》，社会科学文献出版社，2011，第128页。

不同而导致的土地收益上的差异，早已在国有土地使用权出让收益的地区差别上表现得非常明显了。调查显示，由于发展不平衡，东、中、西部国有土地使用权出让收入差异很大。2009 年，全国土地使用权出让收入 17179.53 亿元。其中，东部 11 个省份出让收入高达 12583.55 亿元，占全国土地出让收入的 73.25%；而中部和西部 20 个省份的土地出让收入总计才 4595.98 亿元，仅占全国土地出让收入的 26.75%。① 可见，各地在经济发展阶段、市场发育程度上的差异，必将导致不同地区在地权实施能力上的重大差异。这一差异对于集体建设用地而言亦是如此。在我国，由于区域差异，发达地区与落后地区的城镇化并非处在同一阶段，发达地区如北京、上海、广州等，已进入了城镇化的第二阶段（分散阶段），集体建设用地流转的市场很大，而绝大多数中西部地区尚处在第一阶段（集中阶段），其集体建设用地流转的需求就很少。② 以地处西部的重庆璧山为例，该县农村宅基地的流转就不成规模，只有 20% 的村庄实际存在房屋出租情况。与此不同，北京郊区的大部分村镇都存在宅基地的流转，其流转量占宅基地总数的 10% 左右，有的甚至高达 40% 以上。③ 而且，在建设用地的利用效益上，东西部也存在明显差异。有论者测算，土地利用效益最高的上海市是利用效益最低的甘肃省的 19.8 倍。④ 可见，东西部工业化、城市化阶段的分化，必然会对东西部农村集体建设用地的流转潜力和利用效益产生影响，进而导致东西部农村土地价值实现上的分化。

必须要看到，与城郊和发达地区农村完全不同的是，中国大部分的农村并不在城市扩展的范围之内，因而在事实上是无法经由集体土地的直接流转来分享城市的巨额土地级差收益的。如果一味地允许农民及其集体永久地获得这一土地增值收益，就难免会产生这样的疑问：同是集体所有权，为什么只是城市郊区的土地可以被不断地推入建设用地市场？或者为什么东部地区集体建设用地的收益要高于中西部地区？因此，要清醒地认

---

① 参见刘守英等《土地制度改革与转变发展方式》，中国发展出版社，2012，第 148 页。

② 参见李强等《中国城镇化"推进模式"研究》，《中国社会科学》2012 年第 7 期。

③ 参见赵亚萍等《农村宅基地流转驱动力分析——以重庆市璧山县为例》，《经济研究导刊》2008 年第 7 期；姚丽等《北京市郊区宅基地流转问题研究》，《中国土地》2007 年第 2 期。

④ 参见曲福田等《中国工业化、城镇化进程中的农村土地问题研究》，经济科学出版社，2010，第 17 页。

识到，由于我国地域辽阔、区域间经济发展很不平衡，允许农民及其集体永久地获得土地增值收益的做法，很可能使得少部分的农村和农民尤其是东部城市郊区的农民获益，而更为广大的、身处偏远和贫困山区的农民根本无法分享到丝毫的土地增值收益。与中西部或偏远、贫困山区的农民相比，东部或城市郊区的农民在经济、社会权利的享有上原本就占据优势，因此，如果一概放任集体建设用地使用权流转并由农民及其集体独占收益，则无疑会导致"马太效应"，扩大农村内部的差距，诱发区域之间的更大不公。

此外，由于人多地少，我国农民集体土地所有权并不是依据农民的人数平均分配确定的。不同省市，或者即使是在同一省市中的不同农民集体，其所拥有的土地面积也是不同的。各个农民集体所拥有土地面积的差异，当然会导致其利用土地获得收益上的差异。而这种差异仅仅是由历史原因形成的，与该土地上所承载的人口数量并无必然关联。极有可能的情形是，某一集体农民数量不多，但其土地面积却较大，或者某一集体农民众多，但其土地面积却有限。在各个农民集体所拥有的土地面积不均的前提下，放任农民集体土地的流转，会导致不同农民集体之间土地增值收益的失衡。

总之，城市郊区与偏远农村、东部农村与中西部农村以及各个集体所有的土地位置、面积等方面的差异，都会导致同为农民集体，但各个农民集体建设用地的经济价值却有重大差别。如果没有相应的制度安排，而任其自由流转并永久独占收益，无疑会造成农村内部的贫富差距和社会不公，值得警惕。

四　地权配置与国家属性

要辨明"入城"集体土地的归属，我们还需回到集体土地所有权制度设计的初衷上来。集体土地所有权是指劳动群众集体在法律规定的范围内占有、使用、收益、处分自己土地的权利，是土地集体所有制在法律上的表现。[①] 集体土地所有权其实是集体所有的一种类型。一般认为，集体所

---

① 参见王家福、黄明川《土地法的理论与实践》，人民日报出版社，1991，第36页。

有是近代出现的合作制经济的产物。而合作制无论是实践上还是理论上的共同特点，都是批判资本主义，反对剥削。尤其是在生产型的合作社中，劳动者与合作社成员身份高度统一，人人平等，共同劳动，利用集体管理的生产资料进行生产，创造价值。① 我国《宪法》第 6 条也规定："中华人民共和国的社会主义经济制度的基础是生产资料的社会主义公有制，即全民所有制和劳动群众集体所有制。社会主义公有制消灭人剥削人的制度，实行各尽所能、按劳分配的原则。" 从历史来看，到目前为止，集体土地所有权是与社会主义联系在一起、具有社会主义的潜在内涵、具有意识形态考量的一个所有权形态，负载着集体主义和社会主义的价值观念和伦理道德。② 从集体土地所有权所承载的经济功能来看，这一制度的建立主要是为了扬弃土地归属于不同的农民个体所可能造成的弊端，实现土地共同支配、利益共享、共同富裕。③ 因此，集体所有权建立的前提条件是共同劳动、共同分配。失去了共同劳动这个前提，集体所有权的存在就颇为可疑。④ 质言之，农民集体所有权的出现是以"耕者有其田"为目标的，它以实行共同劳动、按劳分配为基本特征。而一旦允许农民集体通过出让集体建设用地便可源源不断地获得巨额的土地增值收益，显然背离了集体所有权所承载的共同劳动尤其是按劳分配的历史使命，使集体所有沦为农民阶层的"特权"，让农民阶层依靠对土地的垄断地位不劳而获地取得巨额的土地增值收益，完全背离了劳动群众集体所有制所具有的"劳动群众"之本意，也与集体所有权的设立初衷相去甚远。

其实，宪法确立公有制条款的基本思想立场源自马克思对于公有制与反对剥削的思考。马克思曾在《论土地国有化》一文中指出："1868 年，在国际布鲁塞尔代表大会上，我们的一位朋友曾说：'科学已判决小土地私有制必定灭亡，正义则判决大土地所有制必定灭亡。因此，二者必居其一：土地要么必须成为农业联合体的财产，要么必须成为整个国家的财产。未来将决定这个问题。'相反，我却认为，社会运动将作出决定：土地只能是国家的财产。把土地交给联合起来的农业劳动者，就等于使整个

---

① 参见马俊驹、宋刚《合作制与集体所有权》，《法学研究》2001 年第 6 期。
② 参见孙宪忠《中国物权法总论》，法律出版社，2009，第 122 页。
③ 参见孙宪忠等《物权法的实施：物权确定》，社会科学文献出版社，2013，第 333 页。
④ 参见孙宪忠《争议与思考——物权立法笔记》，中国人民大学出版社，2006，第 245 页。

社会只听从一个生产者阶级摆布。"而"社会的经济发展、人口的增长和集中……将使土地国有化越来越成为一种'社会必然',这是关于所有权的任何言论都阻挡不了的"。① 不难发现,在经典作家看来,土地是不能成为某一个阶级的世袭财产的。像土地这样重要的自然资源一旦成为某一个阶级的世袭财产,这个阶级就会利用其对土地的垄断地位来支配整个社会。相反,"土地国有化将彻底改变劳动和资本的关系,并最终消灭工业和农业中的资本主义生产方式"。② 列宁不仅高度认同马克思的土地国有化理论,并且还将其视为无产阶级的理论基础。③ 就我国而言,如果允许农民集体永久获得土地增值收益,则无异于让我们的"整个社会听从一个生产者阶级摆布",不仅极为不公,而且也不道德。1982 年 3 月 12 日,我国宪法修改委员会第二次全体会议的分组讨论中,有人就曾提出过这样的担忧:"国家企业、事业要发展,要用地,而土地有限,郊区和农村土地归集体所有,变成了他们向国家敲竹杠、发洋财的手段。一亩地索要上万元,靠卖地生产队可以安排社员一辈子、三辈子都过好日子,不需劳动了。……郊区农民自盖旅馆的很多,有的大队不种地,单靠出租旅馆赚大钱。这样下去,富了农民,穷了全民,矛盾越来越尖锐。"④

实际上,土地作为自然存在物而非人工劳动的创造物,原本就不应当沦为私有。即使是在私人所有观念盛行的美国,到目前为止,联邦政府仍是最大的土地所有者。美国政府拥有占 50 个州总面积 33% 的土地。如果加上州和地方政府拥有的土地,美国公共所有的土地占到了美国总面积的42%。⑤ 而中国共产党更是始终将包括土地在内的生产资料乃至生活资料的全民所有,视为社会主义的理想和前进方向。早在 1921 年通过的《中国共产党纲领》第 2 条就将"废除资本私有制,没收一切生产资料,如机器、土地、厂房、半成品等,归社会所有"作为党的纲领予以明确。1931 年的《中华苏维埃共和国宪法大纲》更是提出:"主张没收一切地主阶级的土

① 《马克思恩格斯选集》第 3 卷,人民出版社,2012,第 175 页以下。
② 《马克思恩格斯选集》第 3 卷,人民出版社,2012,第 178 页。
③ 参见《列宁全集》第 16 卷,人民出版社,1988,第 322 页以下;邵彦敏《农村土地制度:马克思主义的解释与运用》,吉林大学出版社,2012,第 15 页以下。
④ 许崇德:《中华人民共和国宪法史》,福建人民出版社,2003,第 644 页。
⑤ 参见〔美〕丹尼尔·H.科尔《污染与财产权:环境保护的所有权制度比较研究》,严厚福、王社坤译,北京大学出版社,2009,第 22 页。

地，分配给贫农中农，并以实现土地国有为目的。"新中国成立以来，在包括土地在内的自然资源的归属方面，大家接受的还是尽可能扩大国家所有权这种传统的社会主义的立法观念。① 1982 年 4 月 15 日的《宪法修改委员会全体会议记录》显示，当年有人认为对土地这样重要的生产资料应一律规定为国有，因为这些人认为，"如果不把土地收归国有，国家征地时，土地所有者漫天要价，妨碍经济建设和国防建设。如果将土地收归国有，就可解决上述问题"。但考虑到一下子宣布国有难以为农民接受，而且没有实际意义，所以才采取了彭真等主张的折中办法，先规定城市土地归国家所有。②

可见，从历史的角度来看，集体所有制不过是在生产资料和生活资料无法迅速实现全民所有的情况下，不得不采取的过渡步骤和权宜之计。目前的集体土地所有权其实并不符合建立社会主义农村地权的初衷，它只是 1958 年到 1960 年人民公社跃进到农村土地国家所有失败后，退回到"集体"的。③ 易言之，在新中国的历史进程中，原本就一直有将集体土地改造为国有土地的趋势和动力。因此，对《宪法》第 10 条第 1 款关于城市土地归国家所有的规定，不能作静态的理解，将其界定为仅仅是对 1982 年宪法颁布时土地权属状况的描述，④ 而更应理解为一种建设目标——它既是对 1982 年土地权属基本现状的确认，也表述了国家土地权属制度和土地政策的未来走向，是对未来土地归属的目标设定。质言之，土地公有、地利共享、消灭土地食利者的法律，已经构成了我国土地制度的一项宪法秩序，⑤ 不能任意废弃。

五　新型城镇化、市民化与宪法难题之化解

地权是宪制的基石。基于国家的社会主义性质，我们应当反对土地私

---

① 参见孙宪忠《根据民法原理来思考自然资源所有权的制度建设问题》，《法学研究》2013
　　年第 4 期。
② 参见蔡定剑《宪法精释》，法律出版社，1996，第 170 页；肖蔚云《我国现行宪法的诞
　　生》，北京大学出版社，1986，第 42 页。
③ 参见孙宪忠《中国社会向民法社会的转型以及民法学术的转型》，《法学研究》2011 年第 6 期。
④ 参见司艳丽《论集体建设用地使用权流转的法律规制》，博士学位论文，中国政法大学，
　　2006，第 74 页；陈沉《正确运用"城市的土地属于国家所有"》，《资源导刊》2012 年第
　　3 期；袁震《论集体土地所有权客体范围的确定》，《河北法学》2012 年第 11 期。
⑤ 参见贺雪峰《中国土地制度的宪法秩序》，载郑凌志主编《中国土地政策蓝皮书
　　(2012)》，中国社会科学出版社，2012，第 273 页。

有或是假借集体所有之名的事实私有化。但能否由此推导出我们应当继续实行"先征后用"制度，禁止集体建设用地流转，或者当农民就地自主城镇化后立即宣布其土地归于国有？

在笔者看来，长远来讲，应当肯定《宪法》第10条第1款的价值，但这并不意味着要禁止集体建设用地流转，并宣布那些"入城"的集体土地立即归为国有。因为制度终究是服务于人的，土地制度的改革更应当以我国的国情为基础，并与我们的发展目标相协调。李克强总理指出，城镇化是国家现代化的必然要求和主要标志，协调推进城镇化是实现现代化的重大战略选择。① 就目前的中国国情来看，我国城市化的核心是农民的市民化。② 而要实现农民的市民化，则需要一定的物质条件。2013年发布的《中国城市发展报告》显示，目前我国农业转移人口市民化的人均公共成本为13.1万元，预计到2030年我国将有4亿农民需要市民化。以此计算，市民化所需公共成本约52.4万亿元。③ 显然，要合理消化这一巨额的改革成本，单纯依靠政府并不现实，需要建立由政府、企业、社会等共同参与的多元化成本分担机制。土地是进行生产、生活最重要的物质基础和前提，也是现阶段我国绝大多数农民拥有的唯一自然资源，在国家无法承担农民市民化的全部成本的前提下，依靠集体土地的流转让该地区的农民积累市民化的经济基础，进而让其逐步市民化，应当是一个可行的路径。事实上，很多地方的实践也证明，集体建设用地使用权的流转是推动农民现代化、市民化的一条重要路径。④

因此，从长期来看应当宣布"入城"的集体土地归国家所有，与当前积极推动集体建设用地流转和农民自主城镇化的改革之间，其实并不矛盾。作出这样的判断，还有如下理由。

首先，从新中国成立的历史来看，农民集体对土地的所有权在政治上

---

① 参见李克强《协调推进城镇化是实现现代化的重大战略选择》，《行政管理改革》2012年第11期。

② 参见张占斌等主编《城镇化过程中的农民工市民化研究》，河北人民出版社，2013，第5页。

③ 参见潘家华、魏后凯主编《中国城市发展报告No.6——农业转移人口的市民化》，社会科学文献出版社，2013，第138页。

④ 参见孙宪忠等《物权法的实施：物权确定》，社会科学文献出版社，2013，第495页；冯奎《中国城镇化转型研究》，中国发展出版社，2013，第274页；卞华舵《主动城市化——以北京郑各庄为例》，中国经济出版社，2011，第148页以下。

具有相当的合理性，不能随意废弃。并且，基于"一体承认，平等保护"的理念，我们理应承认农民集体可以通过建设用地的流转获得增值收益。

其次，从我国发展的进程来看，我国长期实行的城乡二元体制已经使得城乡居民在政治、经济和社会权利的初始分配上出现了明显的身份差异，这种差异还极大地影响了农村人口的城市化，使得农民一直处于国家工业化、城市化的边缘。官方统计显示，目前我国居住在城镇的人口已经超过6.91亿，城镇化率已经超过51%，但拥有城镇户籍并享有相关公共福利的人口却仅占34%，1/3居住在城镇的人口由于没有当地户籍，不能享有户籍人口的医疗卫生、教育、养老金及其他社会公共福利。[1] 为了避免出现类似西方国家通过剥夺农民土地，将农村人口强制驱逐到城市，进而实现工业化、城市化的做法，我们应当使"地"和"人"挂钩，允许农民集体就地城镇化或者通过土地使用权的流转获得土地增值收益，积累其发展的必要物质条件，从而消除长期以来因为采取"以农补工"、"城市优先"、"工业优先"的政策而导致的城乡之间的发展鸿沟，弥补农民严重受损的权益。

再次，从城市化发展的模式来看，过去我国一直沿袭被动城镇化的模式，城市的发展由地方政府自上而下强力主导。这样的模式虽然成本低、速度快，但却具有极大的风险，也带来了严重的社会冲突，影响稳定，无法持续。[2] 因此，有必要在新型城镇化战略的推进中承认和尊重农民的权利和主体地位，允许农民就地自主发展工业、进行城市建设。

最后，从土地增值收益的产生原理来看，土地增值收益应当是多个因素共同作用的结果，其中既有城乡规划与用途管制因素，也有基础设施投资因素，又有城市化过程中产业人口聚集因素，当然也包含了土地所有权的因素。[3] 据此，只要承认农民集体土地所有权是一项独立的物权，就不能否定其权利人分享增值收益的合法性。尤其是基于城乡二元体制致使农民、农村利益长期受损的事实，在现阶段更应当肯定农民集体经由建设用

---

① 参见林采宜《"新型城镇化"需要多少钱》，《第一财经日报》2013年3月27日。

② 参见于建嵘《新型城镇化：权力驱动还是权利主导》，《探索与争鸣》2013年第9期；刘守英《以地谋发展模式的风险与改革》，《国际经济评论》2012年第2期。

③ 参见周诚《关于我国农地转非自然增值分配理论的新思考》，《农业经济问题》2006年第12期；陈柏峰《土地发展权的理论基础与制度前景》，《法学研究》2012年第4期。

地的流转获得增值收益，进而实现其由农民向市民的转变。正所谓一方水土养一方人，所以，单纯以"涨价归公"为由否定本集体成员对该集体土地增值收益的分享，也是不合情理法义和发展逻辑的。

质言之，从长远来看，基于我国的社会主义性质，应当以土地国有为追求。但就我国"城乡二元"的现实而言，为创造农民市民化的物质条件，作为一项独立物权的农民集体土地所有权仍需继续维持和充分尊重。依此来看，现在一些地方所谓的以"社保换土地"的做法是错误的，因为这样的置换安排没有充分考虑长期以来的城乡二元体制对农民权益产生的负面影响以及由此导致城乡居民在发展机会、发展能力上的巨大差异，并不利于农民真正的市民化转变。

如果按照上述方案来推进集体建设用地制度的改革，就无须修宪。因为从长远来看，《宪法》第 10 条第 1 款仍有维持之必要。另外，就现阶段而言，只需对《宪法》第 10 条第 1 款的含义重新进行理解，即可弥合其与现实之间的"裂缝"。申言之，不宜再将《宪法》第 10 条第 1 款中所谓的"城市"理解为一个物理、建筑或是规划意义上的城市概念，而应将"城市"理解为一个经济、社会和文化的概念，或者说是一个以"人的城市化"为皈依的概念。

民之所欲，法之所系。其实，人文关怀原本就是城市缔造者的应有之义，因为城市原本就是人类聚居、生产、繁衍生息的地方，城市发展应当是源于人、发展人、服务于人和促进人类进步的共同事业。[①] 从理论上讲，城市化是一个涉及诸多方面内容的社会经济演进过程，不同学科有着不同解读，但综合而言，城市化的核心内容还是实现人的生产方式、生活方式的城市化，是人的生存空间、发展空间的城市化。[②] 正如创立都市社会学的芝加哥学派帕克教授所强调的那样："城市绝非简单的物质现象，绝非简单的人工构筑物。城市已同其居民们的各种重要活动密切地联系在一起，它是自然的产物，而尤其是人类属性的产物。"[③] 可见，人本身才是城市的灵魂和主体，脱离人的主体性来理解城市，只能导致城市的异化，引

---

① 参见曾哲《中国城市化研究的宪政之维》，武汉大学出版社，2007，第 56 页。
② 参见方辉振、黄科《新型城镇化的核心要求是实现人的城镇化》，《中共天津市委党校学报》2013 年第 4 期。
③ 〔美〕R. E. 帕克等：《城市社会学》，宋俊岭等译，华夏出版社，1987，第 1 页。

发"土地"城镇化而非"人口"城镇化这样反城市化本质的结果。

事实上，新一届政府提出的新型城镇化，首先也是人的城镇化。它将人放在城市化的核心地位，以"以人为本，公平共享"为首要指导原则，使城市发展的最终目的回归到人的需求。它追求的不仅是城市在"物"的层面的提升，更重要的是要实现进入城市的"人"由"乡"到"城"的彻底转变以及城市自身结构的升级。正是由于新型城镇化的本质是人的城镇化，即农村转移人口市民化，与城镇居民共享城市发展的成果，完成农民到市民的转变，① 因此，依据人的城市化，或者更为直接的就是农民的真正市民化来理解《宪法》第 10 条第 1 款中的"城市"概念，就是完全正当的。质言之，《宪法》第 10 条第 1 款"城市的土地属于国家所有"的含义应当被理解为：当某一个城市的公民（包括原来的农民，如城中村的居民）均享有平等的政治、经济和社会等各项权利时，其城市的土地才属于国家所有。

以城市所承载的人为基础来理解城市的概念，还原了城市的本义，符合我国新型城镇化发展的目标，有利于增强城市化中的农民主体意识，改变地方政府"要地不要人"的错误思想，最大限度地限制城市的无序外扩，助推土地城市化与人口城市化的协同发展。同时，以人的市民化尤其是农民的市民化来认识城市的概念，理解《宪法》第 10 条第 1 款的含义，也符合宪法尤其是社会主义国家宪法上关于国家土地所有权的本旨。宪法规定的自然资源国家所有权是一个比民法上所有权更为广阔的概念。它所包含的权能要比民法上所有权的权能更为丰富，它所包含的义务也比民法上所有权的义务更为重要。② 从服务于国家财产制创设目的的角度来看，宪法上国家所有权肩负了实现公共福利、人类生存、国计民生、消灭剥削、社会之进化的重大使命。③ 因此，对于土地，宪法上的"国家所有"原本就不能单纯理解为国家通过占有土地而直接获取其中的利益，毋宁首先应理解为国家必须在充分发挥市场决定作用的基础上，通过使用负责任的规制手段，确保社会成员持续共享土地资源，防止私人独占，避免剥

① 参见中国金融 40 人论坛课题组《加快推进新型城镇化：对若干重大体制改革问题的认识与政策建议》，《中国社会科学》2013 年第 7 期。
② 参见王涌《自然资源国家所有权三层结构说》，《法学研究》2013 年第 4 期。
③ 参见徐祥民《自然资源国家所有权之国家所有制说》，《法学研究》2013 年第 4 期。

削，实现地权平等。① 也就是说，宪法上的国家土地所有权是一项负担义务的权利，在国家尚未能给集体成员提供平等的政治、经济和社会等各项权利时即宣布该集体土地为国有，就违背了"国家所有"的公共性观念，有悖宪法上"国家所有"的本质要求。我国《宪法》第 14 条第 3 款也规定："国家合理安排积累和消费，兼顾国家、集体和个人的利益，在发展生产的基础上，逐步改善人民的物质生活和文化生活。"因此，要求国家在取得集体土地的所有权之前承担一项为该集体成员提供均等化权利的义务，也是合乎宪法尤其是社会主义国家宪法上国家所有权之内在要求的。

就物权变动规则而言，如果国家无法为"入城"农民提供与城市居民相同的政治、经济、社会等权利，那么该集体土地上的农民其实没有真正转变为市民，因而即使在其土地上建立"物理上的城市"，仍然不能依据《宪法》第 10 条第 1 款直接将该集体土地转为国家所有。相反，一旦集体土地上的全体农民已经完全城市化，成为真正的城市居民，那么原有的农民集体这一土地所有权的主体也就当然消灭，因而原有的农民集体土地便自然成为"无主物"，而无主的土地归国家所有则是多数国家的共同做法，② 我国亦不例外。③ 比如 1998 年颁布的《土地管理法实施条例》第 2 条第 5 项就明确规定："农村集体经济组织全部成员转为城镇居民的，原属于其成员集体所有的土地，属于国家所有。"也就是说，一旦某一农村社区全部成员的身份从农民转变为城镇居民，就必将导致该农民集体组织的解散，相应地该农民集体的土地所有权也会因为所有权人的消亡而相对消灭。在我国土地公有制的背景下，该集体土地就只能转变为国家所有。

此外，从物权归属上看，如果我们仍然允许在城市中保留该集体土地所有权，就必须存在一个对应的物权主体。但农民集体土地所有权主体的现行组织形态和运行机制本身不仅存在"缺位"、"虚化"的诟病，而且也不可能在城市的社会经济环境中长期存续，尤其是不能作为土地所有者而

---

① 参见王旭《论自然资源国家所有权的宪法规制功能》，《中国法学》2013 年第 6 期。
② 参见法国民法典第 539 条、德国民法典第 928 条第 2 款、瑞士民法典第 659 条第 1 款、日本民法典第 239 条第 2 款。
③ 参见国土资源部地籍管理司、中国土地勘测规划院编《全国农村集体土地确权与争议调处法律、政策、案例汇编》，地质出版社，2012，第 456 页。

长期存续。农民集体经济组织作为一种社区经济组织，具有社区居民成分单一、成员职业为农民、成员流动性小、成员在其经济组织中的权利没有量化等特点。很明显，这种组织结构在城市中将很快解体，无法存续。[①] 既然进入城市后的农民集体不适合继续作为物权的主体存在，"入城"后的集体土地所有权也就会因失去依托的权利主体而归于消灭。从解释论立场来看，既然该"入城"土地的原农民集体已经不复存在，那么就只能宣布该土地为国家所有了。

不过，必须强调的是，单纯农民身份的转变并不能说明农民已经真正完成了市民化的转变，进而需宣布其土地为国有。目前很多地方在"农转非"的过程中仍然存在社会歧视、生活方式转变困难等问题。相关调查也发现，许多农业转移人口在城镇化过程中并没有实现真正的城镇化，他们虽获得了市民身份，但所获得的社会福利却远少于现有的城市居民，并没有与城市实现真正的社会融合。[②] 而且，在当今社会制度下的身份转换，与计划经济时代的"农转非"相比，也有很大不同。原先户籍身份上附带的许多功能在市场转型之后都已不复存在，户籍属性的改变不再可能使农民从粮油票证制度或单位用工制度中获利。因此，农转非作为身份属性的变迁，仅仅是农民市民化的起点，要真正完成农民市民化的转变，则需要综合配套制度的协调推进。农业转移人口市民化其实应当是指农业转移人口在实现职业转变的基础上，获得了与城镇户籍居民均等一致的社会身份和权利，能公平地享受城镇公共资源和社会福利，全面参与政治、经济、社会和文化生活，实现经济立足、社会接纳、身份认同和文化交融。[③] 因此，新型城镇化，不光是将户口本上的"农民"两字变为"居民"，更重要的是解决好后续的就业、医疗、教育以及社会保障等问题。就政策而言，就是要求我们的改革要通盘考虑，将集体建设用地的改革与户籍、就业、社保、教育、医疗、文化等配套制度的改革一并推进。就法律而言，

---

① 参见陈甦《城市化过程中集体土地的概括国有化》，《法学研究》2000 年第 3 期。

② 参见孙频捷《市民化，还是属地化——上海城郊某地失地农民身份认同研究》，博士学位论文，上海大学，2010，第 162 页；单菁菁《中国农民工市民化研究》，社会科学文献出版社，2012，第 25 页以下；刘玉侠《农业转移人口亟须"再城镇化"》，《中国社会科学报》2014 年 2 月 12 日。

③ 参见彭小文等《城镇化进程中我国农业转移人口市民化问题研究》，《理论导报》2013 年第 11 期。

就是要求只有当"入城"的农民已经完全获得与城市居民相同的全部权利时，才能将该集体土地视为无主物，进而依据《宪法》第 10 条第 1 款将其自动转为"国家所有"。

结　语

地者，政之本也。任何一个国家的土地制度无疑都会与其历史、现实和发展目标充分关联。我国现行的农民集体土地所有权制度是基于中国特殊的历史和国情而产生和发展的，因而就此改革也应当充分考虑我国的现实国情和发展目标，朝最有利于实现城乡一体化的方向进行设计。人民的福祉是最高的法律。很明显，以人口的城市化，尤其是农民的市民化来理解《宪法》第 10 条第 1 款，不仅在文义上没有超越其应有内涵，无须修宪即可化解宪法与现实可能存在的矛盾，有利于维持宪法权威和我国社会主义的基本属性，而且在目的上也契合宪法上国家所有的本旨，符合物权法的要求，有助于增强城镇化中农民的主体意识，切实维护农民的正当权益，扫除新型城镇化尤其是农民市民化道路上的诸多障碍，实现城乡的一体化发展。就此而言，《宪法》第 10 条第 1 款并未构成推动农民集体建设用地市场化改革和农民自主城镇化试点的障碍。以《宪法》第 10 条第 1 款为由拒绝改革甚至反对改革，都是错误的。

当然，这样的认识也说明集体建设用地制度的改革绝不是一劳永逸的，而是要有一个长期的规划。就目前而言，考虑到农民为我国工业化、城市化所作的巨大贡献以及城乡二元体制对农民、农村利益非常不利的背景，尤其是在农民现有的社会保障存在制度碎片化、体系不健全、覆盖面过窄、缴费率过高、公平性不足和发展不均衡等诸多问题，与作为公民的社会保障权仍有很大距离的前提下，我们有必要暂时摒弃"涨价归公"的抽象观念，承认农民集体建设用地的独立物权地位，坚持以人为本、一方水土养一方人的理念，着眼于促进农民市民化转变目标的制度设计。我国正处于城镇化深入发展的关键时期，为避免新一轮"圈地运动"的重演，切实维护农民的合法权益，现阶段我们更应强调的是，在符合规划和用途管制的前提下，允许农民集体建设用地流转，允许农民就地自主发展工业、建设城镇，从而使土地增值收益能更充分地反哺农民和农村，进而有效促进农民的真正市民化和农村的新型城镇化。毕竟，"人"才是城市化的起点，也是城市化的终极目标，而土地只是促进人口城市化的一项工具。并且，在中国，如果没有农民的市民化，那就不可能有真正的城市化，也不可能有真正的现代化。

八二宪法土地条款：一个原旨主义的解释[*]

彭　錞[**]

摘　要：在原旨主义视角下，挖掘八二宪法第 10 条土地条款的生成背景、内在逻辑和制度意涵，可以发现：出于改革开放以后便利国家建设取得土地、限制农地流失的迫切现实需要，该条款承继和巩固了 20 世纪 50 年代成形的城乡二元土地所有制结构和"农地非农化的国家征地原则"，并试图以合理用地作为证成和规范该制度的价值尺度。30 多年的改革与修宪给宪法土地条款注入了市场、法治和人权，特别是非国有财产平等保护等规范意蕴，但现行制度的种种现实弊病也日益突显。因此，需要重新思考该条款，清理其遗产。原旨主义立场回顾但不固执历史，要求我们超脱一时一地的具体土地制度安排，去把握宪法条文背后的实践理性、价值平衡等鲜活而深沉的宪法原理，指导并推动中国土地制度进一步改革。

关键词：土地公有制　宪法土地条款　土地流转　原旨主义

近年来，由于土地制度运行与改革中的现实问题与挑战，八二宪法第 10 条成为学界关注的焦点。第一，为强化对国家征地权的法律控制，缓解大规模征地拆迁带来的剧烈社会冲突，学界着力于宪法第 10 条第 3 款，就

---

　*　本文原载于《法学研究》2016 年第 3 期。
　**　彭錞，北京大学法学院博士后，现为北京大学法学院助理教授。

公共利益、补偿要求和法定程序三个要件做了大量解释工作。① 第二，面对城中村、小产权房、概括国有化等颇具中国特色的问题，不少文献对第10条第1、2款奠定的城乡二元土地管理体制进行了分析和研究。② 第三，在集体土地管理制度改革深化、流转市场日益放活的背景下，如何理解第4款土地转让条款也开始受到重视。③ 第四，以往受关注相对较少的第5款合理用地条款，最近也进入了法学研究的视野。④

公允地说，对八二宪法土地条款的现有解释作业，体现了历经30年筚路蓝缕后，中国宪法学界回归宪法文本的自我觉醒，⑤ 以及在违宪审查机制不彰的背景下勾连宪法与实际问题的智识抱负。⑥ 在此意义上，尽管内部存在歧见，但其作为一个整体，对八二宪法第10条的研究，极大深化了对中国现行土地制度之宪法基础的理解。

但是，既有研究存在系统性和历史性的双重不足。首先，缺乏对第10条的整体解释。现有文献针对具体问题生发，对五款分而释之，未能揭示各款是松散、随意的罗列，还是有紧密的内在勾连。其次，既有研究也未能解释土地条款的历史生成。将八二宪法第10条与五四宪法、七五宪法和七八宪法的土地条款进行比较，不难发现"一条五款"的土地制度宪法安排在我国是首次出现。横向比较，世界上也找不到任何其他国家宪法有类

---

① 参见胡锦光、王锴《论我国宪法中"公共利益"的界定》，《中国法学》2005年第1期，第18页以下；张千帆《"公正补偿"与征收权的宪法限制》，《法学研究》2005年第2期，第25页以下；程洁《土地征收征用中的程序失范与重构》，《法学研究》2006年第1期，第62页以下。

② 参见程雪阳《城市土地国有规定的由来》，《炎黄春秋》2013年第6期，第35页以下；程雪阳《论"城市的土地属于国家所有"的宪法解释》，《法制与社会发展》2014年第1期，第169页以下；张睿《82宪法中土地所有权条款的正当性基础——基于社会正义与市场经济理论的分析》，《法制与社会发展》2013年第2期，第90页以下；张千帆《城市土地"国家所有"的困惑与消解》，《中国法学》2012年第3期，第178页以下。

③ 参见程雪阳《中国的土地管理出了什么问题?》，《甘肃行政学院学报》2013年第3期，第108页以下；张千帆《农村土地集体所有的困惑与消解》，《法学研究》2012年第4期，第115页以下。

④ 参见李泠烨《土地使用的行政规制及其宪法解释——以德国建设许可制为例》，《华东政法大学学报》2015年第3期，第147页以下。

⑤ 参见韩大元《认真对待我国宪法文本》，《清华法学》2012年第6期，第5页以下。

⑥ 参见张翔《宪法释义学：原理、技术、实践》，法律出版社，2014，第六部分；白斌《宪法教义学》，北京大学出版社，2014，第八章。

似规定。① 那么，这一宪法土地条款究竟源自何处？20 世纪 80 年代初的修宪者们为什么如此描画中国的土地制度？

本文回到 1982 年修宪时刻，着重考察八二宪法通过时的原文，梳理和体察宪法土地条款形成的思想、政策与制度源流，对其作历史和整体的解释。1988 年修宪给第 4 款末尾加上"土地的使用权可以依照法律的规定转让"；2004 年修宪把第 3 款的征用改为"征收或者征用"，并增添"给予补偿"要求。本文仅在必要时阐释这两次修改。

本文余下内容分为四个部分。前三部分剖析土地所有制条款、土地转让条款以及土地征收和利用条款。第四部分总结全文，反思中国宪法学方法论，澄清原旨主义立场。本文的基本观点是：改革开放之初，出于满足国家获取建设用地、防止农地流失的迫切现实需要，八二宪法土地条款承继和巩固了 20 世纪 50 年代就已成形的城乡二元土地所有制和"农地非农化的国家征地原则"，并试图以合理用地作为证成和规范该制度的价值尺度。随着 30 多年来的改革、修宪与社会变迁，市场、法治、人权，特别是公私财产平等保护等新的规范意涵已经被注入宪法，但现行土地制度在实际运行中的问题与矛盾也日益凸显。这要求我们重新思考土地条款，清理其遗产。原旨主义的立场不等于抱残守缺，或为现实辩护，而是提供一个更富历史感和现实感的视角，使我们超越一时一地的具体土地制度安排，去把握和继承宪法条文背后的实践理性、价值平衡等鲜活而深沉的宪法原理。

一　土地所有制条款

城市土地国有、农村土地集体所有，对于今天的人们来说，这个有中国特色的社会主义土地公有制的宪法表述，也许早已耳熟能详了。但是回望历史，在 1982 年的修宪时刻，这样的表达至少在以下三层意义上是令人费解的。首先，1921 年党章把"消灭资本家私有制，没收机器、土地、厂

---

①　在芝加哥大学法学院 Tom Ginsburg 教授领衔的比较宪法项目的数据库搜索"土地"（land），可发现世界上共有 159 部宪法包含土地条款，但没有包含类似规定，https://www.constituteproject.org，最后访问日期：2016 年 3 月 26 日。

房和半成品等生产资料"确立为党的长远任务。到 20 世纪 60 年代初，农村土地完成集体化。"十年动乱"期间，国家有关部门发出城镇土地国有化的指示。① 据此，自中国共产党诞生到改革开放，一条土地国有化的演进轨迹清晰可辨。② 在此背景下，一个未经反省的现象开始变得引人思量：既然土地国有一直是目标，为什么直到新中国成立 30 多年后的八二宪法才有所体现？其次，无论是马恩经典社会主义理论，还是苏联实践，抑或中国共产党的自身目标，在土地国有化方面，均不区分城市和农村，要求全盘国有。八二宪法为何单单规定城市土地国有？最后，如果说第 2 款规定农村土地集体所有不过是在宪法上承认当时的集体化运动遗产，第 1 款规定城市土地国有却并非只是在确认既成事实。③ 那么，是何种原因导致八二宪法突然规定城市土地属于国家所有，包括那些当时还在私人手中的城市土地？这是否如有些学者所批评的"十年动乱"遗产

---

① 《国家房管局、财政部税务总局答复关于城镇土地国有化请示提纲的记录》（1967 年 11 月 4 日）："无论什么空地（包括旗地）、无论什么人的土地（包括剥削者、劳动人民）都要收归国有。"

② 诚然，从 20 世纪二三十年代的土地革命战争到四五十年代的土地改革运动，是以土地私有归农为主题，但很难说它是中国共产党革命的初衷。1931 年，中国共产党苏区中央局就指出："土地问题的彻底解决是土地国有……农民是小私有生产者，保守私有是他们的天性，在他们未认识到只有土地社会主义化，才是他们的经济出路以前，他们是无时不在盼望着不可求得的资本主义的前途……他们的目的，不仅要取得土地的使用权，主要的还要取得土地的所有权，他们想着在资本主义下找得他们的黄金前途。所以……土地国有只是宣传口号，尚未到实行的阶段。必须使广大农民在革命中取得了他们唯一热望的土地所有权，才能加强他们对于土地革命和争取全国苏维埃胜利的热烈情绪……但是，我们应该预先向广大农民宣传，他们现在虽然是得到了土地，他们散漫的小经济依然是不可免的日趋于破落的悲惨前途，他们的黄金前途只有在土地国有。"（《土地问题与反富农策略》，1931 年 2 月 8 日）1947 年 8 月，董必武在全国土地会议上指出："现在我们进行的土地改革，只是把地主的私有土地，变为农民的私有土地，并没有取消土地私有制。因为今天农民希望分到土地，作为私有……还没有觉悟到土地国有，才能真正保障他们对土地使用权……土地私有的意义，包含得有土地可以自由买卖。有买主必有卖主，买主得了土地、卖主就失掉了土地，所以在土地私有制下，农民不可能永远保持其对土地的所有权和使用权。农民只有在实际生活中慢慢觉悟到土地私有制的不利，那时他们才相信土地国有的办法是好的。"（《关于土地改革后农村生产与负担问题》，1947 年 8 月 21 日）

③ 1982 年 12 月 4 日宪法通过时，私有的城市土地仍然存在。根据七八宪法第 6 条规定国家可将城市土地收归国有，能够推知当时仍有可供国有化的城市土地，否则该规定将失去意义。更直接的印证是，1982 年 3 月 27 日国家城市建设总局发布《关于城市（镇）房地产产权、产籍管理暂行规定》，要求各地审查、确认城市房屋土地所有权，其中就包括私有房地产。

宪法化?^① 总之，要历史地理解第 10 条第 1、2 款对于城乡土地制度的安排，就必须解开这样一个谜题：为什么修宪者一方面无视土地全面国有的社会主义目标，承认农村土地集体化的现实，另一方面又无视当时城市私有土地犹存的现实，要求国有化？为何选择在集体土地上"退一步"，在国有土地上"进一步"？

1982 年 2—4 月的宪法修改讨论记录表明，修宪者们对土地所有权条款草稿有两种对立意见。一方认为不应该将农村土地留在集体手中，应规定全部土地国有，农民集体仅保留对农村土地的使用权，其核心理由在于农村土地集体所有会给国家建设带来巨大障碍。^② 如时任全国政协副主席荣毅仁指出："除城市外，绝大部分土地归集体所有，问题很大。现在开矿很困难。建军马场、开采石油等都涉及土地问题。"^③ 时任国家科委主任方毅认为："这两种所有制的矛盾日益尖锐和严重。国家企业、事业要发展，要用地，而土地有限，郊区和农村土地归集体所有，变成了他们向国家敲竹杠、发洋财的手段。……现在国家盖房要比登天还难，而农民自己盖房，却大量占用好地。郊区农民自盖旅馆的很多，有的大队不种地，单靠出租旅馆赚大钱。这样下去，富了农民，穷了全民，矛盾越来越尖锐。我国矿藏发现较少，发现了要开采就与农民发生矛盾，要花很大代价，限制了国家的发展。因此，建议土地一律归国家所有，集体只有使用权。"^④与此相对，另一部分修宪者则认为农村土地应留在集体手中，因为国有化农村土地既"不管用"，也"不着急"，更"不好办"。首先，这并不会解决农民抗拒征地的问题，因为即便是征用国有土地也需要给予补偿，也会遇到抵抗。时任中央军委副主席杨尚昆指出："土地即使国有，扯皮也解决不了。城市土地国有，天津街道拆迁时有三户硬不搬。北京广安门也有这种情况。"^⑤ 其次，时任全国人大常委会法制委员会副主任杨秀峰认为，在解决以下几个问题之前，国有化没有意义："土地归国有，如何管理？谁来使用？管理很复杂，还有干部的情况"，因此，"国有的问题不是当务

---

① 参见程雪阳《论"城市的土地属于国家所有"的宪法解释》，《法制与社会发展》2014 年第 1 期，第 178 页。

② 参见许崇德《中华人民共和国宪法史》，福建人民出版社，2003，第 645、680 页。

③ 许崇德：《中华人民共和国宪法史》，福建人民出版社，2003，第 637 页。

④ 许崇德：《中华人民共和国宪法史》，福建人民出版社，2003，第 644 页以下。

⑤ 许崇德：《中华人民共和国宪法史》，福建人民出版社，2003，第 681、666 页。

之急"。① 最后，宪法修改委员会的两位领导人胡乔木和彭真都认为，把农地转为国有将引起不必要的震动。胡乔木指出："如果规定农村土地一律国有，除了动荡，国家将得不到任何东西。"彭真说得更直白："我们民主革命没收封建土地分给农民，现在要把农民的土地没收归国有，这震动太大"，"农村、镇、城市郊区的土地属于集体所有，这样，震动小一些"。②

在目前公开的宪法修改讨论记录中，尚未曾见任何人反对城市土地国有。这表明在构想新时代的土地制度时，修宪者当年面临的其实是一个二元选择——城市土地国有化或土地全盘国有化。表面上，两派观点针锋相对，但从上文摘引的修宪记录来看，双方均没有援引社会主义的土地国有化目标，也只字不提"十年动乱"中的城市土地国有化口号。不难理解，经过 60 年革命之熏陶，至 20 世纪 80 年代初，社会主义土地国有早已成为修宪者们共享的背景性认识。这决定了土地私有化根本不可能成为一个选项。同样难以想象的是，历经"十年动乱"，尤其是在 1981 年《关于建国以来党的若干历史问题的决议》盖棺定论后，修宪者仍对那 10 年间的城市土地国有化政策念念不忘，以至于要将它"宪法化"。因此，视"城市土地属于国家所有"为"十年动乱"遗产完全不符史实。这种观点只看到"十年动乱"期间类似政策被提出，却有意或无意忽视了早已有之、长期存在的社会主义纲领。无论城市土地国有论者还是全盘国化论者，都不是基于公开的意识形态立场，而更可能是出于极其实际的目的——减少或避免土地所有者"坐地要价"、阻碍国家建设。在此意义上，双方实现了深刻的统一：无人执着于某种前定的教条、陈规或经验，而是从实际出发，共同着眼于如何最大程度、最小成本地方便国家建设取得土地。

事实上，国家建设对土地的需要在新中国成立以后一直存在。1953 年和 1958 年《国家建设征用土地办法》便是明证。③ 集体所有钳制国家所有、阻挠国家建设用地的情况也是为时已久。早在 1956 年，毛泽东就指出："早几年，在河南省一个地方要修飞机场，事先不给农民安排好，没有说清道理，就强迫人家搬家。那个庄的农民说，你拿根长棍子去拨树上雀儿的巢，把它搞下来，雀儿也要叫几声。邓小平你也有一个巢，我把你

① 许崇德：《中华人民共和国宪法史》，福建人民出版社，2003，第 681 页。
② 许崇德：《中华人民共和国宪法史》，福建人民出版社，2003，第 666 页，第 681 页以下。
③ 2004 年修宪之前，"征用"指的是所有权的强制转移，现更名为"征收"。

的巢搞烂了，你要不要叫几声？于是乎那个地方的群众布置了三道防线：第一道是小孩子，第二道是妇女，第三道是男的青壮年。到那里去测量的人都被赶走了，结果农民还是胜利了。"① 可见，即使是在社会主义建设热情高涨的年代，国家征地也遭到农民的极大抵抗。那么，为什么不是七五宪法、七八宪法这些政治倾向更为激进的宪法规定土地国有，反轮到八二宪法来解决国家建设用地的难处？答案很可能是：现实需要。改革开放伊始，中国共产党将党和国家的工作重心转移到经济发展，大规模建设对农村土地的需求骤然增加，国家建设与农地集体所有之间的矛盾，此时前所未有地凸显出来。1958 年《国家建设征用土地条例》虽未被正式废止，但在"十年动乱"期间已停止实施。这就意味着，到 20 世纪 80 年代初，国家征地不复有统一法律规定。1980 年和 1981 年的全国人大会议上，许多代表都要求尽快制定土地征用方面的法律来解决农民集体漫天要价、阻挠国家征地的问题。② 作为回应，1982 年 5 月 4 日，全国人大常委会通过了新的《国家建设征用土地条例》。时任国家基本建设委员会副主任的吕克白就立法背景说明如下：1958 年《国家建设征用土地办法》"对于解决国家建设用地曾经起了积极的作用。但是，二十多年来，随着我国经济的发展和人口的增长，国家建设征用土地出现了一些新的情况。1958 年公布的《国家建设征用土地办法》早已不能适应变化了的情况，致使近年来国家建设征地工作实际上处于'无法可依'的状态……由于'无法可依'，征地管理工作相当混乱。这些年来，有些地区征地费用越来越高，加上有些干部片面迁就和支持农民的要求，把多收征地费当成使农民富起来的捷径……有些地方的政府趁国家建设征地之机'吃大项'、揩油……少数不法分子，则贪污受贿，敲诈勒索，挖社会主义墙脚。许多建设单位因为满足不了社队或有关方面提出的征地条件，建设工期一拖再拖，影响了国家建设"。③ 不难看出，1982 年上半年，恰逢新征地条例审议之时，有相当一部分修宪者出于对国家建设用地不便的忧虑，对农民集体坐地生财的不满，主张把土地全盘国有化写进宪法。

---

① 《毛泽东选集》第 5 卷，人民出版社，1977，第 325 页。

② 参见《中华人民共和国第五届全国人民代表大会第三次会议提案及审查意见》，第 408、469 页；《中华人民共和国第五届全国人民代表大会第四次会议提案及审查意见》，第 1838 页。

③ 《关于〈国家建设征用土地条例（草案）〉的说明》（1982 年 4 月 28 日）。

那么，八二宪法为何单单规定城市土地国有，而接受农村土地集体所有？事实上，一大二公的集体化，无论用今天的眼光审察是多么激进，但在社会主义经典那里也不过是途中一站，而非终点。修宪者之所以在集体土地上选择"退一步"，是出于种种实际考虑——国有化集体土地无助于国家建设，且会带来许多麻烦甚至动荡。① 在这里，修宪者其实对国有化集体土地作了一个成本收益分析，最终结论是成本大于收益，故选择维持当时的现状。接下来的问题是：难道国有化时仍部分私有的城市土地就不会带来麻烦和震动吗？国有化城市土地是如何实现便利国家建设这一目标的？

应首先明确的是，城市土地国有条款绝非像有的学者认为的那样，是在民众毫不知情的情况下一夜之间将城市中的私有土地"宣布国有"。② 恰恰相反，1982 年 4—8 月，包含城市土地国有化条款的宪法草稿公开征求社会意见。短短几个月内，宪法修改委员会秘书处共收到 1538 封意见和建议来信，其中就有不少有关国有化条款的评论。如北京王永泉等提出，"宅基地是属于个人的，不应归国家或集体所有"。③ 这样的反对之所以并未造成令修宪者担忧的社会动荡，根本原因在于该条款的自我限定，即不立即剥夺原私有主对城市土地的占有和使用权利。尽管这一事实直到 20 世纪 90 年代才获得规范性确认，④ 但对于当时的城市土地私有者来说，宪法新规定并未带来即时可感的冲击。

即便如此，国有化城市土地的影响仍是巨大的、实质性的。这主要体现在，取得国有化后的土地，国家无须再征收所有权，而是收回使用权。自 20 世纪 50 年代起，国家收回国有土地使用权都是不给补偿的。如 1950

---

① 第五届全国人大常委会法制委员会副秘书长兼办公室主任、亲身经历八二宪法制定全程的王汉斌在 2011 年的访谈中提到，之所以维持农地集体所有是因为"我国农民对土地有特殊的感情，如果把土地规定归国家所有，虽然由农民长期使用，但在农民的心理上还是不一样的，很可能产生强烈的影响，会影响他们的生产积极性"。参见《关于 1982 年宪法的起草过程（二）王汉斌访谈录》，《百年潮》2011 年第 3 期，第 10 页。

② 参见王维洛《1982 年一场无声无息的土地"革命"——中国的私有土地是如何国有化的》（上、下），《国土资源》2014 年 10 月号、11 月号。

③ 许崇德：《中华人民共和国宪法史》，福建人民出版社，2003，第 719、721 页。

④ 国家土地管理局发布的《确定土地所有权和使用权的若干规定》（1995 年 3 月 11 日）第 28 条规定："土地公有制之前，通过购买房屋或土地及租赁土地方式使用私有的土地，土地转为国有后迄今仍继续使用的，可确定现使用者国有土地使用权。"

年《村镇建房用地管理条例》第 13 条、1953 年《国家建设征用土地办法》第 9 条和 1958 年《国家建设征用土地办法》第 18 条，都没有规定国家收回国有土地使用权时需对该权利本身进行补偿。类似的规定还可见于改革开放以后 1991 年和 2001 年《城市房屋拆迁管理条例》。值得注意的是，2011 年《国有土地上房屋征收与补偿条例》在一定程度上突破了该传统。其第 19 条规定："被征收房屋价值的补偿，不得低于房屋征收决定公告之日被征收房屋类似房地产的市场价格。"将类似房地产的市场价值作为房屋补偿价值的衡量标准，这实际上肯定了国家应对房屋的国有土地使用权进行一定补偿。不过，对使用权的补偿仍然没有明确纳入该法第 17 条规定的补偿范围，所以只是一种间接、有限的突破。[①] 然而总的来说，八二宪法国有化了当时仍在私人手中的城市土地，使国家将来收回土地使用权时无须补偿，这就降低了国家建设用地的成本。[②] 尽管这种收益在当时不能兑现，但在更低的国有化成本面前，修宪者还是作出了肯定的选择。[③]

　　时至今日，八二宪法第 10 条第 1、2 款所奠定的城乡二元土地公有制早已饱受诟病。呼吁修改者有之，呼吁废除者亦有之。如果暂时悬置评判，平心静气地回到历史语境中，站在修宪者的角度，也许会对这一制度设计增添几分"敬意"：部分国有化，而非全面国有化；城市土地国有化，而非农村土地国有化。历史记录表明，修宪者当年的这个选择本质上是一次妥协，甚至可以说是伟大的妥协。他们的抉择很可能并非意识形态和理论导引的产物，而是基于便利国家大规模经济建设获得土地的急迫现实需求与稳定经济社会秩序的重大现实需求之间的权衡。在设计满足这一需求结构的具体进路时，修宪者在两个选项间展开成本收益分析，最终选择当时看来更划算的城市土地国有化。在这里，渐进取代了狂飙，实践理性压

---

① 关于我国收回国有土地使用权为什么不补偿的原因，参见彭錞《"征地悖论"成立吗？——八二宪法城市土地国有条款再解释》，《法制与社会发展》2016 年第 2 期，第 171 页以下。

② 由于我国国有土地使用权在 20 世纪 80 年代后期允许有偿出让，对那些在出让期满前收回的国有土地使用权，《城市房地产管理法》（1994 年）第 19 条和《物权法》（2007 年）第 148 条都规定国家应给予补偿或退还相应的出让金。但这一制度显然不适用于 1982 年修宪时土地私有者对自己原来的土地享有的使用权。

③ 彭錞：《"征地悖论"成立吗？——八二宪法城市土地国有条款再解释》，《法制与社会发展》2016 年第 2 期，第 172 页以下。

倒了革命激情。以今日眼光审视，这或许是一次不彻底的改革，但放置于整个 20 世纪中国共产党土地革命史观察，八二宪法土地所有制条款标志着"漫长的 20 世纪"之终结。该条款鲜明反映出问题导向的实践主义立场，很大程度上类似于共产党人在 20 世纪上半叶的土地革命和改革中，放弃照搬苏俄经验，选择了更受农民欢迎的土地私有制。后来的历史表明：耕者有其田的私有制只是过渡，最终在社会主义改造的大旗下翻转。到了 1982 年，土地全盘国有的意识形态纲领已不复决定作用，甚至都看不出是一个考虑因素。诚然，中国将来犹有国有化农村土地的理论可能，[①] 但其概率极小。除非有证据表明某种形式的国有化能以较小成本带来更大实际效益，否则，在 1982 年就被放弃的选择未来也不会再出现。在这个意义上，八二宪法第 10 条第 1、2 款所代表的坚定目标和伟大妥协，尤其是其背后流淌着的实践理性，是且应当作为我们探索中国土地制度下一步改革的观念起点。

二　土地转让条款

八二宪法第 10 条第 4 款规定："任何组织或者个人不得侵占、买卖、出租或者以其他形式非法转让土地。"对新中国土地制度稍有了解的人都清楚，禁止土地买卖或转让是 20 世纪 50 年代以后的常态。一方面，城市土地实行无偿、无限期划拨制度，用地单位从政府申请取得土地的使用权，无须缴费，但也不得转让。[②] 另一方面，集体化运动后，农村土地租

---

① 参见黄忠《城市化与"入城"集体土地的归属》，《法学研究》2014 年第 4 期，第 56 页以下。

② 《政务院关于对国营企业、机关、部队学校等占用市郊土地征收土地使用费或租金问题的批复》（1954 年 2 月 24 日）第 1 条："政府批准使用土地时，严格掌握使用原则，按照企业单位、机关、部队、学校的实际需要与发展情况，确定其使用土地的面积。不必采用征收土地使用费或租金的办法。同时，收取使用费或租金，并非真正增加国家收入，而是不必要地提高企业的生产成本和扩大国家预算，并将增加不少事务手续。因此，国营企业经市人民政府批准占用的土地，不论是拨给公产或出资购买，均应作为该企业的资产。不必再向政府缴纳租金或使用费；机关、部队、学校经政府批准占用的土地，亦不缴纳租金或使用费。"这一制度到 20 世纪 80 年代末才部分松动，国有土地改为有偿出让。

赁和买卖市场也彻底关闭。① 因此，上述条款似乎不过是在宪法上确认土地不得流转的既成事实。问题是，为什么不是七五宪法或七八宪法，而是八二宪法才作此确认？

1981 年 4 月 17 日，国务院发出《关于制止农村建房侵占耕地的紧急通知》指出，"必须重申，农村社队的土地都归集体所有。分配给社员的宅基地、自留地（自留山）和承包的耕地，社员只有使用权，既不准出租、买卖和擅自转让"。这里"重申"的对象，正是 1962 年《农村人民公社工作条例》禁止集体土地出租和买卖的规定。1982 年 1 月 7 日，国务院批转《第二次全国农村房屋建设工作会议纪要的通知》，再次确认"集体划给社员的宅基地，社员可长期使用，所有权仍归集体，严禁买卖，出租和违法转让"。1982 年 2 月 13 日，国务院发布《村镇建房用地管理条例》，第 4 条规定："农村人民公社、生产大队、生产队的土地，分别归公社、大队、生产队集体所有。社员对宅基地、自留地、自留山、饲料地和承包的土地，只有按照规定用途使用的使用权，没有所有权"，"严禁买卖、出租和违法转让建房用地"。1982 年 5 月 4 日，国务院公布《国家建设征用土地条例》，第 2 条要求"国家进行经济、文化、国防建设以及兴办社会公共事业，需要征用集体所有的土地时，必须按照本条例办理。禁止任何单位直接向农村社队购地、租地或变相购地、租地"。在短短的 13 个月中，中央政府 4 次强调集体土地不得流转，频度之高，足见关注之切。自新中国成立初期关闭城乡土地市场以后，这是中央政府首次密集、公开地重申禁止土地流转。

1958 年《国家建设征用土地办法》在"十年动乱"中不复适用，留下国家建设征地领域的法律真空。因此，"宪法所规定的国家依法征用土地的原则得不到贯彻，节约用地的国策遭到了破坏，建设用地出现了'自由议价'，甚至出现了变相买卖土地和出租土地的现象"，"加剧了耕地的浪费"。面对这种局势，"各地区、各部门强烈要求制订新的法规"。国务院随之"责成国家建委在 1958 年《国家建设征用土地办法》的基础上，草拟新的国家建设征用土地的法规，国家建委……起草了《国家建设征用

---

① 《农村人民公社工作条例》（1962 年）第 21 条："生产队范围内的土地，都归生产队所有。生产队所有的土地，包括社员的自留地、自留山、宅基地等等，一律不准出租和买卖。"

土地条例（草案）》"，"严禁用地单位直接向农村社队购地、租地、变相租地和土地入股"。① 据此，可以梳理出 20 世纪 80 年代初中央政府重新强调严禁集体土地市场的两点用意。第一，自由买卖集体用地，导致"宪法规定的国家依法征用土地的原则得不到贯彻"。这里的"宪法规定"，无疑指七八宪法第 6 条"国家可以依照法律规定的条件，对土地实行征购、征用或者收归国有"。第二，集体用地市场"加剧了耕地的浪费"。集体土地市场与国家依宪依法征地和节约用地之间存在不可调和的矛盾。要实现后两者，非彻底关停集体土地交易不可。

对今天的读者而言，以上两点用意并非不证自明。一方面，为什么国家征地与集体土地交易相抵触？两者不应彼此独立吗？国家强制征地之始，不正是土地自愿交易之止？另一方面，经济学的基本常识是自愿交易促进资源优化配置，提高资源使用效率。为什么集体土地市场在当时会被认为有损效率、造成土地浪费？要解开这些谜题，就必须首先回顾 20 世纪 50 年代以后的中国征地制度。

改革开放前共有三部与征地相关的法规，即 1982 年《国家建设征用土地条例》和 1953 年、1958 年两部《国家建设征用土地办法》。为行文简洁，以下简称"1982 年条例"、"1953 年办法"和"1958 年办法"。从名称上判断，三者共享一个特点，即征地是为了"国家建设"。那么，什么是"国家建设"？

1953 年办法第 2 条规定："凡兴建国防工程、厂矿、铁路、交通、水利工程、市政建设及其他经济、交化建设等所需用之土地，均依本办法征用之。" 1958 年办法第 2 条："国家兴建厂矿、铁路、交通、水利、国防等工程，进行文化教育卫生建设、市政建设和其他建设，需要征用土地的时候，都按照本办法的规定办理。" 1982 年条例第 2 条："国家进行经济、文化、国防建设以及兴办社会公共事业，需要征用集体所有的土地时，必须按照本条例办理。" 字面意义上，"国家建设"可作两种解释：一是国家（通过党政机关或国有企业）进行的建设；二是为了国家（公共利益）的建设。两层含义之间没有根本冲突。上述条文枚举国防、交通、市政、经济、文化、社会等多方面工程、建设或事业，尽管有"口袋"条款之嫌，

---

① 《关于〈国家建设征用土地条例（草案）〉的说明》（1982 年 4 月 28 日）。

但都契合于通行的理解，即征地服务于国家为公共利益进行的建设。

　　但是，实际上自 20 世纪 50 年代开始，国家征地权力就被广泛运用于不是由国家自己进行的、非公共利益的建设。"国家建设"的真正含义是一切农村集体不能自行从事的非农建设。尽管被明示于三部相关规范的名称当中，"国家建设"从来就不是征地的唯一目的。1953 年办法第 19 条规定："私营经济企业和私营文教事业用地，得向省（市）以上人民政府提出申请，获得批准后由当地人民政府援用本办法，代为征用。"1954 年，内务部在两次解释如何执行 1953 年办法时均表示，除国家机关、国有企业外，私营企业也可按该办法征地。① 这当然不是说私企有权自己征地，而是指其可以向政府提出申请，获得批准后由政府代为征地。一方面，私营企业可以成为国家征地的启动者，其用地需求也能作为国家征地的目的。1958 年办法没有规定因私企需求可以征地。之所以如此，原因在于 1956年中共八大宣布资本主义工商业的社会主义改造完成，私营企业概念就此从官方话语中抹除，已没必要也不可能包含私企征地的内容。这一概念最终回归官方话语体系，要等到 1987 年中央政治局通过《关于把农村改革引向深入的决定》，提出对私营企业"采取允许存在、加强管理、兴利抑弊、逐步引导的方针"。② 这就解释了为什么 1982 年条例同样不包括私企启动国家征地的规定。另一方面，私人需求也可以成为国家征地的目的。如 1983 年《城镇个人建造住宅管理办法》第 4 条第 2 款规定："城镇个人建造住宅需要征用土地的，必须按照国家有关规定，办理征地手续。"这

---

① 《内务部答复关于国营企业、公私合营企业及私营企业等征用私有土地及使用国有土地交纳契税或租金的几个问题》（1954 年 3 月 8 日）第 1 条："国营企业、公私合营企业及私营企业或私营文教事业等经批准按照国家建设征用土地办法征用之土地及房屋。"1954 年4 月 27 日《内务部关于执行国家建设征用土地办法中几个问题的综合答复》第 5 条："国家机关、企业、学校、团体、公私合营企业、私营企业或私营文教企业等经批准按照本办法征用之土地及房屋。"

② 此前更多使用"个体经济"一词。如 1981 年，国务院发布《关于城镇非农业个体经济若干政策性规定》，首次明确"在我国社会主义条件下，遵守国家的政策和法律、为社会主义建设服务、不剥削他人劳动的个体经济，是国营经济和集体经济的必要补充"；1982年，中国共产党十二大报告提出要"鼓励劳动者个体经济在国家规定的范围内和工商行政管理下适当发展，作为公有制经济的必要的、有益的补充"；"八二"宪法第 11 条规定"在法律规定范围内的城乡劳动者个体经济，是社会主义公有制经济的补充"；1984 年，《中国共产党中央关于经济体制改革的决定》再次确认个体经济"是社会主义经济必要的有益的补充"。

里的"国家有关规定",无疑是指 1982 年条例。那么,私企、私人需求何以成为"国家建设"?

1959 年中共中央政治局发出《关于人民公社的十八个问题》,其中第 5 点第 2 条指出:"公路、铁路、工厂、矿山和其他基本建设占用的土地,除了公社自己兴办的由公社合理调剂以外,应当按照国家关于征用土地办法的规定办理。"这无疑指向 1958 年办法,也为国家征地划定了范围,即集体自办的基本建设由集体自给土地,其他基本建设用地都需国家征地。比较这一规定和 1958 年办法,不难看出,"基本建设"取代"国家建设"成为国家征地目的。

1952 年《基本建设工作暂行办法》是新中国首部系统界定"基本建设"的规范,其第 1 条规定:"凡固定资产扩大再生产的新建、改建、恢复工程及与之连带的工作为基本建设。"因此,"基本建设"的范围要远远大于一般理解中的"国家建设"。那么,哪些基本建设可由农村集体自办,哪些又必须经国家征地?对此问题,从未有任何法律或政策下过确切定义。1960 年出版的一本有关人民公社财会核算的教材指出,"人民公社的基本建设投资可分为生产性投资和非生产性投资两类"。前者包括农业建设、工业建设和交通运输建设。后者指"公社文教卫生福利事业方面的建设,如社员住宅、医院、学校、敬老院、托儿所、食堂和俱乐部等的建造"。[1] 初看起来,从工农业、交通再到住房、公共设施,农村集体能够从事的基本建设似乎无所不包。但是,熟悉中国当代史的人都知道,改革开放以前,在城乡分化、工农二元的政治经济格局下,农村集体真正能够自办的基建只有两种:农业生产设施和集体成员住宅与公共设施。在重生产、轻消费的时代背景下,农村集体自办的基础建设是以农业生产性建设为主,以农民住宅和集体公共设施建设为辅。[2] 这两类基础建设用地由集体自己调配、提供。除此以外的所有非农基本建设都不由集体自办,无论用地单位是谁、具体目的为何,其用地必须经过国家征地。

这一点虽从未写进任何法律或政策文件,但在当年的政治经济大环境

---

[1] 厦门大学经济系财务会计教研组编著《人民公社财务会计》,农业出版社,1960,第 335 页。

[2] 如《农村人民公社工作条例》(1962 年)第 11 条指出,人民公社可以兴办"水利建设和植树造林、水土保持、土壤改良等基本建设"。此处并未明确提及村民住宅或公共设施建设。

下，实是再自然、再好懂不过的道理：农民集体的分工是农业发展，非农建设则是国家政府责无旁贷的职权。这明确体现在中国共产党对农村集体的定位上："发展农业生产，逐步进行农业技术改革，用几个五年计划的时间，在农业集体化的基础上，实现农业的机械化和电气化。"① 因此，在这种城乡分割体制下，集体土地上不搞非农建设，国家征地成为农村土地非农化的唯一途径。只有在此意义上，才能真正理解作为征地目的的"国家建设"：它既不必然指向国家机关、企业进行的建设，也不总是为了公共利益，其本质是由国家领导和控制的建设。国家垄断一切非农建设，并通过征收取得土地。本文称此为"农地非农化的国家征地原则"。

那么，国家怎样决定在何时何处征地？答案是计划。众所周知，20 世纪 50 年代起，我国仿效苏联建立计划经济体制，国家建设依计划开展。根据 1953 年办法和 1958 年办法第 4 条所规定的征地流程，用地单位需首先提出征地计划书，然后经两轮审批。第一轮审批按照业务系统报用地单位的上级领导机关或有权批准本项建设工程初步设计的机关。第二轮审批根据征地规模报中央或地方各级政府。前者是建设审批，后者是用地审批，前者是后者的前提。因此，征地决定实际上均依计划作出，是经济建设计划在空间上的落实。即便是农村集体自办基本建设，虽无须国家征地，也应服从国家计划指导，② 取得政府批准。③ 此外，城市土地划拨同样依据计划。于是，根据经济生产计划，经由对非农建设的征地权、对农村建设用地的审批权及对城市土地的划拨权，国家实现了对城乡基本建设和土地利用的全面管控。这是计划经济体制在土地制度上的延伸和反映。

---

① 《农村人民公社工作条例》（1962 年）第 1 条。与之类似，中共中央政治局《关于人民公社的十八个问题》（1959 年）第 12 条规定："农村人民公社的全部劳动力，用于农业生产方面的，包括用于林业、牧业、渔业、副业生产方面的，一般应当不少于百分之八十，经常用于工业生产、交通运输、基本建设、文化教育卫生和生活服务等方面的，不能超过百分之二十。"这方面唯一的显著例外，是"大跃进"时期全国农村大炼钢铁。除此之外，改革开放前，农村集体的主要任务就是发展农业。

② 《农村人民公社工作条例》（1962 年）第 3 条："人民公社的各级组织，都必须执行国家的政策和法令，在国家计划指导下，因地制宜地、合理地管理和组织生产。"

③ 《农村人民公社工作条例（修正草案）》（1961 年）第 11 条："公社管理委员会应该根据生产的需要，根据人力、物力和财力的可能，经过公社、有关生产大队和生产队的社员代表大会或者社员大会讨论决定，经过上级批准，兴办全公社范围的或者几个生产大队共同的水利建设和其他有利于农业生产的基本建设。"

在此背景下，国家依宪依法征地、农地自愿交易、耕地保护三者存在冲突便容易理解了。根据七八宪法和1982年条例，依宪依法征地的核心要求就是坚持"农地非农化的国家征地原则"。农地市场，特别是那些导致农地非农化的自愿交易，即城市单位或个人直接购买或租用农村土地，无疑会直接冲击这一传统。这种自由交易也会颠覆国家依经济计划掌控农地，造成未经政府许可、不受国家监督的农地转用。在当时的政府眼中，这自然是低效和浪费的代名词。同理，城市土地也不允许自愿交易，因为一旦放开，就无法保证政府根据经济计划，按照用地单位申请划拨城市土地，对其实现掌控。所以，彻底关闭城乡土地市场成为必然选择。

为什么是八二宪法禁止土地转让？最可能的答案仍是现实需要。1981—1982年，中央政府高频度重申严禁土地交易，以应对农地自愿交易激增、耕地流失严重的局面。当时之所以出现这种情势，主要原因在于改革开放后农村建房的政治空间被打开，经济能力的提升。1980年3月14日，多部委联合发布《全国农村房屋建设工作会议的报告》，一改以往压抑消费的惯例，要求"正确处理生产和生活的关系，重视改善农民的居住条件"。1982年1月7日，国务院批转《第二次全国农村房屋建设工作会议纪要的通知》指出："党的十一届三中全会以来，随着党的政策的落实，生产责任制的推行，多种经营的发展，农业连年丰收，广大农民收入普遍增加，迫切要求改善居住条件，增加文化、福利设施。许多地方几乎是'家家备料，村村动土'，建房规模之大、发展之快，是建国以来所没有的。"与此同时，城镇单位和个人也开始以购买、租赁、土地入股等多种形式大量获得农村集体土地。如1983年11月9日，北京市政府发出《关于抓紧处理租赁买卖社队土地问题的通知》，坦承两年间对城市单位和个人非法或变相租赁买卖社队土地展开集中清查后，发现"问题是相当严重的，不仅量大、面广、持续蔓延成风，而且手段五花八门"。

可见，20世纪80年代初，因集体内部占用及对外租售，农地流失空前严重。面对农地保护的巨大压力，中央政府重申禁止集体土地转让，短期内多次发布有关法规或政策。这一策略性应对最终提升为宪法明文规定："任何组织或者个人不得侵占、买卖、出租或者以其他形式非法转让土地。"这里的"任何组织或者个人"，包括所有城乡公、私主体；"侵占"，针对的是集体组织及成员不经政府审批占用集体土地；"非法转让土地"，不限于"买卖、出租"，还指向"其他形式"，为的正是把那些"五花八门"、绕过国家征地的农村土地交易"一网打尽"。由是观之，土地转让条款的真正含义也许正在于从宪法上确认以经济计划为依据，以征地、审批和划拨为手段的国家对城乡土地利用的全面管控，其中包括"农地非农化的国家征地原则"。在此意义上，八二宪法土地转让条款延续了历史，但是属于"旧瓶装新酒"。20世纪50年代设立这套体制，很大程度是在模仿苏联，旨在消灭资本主义因素，建立纯而又纯的社会主义。到了20世纪80年代，使得国家五次三番严令重申，以致用宪法明文消灭土地市场的，却不再是经典理论或"老大哥"的先进经验，而是实实在在的农地流失之挑战。因此，从外观上看，这套制度30年间没有根本变化。而透过表象去触摸背后的脉络纹理，便能看到其制度理性已悄然发生天翻地覆的转变。旧瓶新酒之间，是实践理性与问题导向对意识形态和教条主义的替换。

需要指出的是，20世纪50年代奠定并由八二宪法土地条款确认的"农地非农化的国家征地原则"并未因1988年修宪规定"土地的使用权可以依照法律的规定转让"而退场，而是延续至今。国务院于1992年通过《城镇国有土地使用权出让和转让暂行条例》，开辟出城市国有土地使用权流转交易的法律空间。但根据现行《土地管理法》（2004）第43条、第63条，农村集体土地要用于非农建设仍需国家征收，无法直接入市流转。近年来，一些学者认为这样的规定违宪。[1] 他们承认农地保护目标有宪法正当性，但认为禁止农地入市、国家垄断一级土地市场给农村集体和农民的土地财产权造成过度侵害，有违比例原则，所以违宪。诚然，在理论上，"农地非农化的国家征地原则"殊难称得上最小侵害手段，但回归历史现场，在1982年的修宪者看来，要最大程度地保护农地，重申和巩固新中国成立以后一直实行的该原则是唯一的现实选择。今日受违宪论者更为青睐的"规划+市场"手段，即在符合规划的前提下允许农地不经征收入市，[2]在当时根本构不成一个选项。这是因为规划的触角第一次延伸到广大农村要等到2008年《城乡规划法》。事实上，直到今天，我国的农村规划编制

---

① 参见李忠夏《农村土地流转的合宪性分析》，《中国法学》2015年第4期，第136页。
② 参见程雪阳《也论中国土地制度的宪法秩序：与贺雪峰先生商榷》，《中国法律评论》2015年第2期，第120页以下。

仍是进行时。① 在此情形下，"农地非农化的国家征地原则"长期以来一直是唯一实际可行的农地保护手段。当然，近年来的改革趋势是有限放松和突破该原则。十八届三中全会决定要求："建立城乡统一的建设用地市场。在符合规划和用途管制前提下，允许农村集体经营性建设用地出让、租赁、入股。"2015 年 2 月，全国人大常委会授权多地暂停实施土地管理法有关规定，展开农村集体经营性建设用地不经征收直接入市的改革试点。可见，随着时代发展，作为对集体土地财产权侵害更小的替代性农地保护手段，"规划 + 市场"机制的可行性正一步步增强。但值得强调的是，这一改革的启动并未涉及修宪或释宪。这表明改革的原因不是现行制度违宪。八二宪法土地流转条款之所以确认"农地非农化的国家征地原则"，为的是控制农地转用，防止农地流失。

三 征地条款与土地利用条款

八二宪法第 10 条第 3 款规定："国家为了公共利益的需要，可以依照法律规定对土地实行征用。"2004 年修宪改为："国家为了公共利益的需要，可以依照法律规定对土地实行征收或者征用并给予补偿。"显然，无论是"征用"改"征收"，还是增加补偿要求，均没有改变征地条款的基本结构。

在第 10 条诸款中，由于引发了大量现实问题，征地条款最受关注，相关论述也最多。现有文献中，不少学者以美国宪法第五修正案为参照，就该条款进行比较研究，得出现行土地管理法因泛化公共利益、缺乏公平市场补偿、忽视正当程序而违宪的结论。② 然而，回到八二修宪的历史情境，有必要重估这一认识。如上所言，60 年来，"农地非农化的国家征地原则"一直是中国征地制度的特点。一方面，与社会主义国家如苏联相比，我国并未实行土地全盘国有化，而是保留了农村土地集体所有制。通过把国家征地作为城乡土地转化的唯一通道，中国也实现了对农村土地非农化的全

---

① 住建部《关于改革创新、全面有效推进乡村规划工作的指导意见》（2015 年 11 月 24 日）要求，"到 2020 年，全国所有县（市）要完成县（市）域乡村建设规划编制或修编"。
② 参见刘向民《中美征收制度重要问题之比较》，《中国法学》2007 年第 6 期，第 33 页以下。

面政府掌控，与苏联殊途同归。另一方面，更重要的是，与资本主义国家相比，中国的国家征地权力有本质区别。在以土地私有为制度逻辑起点的西方国家，征地是一种仅在私人财产利益抵制公共利益、自愿市场交易无法解困时才诉诸的"最后手段"。相反，在中国，征地从来就是实现城乡土地转化的"第一选择"。换言之，在西方，征地是例外性权力；在中国，征地则是常态性权力。尽管中国的宪法征地条款看上去同包括美国宪法第五修正案在内的许多西方国家宪法有关条款类似，如都包括公共目的前提、补偿要求等，但这种类似只是表面的。中西宪法征地条款对国家征地权力的基本想象南辕北辙，两者貌合而神离，不可比附。

那么，这是否意味着八二宪法征地条款中的"公共利益"就彻底"虚无"了呢？[①] 诚然，由于一切非农化建设都需国家征地，这就必然意味着出于私人利益的项目也将混杂其中，公共利益要件由此被架空。公共利益和私人目的之间的冲突如何调和？答案是通过国家，即只要有国家批准，征地也可为了私人目的。国家批准为私人启动征地符合公共利益提供了合法性基础。公共利益无须在征地个案中对具体目的作实体判断，而是在抽象和形式意义上通过政府审批来满足。这里的认识论基础在于，对修宪者来说，国家天然是公共利益的唯一代言人。只要国家许可，任何征地都自然而然地合乎公共利益。

30多年后，至少就现行土地管理制度来说，"农地非农化的国家征地原则"并未在根本上松动。与其坚持该原则违宪，不如尝试以下解释方案：八二宪法以来，为实现农地保护目标，我国延续了"农地非农化的国家征地原则"这项当时最为可行的制度安排。当然，随着社会和宪法变迁，这一制度对集体和农民财产权利的侵犯，以及作为其认识基础的形式化的公共利益界定方式，已日益变得过时和难以接受。尤其是在历次修宪后，除农地保护外，尊重和保护非国有财产也成为宪法性价值，征地条款的内在精神由此发生重大改变，要求实现农地保护和财产保护两大宪法目标之间的平衡。因此，不应把宪法绑定于某种特定的土地制度安排，而应着眼于上述价值平衡。需要注意的是，同世界上其他国家一样，宪法价值

[①] 参见蔡乐渭《从拟制走向虚无——土地征收中"公共利益"的演变》，《政法论坛》2012年第6期，第51页以下。

之间的平衡必然是动态、渐进的。在不同时代和国家，平衡点的位置以及达到平衡的进路都会而且应该发生变化。所以，对任何国家来说，宪法实施、宪制建设永无终了，是在不断调整与试错中勉力前行。对于今日之中国，"农地非农化的国家征地原则"仍是现有条件下保护农地最为实际有效的办法。而为了将天平更多地偏向尊重和保护集体土地财产，更好地实现价值平衡，相关具体制度安排必须作出调整。多年来，征地制度的一系列改革，如提高补偿、增加程序的参与度和透明度，以及正在开展的集体经营性建设用地入市改革，都可视作在这个方向上的努力和进步。

　　这场改革还远未达到最终的平衡点，因为把国家当作公共利益的天然代言人始终与现代社会的基本价值相抵牾。但是，在探索下一步的改革空间之前，有必要反思上述传统，国家为何？如何能天然代表公共利益？根据社会主义经典理论，在资源利用方面，社会主义体制优于资本主义的最核心原因在于更高的效率，即集中统一的计划比散漫混乱的市场更能实现资源的优化配置。当时的认识是：通过制订和实施计划，国家政府要比自由市场更有利于提高资源使用效率，因而也更符合公共利益。20世纪50年代至改革开放前，被奉为圭臬的计划征地体制正是"农地非农化的国家征地原则"和征地条款"公共利益"前提能够相契合的基础。国家依据计划批准土地征收和划拨，被自然看作能够最大化用地效率也最符合公共利益的制度设计。而现在，人所共知的现实是，计划体制下的资源利用和配置效率往往较低。这也许正是八二宪法第10条第5款规定"一切使用土地的组织和个人必须合理地利用土地"的初衷。

　　早在1956年1月24日，国务院就发出《关于纠正与防止国家建设征用土地中浪费现象的通知》，承认1953年12月5日关于国家建设征用土地办法公布以后土地浪费的现象非常严重。"据武汉、长沙、北京、杭州、成都和河北等五市一省部分地区的不完全统计，几年来共征用土地十万一千多亩，浪费的即达四万一千多亩，占征用土地总数的40%以上。其中最突出的是长沙市，该市从1949年解放后到1954年底，共征用两万多亩土地，其中浪费的就有一万六千多亩。"这种现象"不仅是消耗了国家资金，造成了粮食减产，而且不必要地使农民由于土地发生变化，增加了转业安置的困难"。究其原因，国务院认为："一方面是建设单位制定的用地计划书不妥当，盲目地多要土地，怕征用少了影响自己的'发展'；或者不分别轻重缓急，不顾实际需要而提前征用土地；或者建筑物布置分散，大量浪费土地。有的建设单位甚至不经政府批准就按照制定的计划占用了农民的土地，这就造成了征用土地的混乱现象。另一方面是主管征用土地机关对于征用土地工作管理不严，缺乏健全制度，在审核批准征用土地计划时，往往迁就建设单位，要多少给多少，要哪里给哪里；有时甚至在建设单位还没有提出征用土地计划以前，就先期批准了用地。对于已征用土地的使用情况，也缺乏经常的检查，致使浪费土地的现象不能及时得到防止和纠正。"

以今日眼光视之，上引论述极易理解。从经济学角度来看，计划征地体制之所以低效，根本原因在于用地单位无须承担用地成本，即成本无法被"内部化"导致低效用地。1953 年和 1958 年的征地办法都规定用地单位补偿被征地农民，但由于当时的用地单位基本都属于国家机构，补偿成本的最终承担者是公共财政，而非单位自己"掏腰包"。[①] 在划拨体制下，用地也是免费的。因此，用地单位的"搭便车"和道德风险行为层出不穷。

在接下来的数十年里，如何在计划体制下防止土地浪费、提高土地利用效率一直困扰着执政者。与 1953 年办法相比，1958 年办法第 3 条增加了一款："国家建设征用土地，必须贯彻节约用地的原则。一切目前可以不举办的工程，都不应该举办；需要举办的工程，在征用土地的时候，必须精打细算，严格掌握设计定额，控制建筑密度，防止多征、早征，杜绝浪费土地。凡有荒地、劣地、空地可以利用的，应该尽量利用；尽可能不征用或者少征用耕地良田，不拆或者少拆房屋。"随后，在 1961 年、1962 年、1970 年和 1973 年，党政军高层亦反复强调"节约用地"的要求。[②]但是，计划体制下的用地浪费现象始终屡禁不绝。

---

① 参见张敬东《中国城市土地并非无偿使用：兼论土地利用效率低的根本原因》，《城市问题》1992 年第 5 期，第 10 页以下。

② 参见中国共产党中央批转原国家基本建设委员会党组《关于基本建设节约用地问题的报告》（1961 年 1 月 31 日）；国务院转发《内务部关于北京、天津两市国家建设征用土地使用情况的报告》的批语（1962 年 4 月 10 日）；国务院批转内务部《关于各地方各部门检查征用土地使用情况的综合报告》（1962 年 10 月 30 日）；总政治部《关于部队征用土地问题的通知》（1970 年 4 月 20 日）；国家计划革命委员会、国家基本建设革命委员会《关于贯彻执行国务院有关在基本建设中节约用地的指示的通知》（1973 年 6 月 18 日）。

改革开放以后，由于建设占用，农地流失陡然增加。1979 年，《中国共产党中央关于加快农业发展若干问题的决定》再次申明："一切机关、团体、部队、企业和学校，不准随意占用公社和农场的耕地、草牧场和林地。必须进行的基本建设，也要切实节省用地，并尽量不占或少占耕地。要尽快制定和颁布土地法。"1982 年 1 月《第二次全国农村房屋建设工作会议纪要的通知》首次提出："珍惜和合理利用每寸土地，是我们的国策。"1982 年 2 月《村镇建房用地管理条例》第 3 条和 1982 年 5 月《国家建设征用土地条例》第 3 条均明文规定"节约用地"。在此背景下，1982 年年底，"合理用地"正式进入八二宪法，成为一切用地者都应遵守的宪法原则。在"农地非农化的国家征地原则"之下，"合理用地"的要求首先适用于征/用地的申请者和审批者，是国家征地符合八二宪法第 10 条第 3 款"公共利益"要求之实体标准。由此，一项征地动议如果获得国家批准，则形式上就符合公共利益；而国家批准该项动议是否符合公共利益，则要看是否满足合理用地的要求。在此，征地条款和土地利用条款实现了隐秘但深刻的勾连。

旨在提高资源利用效率的"合理用地"原则在不同时代具有不同内涵。计划体制下，"合理用地"适用于计划的编订者、征/用地的申请/审批者，要求计划的合理编制与严格执行。市场体制下，"合理用地"则要求防止和消除降低市场效率的现象，如垄断、投机等。改革开放 30 多年后的今天，市场而非政府更能高效地配置资源已成共识。十八届三中全会更是把"使市场在资源配置中起决定性作用"确立为经济体制深化改革的目标。中国土地管理制度从计划向市场的转型，正是为了更好地落实"合理用地"的宪法要求。

结语：中国宪法解释的原旨主义立场及前景

整体考察八二宪法第 10 条的 5 款规定，便能理解其背后的纠结与期待，以及所蕴藏的宝贵宪法遗产。

首先，土地所有制条款确认城乡二元的土地公有制，虽然近年来饱受批评，但在"长时段"视角下，它可以视为一次"伟大的妥协"，标志着实践理性压倒理论教条，是中国土地制度的重大宪制创新。其背后蕴藏的在便利国家建设和维护农村稳定之间审慎考量、进行成本—收益分析的历史经验，值得继承。

其次，土地转让条款关闭土地交易市场，延续 20 世纪 50 年代以来的"农地非农化的国家征地原则"，在当下已成改革对象。但是，我们无须轻言其违宪，因为表面的延续更多为"旧瓶装新酒"。八二宪法重申严禁土地交易不再出于意识形态考虑，而是为了符合农地保护的现实需要。该制度固然不是理论上最契合比例原则的手段，但在历史和现实语境下，它曾是且在未来一段时期仍将是最切实可行的办法。当下正在进行的改革并非因其违宪，而是为了更好地平衡农地保护与财产保护两大目标。

最后，征地和土地利用条款在"农地非农化的国家征地原则"下具有隐秘的勾连：国家征地要满足"公共利益"，有赖于"合理用地"原则之遵守。在征地作为一种常态性权力和计划经济的时代背景下，将"合理用地"列入宪法，是历史局限下提升资源利用效率的最高表现。土地管理体制在今日由计划走向市场，反映的恰是社会观念的更新，为的也是更好地落实合理用地这一宪法原则。

综上，土地条款内部有着极其紧密的关联，可视为一个大写的"征地条款"。土地所有制条款区别城乡两种土地所有制，进而确定国家征地权力的对象——集体土地；土地转让条款禁止土地市场交易，从而划定征地权力的范围——农地非农化；土地利用条款则确立了国家征地的价值标准——合理用地。由此，八二宪法土地条款承前启后，既确认传统的土地管理体制，又更新了其背后依凭的制度理性与目标。

这正是八二宪法土地条款的历史原意。通过在修宪记录、政策文本、法律规范、领导人论述等历史材料中穿梭往返、发隐钩沉，本文尝试重现八二宪法土地条款产生的环境、面对的问题和思考的方法。这是"原旨主义"的进路。相较那种以美国、德国或其他任何国家宪法为参照，解释和批判中国宪法土地条款的研究进路，原旨主义避免"直把杭州作汴州"的简单比附，提供更具历史感和现实感的分析框架，有利于挖掘和凸显中国宪法之"中国性"，也更能有效描述、说明并解决我国宪法所面临的现实挑战。

当然，以原旨主义的立场解释中国宪法，将不可避免地遇到以下三个有挑战性但绝非无法应对的问题。第一，是否有足够的历史材料支撑这种方法？与美国不同，新中国历次宪法制定和修改的历史记录很大程度上没有公开。从这个意义上，在中国开展原旨主义解释的客观条件确实不如美国。但是，难度更高不构成放弃尝试的理由。本文是该方向上的一次初步尝试，希望对我国宪法展开原旨主义解释抛砖引玉。第二，应该遵从哪一种原旨主义？在美国宪法的原旨主义立场内部，至少存在原初意图和原初公共含义两个流派。① 前者更关注立宪者的理解，后者更偏重宪法文本的历史公共含义。在美国，两大流派之间的争论已持续多年。但是，中国宪法学界无须在现阶段就卷入这种方法论的细节之争，而应先挽起袖子回到宪法的历史情景中去。这并不意味着赞同方法论上的"杂糅主义"，② 或放弃方法论的自我反省。相反，中国的原旨主义者应谨遵史家"有一分材料说一分话"的训诫，时刻注意历史阐发的限度。第三，原旨主义适合中国吗？与美利坚立国 200 多年来视制宪者为"半人半神"、奉宪法为不易之典所不同的是，短短 60 多年间，中国已经历了四部宪法、四次修宪，并实现了像有些学者深喻的从革命宪法向改革宪法的重大转型。③ 那么，原旨主义在中国宪法解释中能否有一席之地？回到本文，有人也许会质疑：前述分析是否模糊了政策、法律和宪法之间的界限，以下位法解释根本法？更重要的是，原旨主义立场是否会消除现实和规范的界限，沦为替现实辩护？实际上，回顾历史不等于盲信历史，原旨主义不等于保守主义。知其"来龙"，目的不在于故步自封、抱残守缺，而在于探索"去脉"、推进改革。

改革开放 30 多年来，中国的宪法土地条款和土地管理制度已经且正在经历巨大而深刻的变迁。一方面，农地保护和用地效率不再是宪法土地条款的唯一目标，尊重、保护集体和农民的土地财产权利已成为重要宪法价值。八二宪法土地条款的根本宗旨由此变为寻求农地保护、合理用地和集体土地财产保护三者之间的平衡。另一方面，恰是为了实现这种平衡，中国的土地管理制度正由计划向市场艰难转型。由于宪法价值的平衡必然是

① 参见 Sotirios A. Barber & James E. Fleming, *Constitutional Interpretation*: *the Basic Questions*, Oxford University Press, 2007, Chapter 4。

② 参见张翔《走出方法论的杂糅主义——读耶利内克〈主观公法权利体系〉》，《中国法律评论》2014 年创刊号，第 202 页以下。

③ 参见夏勇《中国宪法改革的几个基本理论问题》，《中国社会科学》2003 年第 2 期，第 4 页以下。

动态、渐进的，这场转型目前还未到终点。对八二宪法土地条款作原旨主义解释，非但不会阻碍转型，反而能够促进改革。在历史中把握宪法土地条款，就能发现其并不必然与某种土地管理制度的具体形态绑定。本文所揭示的价值平衡、实践理性、成本—收益分析等思想方法，而非任何具体制度安排，才是真正需要理解、值得承继的。以这种方式理解现行宪法，一方面能够提高宪法本身的包容性，不轻言修宪，最大程度保证宪法文本的稳定性；另一方面也可以为改革提供宪法空间，让我们无须总是打着"违宪"的旗号去呼吁和设计改革。正是在这个意义上，原旨主义立场有效地区分开规范与现实，要求对自家宪法自信却不盲信，对现行制度理解但不保守，更加稳健地推动中国土地管理制度改革，更好地实现宪法价值平衡。

图书在版编目（CIP）数据

中国土地法治与土地法研究／程雪阳主编. -- 北京：
社会科学文献出版社，2020.12
（《法学研究》专题选辑）
ISBN 978 - 7 - 5201 - 3733 - 1

Ⅰ.①中… Ⅱ.①程… Ⅲ.①土地法 - 研究 - 中国
Ⅳ.①D922.304

中国版本图书馆 CIP 数据核字（2018）第 240376 号

《法学研究》专题选辑
中国土地法治与土地法研究

主　　编／程雪阳

出 版 人／王利民
责任编辑／芮素平
文稿编辑／韩宜儒

出　　版／社会科学文献出版社·联合出版中心（010）59367281
　　　　　　地址：北京市北三环中路甲29号院华龙大厦　邮编：100029
　　　　　　网址：www.ssap.com.cn
发　　行／市场营销中心（010）59367081　59367083
印　　装／三河市龙林印务有限公司

规　　格／开　本：787mm×1092mm　1/16
　　　　　　印　张：22　字　数：358千字
版　　次／2020年12月第1版　2020年12月第1次印刷
书　　号／ISBN 978 - 7 - 5201 - 3733 - 1
定　　价／128.00元